Manual do Exame Psíquico

Thieme Revinter

Manual do Exame Psíquico

Uma Introdução Prática à Psicopatologia

Quarta Edição

Claudio Lyra Bastos
Psiquiatra, Diretor do Instituto Fluminense de Saúde Mental

Thieme
Rio de Janeiro • Stuttgart • New York • Delhi

Dados Internacionais de Catalogação na Publicação (CIP)

B327m

Bastos, Claudio Lyra
   Manual do exame psíquico: Uma introdução prática à psicopatologia / Claudio Lyra Bastos – 4. Ed. – Rio de Janeiro – RJ: Thieme Revinter Publicações, 2020.

   372 p.: il; 16 x 23 cm.
   Inclui Índice Remissivo e Referência Bibliográfica
   ISBN 978-85-5465-211-1
   eISBN 978-85-5465-219-7

   1. Psicopatologia. 2. Psiquiatria. I. Título.

                                    CDD: 616.89
                                    CDU: 616.89

Contato com o autor:
clbastos56@hotmail.com

© 2020 Thieme
Todos os direitos reservados.
Rua do Matoso, 170, Tijuca
20270-135, Rio de Janeiro – RJ, Brasil
http://www.ThiemeRevinter.com.br

Thieme Medical Publishers
http://www.thieme.com

Capa: Thieme Revinter Publicações Ltda.
Ilustração da capa:
©AdobeStock/pankajstock123
©Adobestock/fotoslaz

Impresso no Brasil por BMF Gráfica e Editora Ltda.
5 4 3 2 1
ISBN 978-85-5465-211-1

Também disponível como eBook:
eISBN 978-85-5465-219-7

Nota: O conhecimento médico está em constante evolução. À medida que a pesquisa e a experiência clínica ampliam o nosso saber, pode ser necessário alterar os métodos de tratamento e medicação. Os autores e editores deste material consultaram fontes tidas como confiáveis, a fim de fornecer informações completas e de acordo com os padrões aceitos no momento da publicação. No entanto, em vista da possibilidade de erro humano por parte dos autores, dos editores ou da casa editorial que traz à luz este trabalho, ou ainda de alterações no conhecimento médico, nem os autores, nem os editores, nem a casa editorial, nem qualquer outra parte que se tenha envolvido na elaboração deste material garantem que as informações aqui contidas sejam totalmente precisas ou completas; tampouco se responsabilizam por quaisquer erros ou omissões ou pelos resultados obtidos em consequência do uso de tais informações. É aconselhável que os leitores confirmem em outras fontes as informações aqui contidas. Sugere-se, por exemplo, que verifiquem a bula de cada medicamento que pretendam administrar, a fim de certificar-se de que as informações contidas nesta publicação são precisas e de que não houve mudanças na dose recomendada ou nas contraindicações. Esta recomendação é especialmente importante no caso de medicamentos novos ou pouco utilizados. Alguns dos nomes de produtos, patentes e design a que nos referimos neste livro são, na verdade, marcas registradas ou nomes protegidos pela legislação referente à propriedade intelectual, ainda que nem sempre o texto faça menção específica a esse fato. Portanto, a ocorrência de um nome sem a designação de sua propriedade não deve ser interpretada como uma indicação, por parte da editora, de que ele se encontra em domínio público.

Todos os direitos reservados. Nenhuma parte desta publicação poderá ser reproduzida ou transmitida por nenhum meio, impresso, eletrônico ou mecânico, incluindo fotocópia, gravação ou qualquer outro tipo de sistema de armazenamento e transmissão de informação, sem prévia autorização por escrito.

À memória de minha mãe.
À Cristina, Carolina e Ana Maria.

AGRADECIMENTOS

Aos meus pacientes, com quem aprendi tanto sobre mim mesmo.
Aos meus alunos, pelo permanente desafio.
Aos meus amigos e colegas, pela presença.

PRÓLOGO DA 4ª EDIÇÃO

Esta edição traz algumas novidades e correções, mas a essência é a mesma das anteriores. O objetivo continua a ser o de trazer ao aluno ou profissional não um manual para fazer provas ou preencher prontuários, mas um apoio para compreender o paciente e produzir uma proposta terapêutica coerente. Continuo entendendo que o estudo teórico só funciona com a prática, e vice-versa. Não basta aprender o presente, é preciso conhecer o passado e antever o futuro. É assim que o cérebro funciona.

O pensamento crítico só se adquire no confronto diário com a realidade, que nunca obedece corretamente às teorias. Desta forma se vê que: a) as verdadeiras questões terapêuticas originam-se no diagnóstico; b) abordagens superficiais não funcionam com objetos complexos; c) todas as dicotomias são sempre falsas (genética *vs.* ambiente; drogas *vs.* psicoterapia, internação *vs.* ambulatório, mono *vs.* polifarmácia etc.).

Há anos escrevi um pequeno artigo chamado "Erro Diagnóstico". Presumindo que poucos leram o artigo, transcrevo aqui alguns conceitos, por serem pertinentes ao tema.

A abordagem fenomenológica não é uma escola, nem uma corrente, nem uma teoria ou sistema explicativo, mas uma atitude frente ao fenômeno humano. Assim, preparar os iniciantes para a compreensão do homem como um todo, privilegiando a abordagem clínica sobre todos os arcabouços teóricos, pode ajudá-los a se tornarem bons psiquiatras sem que tenham, antes, que se formar em literatura ou filosofia. É muito mais uma questão de atitude frente à clínica do que da formulação de frases bem-feitas ou elegantes elucubrações metafísicas. Psicopatologia fenomenológica é, essencialmente, prática, e não filosofia, apesar de, às vezes, acabar levando seus praticantes a certo grau de crítica filosófica.

A psicopatologia tem muito a aproveitar – mas também a ensinar – com a investigação neurocientífica. Esta se restringe às abordagens cartesianas porque são as únicas que se sabe fazer, não as que realmente se prestam a isso. Como a história do bêbado que procura a chave do carro junto ao poste de luz, onde está claro, e não onde a deixou cair.

Só entendemos realmente a psicopatologia quando nos confrontamos com a aparente imprevisibilidade do fenômeno psiquiátrico e percebemos que, na realidade, ele é muito mais previsível do que a vida normal. Que não apenas as alucinações do doente mental, mas todas as formas de percepção real de todas as pessoas são igualmente construídas pela mente. Que o verdadeiro mistério não reside no porquê do comportamento agressivo deste ou daquele paciente, mas na razão pela qual as pessoas não trocam bofetões diariamente.

Para ilustrar, usando o sintoma que mais mobiliza a sociedade, a agressividade (violência, periculosidade), como mote, vemos que não se pode medicá-la bem sem o diagnóstico correto do quadro de base. Quando se medica a agressividade, visa-se:

a) num esquizofrênico, o descontrole, uma consequência primária da desorganização;
b) num paranoide, a consequência secundária da ideia de perseguição;
c) num deficiente, a reatividade pueril, consequência secundária da incapacidade;
d) num epiléptico, a irritabilidade, consequência primária de alguma lesão cerebral;
e) num maníaco, a impulsividade, uma consequência primária da excitação e secundária à imaturidade.

Assim, a questão fundamental, evidentemente, não é qual a medicação, mas qual o problema a ser tratado. Sabendo avaliar, usamos o mais adequado na dose suficiente e sem criar novos problemas. *Primum non nocere.*

A imensa massa de informação disponível hoje em dia, ao alcance do celular, facilita e dificulta a tarefa do estudante. A quantidade de *nonsense, fake news*, pseudociência, ciência falsa (não é a mesma coisa) e deblaterações ideológicas na rede tende a angustiar e deixar o aluno à mercê das apostilas e protocolos. Por esta razão, não procurei fazer um texto esquemático nem enciclopédico. Minha ideia é ajudar o leitor a navegar nesse oceano de dados desencontrados e dar um sentido à sua prática, criando seu próprio caminho. Se não precisa ser burocrático, também não é necessário ser profundo nem criativo (seja lá o que isso for).

É perfeitamente possível fazer uma psiquiatria bem-feita sem apelar para coisas indefinidas, como criatividade, originalidade ou profundidade. A psiquiatria deve ser relacional; basta entender o que se passa. Só isso.

PRÓLOGO DA 3ª EDIÇÃO

School is teachers who don't know teaching facts that aren't true to kids who don't care.
Life in Hell, *cartoon* de Matt Groening

Não existe pensador católico. Não existe pensador marxista. Existe pensador.
Millôr Fernandes

O entusiasmo pelo renascimento da psicopatologia que o prólogo da segunda edição deste livro deixou transparecer não se esvaiu, apesar de todas as dificuldades que a saúde mental, o ensino e a pesquisa neste país têm enfrentado nos últimos anos. O biologismo, o sociologismo e o psicologismo permanecem presentes e predominantes no meio acadêmico; a burocratização e a politização da saúde mental mantêm seu espaço na saúde pública; a mercantilização toma conta do espaço da medicina privada. Mesmo assim, a psiquiatria ainda não se fragmentou, e ainda não é desta vez que os burocratas e os laboratórios farmacêuticos dividirão seus despojos.

Por mais que os estudos psicopatológicos interessem a psicólogos, neurologistas e outros, não pode haver psicopatologia sem uma psiquiatria consistente, e vice-versa. Preservando essa relação, a psicopatologia pode manter sua especificidade e sua consistência epistemológica, enquanto suas bases fenomenológicas vão-se mostrando necessárias e indispensáveis, conforme as inconsistências das doutrinas se evidenciam cada vez mais. Aliás, na medida em que as neurociências se sofisticam, também se evidencia o grande sucesso da neurologia fenomenológica, representada por Oliver Sacks, Damásio, Ramachandran e outros, na trilha de Luria e Goldstein. Esta não se satisfaz com disfunções e localizações, mas procura compreender o mundo do paciente.

Numa época em que a psicopatologia se viu relegada a um segundo plano, muitos estudantes de medicina aprenderam, erroneamente, que o diagnóstico psiquiátrico era feito por exclusão. Recebo frequentemente, no ambulatório, pacientes já "diagnosticados" e, muitas vezes, já medicados apenas pelo fato de não haver sido encontrada nenhuma causa aparente para as suas queixas. Um trabalho publicado em 2000, na revista *American Journal of Emergency Medicine* (*Reeves & Kimble,* 18(4):390-393), revelava que, de 64 casos de emergências clínicas erroneamente internadas em unidades psiquiátricas, em todos (100%) houve falha no *Exame Psíquico.* O exame físico falho foi a segunda causa de erro, com 43,8%. Uma observação mais ampla revela que o problema de formação é mais genérico, e tem algo a ver com a burocratização e a massificação do ensino e da assistência em toda a medicina. No entanto, como tudo na vida, essa onda um dia passará.

Este curso tenta demonstrar que a prática e a teoria só desfrutam de existência virtual – como duas faces da mesma moeda – e não funcionam separadas uma da outra. Assim, para chegar a ser um bom profissional, todo psiquiatra deve examinar atentamente inúmeros pacientes, lendo muito e refletindo mais ainda. Hoje, vemos que uma boa parte dos iniciantes não faz nem uma coisa nem outra. Isto parece ocorrer porque muitos aprendizes se iniciam na psiquiatria pela doutrina de que o diagnóstico é um procedimento burocrático como outro qualquer e se faz de forma aritmética, pela soma de sintomas. Além disso, muita gente parece fugir da psicopatologia por ser muito *filosófica* ou muito *difícil*. Na verdade, para nós, o papel da filosofia, assim o como da antropologia, é meramente utilitário. Não nos interessam as discussões acadêmicas *per se*, mas apenas aquilo que influencia nosso trabalho do dia a dia, que consiste em atender as pessoas com seus problemas.

A intenção deste texto é mostrar que a psicopatologia é essencialmente prática, mas, ao mesmo tempo, vinculada a inúmeros aspectos do conhecimento humano. Torna-se, assim, a disciplina mais cativante de todas, porque, para estudá-la, temos que nos interessar por tudo o que existe e, até mesmo, pelo que não existe ou que ainda venha a existir. Não é concebível alguém estudar *apenas* psicopatologia, item a item. Não há como estudar o exame psíquico *tout court*, burocraticamente isolado de todos os campos da experiência humana. Os recursos cognitivos do cérebro humano não funcionam assim; é preciso formar uma rede de experiências. Por esta razão, não me parece haver grande serventia em se produzir mais um texto esquemático, do tipo "Psychiatry for Dummies."

Desde a década de 1960, quando o meteorologista Edward Lorenz, estudando modelos matemáticos para a previsão dos fenômenos atmosféricos, descobriu que um modelo simples de convecção do calor apresentava imprevisibilidade intrínseca, em razão da sensibilidade às condições iniciais, que se sabe que os sistemas complexos apresentam uma dinâmica não linear e não podem ser previstos por métodos lineares de causalidade. Isto já havia sido antevisto por Poincaré, no século XIX. No entanto, em pleno século XXI, há quem ache que esquizofrenia não é algo complexo, já que o seu diagnóstico consiste em *atender* a tantos ou quantos *critérios* em uma escala. As relações de sentido e seus complexos nexos causais ficam de lado. Os ensinamentos de Flexner, o grande reformulador do ensino médico americano do início do século XX, que dizia: *"Think much, publish little"*, foram paulatinamente substituídos pelo *"Publish or perish"* acadêmico. Em última análise, isto acaba significando: *"Publish much, think little"*.

Já me foram parar nas mãos vários casos neurológicos mal diagnosticados em que o erro se devia muito mais à falta de conhecimento psicopatológico do que à falta de familiaridade com a neurologia e a clínica médica. Certa vez vi um caso de afasia de Wernicke que havia ficado dois meses em "tratamento" psiquiátrico. Provavelmente, tanto o psiquiatra como a família deviam achar que o fato de a coitada "não dizer coisa com coisa" era uma sólida prova de que só podia estar doida. Fiz o diagnóstico em 10 minutos, não pelos meus conhecimentos de neurologia, que nem valem muito, mas apenas porque me ensinaram que, de um psiquiatra, o mínimo que se espera é que conheça psicopatologia.

Essa tendência é paralela, na medicina interna, à substituição da semiologia e da propedêutica – o bom e velho exame clínico à beira do leito – pelos exames laboratoriais e técnicas de imagem. Um professor de medicina de Stanford constata: *"... bedside skills have deteriorated as the available technology has evolved"*.* Se avaliações precárias e diagnósticos falhos podem ocorrer por essa falta de habilidades clínicas, imagine na psiquiatria,

---

* Verghese A. *The New England Journal of Medicine*. 2008 Dec. 25;359(26):2748-51.

onde os elementos de observação são mais complexos e onde a tecnologia está longe de ocupar um nicho significativo.

Além disso, o raciocínio diagnóstico, uma arte essencialmente heurística, vem sendo substituído por algoritmos, chaves binárias e árvores decisórias. O problema é que este método – apesar de útil no atendimento massificado – só funciona bem quando se dispõe de dados claros, precisos e objetivos. Na prática médica, porém, os dados tendem a se mostrar obscuros, imprecisos e subjetivos; um erro cometido na base da ramificação leva a uma sequência de outros erros, num progressivo afastamento da verdade. Tabelas e protocolos saíram da sua posição ancilar para usurpar, insidiosamente, o trono da clínica, que foi deixando de ser soberana, contrariando o velho adágio médico.

No serviço público temos sofrido uma séria degradação na qualidade do atendimento psiquiátrico nos últimos anos. Dados do próprio governo demonstram aumento da mortalidade por doenças mentais, superior a qualquer outro item diagnóstico. Uma rápida olhada nas instituições mostra que há muita gente confusa nas tais equipes multidisciplinares (ou multi-indisciplinadas), fazendo um carrossel em que o enfermeiro tenta ser psicólogo, o psicólogo se esforça para exercer a terapia ocupacional, o TO faz pose de médico, e o médico se empenha em se tornar assistente social. Para a burocracia, isso parece bom, já que as pessoas se tornam bem mais controláveis ou manipuláveis quando fora do seu nível de competência.

Meu pai, antigo oficial da Armada, comentava que, para os burocratas da intendência, o que realmente atrapalhava o bom funcionamento da instituição naval eram aqueles malditos navios... Pensando nessa história de níveis de competência, veio-me à mente agora uma velha anedota segundo a qual, no paraíso, os funcionários seriam alemães, os cozinheiros franceses, os amantes italianos e os policiais ingleses. Já no inferno, os funcionários seriam italianos, os cozinheiros ingleses, os amantes alemães e os policiais franceses.

Esse esvaziamento e essa burocratização interessam àqueles que realmente ganham dinheiro ou fazem política com a psiquiatria, para quem a "melhora" do doente consiste apenas na ausência de queixas. Hoje em dia, colegas das mais diversas especialidades – bem mais até do que os psiquiatras – usam, da forma mais inadequada, os medicamentos psicotrópicos sem sequer imaginar o mal que possam estar fazendo aos seus pacientes, já que a sua única fonte de informação parece ser os propagandistas. A muitos formuladores de políticas públicas de saúde mental também interessa nivelar por baixo, reduzindo custos e deixando os doentes entregues a pessoas despreparadas e absolutamente acríticas, que dizem amém a tudo o que se lhes dita.

A doutrinação que tenta impor à prática clínica e à literatura especializada termos como "sofrimento psíquico" – que tanto pode significar o aborrecimento com uma derrota no futebol quanto um episódio psicótico ou um processo demencial – traz em seu bojo a intenção óbvia de desqualificar o conceito de doença mental. A meta política do uso desse jargão consiste em retirar dos ombros das instituições públicas o compromisso com a resolução das mazelas do seu atendimento. Existe, também, uma vantagem comercial, facilitando o uso indiscriminado de psicofármacos para todas as vicissitudes da vida humana.

A ampla divulgação midiática dos novos "transtornos" psiquiátricos faz com que todo ator de televisão, cantor ou animador de auditório, ao ser entrevistado, revele ser bipolar, bulímico, ter pânico, TAG, TAB, TPM, TEPT, TOC, *plic* ou *ploc*. Longe de conscientizar a população para a importância dos problemas mentais, essa *badalação* apenas os banaliza. E legitimiza anúncios de pesquisas como *"Hopkins team develops first mousemodel of schi-*

zophrenia". Se podemos diagnosticar esquizofrenia até em camundongos, para que perder tempo com psicopatologia? Recentemente, num congresso, vi alegres militantes antimanicomiais – que jamais haviam atendido um único doente na vida – tentando proibir aulas de psicopatologia em hospitais psiquiátricos, confirmando o dito do poeta*: *"Nada é mais terrível que a ignorância em ação".*

O único remédio continua sendo o ensino da psicopatologia absolutamente vinculado à clínica. Sempre fiz questão de priorizar a vivência prática antes de quaisquer formulações didáticas. Prefiro que o aluno entreviste doentes sem saber absolutamente nada do que pensando que sabe alguma coisa. Como fez ver Sócrates a Mênon, demonstrando que a geometria podia ser ensinada apenas por meio de perguntas, sem nenhuma instrução direta, reconhecer a confusão é algo bem melhor do que a certeza falsa, já que se constitui num passo à frente para o conhecimento. Entendo, assim, a frase da terrível Lady Bracknell ao futuro genro: *"I have always been of opinion that a man who desires to get married should know either everything or nothing. Which do you know?"***

Aos que porventura estranhem tantas citações antigas, algumas em latim ou grego, justifico-as pelo princípio saussuriano da inter-relação entre significante e significado, já que um conceito expresso em grego carrega em sua própria forma 2.500 anos de civilização. Tenho em vista não apenas a garotada que acha que o mundo começou há duas décadas, mas especialmente os desavisados que têm por referência única a psiquiatria acadêmica atual, máquina trituradora que pugna por apagar, sistematicamente, toda a literatura anterior aos últimos 5 anos e assim viver eternamente redescobrindo a pólvora.

Nosso grande sociólogo, Sérgio Buarque de Holanda, disse, certa vez, que, na Grécia, ficara impressionado com o uso prosaico que certas palavras tinham, ao contrário dos seus derivados em português, que haviam adquirido um ar técnico, erudito ou pomposo. Lá, por exemplo, os carrinhos de bagagens chamavam-se... *metáforas*. Ficamos com a mesma impressão, ao vermos portas de saída indicando *êxodos* e escadarias indicando *ânodos* para subir e *cátodos* para descer. Se Eucaristia é um solene Sacramento, *eucharistos* quer dizer apenas "obrigado". Se Sócrates se reúne na Praça do Mercado *(Ágora),* supermercado só poderia mesmo ser *hyperágora.* Quem gosta de doces *(glycos)* vai aonde o açúcar toma forma, a confeitaria: *zacaroplastia.* Museu *(Mouseion)* é onde estão as Musas, e universidade é onde está todo o saber: *Panepistemion.*

Acho uma experiência saudável ir-se ao princípio das coisas, antes de estudá-las. Prefiro correr o risco de ser considerado chato ou arcaizante a manter os alunos ingenuamente acreditando que a relação entre mente e cérebro só foi descoberta no século XIX, que o conceito de inconsciente foi inventado por Freud, que a psicoterapia e a farmacoterapia são criações modernas e que o pensamento mágico e a mitologia são coisas do passado ou de tribos primitivas. Muitos dos problemas com que nos deparamos ainda hoje já eram enfrentados pelos médicos dezenas de séculos atrás.

Por fim, informo que nesta edição, além das necessárias correções, alguns capítulos foram modificados; outros, estendidos. Erros anteriores foram consertados, novos erros provavelmente cometidos. A ideia do todo mantém seu predomínio sobre a da parte, e o diagnóstico da personalidade continua prevalecendo sobre o diagnóstico dos sintomas, apesar de o texto apoiar-se formal e didaticamente sobre as funções psíquicas e seus sintomas. Continuei utilizando classificações e divisões, por mais artificiais que fossem, uma vez que penso serem úteis e disciplinadoras na organização do estudo, no relato dos ca-

---

* JW von Goethe: *"Es ist nichts schrecklicher als eine tätige Unwissenheit".*
** *The Importance of Being Earnest*, de Oscar Wilde.

sos, na confecção dos laudos e até mesmo na observação clínica. O capítulo de atenção e orientação sofreu as maiores modificações, incluindo temas que me parecem essenciais tanto para a psicopatologia fundamental como para a clínica.

Quem lê os manuais de instruções dos aparelhos eletrônicos? Primeiro a gente mexe, depois tenta resolver os problemas e, só por último, no mais absoluto desespero de causa, recorre ao manual. Um texto de ensino tem de respeitar, pelo menos em parte, essa inexorável tendência humana a experimentar primeiro e aprender depois. Espero que, ao contrário dos manuais de instruções, este texto aumente, em vez de diminuir, as dúvidas do estudante ou do interessado, e assim, porventura, ajude-o a estender seus horizontes e ainda, talvez, a alcançar o propósito último do livro, que é fazê-lo gostar de psicopatologia.

PRÓLOGO DA 2ª EDIÇÃO

O fato – surpreendente para mim – de um livro introdutório de psicopatologia como este ter chegado tão rapidamente à sua segunda edição conduz a algumas inevitáveis reflexões sobre as mudanças que estão sendo operadas no pensamento e na formação psiquiátrica atuais. Por vezes, penso que o biologismo e o sociologismo desenfreados que se seguiram ao psicologismo psicanalítico parecem estar começando a esgotar-se, e que as consequências desse esgotamento se revelam na escolha da psiquiatria como especialidade pelos alunos de medicina. Estatísticas americanas recentes já mostravam um claro declínio nesta opção, justamente num momento em que esta especialidade dava a impressão de se mostrar mais "biológica" e supostamente mais próxima à medicina do que nunca.

De alguma maneira, os estudantes pareciam intuir que essa psiquiatria "moderna", cheia de itens diagnósticos, estatísticas e supostas "evidências", tinha alguma coisa de errado. Na melhor das hipóteses, caso ela se resumisse a isso, então qualquer um poderia exercê-la e, neste caso, para que psiquiatras, então? A crescente e precária prescrição de antidepressivos, ansiolíticos e mesmo neurolépticos por clínicos gerais, neurologistas, ginecologistas e ortopedistas, sem dúvida reflete alguns aspectos negativos dessa intuição. Um aspecto positivo é o sentimento de que a psiquiatria deve ser mais do que isso, de que ela tem algo de próprio, de peculiar; algo que não pode ser apreendido a toque de caixa e que exige interesse e dedicação profundos. Se as coisas estiverem realmente mudando, como creio, certamente será por meio deste sentimento. Os novos livros de Cutting e de Sims, na Inglaterra, as traduções de Binswanger, Tellenbach e Kimura, em língua francesa, assim como as reedições dos livros de Minkowski, fazem lembrar o verde da relva crescendo após a queimada. Aqui no Brasil, após tantas e tantas cartilhas e traduções dos DSMs, já encontramos mais um livro realmente novo de psicopatologia, que é o texto preciso e didático de Paulo Dalgalarrondo.

Ainda no campo da psicologia, tem surgido um redobrado interesse pela psicopatologia, assim como por abordagens mais críticas e menos ideologicamente carregadas dos problemas da doença mental.

O tom pessoal que às vezes deixo transparecer no texto revela o afeto que tenho pela minha profissão e a seriedade de que acredito ser ela merecedora. Se continuo me mostrando algo descomedido, demasiado veemente ou, ao contrário, excessivamente reticente quanto a este ou aquele assunto, devo confessar que não fiz o menor esforço para evitá-lo. Estou convicto de que o caminho para o conhecimento do homem é fundamentalmente compreensivo e, portanto, pessoal. Cada livro, assim como cada leitor, deve ser também particular, ainda que seu assunto seja o mesmo de dúzias de outros livros.

Corrigi alguns erros da primeira edição e acrescentei alguns parágrafos na tentativa de complementar capítulos que me pareceram apresentar certas insuficiências. O formato geral, assim como o conteúdo fundamental, porém, permanecem os mesmos, já que têm servido bem ao objetivo de orientar e apresentar o iniciante ao campo da psicopatologia. Continuei procurando evitar o excesso de esquemas, tabelas e quadros sinópticos, uma vez que carregam uma tendência a superficializar e simplificar um assunto complexo por sua própria natureza. O objetivo do processo didático deve ser proporcionar acesso às dificuldades e não às facilidades. Uma boia pode servir de salva-vidas, mas não se aprende a nadar com ela.

PRÓLOGO DA 1ª EDIÇÃO

Ignoranti quem portum petat, nullus suus ventus est.
(Não existe vento favorável para aquele que não sabe para onde ir.)
Sêneca (94 a.C.–65 d.C.), filósofo estoico romano.

Este pequeno manual destina-se, primordialmente, aos alunos de graduação das áreas de ciências biomédicas e humanas e, de maneira especial, aos alunos de medicina e de psicologia, para quem a psicopatologia faz parte essencial da sua futura prática profissional. A concepção do livro é totalmente voltada para todos aqueles que estão em vias de passar por esta experiência tão fascinante quanto angustiante, que é a prática da entrevista com pacientes psiquiátricos. A eventualidade de encontrarmos refletidos no *outro* alguns dos nossos mais profundos conflitos é um aprendizado muito mais do que apenas acadêmico ou profissional. Para aqueles que leram Jules Verne, posso dizer, sem exagero, que creio equivaler às *lições de abismo* que tomou o professor Lidenbrock antes de iniciar sua Viagem ao Centro da Terra.

Sinto-me, antes de mais nada, na obrigação de ressalvar que o subtítulo deste trabalho, "Uma Introdução Prática à Psicopatologia", não pressupõe, de forma alguma, qualquer veleidade de minha parte em negar a importância do estudo teórico das bases fenomenológicas, psicológicas, psicanalíticas, biológicas e antropológicas da psicopatologia. A ideia que me ocorreu, na verdade, foi apenas a de procurar basear o estudo teórico na motivação e no interesse ocasionados pela prática. Essa perspectiva surgiu a partir da minha experiência no Hospital de Custódia e Tratamento Psiquiátrico Henrique Roxo, com os estagiários e residentes de Psiquiatria da Universidade Federal Fluminense e com os alunos de Psicopatologia Geral e de Clínica Psicoterápica do curso de Psicologia da Universidade Estácio de Sá. As demandas dos alunos foram me levando à constatação de que as publicações existentes nesta área específica não atendem adequadamente às necessidades reais do ensino. Algumas são por demais esquemáticas, e tendem a *amarrar* os iniciantes a procedimentos rígidos e estanques. Outras são por demais extensas, complexas e insípidas, pouco relacionadas com as questões comuns suscitadas nos alunos pelo trabalho com os pacientes psiquiátricos. Os manuais de autores americanos, como é típico de seu *way of life*, tendem a apresentar uma série de fórmulas prontas e *macetes* para as diversas situações previsíveis: entrevista com paciente obsessivo, entrevista com paciente paranoico, entrevista com paciente *latino* etc. Penso, no entanto, que se defrontar com a ambiguidade, a dúvida e a incerteza é uma decorrência inevitável do nosso trabalho.

Como destaca Isaías Paim,* em recente artigo, a psicopatologia *não* corresponde a uma *semiologia* psiquiátrica, no sentido médico estrito. Citando Karl Jaspers, "...*o fundamento real da investigação é constituído pela vida psíquica representada e compreendida através das expressões verbais e do comportamento perceptível. Queremos sentir, apreender e refletir sobre o que acontece na alma do homem*". Se nem mesmo a semiologia médica, com toda a sua objetividade, pode dispensar o aprendizado prático, clínico,** como poderia fazê-lo a psicopatologia, cuja subjetividade é muito mais profunda e abrangente? Se não há ser humano isolado, também não pode existir uma loucura *per se*, abstraída do relacionamento social. *Noman is an island.****

Deve-se, no entanto, ressaltar que a fenomenologia evidentemente não é a única fonte do saber psicopatológico, e que os conhecimentos de psicopatologia psicanalítica, neuropsicologia, psicofisiologia, psicologia social e etnologia são de grande importância para a prática do psiquiatra ou do psicólogo clínico. Preocupei-me, então, em ir deixando "iscas" pelo caminho, para atrair o estudante não apenas às áreas correlatas, mas induzir ao conhecimento do ser humano em geral. Shakespeare, Balzac, Machado e Dostoievsky têm tanto a ensinar quanto qualquer tratado. Estudar *apenas* a psicopatologia, como quem se dedica a aprender uma outra disciplina qualquer, não me parece uma proposta adequada, nem mesmo uma tarefa exequível. Penso mesmo que o psiquiatra deve ser quase uma espécie de *antropólogo clínico*, num sentido amplo. O estímulo necessário à leitura de obras mais extensas ou profundas deve vir diretamente dessa vivência clínica que o aluno está iniciando. Concluí que o aproveitamento seria pouco mais que nulo se não houvesse a possibilidade de ancorarmos toda a disciplina na prática profissional simultânea. A razão principal da existência desta disciplina é a necessidade de se aprender a fazer adequadamente um exame psíquico. No entanto, é evidente que não se pode aprender a fazer um exame psíquico sem entrevistar pacientes. Naturalmente, parece bastante óbvio que de nada adianta decorar termos e nomes gregos e latinos de forma descontextualizada, sem condições de compreender seu verdadeiro significado. Mas talvez não seja tão evidente o fato de que não só é praticamente impossível apreender esses conceitos fora da relação direta com o paciente, mas ainda que a pior consequência disto é a falsa ideia de que se sabe alguma coisa. Como costumo advertir certos alunos ávidos por aplicar termos psicopatológicos a torto e a direito: esse pseudoconhecimento é muito mais nefasto que a mais crassa ignorância.

---

* *JBP* 1994;43(9):467-9.
** Significando estar ao lado do doente, palavra derivada do grego κινη [κινε]: leito.
*** "Homem algum é uma ilha." Verso famoso do poeta inglês John Donne (1572-1631).

PREFÁCIO

O uso indiscriminado das DSMs e CIDs vem transformando a psiquiatria numa especialidade extremamente fácil. Os sintomas são descritos de modo simplista e as pessoas acreditam conhecer a especialidade pelo manejo do facilitário dessas bulas. Muitos jovens psiquiatras sabem apenas que existiu um certo Karl Jaspers que costumava complicar cousas simples tal como as DSMs e CIDs vieram comprovar. O real avanço da terapêutica medicamentosa serve de comprovação a essa tese. As pessoas não se dão conta do relativo que é essa lista telefônica de diagnósticos. É importante reconhecer que as novas classificações psiquiátricas constituíram grande avanço, na medida em que tornaram mais divulgadas as convenções em que se baseavam. Hoje, os psiquiatras de Londres e dos Estados Unidos fazem, de modo mais uniforme, um diagnóstico de depressão ou de esquizofrenia. Para alcançar esse objetivo pagou-se o alto preço de pulverizar os diagnósticos psiquiátricos transformando cada sintoma em doença. Hoje, já são mais de 300. As futuras classificações pretendem, talvez, atingir o número mágico de 1.000. Será que ainda vai sobrar alguma psiquiatria ou só vai haver diagnósticos psiquiátricos?

Dentro desse panorama surge alguém pretendendo dar vida a uma disciplina supostamente morta. O livro é uma necessidade e, ao mesmo tempo, uma convocação aos novos psiquiatras no sentido de meditarem sobre a especialidade. É importante conhecer as CIDs e DSMs sabendo o valor e limite que têm. Isso significa que não se pode prescindir de um conhecimento mais profundo da psicopatologia que possa permitir, no futuro, uma classificação psiquiátrica mais equilibrada em que o êxito não seja medido pelo aumento dos itens.

O livro tem um sabor humanista com várias citações literárias que ilustram aspectos da psicopatologia que os grandes escritores perceberam antes dos psiquiatras. Fará bem a estudantes e psiquiatras descobrirem, por meio da psicopatologia, uma psiquiatria preocupada em questionar e não simplificar. Romancistas e teatrólogos serão sempre acompanhantes mais adequados dos psiquiatras do que os fabricantes de listas diagnósticas.

Eustachio Portella Nunes
Professor Titular de Psiquiatria e Saúde Mental da
Faculdade de Medicina da Universidade Federal do Rio de Janeiro

SUMÁRIO

1 INTRODUÇÃO 1
2 PERSONALIDADE 29
3 CULTURA E PERSONALIDADE 67
4 EXAME PSIQUIÁTRICO 87
5 ESTADO DE CONSCIÊNCIA 111
6 ATENÇÃO 129
7 ORIENTAÇÃO ESPAÇO-TEMPORAL 151
8 SENSOPERCEPÇÃO 163
9 PENSAMENTO 177
10 AFETIVIDADE 199
11 VONTADE 221
12 PSICOMOTRICIDADE 245
13 LINGUAGEM E EXPRESSÃO 257
14 AUTOCONSCIÊNCIA, CONSCIÊNCIA DO "EU" OU ORIENTAÇÃO AUTOPSÍQUICA 277
15 INTELIGÊNCIA 295
16 MEMÓRIA 309
17 ALGUNS ASPECTOS DO RELACIONAMENTO INTERPESSOAL NA PRÁTICA CLÍNICA ... 321

    BIBLIOGRAFIA DE REFERÊNCIA (UMA LITERATURA BÁSICA EM PSICOPATOLOGIA) .. 335
    ÍNDICE REMISSIVO 339

Capítulo 1 Introdução

*Dizer que a ciência é lógica
é como dizer que uma pintura é tinta.*

Leon Cooper,
Prêmio Nobel de Física de 1972

A palavra *psicopatologia* quer dizer, literalmente, *"falar sobre a alma que sofre"*. Como todos sabemos, as almas humanas têm passado maus pedaços desde que o *Homo sapiens* – ou quem sabe já mesmo o *Homo erectus* – foi expulso do paraíso e obrigado a encarar a responsabilidade pela determinação do seu próprio destino.

A evolução humana produziu um estranho primata com um enorme cérebro infantil, capaz de aprender durante todo o seu período de vida. Esse desenvolvimento cerebral não se deu apenas no que se refere ao tamanho, mas também à qualidade: o nosso neocórtex, e, neste, os lobos frontais têm especial destaque anatômico. Tal disposição implica uma relativa redução dos padrões automáticos de comportamento e no favorecimento de áreas "livres" para conexões múltiplas e variáveis e a criação de possibilidades infinitas, apesar de limitadas. Assim pudemos criar a linguagem, o pensamento, a sociedade e a cultura. Em compensação, perdemos a inocência, a determinação e a segurança, arcando, ainda, com o ônus de um órgão que, constituindo meros 2% do peso do corpo, consome 18% da sua energia.

Nem mesmo o gigantesco aparato cultural que vimos desenvolvendo desde a pré-história tem sido bem-sucedido em aliviar nossa permanente angústia nem evitar que, eventualmente, alguns de nós venham a sucumbir a ela. Não é difícil compreender porque este nosso assunto já vem interessando às pessoas há tantos séculos.

UM BREVE RESUMO HISTÓRICO

Podemos traçar o início do reconhecimento, da interpretação e do tratamento das doenças mentais desde o alvorecer da pré-história humana até os nossos dias. Por esta razão, dizemos que a psiquiatria (denominação que é derivada do grego clássico, sendo composta pelas palavras ψυχη [*psyché*], que significa *alma*, e ιατρος [*iatros*] que quer dizer *médico*) é, sem sombra de dúvida, a mais antiga de todas as especialidades médicas. É a mais antiga porque seus métodos diagnósticos (do prefixo grego δια- [*dia-*]: através, e γνοσις [*gnosis*]: conhecimento) e terapêuticos (do grego θεραπεια [*therapeia*]: tratar, cuidar) estão entre os mais remotos recursos da medicina tradicional – transe hipnótico, catarse, persuasão, sugestão, interpretação de fantasias e sonhos, utilização de drogas psicoativas e até mesmo intervenções neurocirúrgicas, como as trepanações cranianas – em todas as épocas e culturas, mesmo as mais rústicas ou "primitivas". Por outro lado, em determinados aspectos, ela apresenta características muito recentes porque apenas no início deste século conseguiu separar-se verdadeiramente da neurologia e adquirir seus próprios conceitos e métodos. Diferente de qualquer outra especialidade, a psiquiatria precisa, necessariamente, trabalhar de modo simultâneo com áreas ou paradigmas totalmente diferentes de conhecimento, encarnando, de forma ímpar, o conceito piagetiano de transdisciplinaridade. A fundamentação de todo o conhecimento psicopatológico é, por definição, múltipla, sem deixar de ser única.

Tratamentos

Ao contrário do que pensam muitos desinformados, a loucura era reconhecida e *tratada* desde a mais remota antiguidade. Médicos e sacerdotes chineses, indianos, egípcios, sumérios, persas, gregos e romanos manipulavam psicofármacos e aplicavam técnicas psicoterápicas no tratamento dos vários distúrbios psíquicos há dezenas de séculos. A interpretação ritualizada dos sonhos, delírios, fantasias e alucinações, de acordo com a mitologia de cada cultura, proporcionava elementos terapêuticos de compreensão psicológica e reintegração social.

Naturalmente, como muitos desses rituais eram secretos, muito poucos detalhes nos chegaram a partir da limitada literatura da época. Apesar de não termos, hoje, condições de avaliá-los especificamente, nem de compará-los rigorosamente com os nossos próprios métodos e técnicas, podemos imaginá-los, supondo-os semelhantes, em essência, às técnicas psicoterápicas atuais naquilo que possuem de universal, ou seja, no vínculo terapêutico, na transferência, na catarse, na interpretação, na elaboração e na reparação simbólicas.

Os elaborados e envolventes rituais de cura mesclavam-se com o uso de preparados à base de substâncias de ação psicotrópica, combinando, sem quaisquer conflitos ideológicos, a psicoterapia e a psicofarmacoterapia, desde tempos imemoriais. Seja na Europa, na África, na Ásia, na Oceania ou nas Américas, praticamente nenhum povo desconhecia práticas e drogas para lidar com as perturbações mentais.

Para os cultos religiosos, suas aplicações mágicas e seus ritos de adivinhação e cura, para a anestesia e a terapêutica dos sofrimentos físico e mental, usavam-se raízes, como a da famosa mandrágora *(Podophyllum peltatum)*, sementes, como a da papoula *(Papaver somniferum)*, de onde é extraído o ópio (e também a heroína, a papaverina e diversos outros alcaloides), entre inúmeros produtos obtidos de ervas, flores, frutos, cascas de árvores, cactos, cogumelos, arbustos e cipós. A *Rauwolfia serpentina*, de onde se extrai a reserpina, poderosa droga neuroléptica, sedativa e hipotensora arterial, já encontrava larga utilização na antiga Índia, inclusive no tratamento específico de distúrbios mentais. Na África ocorre uma outra espécie de *Rauwolfia*, a *R. vomitoria*, que secreta a alstonina, um alcaloide que se assemelha aos modernos neurolépticos atípicos, tendo uso na medicina tradicional no tratamento de doenças mentais.*

Princípios ativos de ação inibidora central e periférica nos neurorreceptores colinérgicos são encontrados em plantas, como a erva de Jimson *(Datura stramonium)*, a beladona *(Atropa belladonna)*, o meimendro *(Hyosciamus niger)*, e tanto podem tratar com sucesso de simples cólicas (como o fazem até hoje), como também provocar alterações de consciência, alucinações *(delirium)* e mesmo a morte. Efeitos fisiológicos opostos eram obtidos com a fava-de-calabar *(Physostigma venenosum)*, que produz a fisostigmina, droga inibidora da enzima colinesterase. Naturalmente, tais drogas tinham, também, amplo uso, como venenos e contravenenos pelos feiticeiros. Os estudos atuais de etnobotânica e etnofarmacologia nos revelam o amplo arsenal farmacológico de que dispunham.

A indução de estados alterados de consciência, vivências introspectivas extraordinárias, acompanhadas de distorções sensoperceptivas, ilusões e alucinações, pode ser obtida com o uso de plantas as mais diversas. Entre elas, conhecemos o cipó amazônico *Banisteriopsis caapi*, usado em rituais místicos por alguns grupos indígenas da região. Atualmente, também a seita conhecida como Santo Daime faz uso ritualizado dessa substância. Podemos mencionar, ainda, a *Psychotria viridis*, a *Virola calophylla*, a *Mimosa hostilis*, a *Salvia divinorum*, a *Piptadenia peregrina*, a noz-moscada *(Myristica fragrans)*, a *kawa* (*Piper methysticum*) etc. Os fungos *Amanita muscaria*, *Stropharia cubensis*, *Psilocybe mexicana* eram objeto de cultos por suas propriedades reveladoras do divino.

Temos, ainda, o difundidíssimo cânhamo ou maconha *(Cannabis sativa)* e seus produtos derivados, como o haxixe (uma resina extraída das suas flores femininas). Apesar de ser uma droga de ação farmacológica inebriante, frequentemente usada para a meditação e o relaxamento, em certos contextos, podia ser usada para a violência. Dizia-se que fazia parte

---

* Agradeço a informação ao saudoso Prof. Leopoldo Hugo Frota, da UFRJ.

integrante dos rituais de uma facção islâmica xiita, a seita persa ismaelita, do século XI. Em suas lutas contra os cruzados e os muçulmanos ortodoxos, os ismaelitas procuravam matar pessoas de grande importância política. Seus membros eram chamados *hashishin* – em árabe, usuários de haxixe – de onde veio a palavra *assassino*. Por esta razão, até hoje, em inglês, a palavra *assassin*, diversamente de *murderer*, tem uma conotação que se refere, essencialmente, à motivação política de tal crime. Este exemplo mostra que a ação de um psicotrópico não pode ser compreendida apenas a partir de suas propriedades farmacológicas, sem levar em conta as circunstâncias do seu uso.

Cerimônias místicas, envolvendo o uso do cacto *peyotl* ou *mescal (Lophophora williamsii)*, são muito comuns ainda hoje em várias tribos indígenas mexicanas, americanas e canadenses. Os astecas chamavam *teonanacatl* – a carne do deus – aos cogumelos alucinógenos. Os livros de Carlos Castañeda, célebres na década de 1970, descrevem magnificamente essa complexa experiência intrapsíquica, englobando, em uma vivência única, elementos subjetivos, transculturais e interpessoais. Cultos específicos aos deuses dos cogumelos e de outras plantas de ação alucinógena existiram não apenas no México, mas em diversos lugares por todo o mundo. Certamente este uso místico das drogas psicoativas diferencia-se do uso diretamente terapêutico, mas o campo de intersecção entre ambos é muito amplo e de difícil definição, já que os sacerdotes dos cultos também costumam exercer o papel de médicos. Vemos sempre nos filmes de *cowboy* os índios chamando tudo o que consideravam como técnica ou mágica de "*medicine*", denominação que permanece até hoje em localidades do Oeste americano, como *Medicine Bow*, *Medicine Hat*, *Medicine Creek* etc. Devemos, então, lembrar também que entre nós essa distinção é muito tênue. A diferenciação entre medicina e magia sempre foi mais uma exceção do que a regra, mesmo hoje em dia.

Faziam parte do receituário dos antigos médicos, sacerdotes, feiticeiros, curandeiros, xamãs, druidas, babalaôs, pajés, rezadeiras, alquimistas, monges, gurus e *profissionais* assemelhados, muitas drogas de efeitos psicotrópicos estimulantes e sedativos. Entre as primeiras, temos a cafeína, substância encontrada no chá, no guaraná, na erva-mate, na noz-de-cola, no cacau e no café, e também a cocaína, encontrada nas folhas da coca *(Erythroxylon coca)*. Entre as drogas sedativas temos como exemplo o álcool, destilado pela primeira vez pelos árabes, que o chamaram "a essência", *al kuhl*, no árabe clássico ou *al kohol*, no vulgar. Muitas dessas substâncias, seus princípios ativos ou seus derivados sintéticos continuam fazendo parte do arsenal farmacoterápico atual.

Diversas outras substâncias obtinham utilização psicotrópica mais específica entre inúmeras plantas e até mesmo alguns animais. Entre estes encontramos como exemplo o sapo europeu *Bufo vulgaris* e, nas Américas, o nosso sapo cururu *Bufo marinus*, de onde se pode obter o alcaloide alucinógeno bufotenina e, ainda, os cardiotóxicos, bufotoxina e bufogenina. Também podemos lembrar um certo peixe venenoso, o baiacu, nome que, na verdade, corresponde a todo um grupo, com vários gêneros e espécies: *Diodon sp.*, *Sphœroides sp.*, *Lagocephalus lævigatus* etc. O baiacu é portador da tetrodotoxina,* sendo responsável por mortais iguarias no Japão – onde é conhecido como *fugu* – e elemento fundamental das fórmulas enfeitiçadoras no Haiti. Certos feiticeiros de origem *gege* – procedentes do Daomé, na África Ocidental – utilizam-no em rituais *vudu*, participando ativamente da indução dos estados catalépticos após os quais o enfeitiçado – um "morto-vivo" – é psicologicamente manipulado e denominado *zumbi*. As antiquíssimas farmacopeias chinesas, como o *Pentsao-chi*, assim como as dos antigos egípcios, já reconheciam suas propriedades tóxicas há 5.000 anos. O baiacu é conhecido no Haiti como *crapaud-de-mer*

---

* Uma neurotoxina extraordinariamente potente.

(sapo-do-mar, em francês), o que talvez explique por que os sapos estão, invariavelmente, presentes em todas as nossas representações mentais de *poções mágicas*, de acordo com aquelas terríveis receitas que as bruxas preparavam em seus caldeirões.

Dentro de rituais específicos – sem os quais os seus efeitos psicofarmacológicos careceriam de significado e eficácia terapêutica* – essas drogas tinham e continuam tendo ampla aplicação, sendo usadas para alterar a percepção e a consciência, adivinhar a vontade dos deuses, ampliar a compreensão do mundo, aliviar a angústia, sedar, estimular e curar os males do corpo e da mente. Pouca distinção havia, em geral, entre simples poções mágicas, venenos perigosos e medicamentos de ação farmacológica específica. O significado da palavra grega φαρμακον [*pharmakon*] compreendia tudo isso. Na mitologia helênica, o médico Asclépios (o Esculápio dos romanos) foi fulminado pelos deuses por ressuscitar os mortos, sendo depois divinizado. As filhas de Asclépios, Panaceia e Higieia, deram origem às duas vertentes da medicina moderna: a curativa e a preventiva.

Teorias

Os gregos, por meio de Hipócrates (384-322 a.C.) – o chamado "Pai da Medicina" – e seus seguidores, parecem ter sido os primeiros a procurar compreender as doenças mentais, como doenças naturais, sem maiores implicações religiosas, considerando o cérebro como o verdadeiro centro da atividade mental. É de Hipócrates a seguinte frase a respeito da epilepsia (επιληψις [*epilepsis*]: crise convulsiva, ataque) chamada, na época, de "o mal sagrado": "...não me parece que seja em nada mais divina ou mais sagrada que as outras enfermidades, mas que tem como elas uma causa natural." Seguindo a doutrina de seu antecessor, o médico e filósofo pitagórico Alcmeão de Crótona, Hipócrates já atribuía especificamente ao cérebro (ἐγκέφαλον [*enkéfalon*]) as funções e disfunções mentais.

Também os médicos de Roma, como Cícero (106-43 a.C.), Galeno (120-200 d.C.) e Trallianus (525-605 d.C.), seguiram essa tradição grega e procuraram descrever os quadros clínicos, suas origens e seus tratamentos, descrentes da influência de demônios e outras entidades sobrenaturais.

A medicina grega e a romana tendiam a atribuir aos órgãos e líquidos (humores) do corpo a origem das doenças mentais. A histeria feminina era relacionada com a frustração do útero (υστερος [*hysteros*] em grego), e a masculina, com a retenção do esperma.

Os médicos antigos, apesar de estarem muito longe de uma noção satisfatória da fisiologia, anatomia e patologia humanas, conseguiram descrever com razoável precisão, para as condições da época, os quadros clínicos de algumas entidades nosológicas mais ou menos amplas. Na doutrina de Galeno distinguiam-se três faculdades diretivas da mente: a imaginativa (φανταστικη [*phantastike*], em grego), a racional (διανοητικη [*dianoetike*]) e a mnemônica (μνεμονευτικη [*mnemoneutike*]). As perversões, diminuições ou perdas dessas capacidades, isoladas ou em combinação, ocasionavam os quadros clínicos:

a) *Frenitis* ou *frenesis*: que ocorria com febre, seguida de alterações de consciência, *delirium*, confusão mental e agitação psicomotora.
b) *Letargia*: onde as alterações de consciência que se seguiam à febre provocavam inibição psicomotora e estupor.
c) *Melancolia*: em que ocorria depressão e inibição da psicomotricidade, sem febre nem alterações do estado de consciência.

---
* Que não é a mesma coisa que eficácia farmacológica.

d) *Mania*: onde a agitação ocorria também sem febre nem *delirium*; ocorria em três formas principais: alegre, furiosa e homicida (Fig. 1-1).
e) *Moria*: onde se observava a perda da crítica, que evoluía para a demência (*dementia* em latim, ανοια [*anoia*] em grego).
f) *Delírio:* onde havia a perversão da imaginação (παραφροσυναι [*paraphrosinai*]).

Os árabes, na época de esplendor da cultura muçulmana, traduziram para a sua língua muitos textos gregos clássicos e desenvolveram uma medicina de muito bom nível, pelo que sabemos, com hospitais e asilos voltados para o bem-estar e a recuperação dos pacientes. Seu primeiro hospital para pacientes com doenças mentais foi construído em Bagdá, no ano 170 da Héjira (792 d.C.).

Uma parte relevante dos conhecimentos árabes veio, certamente, das tradições médicas da Índia e do Egito. Um enorme conhecimento empírico sobre doenças, drogas naturais e técnicas cirúrgicas era dominado por esses povos. Sofisticados instrumentos cirúrgicos eram confeccionados para serem manejados por profissionais experientes e bem treinados. A propósito da real eficácia desses instrumentos arcaicos, vale a pena lembrar como analogia uma famosa e bem-sucedida experiência, feita em 1962, em Lima, no Peru. Um neurocirurgião peruano, estudioso da medicina dos *mochicas* (uma cultura pré-incaica), Francisco Grana, operou um paciente hemiplégico, abrindo-lhe o crânio e extraindo um hematoma extradural apenas com a utilização de instrumentos indígenas de mais de 2.000 anos de idade.

Fig. 1-1. Pintura grega do século IV a.C. que representa [Héracles (Ηρακλες, em grego, o mesmo Hércules dos romanos], num acesso de loucura, destruindo seu lar e matando sua esposa Mégara e seus três filhos. A figura à esquerda representa Mania, a insanidade. O grande dramaturgo Eurípedes, em sua tragédia Héracles, descreve o terrível episódio.

No Egito, a medicina acumulava novos conhecimentos fazendo experiências clínicas com drogas desconhecidas que eram trazidas de outras terras (Fig. 1-2). Heródoto também relata, com admiração, as diversas especialidades em que se dividiam os médicos egípcios. Devemos acrescentar que a ansiedade, o estresse psíquico e as doenças psicossomáticas já eram problemas comuns no antigo Egito, não sendo, de forma alguma, um privilégio de nossa época. Estudos anatomopatológicos feitos em múmias egípcias, além de infecções e parasitoses endêmicas, revelaram diversos distúrbios gastroenterológicos, como úlceras e colites, além de diversas doenças degenerativas, artrite, arteriosclerose, câncer etc.

Na Europa medieval e renascentista, muito do que se conseguiu reaver da cultura grega antiga veio por meio de traduções latinas das traduções árabes. No século X, um médico de Bagdá, Ishaq ibn Amran, descreveu com precisão o quadro clínico da depressão melancólica em um livro em que citava todos os autores clássicos gregos e latinos, *Kitab il Melankhuliya*. O famoso sábio persa Abu Ali al Husayn ibn Sina, ou Avicena – chamado "o príncipe dos médicos" – assim como o jurista, filósofo e médico da cidade espanhola de Córdoba – na época, sob o domínio árabe – Abu al Walid Muhammad ibn Ahmad ibn Ruchd, ou Averróis, nos séculos XI e XII, respectivamente, influenciaram profundamente os pensamentos filosófico, científico e médico ocidentais da Idade Média ao Renascimento, sendo estudados nas faculdades da Europa até o século XVII.

Na China, desde mais de 700 anos a.C., já se procurava, também, sair da perspectiva puramente demonológica e encarar a doença mental de um ponto de vista natural.

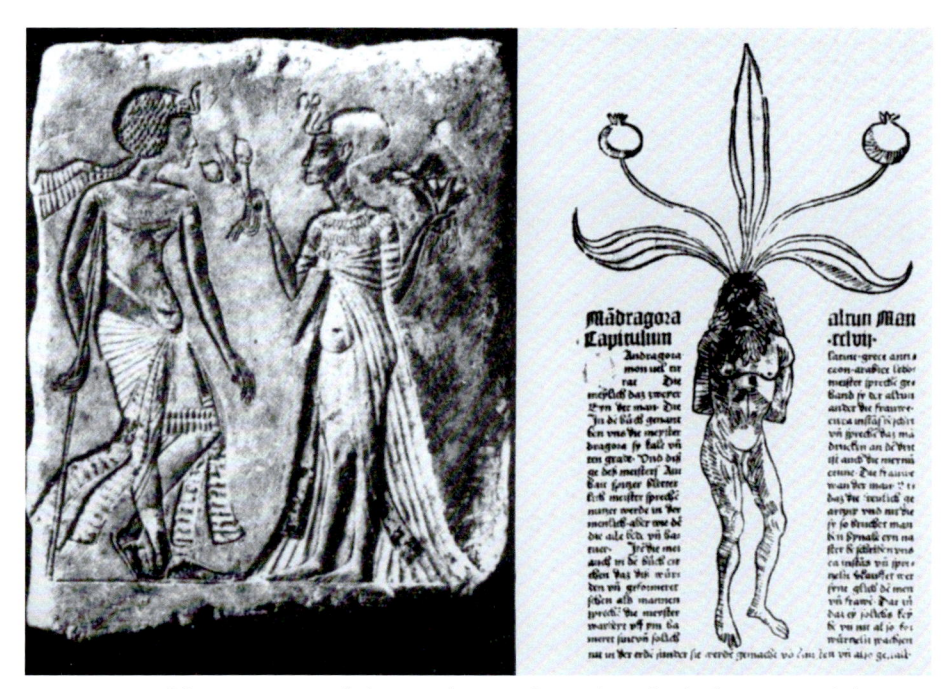

Fig. 1-2. A mandrágora, representada à esquerda num relevo egípcio do século XIV a.C. e, à direita – de modo antropomorfizado – num livro medieval sobre drogas. Um resquício do prestígio dessa planta reflete-se no nome do mágico das histórias em quadrinhos: *Mandrake*, mandrágora em inglês.

Grandes farmacopeias com detalhadas descrições de plantas medicinais foram feitas nessa época. Como ocorreu no Ocidente, porém, em certas épocas, em períodos particularmente obscurantistas, a influência do pensamento mágico ou sobrenatural se impunha na prática médica em detrimento das perspectivas mais racionais e científicas (Figs. 1-3 a 1-5).

A Idade Média absorveu, na sua religiosidade cristã, toda a medicina de então e apenas nos mosteiros (onde se encontravam *todos* os livros existentes na época) residiam a ciência, a filosofia, a arte e a literatura. Mesmo os nobres e reis eram analfabetos. A população ignorante cultivava toda a sorte de superstições e crenças sobrenaturais. O Renascimento não modificou muito o quadro medieval: às possessões demoníacas continuavam sendo atribuídos os distúrbios mentais. A forte repressão sexual religiosa acabava por propiciar frequentes surtos catárticos (do grego καθαρσις [*katharsis*]: descarga) grupais, "epidemias" de loucura em massa ou crises de histeria grupal, ritualizadas ou não, como se vê nos quadros de Pieter Brueghel e Hieronymus Bosch e nos relatos sobre célebres casos de possessões demoníacas coletivas, como as do convento de Loudun, na França, no século XVI. Um círculo vicioso se formava, então, com a repressão e a intolerância, ocasionando mais crises, que provocavam mais repressão etc. A perseguição às feiticeiras, a inquisição e os exorcismos não davam qualquer espaço para uma medicina da mente.

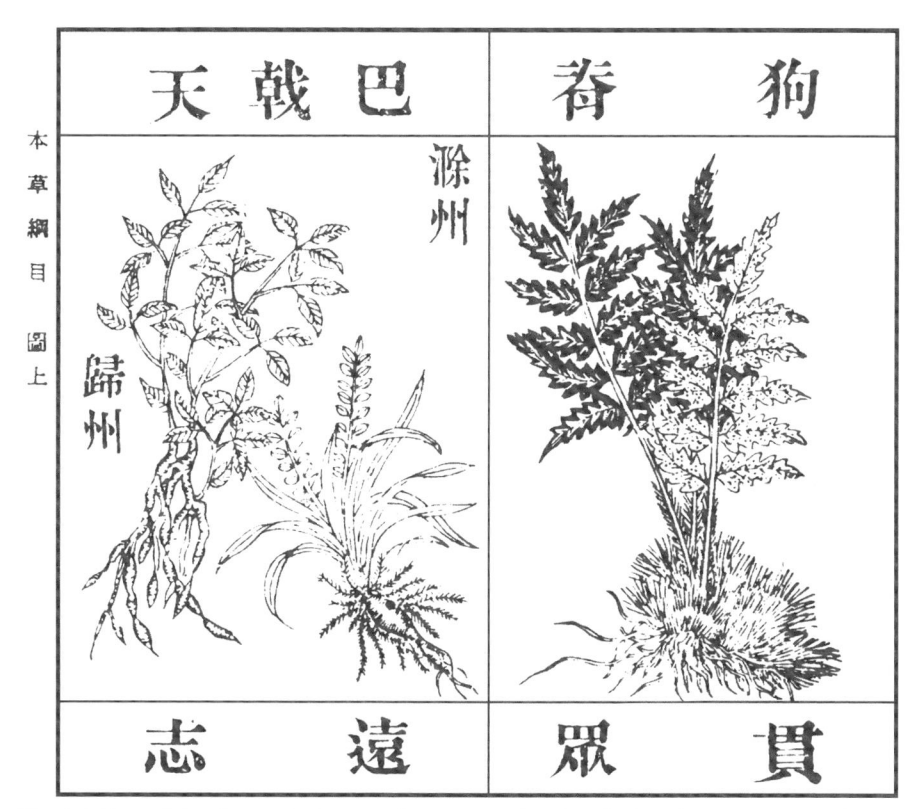

Fig. 1-3. Uma página do grande Pentsao King Mu, ou "Classificação de Raízes e Ervas" tratado chinês de drogas medicinais que registra 1.892 medicamentos.

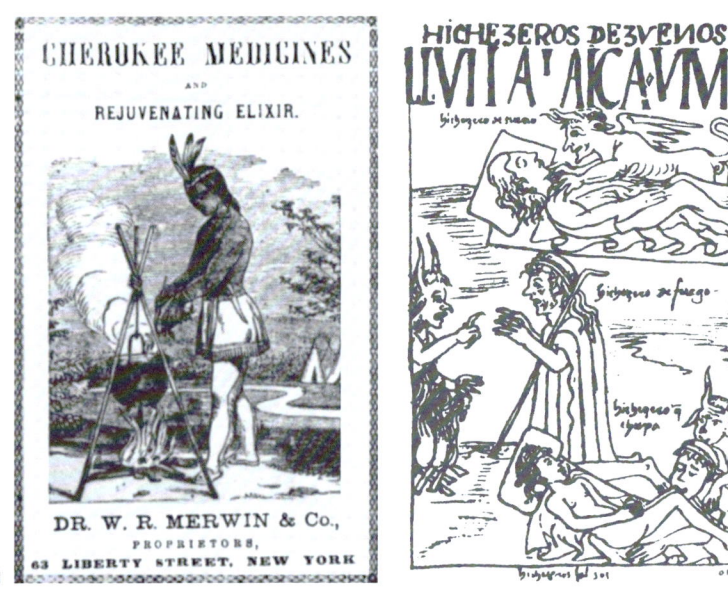

Fig. 1-4. (**a**) "Cherokee Medicines": o prestígio das ervas indígenas neste anúncio americano do século XIX. (**b**) Gravura da crônica inca de Poma de Ayala, feita no Peru do século XVI, que menciona os "psiquiatras" da época, ou feiticeiros-intérpretes de sonhos *(hechiceros de sueños).*

Fig. 1-5. (**a**) Capa do livro de Isaac Hunt, Three Years in a Mad-House, de 1852, denunciando os maus-tratos de que fora vítima quando internado no Maine Insane Hospital. (Biblioteca do Depto. de Psiquiatria da Cornell University Medical College, New York.) (**b**) Anúncio americano de equipamentos para a contenção de pacientes com doenças mentais, de 1840.

Os livros de demonologia, como o célebre "*Malleus Maleficarum*" (em latim, "*O Martelo das Feiticeiras*"), eram os tratados de psicopatologia do momento. Nem mesmo a sua desaprovação pela igreja impediu que tivesse inúmeras reedições e fosse amplamente usado por 200 anos, por católicos e protestantes.

A interpretação religiosa, "terapêutica" em sua função de proporcionar a reintegração do paciente com doença mental ao convívio social, mostrava-se, nessa época, carregada de uma intolerância tão violenta como poucas vezes se viu na história. Frequentemente, os distúrbios da mente acabavam "curados" pela fogueira.

Vozes sensatas, no entanto, ousavam levantar-se contra os absurdos que se cometiam. Alguns médicos e filósofos, como Molitor de Constance, Erasmo de Rotterdam, Hieronimus Cardanus, Agrippa de Nettesheim, Johan Weyer ou Wier de Clèves, Paracelsus e Reginald Scot, e alguns religiosos, como Santa Teresa d'Ávila e São Vicente de Paulo, discordando desses desatinos fanáticos, corajosamente declararam, contra boa parte da opinião pública, que a doença da mente não era diferente da do corpo, e que merecia tratamento, e não repressão. Levinius Lemnius, em 1558, afirmou:

> *Humores, non malos Genios morbos inducere... Melanconicos, Maniacos, Phrœneticos non a malo infestoque Genio divexari, nec dæmonii instinctu, impulsoque illos ista peragere, sed vi morbi, humorumque ferocia, qua tamquam face subdita, mens hominis exardescit atque inflammatur...*
>
> [Os humores, e não os espíritos maus causam as doenças... Os melancólicos, maníacos e frenéticos não são atacados por algum gênio hostil. Nem são eles afetados por instigação do demônio, mas por força de uma doença ou da agressividade dos humores, pelos quais, como que inflamada a mente humana se toma de fúria...].

Também Carolus Piso, nome latinizado de Charles Le Pois, professor de medicina da Universidade de Pont-à-Mousson, já descrevia a histeria como distúrbio mental, e não do útero, em 1618. No entanto, passaram-se ainda 200 anos para que ocorressem mudanças substantivas nesse quadro. Por todo esse longo período a psiquiatria permaneceu ligada à religião e à magia, ainda mais intensamente que o resto da medicina, que só no século XVIII conseguiu recuperá-la, com Philippe Pinel, na França, Vincenzo Chiarugi, em Florença, e William Tuke, na Inglaterra.

Instituições

É interessante notar, porém, que já em 1409, em Valência, na Espanha, frei Juan Jofre fundou "*Un establecimiento u hospital donde los locos y los inocentes pudieran ser recogidos y atendidos cristianamente y no anduviesen por las calles, haciendo y recebiendo daño.*" Seguia, assim, as tradições árabes, que já possuíam locais semelhantes há séculos.

A partir do século XVI, monastérios e prisões foram começando a dar lugar a instituições mais específicas para pacientes com doenças mentais, cujo cuidado com os pacientes, no entanto, deixava muito a desejar. Em fins do século XVIII, o médico francês Philippe Pinel "fundou" praticamente a psiquiatria moderna, libertando os pacientes das correntes com que os prendiam junto aos criminosos, e procurando analisar e descrever os quadros clínicos.

Seu discípulo, Jean Etienne Esquirol, em 1837, na França, e Wilhelm Griesinger, em 1845, na Alemanha, escreveram os primeiros clássicos da literatura psiquiátrica. Devemos notar que, no entanto, diversos rumos pseudocientíficos – profundamente incrustados no *esprit du temps* – surgiram nessa época de determinismos onipotentes dos quais a medicina não escapava. Entre esses, a *frenologia* de Gall, que pretendia ver, no formato da calota craniana, o reflexo das estruturas anatômicas do córtex cerebral e localizadas nestas as características da personalidade. Por caminho semelhante foi Lombroso, que descreveu as características morfológicas de "*l'uomo delinquente*".

Mente e Cérebro

Desde o "magnetismo animal" de Mesmer, no século XVIII, a sugestibilidade, as motivações inconscientes e a irracionalidade humana mantiveram-se na pauta da psicologia do século XIX. Inúmeros estudos sobre a mente inconsciente marcaram o período.

Em seu final, o século XIX presenciou o início da psiquiatria científica, com a classificação e descrição das doenças mentais por Emil Kraepelin. Durante toda essa época, ocorreu também a descrição da anatomia, fisiologia e histopatologia do sistema nervoso central – e suas correlações com os quadros clínicos – por Broca, na França, Golgi, na Itália, Ramón y Cajal, na Espanha, Wernicke, na Alemanha, Hughlings Jackson, na Inglaterra, entre outros. Descobriu-se, então, a associação da paralisia geral progressiva – responsável, na época, por inúmeros casos de *loucura* – com a sífilis cerebral (que seria confirmada, microscopicamente, apenas em 1916, por Noguchi).* Ocorreram também, nesse período, a descrição das conversões histéricas por Charcot, na Salpêtrière, e a correlação destas com as técnicas hipnóticas e sugestivas, desenvolvidas por Liébault e Bernheim, em Nancy. Pierre Janet apresentou os conceitos de dissociação e de manifestações inconscientes da mente, destacando seus aspectos preservadores do equilíbrio psíquico.

A psiquiatria do século XX prosseguiu com a criação da psicanálise por Sigmund Freud e seus seguidores, em Viena. O enfoque fenomenológico da psicopatologia foi desenvolvido, principalmente, na Alemanha, por Karl Jaspers, Ludwig Binswanger e outros. O estudo descritivo da esquizofrenia (anteriormente chamada de *dementia præcox*, demência precoce) foi desenvolvido por Eugen Bleuler, em Zurich.

A partir da década de 1920 surgiram as abordagens e técnicas reflexológicas, behavioristas e cognitivas, a partir do fisiologista Ivan Pavlov, na Rússia, do psicólogo J. B. Watson, nos Estados Unidos e de seus seguidores Wolpe e Skinner. A abordagem behaviorista sempre teve grande importância na psicologia americana e só veio a entrar em declínio muito recentemente, com o desenvolvimento das chamadas *neurociências*.

As técnicas psicoterápicas desdobraram-se nas inúmeras escolas psicanalíticas ou técnicas delas derivadas, nas terapias de grupo e nas terapias familiares. Paralelamente, surgiram os estudos de psicossomática e as técnicas de praxiterapia.

Em 1950, P. Chapontier *et al.* sintetizaram a clorpromazina, o primeiro neuroléptico e, em 1953, J. Delay e P. Deniker descobriram seu uso psiquiátrico, que possibilitava o tratamento dos estados psicóticos sem a necessidade de internação e, dessa forma, puseram a termo a onda das *psicocirurgias,* iniciada em 1936. Lembremo-nos que, de 1949 a 1951, *20.000* pacientes tiveram seus cérebros lesionados por essa prática, só nos Estados Unidos, com amplo respaldo da sociedade. O filme *Frances*, sobre a vida da atriz americana Frances Farmer, mostra a extrema facilidade com que uma coisa assim podia ser feita com alguém que não se adaptasse às normas, nem soubesse ou tivesse *jogo de cintura* para contorná-las. Seus pais internaram-na por diversas vezes em hospitais psiquiátricos e, com a expressa autorização deles, ela acabou sendo lobotomizada. Após a lobotomia, ela foi novamente aceita pelo meio social e acabou como apresentadora de um programa

---

* A malarioterapia, criada por J. Wagner-Jauregg, foi o primeiro tratamento eficaz para a demência sifilítica, seguida pela penicilina que praticamente eliminou essa doença do horizonte psiquiátrico.

de televisão, atividade para a qual, naturalmente, a integridade das faculdades mentais não parecia fazer nenhuma falta.

Antidepressivos eficazes e tranquilizantes mais seguros e eficazes surgiram também nessa época e são usados até hoje. As descobertas psicofarmacológicas das décadas de 1950 e 1960 abriram novas perspectivas para o tratamento psiquiátrico, permitindo que a maioria dos pacientes pudesse viver total ou parcialmente fora dos hospitais psiquiátricos e, assim, tornar-se suscetível às técnicas psicoterápicas, praxiterápicas e ressocializantes.

A década atual tem presenciado uma grande intensificação dos estudos sobre as substâncias neurotransmissoras cerebrais em uma ávida busca por drogas de ação cada vez mais específica, ou seja, objetivando a máxima eficácia e o mínimo de efeitos indesejáveis.

Infelizmente, isso tem acontecido à custa de uma lamentável negligência quanto ao rigor no exame psíquico e na avaliação diagnóstica. Na literatura científica e nos congressos atuais observa-se um preocupante empobrecimento das descrições de casos clínicos, a reboque de uma despropositada tentativa de automatização e quantificação do diagnóstico.

As décadas de 1960 e 1970 viram surgir uma onda de críticas às internações manicomiais e ao papel social repressivo da psiquiatria tradicional. Laing, Cooper, Szasz e Basaglia, pelo lado da psiquiatria, e Foucault e Goffman, por meio das ciências sociais, tiveram grande influência nos movimentos chamados antipsiquiátricos e antimanicomiais. Mas essas críticas, por mais pertinentes que fossem, não chegavam a ser realmente originais. Dostoievsky, em pleno século XIX, já comentava: *"Dizem que os espanhóis construíram o primeiro hospital para loucos. Juntando todos os loucos em um único lugar tentam convencer-se de que eles próprios têm algum juízo..."* Ainda no mesmo século XIX, também a novela "O Alienista", de Machado de Assis, colocava em cheque os critérios de doença e os propósitos implícitos da internação psiquiátrica.

CONCEITOS FUNDAMENTAIS

Psicopatologia Fenomenológica e Outras Abordagens – Compreensão e Explicação

O ser humano, em sua complexidade, não pode ser estudado por um único método. Nenhuma abordagem é capaz de abranger todos os seus aspectos nem responder às inúmeras questões que o estudo do seu psiquismo suscita. O fato de um método mostrar-se válido para certos aspectos do conhecimento, não lhe dá validade para todas as outras facetas da experiência humana. Da mesma forma, as eventuais falhas ou insuficiências de uma determinada abordagem não lhe tiram o valor, mas apenas demonstram as suas inevitáveis limitações.

Podemos fazer uma analogia bastante fiel entre a assustadora diversidade de teorias e escolas psicológicas e psiquiátricas e a velha fábula hindu dos sete cegos e o elefante. Como os cegos do apólogo, cada escola consegue apenas palpar uma parte da realidade, mas acredita ter condições de poder descrever o todo. Quem tateia o ventre do paquiderme, jamais compreende a percepção de quem pega a sua orelha, tromba ou cauda.

Uma outra boa ilustração visual desta questão seriam as projeções geométricas de objetos tridimensionais no plano, ou seja, em duas dimensões. Jamais qualquer projeção poderá reproduzir exatamente a realidade, mas apenas aspectos deformados dela, como nas cartas geográficas. Assim, de acordo com o ponto de vista, as figuras cilíndricas são vistas como círculos ou elipses no plano horizontal, ou como retângulos ou quadrados no plano vertical, como vemos nas imagens da Figura 1-6.

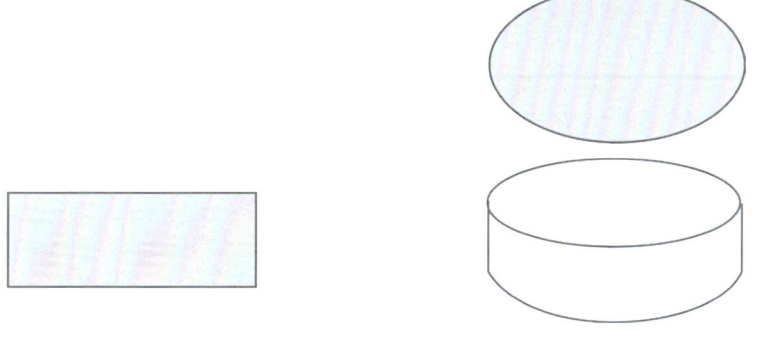

Fig. 1-6. Uma analogia com as representações bidimensionais dos sólidos.

A incapacidade de convivência com a clínica, ou seja, com a tridimensionalidade do ser humano, levou às escolas e posições reducionistas, que não sossegaram enquanto não *esquartejaram* o pobre elefante. Um simples pedaço isolado, no entanto, nada tem a ver com o elefante, se não houver uma concepção – uma imagem elefantina – em que essa parte se situe. O reducionismo acabou criando três pseudopsiquiatrias, todas igualmente sectárias: a psiquiatria biológica, a psiquiatria psicológica ou psicanálise e a psiquiatria social. Todas compartilham exatamente da mesma dificuldade básica: a necessidade de encarar a realidade clínica. Por esta razão, os sectários tendem sempre a tentar criar uma realidade à parte, delirante, sem pacientes de verdade, mas apenas com as fantasias construídas e trocadas entre eles mesmos. Feliz ou infelizmente para todos nós, os seus pacientes imaginários habitam apenas os *papers* e livros que não se cansam de escrever em seus respectivos jargões.

A abordagem fenomenológica, por não pretender explicar, mas compreender, nos permite um aprofundamento da experiência clínica, que permite uma progressiva conjugação e absorção, assim como um amplo uso de outros conhecimentos e explicações das mais diversas naturezas. A escola filosófica fenomenológica (Dilthey, Schulz, Husserl) diferencia o método das ciências naturais, que denomina *erklären* (explicar, esclarecer, em alemão) do método das ciências humanas, *verstehen* (compreender). Na afirmativa de Wilhelm Dilthey, "*compreendemos a mente e explicamos a natureza*". O enfoque fenomenológico privilegia a *compreensão* empática do fenômeno psíquico, sem deixar de lado as possíveis *explicações* intelectuais que este venha a aceitar. Procura – como disse o psiquiatra e filósofo Karl Jaspers – estar aberto a todas as possibilidades de investigação empírica, resistindo a toda tentativa de reduzir o homem a um denominador comum, negando que alguma teoria possa apreender toda a sua realidade. Neste enfoque, compreender o paciente com doença mental significa aproximar-se de sua *Weltanschauung* (visão ou concepção do mundo, em alemão).

A essência de toda a observação clínica é a postura *compreensiva*, interativa, fundamentalmente não determinista. O exame psíquico não consiste em uma compilação, derivada da busca sistemática de sintomas, mas na compreensão de experiências vivenciais. A atitude *explicativa*, de qualquer natureza, interfere e prejudica a capacidade de observação do clínico. Por essa razão, a predominância qualitativa do ponto de vista fenomenológico no diagnóstico psiquiátrico ainda não foi abalada. De acordo com Ludwig Binswanger, a psicopatologia não tem suas raízes na biologia nem na psicologia, mas no Homem, enquanto ser-no-mundo. Na realidade, como lembra Lantéri-Laura, a fenomenologia não chega a ser uma escola, pois não tem teorias, dogmas, mestres, discípulos nem seitas. O enfoque fenomenológico é uma *atitude*, antes de mais nada. Não é *ateórico*, porque isto seria impossível, mas *pré-teórico*.

O psiquiatra e antropólogo da Universidade de Londres Roland Littlewood, diz em recente e importante artigo de revisão sobre os novos pontos de vista na psiquiatria antropológica, em que também critica a falsa objetividade dos modelos atuais de diagnóstico e o insuficiente interesse da antropologia médica por outras abordagens da questão: "*It has largely ignored the patient's view in psychosis, and a rapprochement with the Jasperian phenomenological and existential perspective within psychiatry should prove fruitful*".*

Já a abordagem estritamente psicanalítica se firma nas interpretações, ou *explicações* psicológicas e também – em sua vertente terapêutica – na utilização da *compreensão* contratransferencial. As distinções psicopatológicas se esmaecem e adquirem uma coloração ambígua. Essa postura tem uma grande importância estratégica sob o aspecto psicoterápico, mas é claramente insuficiente e mesmo algo frustrante sob o aspecto do diagnóstico e do prognóstico. É também importante ressaltar que a teoria psicanalítica foi concebida dentro de um modelo neurológico, com suas proposições de "aparelho psíquico", suas abordagens dinâmica, genética, topográfica, estrutural e econômica, e suas concepções de catexia e fluxo de energia psíquica, mas estas não apresentam qualquer correlação direta com os atuais conhecimentos neuroanatômicos, neurofisiológicos ou neuroquímicos. Têm, assim, um sentido mais metafórico do que propriamente teórico, funcionando como instrumentos simbólicos ou hipóteses de trabalho. Sua importância estritamente psiquiátrica (excluindo-se, aí, as suas inter-relações com a filosofia, a psicologia pura e as ciências sociais) centraliza-se nas psicoterapias, onde sua influência, como conhecimento e método, é inconteste. Apesar de não ter criado esses conceitos, a psicanálise incumbiu-se de introduzir o inconsciente e o subjetivo na filosofia e na ciência e, a despeito de ter sido originada na clínica e de influir fortemente na sua prática, procurou separar-se dela para exercer outros papéis na sociedade e na cultura à que pertence. Institucionalmente, acabou por dividir-se em inúmeras vertentes ou "seitas", cada qual com sua pregação, seus profetas, seu clero e seu rebanho. A proliferação dessas trilhas de cunho ideológico, no entanto, não foi capaz de impedir que se solidificasse a contribuição psicanalítica para a psiquiatria.

As abordagens reflexológica e behaviorista baseiam-se, exclusivamente, na observação externa, na experimentação laboratorial e nas suas *explicações* mecanicistas, recusando qualquer forma de compreensão, tirando do homem o papel de instrumento diagnóstico ou terapêutico e negando qualquer importância à relação médico-paciente. É evidente que a simples observação do *comportamento* humano tem muito pouca utilidade, se não se conhecem as suas *motivações*. Mesmo etologistas compartilham deste ponto de vista quanto ao comportamento animal. Tão evidentes limitações, no entanto, não invalidam necessariamente todas as suas concepções teóricas nem suas conquistas terapêuticas. Devemos ainda notar que muitos neuropsicólogos pós-pavlovianos, como Luria, mostram uma sutil compreensão da plasticidade funcional do cérebro humano.

Os absurdos e os exageros do *cientificismo* do século XIX – a frenologia, a doutrina de Lombroso etc. – também não impediram o desenvolvimento verdadeiramente científico da neuropsicologia e o estudo sério das localizações cerebrais, da comunicação inter-hemis-

---

* "Em geral, (a antropologia médica) ignorou o ponto de vista do paciente na psicose, e uma reaproximação com a perspectiva fenomenológica e existencial de Jaspers poderá revelar-se proveitosa." "From Cathegories to Contexts: A Decade of the "New Cross-cultural Psychiatry". *Br J Psychiatry* 1990;156:308-27.

férica e das suas funções. Devemos notar, no entanto, que ainda persiste um significativo *gap* entre as *explicações* puramente psicológicas – como a psicanálise, o behaviorismo e a reflexologia – e o conhecimento neuropsicológico atual.

Uma contribuição importante do raciocínio neurológico para o psicopatológico são as concepções de *hierarquia das funções psíquicas, evolução e dissolução* (estruturação e desintegração dos níveis de *organização mental) e sintomatologia negativa* (perda da função) e *sintomatologia positiva* (liberação de funções inferiores), desenvolvidas pelo grande neurologista inglês John Hughlings Jackson. Em suas palavras: *"Evolution is the passage from the most simple to the most complex... from the most to the least organized; that is to say, from the lowest, well organized, centres up to the highest, least organized centres"*. Assim, os níveis mais elevados e complexos do sistema nervoso são também os mais recentemente organizados, os mais frágeis e os mais suscetíveis à dissolução, proporcionando, com isso, o aparecimento de sintomatologia positiva oriunda dos níveis inferiores então liberados.

Na França, Henri Ey embasou suas propostas de integração do pensamento psiquiátrico nas ideias de Jackson e de Pierre Janet. A obra de Ey orientou-se por uma tendência "antinosográfica", procurando descrever os quadros clínicos como exteriorizações sindrômicas dos níveis de dissolução funcional do psiquismo e não como entidades clínicas delimitadas. Tal perspectiva ambiciona, também, estabelecer pontes entre a visão clínica psiquiátrica e a psicanalítica. A tradição da psicopatologia francesa privilegia essas concepções dinâmicas, multifatoriais e operatórias na descrição e no diagnóstico dos quadros mentais, em detrimento das descrições sindrômicas estáticas que acabam tendendo para uma subdivisão interminável ou para a inclusão de inúmeros casos atípicos.

Os conceitos franceses de avaliação e diagnóstico psiquiátrico apresentam, sem dúvida, uma maior adequação clínica face à pretensão classificadora e quantificadora da psiquiatria americana atual, amarrada nos seus problemas legais, nas questões suscitadas pelos seguros de saúde e nos poderosos interesses da indústria farmacêutica.

Quanto a outras especulações neurofisiológicas mais concretas, ainda somos obrigados a fazer nossa a observação de Jaspers: "se o córtex cerebral e os distúrbios neurológicos complexos (afasias, agnosias, apraxias) estão estreitamente relacionados, quanto mais a neurologia avança, mais dela parece se esquivar o psíquico", o que claramente aponta na direção de outros métodos de investigação. Mesmo que o seu papel, na área específica da psiquiatria, seja de coadjuvante, isso não tira, de forma alguma, a enorme importância clínica e científica da pesquisa neurofisiológica. Os estudos atuais sobre a autoconsciência trazem interessantes elementos para a especulação teórica em nossa área. Além disso, suas próprias descobertas – como a dos neurônios-espelho – surgem por meio de abordagens fenomenológicas dos eventos neurofisiológicos.

Os progressos da psicofarmacologia têm sido de inegável valor teórico e terapêutico. Apesar disso, uma visão crítica solidamente apoiada na clínica constata facilmente que esse valor não corresponde – nem de longe – à desmesurada proporção que a sua milionária propaganda tenta fazer crer.

A psicodinâmica da doença mental ou a psicopatologia psicanalítica utiliza métodos e conceitos diversos, sendo estudada à parte, especialmente por ser uma abordagem cuja importância maior reside na terapêutica e não no diagnóstico. Naturalmente, diversos conceitos originados da psicanálise estão, obrigatoriamente, presentes em qualquer avaliação psiquiátrica que se preze. Noções do que sejam fenômenos inconscientes, transferência e contratransferência, mecanismos de defesa etc. são indispensáveis à prática psicopatológica, até porque são noções clínicas, em boa parte anteriores à própria psicanálise. Alguns outros aspectos fundamentais também deverão ser estudados nos itens específicos da psicopatologia especial.

As contribuições das ciências sociais fizeram-nos ver sob o prisma do relativismo cultural todo o conhecimento humano e demonstraram a impossibilidade de conhecermos o homem isolado de seu meio social. Por essa razão, podemos dizer que, na realidade, não pode existir "psiquiatria social" como área específica de atuação, já que nem mesmo seria possível praticar seriamente a psiquiatria sem conhecer o ser humano como criatura social.

Como vemos, é extremamente difícil definir o homem normal (exceto no sentido puramente estatístico), ou seja, o ser humano completo ou ideal. Somos obrigados a pensar no homem por suas possibilidades, de suas metas individuais. Devemos, então, procurar as definições do que *não é* normal, no sentido daquilo que *restringe* as possibilidades humanas, que *tolhe* suas realizações potenciais em seu ambiente social, ou seja, do que não é humano no homem.

Abordagem Clínica como uma Visão Abrangente e Multiconceitual

Para que se possa perceber em que aspectos um determinado distúrbio psíquico atinge o ser humano é fundamental a avaliação das diversas dimensões ou eixos em que se situa. As considerações fenomenológicas não podem excluir as abordagens psicodinâmicas, sociológicas, etnológicas, neurofisiológicas, bioquímicas e genéticas. É da própria natureza do pensamento clínico esse contínuo transitar por raciocínios, perspectivas teóricas ou paradigmas completamente diversos. Em nossa prática psiquiátrica diária somos obrigados a pensar simultânea ou ramificadamente por todas essas vias, de forma muito diversa dos artigos científicos que lemos ou escrevemos. Mas é exatamente nesse arranjo de instrumentos diferentes que está a *música* da nossa especialidade.

O estudo do caso de cada paciente mostra sempre essa interessante conjugação de caminhos. O apego rígido e obsessivo a uma única linha teórica não se coaduna com a natureza do objeto a ser estudado, e essa fidelidade excessiva ao método leva facilmente ao sectarismo estéril. Da mesma forma, o ecletismo confuso ou descompromissado de nada serve.

Como um navegador, o psiquiatra deve estar preparado para utilizar-se dos diversos métodos e técnicas existentes para se orientar, conjugando-os: receptores computadorizados de satélites, cartas náuticas atualizadas, bússolas, giroscópios e, caso não disponha de todo esse equipamento a bordo, das estrelas, do sol, da lua e até mesmo da observação das aves marinhas. É absolutamente necessário conhecer e saber utilizar todos eles, por mais diversos que sejam seus princípios, paradigmas e embasamentos teóricos. Neste aspecto, torna-se muito diferente dos outros especialistas em geral, que já têm um procedimento padrão, rotineiro, para todos os casos.

Critérios de Normalidade – Estatístico e Normativo (ou de Valor)

Uma definição essencial em nosso tema é a de *normalidade*. Sob um aspecto, digamos, aristotélico, os critérios *quantitativos* ou *estatísticos* de normalidade determinam diversos conceitos fundamentais para a biologia, a medicina, a antropologia, a psicologia e outras ciências e práticas que necessitam medir ou avaliar grupos ou populações. Assim, pelos valores médios determinamos o peso *normal* dos recém-natos, das hortaliças e dos animais domésticos, o tamanho *normal* das portas e móveis, as dimensões *normais* de roupas, sapatos e automóveis, o curso e a gravidade *normais* de cada doença, distinguimos os anões e os gigantes, definimos os graus de deficiência mental etc.

No entanto, tal critério quantitativo nem sempre nos pode ser útil. Por exemplo: a maior parte da nossa população apresenta cáries dentárias e verminoses e nem por isso deixamos de considerá-las como doenças que merecem tratamento. Para tais casos, em que a simples média estatística não é suficiente para determinar a normalidade, precisamos estabelecer, portanto, critérios platônicos, *qualitativos* ou *normativos* que se baseiam em uma imagem canônica, *idealizada*, do ser humano hígido. Exatamente por não ser possível determinar absolutamente o que é normal, saúde e doença não podem ser considerados conceitos científicos, mas médicos.

Este aspecto normativo do conceito de saúde – que sofre influências sociais e culturais – faz com que o conceito de doença mental pareça obscuro e que ao leigo não pareça haver muita diferença entre dissidência, rebeldia, inadaptação e problemas mentais. Nada melhor para esclarecer essa confusão do que a experiência produzida pela realidade clínica, que mostra que o doente nada tem de rebelde. Não é a norma pública convencional que estabelece estes critérios mas uma outra norma, que envolve o equilíbrio, a harmonia e a dinâmica da personalidade como um todo.

A predominância da ideologia sobre a clínica produz absurdos como, por exemplo, o que ocorreu durante o regime soviético, quando muitos dissidentes eram enviados a hospitais psiquiátricos, pois entendia-se que só um paciente com doença mental poderia discordar de um governo tão sensato. De forma similar, muitos militantes antimanicomiais basaglianos creem que a psiquiatria é uma forma do regime capitalista oprimir seus desajustados.

Isto ocorre quando os conceitos de adaptação e equilíbrio em sistemas complexos – e o ser humano é o mais complexo que conhecemos – veem-se reduzidos a equações simples e a palavras de ordem.

Uma perspectiva mais aberta e elaborada de observar fenômenos complexos como a doença é encará-los como **soluções** – mesmo que precárias – e não como **problemas**. Assim como uma pneumonia pode ser vista como um recurso do organismo para enfrentar uma invasão bacteriana nos pulmões; um quadro conversivo, dissociativo, obsessivo ou fóbico pode ser uma forma de conter ou afastar uma crise de ansiedade, e um quadro paranoide pode corresponder a uma tentativa de organizar um mundo interno esvaziado, caótico, ambíguo ou contraditório. Soluções podem ser melhoradas, modificadas, complementadas ou substituídas; já os problemas têm de ser *eliminados*.

Como vimos, Jackson, no século XIX, já havia sugerido que, em razão da estrutura hierárquica do sistema nervoso, os sintomas sempre revelavam duas tendências: ausência ou liberação. Uma se devia à falta de função (por exemplo, paralisia) e a outra à perda do controle superior (por exemplo, convulsão). Nos níveis mais altos, como no córtex e na relação entre seus hemisférios, a integração complexa de funções era essencial. Assim, quando a integração se perde, surgem o caos ou a rigidez. De certa forma, todos os quadros psiquiátricos podem ser descritos em termos de caos e rigidez.

Relação Psicossomática (do grego ψυχη [*psyché*]: Alma e σωμα [*soma*]: Corpo)

A separação corpo-alma é um elemento cultural da civilização cristã, que se incorporou à ciência por meio da distinção filosófica entre a vida mental e a vida física, orgânica. Tanto que os médicos eram antigamente chamados "físicos" (do grego φυσις [*physis*]: natureza) e, em inglês, até hoje, *physician* quer dizer médico. Tal distinção é verdadeira apenas quando consideramos a vida mental como puramente metafísica ou exclusivamente racional e espiritual.

As mais modernas concepções da neuropsicologia evidenciam uma completa indivisibilidade do conjunto vida racional–vida afetiva–vida orgânica. Os mais recentes estudos clínicos de pacientes que perderam as conexões entre emoção, raciocínio e vontade demonstram que estes tornaram-se incapazes de tomar decisões adequadas, o que nos permite concluir que até mesmo a racionalidade não pode existir sem a afetividade.

Quando incorporamos a vida instintiva e irracional à vida mental normal, tendemos a ficar divididos entre um simples "nivelar por baixo", reduzindo a mente humana à mente biológica, animal, ou a mirabolantes concepções referentes a algum "plano evolutivo" transcendental em que desempenhemos algum importante papel. Tais questões, evidentemente, pertencem ao âmbito da filosofia.

Mais diretas e próximas ao nosso tema estão as complexas relações entre o pensamento racional, as emoções, conscientes e inconscientes, e as suas manifestações orgânicas. Apenas recentemente começamos a conhecer alguns caminhos que passam do córtex (do latim *cortex*: cortiça, casca, camada superficial) cerebral aos chamados *órgãos de choque* – sítios de manifestação dos distúrbios psicossomáticos – por meio das conexões inter-hemisféricas do corpo caloso e do sistema límbico, via centros vegetativos hipotalâmicos, sistema nervoso autônomo e eixo hipotálamo-hipófise-suprarrenais, em suas relações com os sistemas endócrino e imunológico.

O pesquisador canadense de origem austro-húngara Hans Selye, estudando os mecanismos fisiológicos básicos de doença, chegou ao conceito de uma *síndrome geral de adaptação*, estabelecendo sua relação com o estresse (físico ou emocional). Observou que as reações imediatas à agressão (moduladas pela adrenalina), quando esta se tornava constante, eram seguidas por uma reação mediata, inespecífica, modulada pela secreção de cortisol. Úlceras pépticas, depressão imunitária e aumento do colesterol plasmático acompanham a liberação de hormônios corticosteroides pelas glândulas suprarrenais, quando o organismo está sob estresse. É importante notar que estresse *não é sinônimo de tensão*, mas sim que consiste em um fenômeno fisiológico de proteção do indivíduo frente ao desequilíbrio interno provocado pelas suas próprias reações de defesa. Em certos indivíduos ou em determinadas circunstâncias, a própria ausência de tensão pode provocar estresse. Tais considerações se aliam às da psicologia médica, frisando a importância da vida emocional na causa, e da relação médico-paciente no tratamento de quaisquer doenças.

Conceitos Fenomenológicos de Reação, Desenvolvimento e Processo

O conceito de *reação* pressupõe sempre um elemento externo desencadeador, responsável pela provocação do distúrbio psíquico, de forma compreensível, e relacionado com as características da personalidade do paciente. Por exemplo: reações depressivas, dissociativas, psicóticas, paranoides.

Desenvolvimento refere-se ao que surge em direta conexão evolutiva com a história da personalidade do indivíduo. Por exemplo: desenvolvimentos oligofrênicos, psicopáticos, neuróticos.

Processo refere-se à alteração patológica que surge sem clara relação ou nexo causal evidente com a personalidade pré-mórbida, de forma não compreensível, ainda que explicável. Por exemplo: processos demenciais *(processos orgânicos),* maníaco-depressivos ou esquizofrênicos *(processos psíquicos).*

Conceitos de Saúde e Doença; Níveis Patológicos

Em primeiro lugar, reiteramos: doença não é um conceito estritamente científico. Tanto o conceito de νοσος [*nosos*]: doença, como o conceito de παθος [*pathos*]: sofrimento, dos antigos gregos são constructos essencialmente médicos, e não biológicos. Na psicopatologia, o conceito de *pathos* tende a predominar sobre o de *nosos*, mas ambos envolvem juízos de valor, não definições científicas.

O enfoque biológico é neutro, estendendo-se do molecular ao ecológico, em que cada ser vivo interage com os outros, em equilíbrio ou não. A biologia estuda apenas interações entre os seres vivos e entre estes e o ambiente; os conceitos de *nosos* e de *pathos* não têm qualquer lugar aí. Mais que o *nosos*, o *pathos* só existe na perspectiva humana da medicina, que é ética; tenta minorar o sofrimento e busca a cura das doenças. A perspectiva empática e ética é essencial à prática médica, mas não à biologia. Daí a impropriedade da expressão "bioética", já que na ciência não existe ética nenhuma *per se*, mas apenas a ética própria de cada cientista ou do grupo a que se vincule. Toda ética exige uma ideia de transcendência que não tem nenhum lugar na ciência. Para a biologia, um doente é apenas um pequeno ecossistema desequilibrado; a própria ideia de "tratamento" não faz nenhum sentido. Quem trata é o médico, não o cientista.*

Mesmo nas doenças tidas como de origem puramente "orgânica", nem sempre é fácil estabelecer as fronteiras entre a higidez (de υγιεια [*hygieia*]: saúde) e a enfermidade. Assim ocorre, por exemplo:

- Nos casos de portadores sãos (sem quaisquer manifestações clínicas) de vírus, como os das hepatites ou da AIDS.
- Nos casos de anomalias genéticas de expressividade nula ou condicional (aquelas que só se fazem manifestas em certas circunstâncias).
- Nos indivíduos heterozigotos para a anemia falciforme (o chamado estigma falcêmico) em locais onde a malária é endêmica (caso em que a doença se transforma em vantagem).
- Nas variações extremadas, porém adaptativas, como o "nanismo" dos povos pigmeus.
- No caso do próprio processo de envelhecimento ou senescência, sempre tratado como doença, porém, na verdade, um processo *ativo* de autodestruição do próprio organismo, que ocorre em benefício da espécie, proporcionando a substituição dos velhos pelos novos e favorecendo a permanente seleção e evolução genéticas (hoje sabemos que existem genes responsáveis pelo processo de senectude).

A doença mental, naturalmente, é de definição ainda mais difícil. O sofrimento expresso do paciente muitas vezes não é o critério fundamental, já que os distúrbios do relacionamento interpessoal frequentemente se constituem no principal motivo de tratamento psiquiátrico. Na ausência de substrato orgânico, como diferençar um distúrbio psiquiátrico de uma característica ou idiossincrasia individual ou de um conflito social? O objetivo do estudo da psicopatologia é precisamente este.

Além disso, todas as doenças, de qualquer natureza, envolvem uma relação entre uma lesão ou disfunção e as reações do organismo a ela. Essas reações podem ser de caráter fisiológico básico, como, por exemplo, crises convulsivas, diarreia, cefaleia etc., ou envolver uma cadeia de eventos mais complexa, pelo sistema nervoso, imunológico e endócrino. Hans Selye, em 1936, descreveu a passagem adaptativa por essa cadeia como uma "sín-

---

* Isto não significa, de forma alguma, que as doenças não existam ou que doença mental e *sofrimento psíquico* sejam a mesma coisa. Os critérios médicos, mesmo sendo constructos sociais, não se equivalem aos conceitos populares nem aos bordões do modismo.

drome geral de adaptação", elemento básico na origem genérica de qualquer doença, seja um resfriado, uma colagenose ou um quadro depressivo. Essa compreensão fisiológica (ou psicossomática) ampla pode ser tão útil nos quadros mentais como em todos os outros.

Qualquer doença humana, seja ela tuberculose, dengue, diabetes ou psicose maníaco-depressiva, pode ser examinada *em diversos* **níveis causais ou patológicos,** paralelamente, ou em suas inter-relações:

- *Populacional, social e grupal:* por exemplo, estudos socioeconômicos e culturais, grupos étnicos ou raciais, dados epidemiológicos etc.
- *Familiar:* por exemplo, características de hereditariedade, relações, hábitos, crenças e rituais familiares etc.
- *Individual ou organísmico:* por exemplo, constituição, características físicas e mentais, idiossincrasias etc.
- *Anatomofisiológico* (sistêmico e orgânico): por exemplo, características específicas (capacidade, resistência, pontos de fragilidade, deficiências) dos sistemas (respiratório, circulatório, digestório etc.), ou dos órgãos (coração, estômago, rins etc.).
- *Tissular e celular:* por exemplo, histopatologia, reações imunológicas, especificidades de certos tecidos ou grupos de células, interação com agentes biológicos etc.
- *Bioquímico e molecular:* por exemplo, reações metabólicas, interações químicas, transmissores e receptores, ações farmacológicas etc.
- *Atômico:* por exemplo, efeitos de ondas eletromagnéticas, radiações ionizantes etc.

Como se vê, não existe *"a causa"* da AIDS, do infarto do miocárdio ou da esquizofrenia, assim como não existe *"o tratamento"* da tuberculose ou da hipertensão, nem "a cura" do câncer. Podemos **privilegiar um ou outro nível,** por sua maior relevância ou interesse terapêutico, mas nunca deixar de considerá-los todos. Assim, o estudo dos fatores sociais na AIDS em nada impedem os estudos virológicos, mas podem complementá-los, por meio da via epidemiológica.

Um exemplo gráfico dado por Skinner ilustra o problema *constituição vs. ambiente:* Quanto da área de um retângulo se deve à sua altura e quanto à sua extensão? Evidentemente, **toda** a área se deve tanto à sua altura como à sua extensão. Relativamente, no entanto, podemos dizer que a área de um certo retângulo, como o da esquerda, deve **mais** à sua altura que ao seu comprimento, ao contrário do outro retângulo, da direita.

Dessa forma, encaramos todas as doenças como de origem multifatorial, ainda que de maneira heterogênea. Alguns fatores podem ser considerados patogênicos (do grego παθος [*pathos*]: sofrimento e γενεσις [*genesis*]: criação), ou seja, geradores da doença. Outros fatores são mais bem caracterizados como patoplásticos (do grego πλασις [*plasis*]: modelar) ou modeladores da doença.

Hoje em dia, a chamada "medicina baseada em evidências" utiliza critérios quantitativos e estatísticos para classificar os quadros clínicos, estabelecer protocolos e determinar condutas terapêuticas. Estudos **quantitativos** funcionam bem para distinguir, separar, relacionar ou circunscrever quadros compostos por elementos genéricos, simples, específicos e bem delimitados. Por exemplo, o diagnóstico de tuberculose, diabetes ou osteoporose obedece a critérios bem específicos.

Fenômenos singulares e complexos, porém, só podem ser bem avaliados de maneira **qualitativa**. Assim, os elementos que compõem o quadro de um paciente esquizofrênico podem ser de difícil distinção. No entanto, é possível se fazer estudos quantitativos por meio de estabelecimentos de relação entre dados quantificáveis (p. ex., pontos em uma escala), desde que sejam deixadas de lado as pretensões determinísticas. Dessa maneira podemos fazer um estudo sobre a eficácia de drogas na esquizofrenia utilizando uma escala de sintomas que apresente boa relação estatística com o quadro, mesmo que seja falha do ponto de vista clínico.

Em pesquisa, é de fundamental importância distinguir bem os conceitos de **fidedignidade (confiabilidade)** e de **validade** dos constructos. A fidedignidade se refere à possibilidade de replicação ou reprodutibilidade dos resultados dos instrumentos de avaliação. A validade se refere ao sentido da pesquisa, à consistência dos instrumentos ou à existência real da entidade pesquisada.

Como vimos, os instrumentos de avaliação apresentam resultados que representam uma relação entre os resultados de uma escala e uma determinada entidade nosológica. Essa relação tem um sentido empírico, mas não ontológico; ou seja, pode ser muito útil do ponto de vista instrumental de uma pesquisa quantitativa, mas não implica validade do constructo, nem muito menos causalidade.

Encontramos ainda em nosso meio uma grande tendência à confusão entre precisão e cientificidade: quanto mais números e mais aparentemente precisos se mostram eles em um texto, mais científico este parece ser. Esta constatação se assemelha à que existe entre um cronômetro digital e um analógico; muita gente acha que o primeiro é mais preciso apenas pelo fato de ser digital, sem se dar conta de que uma coisa nada tem a ver com a outra.

Ao medirmos algo para comparar com outro objeto ou função, podemos encontrar três tipos de correlações:

a) As fortes e precisas, como, por exemplo, entre a dilatação de um corpo e a sua temperatura, ou entre o campo magnético e a posição da agulha.
b) As menos diretas, como, por exemplo, entre a bússola e a direção, ou entre a pressão barométrica e a precipitação atmosférica.
c) Aquelas altamente indiretas, como entre a temperatura corporal e a atividade biológica, ou entre a depressão e o comportamento.

Assim, para estabelecer relações de causalidade em nosso tema, é preciso discriminar entre determinismo e a previsibilidade, já que mesmo leis perfeitamente determinísticas em sua base podem não permitir qualquer previsibilidade quando aplicadas a sistemas complexos. Além disso, é preciso diferençar claramente a indeterminação da sobredeterminação e da multideterminação.

A ideia de heritabilidade, por exemplo, é muito mal compreendida, já que o conceito de fator herdado tende sempre a ser visto como em permanente oposição ao de fator adquirido, o que é absolutamente falso. A heritabilidade mede a fração de variabilidade sob influência genética. Caracteres com heritabilidade inferior a 10% são classificados como de baixa heritabilidade, aqueles com mais de 30% têm heritabilidade alta. No entanto, o ambiente influi mesmo em caracteres com 100% de heritabilidade, já que os genes não agem isolados do ambiente.

De qualquer forma, no que se refere à pesquisa quantitativa, o lugar do determinismo na psicopatologia tende a ser muito restrito, assim como o das "evidências". No entanto, a formação deficiente e a falta de conhecimento dos princípios básicos da epistemologia, da estatística e mesmo da ciência básica privam muitos profissionais de capacidade crítica e os tornam vítimas contumazes da sofística mercadológica, ideológica ou política.

A mente humana tende a atribuir causalidade a todos os eventos, e o conceito de aleatoriedade não é de fácil digestão. Já Piaget havia demonstrado que crianças tendem a "descobrir" regras ocultas mesmo onde elas não existem.* Superstições, princípios ideológicos, inspirações religiosas, hipóteses e teorias científicas têm mais em comum do que gostaríamos de admitir, especialmente quando tentamos compreender relações de alta complexidade, como as que se dão em nosso próprio psiquismo.

Psiquiatria Social e Sociologia da Psiquiatria

Como vimos, o ser humano pleno não pode ser visto isolado do seu meio e das suas relações interpessoais. É evidente, portanto, que *qualquer* estudo psiquiátrico envolve, necessariamente, considerações de natureza social. O termo *psiquiatria social,* no entanto, envolve diversos significados muito distintos:

Podemos considerar a psiquiatria social como o conjunto das práticas que procuram agir terapeuticamente em níveis grupais ou comunitários.

Há, também, uma outra acepção para o termo: o estudo das populações mentalmente perturbadas ou coletividades mórbidas (do latim *morbus*: doença) como, por exemplo, as já mencionadas epidemias medievais de loucura coletiva ou fenômenos mais recentes, como o suicídio coletivo dos 600 seguidores do pastor Jim Jones, na Guiana, e o caso dos discípulos de David Koresh, em Waco, no Texas. Além dos mecanismos epidêmicos das neuroses coletivas, a psiquiatria social também pode estudar os processos patológicos que podem atingir a sociedade em suas formas de reação aos indivíduos que a compõem, oprimindo-os, desprezando-os, agredindo-os, desmoralizando-os.

Outro aspecto da psiquiatria social seria o estudo do comportamento social específico dos chamados pacientes com doenças mentais.

Na sua acepção mais comum, no entanto, a psiquiatria social propõe-se a ser o estudo do papel dos fatores sociais na etiologia e na terapêutica das doenças mentais. Abarcando tais pretensões dificilmente escapa de emaranhar-se em considerações valorativas e ideológicas que acabam por esterilizá-la, perdendo totalmente a perspectiva clínica e sem chegar a alcançar uma proposta realmente sociológica. Como não consegue ser uma coisa nem outra, concordamos com Henri Ey quando considera que, fora do que se entende por psicologia social como ramo autônomo do conhecimento, a psiquiatria social simplesmente *n'existe pas...*

Mesmo quando os fatores etiológicos de natureza psicológica e biológica são fundamentais, a definição de doença mental é sempre *social – ou seja, relacional* – mas, de forma alguma, *sociológica.* Muitos autores concordam com Sullivan, na sua definição do psiquiatra como um especialista no relacionamento interpessoal, mas isso pouco tem a ver com a sociologia enquanto disciplina. Poderíamos dar como exemplo de um critério sociológico a inadaptação social. No entanto, em termos estritamente psicopatológicos, é

---

* Um livro muito interessante é *Randomness*, de D. J. Bennett, que ajuda a compreender a nossa irresistível tendência a formular teorias sem nenhum fundamento a respeito de tudo.

evidente que nem a inadaptação social significa doença mental, nem a adaptação implica necessariamente saúde mental. Ou seja, ocorre o mesmo que com o suicídio, o crime, a violência, o abuso de drogas, a marginalidade, o fanatismo religioso etc. Consideramos que apenas os fatos sociais, como conceitos clínicos ou as traduções clínicas dos conceitos sociológicos, podem ser úteis à psicopatologia. A *sociologização* da psicopatologia é tão esterilizante quanto a *psicopatologização* da sociologia.

Já a sociologia psiquiátrica procura estudar as correlações entre os fatos sociais e as doenças mentais, por métodos puramente sociológicos, sem entrar nas conexões causais e questões etiológicas que interessam à psiquiatria, mas não à sociologia. Dessa forma, utilizando sua autonomia conceitual e metodológica, pode desenvolver um trabalho de pesquisa muito profícuo e de grande interesse também para a psiquiatria. Assim, um fenômeno social, como o suicídio, pôde ser estudado por Émile Durkheim, ainda no século XIX, como um conceito estritamente sociológico.

Etnopsiquiatria, Psiquiatria Transcultural ou Antropológica

O que existe na mente se expressa pela cultura. A psiquiatria, assim como a própria medicina e mesmo o conhecimento científico como um todo, faz parte inseparável do ambiente cultural em que é praticada. Assim, não pode deixar de sempre refletir algum aspecto desse ambiente, ao mesmo tempo em que simultaneamente o influencia.

O pensamento psicopatológico e, também, toda a sua extensão prática na clínica foram construídos sobre princípios psicológicos e sociais juntamente com os princípios biológicos da medicina e veem-se, portanto, obrigados a uma permanente oscilação entre ambos os paradigmas: o das ciências humanas e o das ciências naturais. Não é possível separarmos um raciocínio de outro, pois ambos os paradigmas são sempre necessários na medida em que são individualmente limitados.

Como ilustração dessa constatação, podemos citar a ação das drogas psicoativas na mente de cada indivíduo. Por exemplo, certas substâncias, como a mescalina ou a psilocibina, podem mostrar efeitos "alucinógenos" (geradores de alucinações) ou "psicotomiméticos" (semelhantes às psicoses), levando à ansiedade, à despersonalização ou a reações francamente patológicas em determinados indivíduos. No entanto, os efeitos das mesmas substâncias podem ser descritos como "reveladores da divindade" ou "ampliadores da mente" em membros de cultos indígenas ou seitas místicas, levando à redução da ansiedade e ao reforço da identidade social. Da mesma forma, os efeitos "terapêuticos" dos psicofármacos que utilizamos tão largamente não podem ser adequadamente previstos nem avaliados sem que conheçamos bem, não apenas o quadro clínico dentro do qual agirão, mas também o contexto sociocultural do qual esse quadro faz parte.

A *patoplastia* dos principais distúrbios mentais (mas não se pode negar que, às vezes, até mesmo a *patogênese*) pode apresentar estreita relação com o ambiente cultural, podendo influenciar de modo decisivo as considerações diagnósticas e terapêuticas. As diferenças étnicas nas manifestações psiquiátricas não podem ser desprezadas. Os elementos culturais formam o que se pode chamar de "caráter social" de cada grupo social, proporcionando influências na formação da personalidade, em seus recursos e em suas formas de adoecer. Arthur Kleinman, psiquiatra e antropólogo de Harvard, propôs os termos *disease* e *illness* para distinguir, respectivamente:

a) A doença médica, objetiva, vista em seus aspectos mais especificamente biológicos ou psicológicos.

b) A doença, tal como é vista dentro do ambiente cultural ou como é percebida e vivenciada em seus aspectos psicossociais.

Essa distinção se assemelha à oposição entre o "êmico" e o "ético" – denominações criadas por Gregory Bateson, por analogia com a oposição *fonêmico vs. fonético* – relacionando a primeira com os valores do observado (intrínsecos a uma cultura, as suas categorias próprias), e a segunda com os valores do observador (externos). A grande questão formulada pela etnopsiquiatria é se existe a possibilidade de "traduzir" as síndromes ligadas à cultura *(culture-bound syndromes)* para um código universal.

Quando procuramos refletir sobre tais temas, confrontando-os diretamente com a experiência clínica, podemos, talvez, nos aproximar de algumas respostas. Parece-me que o problema reside, principalmente, no fato de que, se, teoricamente, a resposta muitas vezes pode ser "sim", na prática, frequentemente, é "não". Acredito que a subjetividade inerente ao exame psíquico exige avaliação de relacionamento interpessoal e social que apenas um observador que possa compartilhar os mesmos valores culturais básicos do observado pode realizar com eficácia. Assim, nas palavras de Kleinman:

> *Perhaps the most availing role of anthropology in relation to psychiatry is to continually remind us of these dilemmas,to challenge the hubris in our attempts to medicalise the human condition, to encourage humility in the face of alternative cultural formulations of human problems.**

Essa ideia de subjetividade inerente incomoda as perspectivas *cientificistas*, hoje apoiadas, principalmente, pela poderosa indústria farmacêutica que tenta vender a ideia de que, para cada *transtorno* psicopatológico, existe um neurotransmissor responsável e, portanto, um potencial remédio, e também que esses *transtornos* são os mesmos no mundo inteiro, podendo, assim, ser tratados da mesma forma. Também as necessidades administrativas dos sistemas previdenciários, securitários e hospitalares têm forte influência na fabricação dessa "ciência", exigindo a codificação *objetiva* de todos os *distúrbios* possíveis.

Muito já foi escrito sobre esse assunto, mas o que se constata é que, aparentemente, a ideia preponderante atual é simplesmente passar por cima dessas questões, fingindo que tudo está resolvido. Como os DSMs são formulados pela *American Psychiatric Association*, voltados, principalmente, para os problemas classificatórios dos seguros de saúde dos Estados Unidos e, além disso, os americanos continuam convencidos de que apenas *os outros* é que têm rituais, costumes e hábitos culturais, enquanto eles, naturalmente, têm apenas *common sense* – como se não fosse possível qualquer outra maneira de se viver – e servem de padrão para o resto da humanidade, a situação, certamente, deve continuar assim.

Países como o Brasil, com múltiplas origens culturais e em intensa transformação social (migração, urbanização rápida e descontrolada, aculturação, marginalização), apresentam populações com diferentes necessidades, perspectivas e formas de reagir aos conflitos internos e externos. O completo desconhecimento dos elementos culturais formadores do caráter da população atendida, a adoção acrítica de categorias diagnósticas e práticas terapêuticas importadas e a ânsia por uma ciência *prêt-à-porter*, frequentemente nos leva a uma prática psiquiátrica distorcida, estéril e, principalmente, ineficaz.

---

* "Talvez o mais proveitoso papel da antropologia com relação à psiquiatria seja permanentemente lembrar-nos desses dilemas, desafiar a *hybris* nas nossas tentativas de medicalizar a condição humana, encorajar a humildade face a formulações alternativas dos problemas humanos..." Anthropology and Psychiatry. Br J Psychiatry 1987;151:447-54.

Devemos ter em mente que a ignorância da importância psiquiátrica das diferenças culturais pode levar a erros grosseiros de avaliação clínica, e nunca é demais ressaltar que erros de diagnóstico levam, necessariamente, a erros terapêuticos – como confundir possessão ritual com psicose, tomar crença por delírio, ou interpretar psicose afetiva como esquizofrenia – e acabar levando a cabo tratamentos que, se não apenas inúteis, serão francamente nocivos ao paciente, criando muitos problemas iatrogênicos (do grego ιαιος [*iatros*]: médico, e γενος [*genos*]: origem, geração). Estudos como os de P. M. Yap e os de A. Kleinman* nos trazem um exemplo clássico dessas diferenças; este pode ser dado pela antiga categoria diagnóstica "neurastenia" – que envolve constantes queixas somáticas e incapacidade laborativa – hoje em desuso no Ocidente, mas ainda muito valorizada na China. Nas concepções individualistas ocidentais, a origem puramente mental ou funcional dos sintomas físicos é bem-aceita, pois acredita-se no direito individual ao bem-estar e à felicidade. A palavra neurastenia – que significa, literalmente, "fraqueza dos nervos" – foi abandonada por sugerir uma origem orgânica, constitucional do problema. Já na sociedade chinesa, mais autoritária e coletivista, a própria ideia de "neurose" tende a ser encarada como uma malvista e humilhante admissão de fraqueza. A atribuição de causas somáticas à neurastenia permite ao paciente ser bem-aceito e seus problemas tratados com respeito e empatia pelo grupo social.

A realidade social e cultural de cada paciente deve ser sempre levada em consideração, tanto quanto se visa ao tratamento, quanto no caso de uma simples entrevista de triagem. Os objetivos da entrevista devem ser sempre explicitados. A simples incompreensão dos propósitos de um questionário de avaliação pode levar, muitas vezes, à desinformação, a uma aparente incoerência nas respostas ou mesmo à franca hostilidade. Tais ocorrências não são tão difíceis de se entender, quando levamos em consideração que muitos grupos sociais compartilham da crença de que faz parte do trabalho terapêutico *adivinhar* o que se passa com o paciente – assim como em nosso meio o fazem cartomantes, tarólogos, astrólogos etc. Por esse motivo, acreditam que as informações solicitadas são inúteis ou irrelevantes e demonstram apenas a incompetência ou a má vontade do entrevistador.

Especialmente no que se refere à saúde pública, é de grande importância que todo o profissional de saúde tenha sempre em mente a compreensão de que o próprio conceito de doença – sua existência, seu significado – implica, necessariamente, um reconhecimento social. Este reconhecimento é que permite a inserção e a interpretação cultural do estado patológico, necessárias à sua terapêutica.

A observação fenomenológica compreensiva, utilizando adequadamente os saberes psicofisiológicos, psicanalíticos e etnológicos, pode ultrapassar as barreiras culturais e resgatar a essência humana, presente em cada indivíduo. Creio que em nossa área de conhecimento, vale o que já se disse sobre a literatura: que os escritores mostram-se tanto mais universais quanto mais se restringem à sua própria vizinhança, à sua própria aldeia.

LEITURA ADICIONAL SUGERIDA**

Bastide R. *Sociologia das doenças mentais*. Lisboa: Europa-América; 1968.

---

* Yap P. M. Phenomenology of affective disorders in chinese and other cultures. In: DeReuck AVS, Porter DR. *Transcultural psychiatry*. Boston: Little, Brown, 1965. Kleinman A. *Social origins of distress and disease: depression, nurasthenia and pain in modern China*. New Haven: Yale University Press, 1986.

** Alguns livros sobre assuntos correlatos, nem sempre ligados diretamente à disciplina; a bibliografia geral é dada no fim do volume.

Beauchesne H. *História da psicopatologia*. São Paulo: Martins Fontes; 1989.
Bennett DJ. *Randomness*. Boston: Harvard University Press, 1998. Há uma tradução brasileira, *Aleatoriedade*. São Paulo: Martins Fontes; 2003.
Foucault M. *História da loucura*. São Paulo: Perspectiva; 1978.
Furst PT. *Alucinógenos y cultura*. México: Fondo de Cultura; 1994.
Huxley A. *Os demônios da loucura*. 2. ed. Rio de Janeiro: Americana; 1973.
Jackson JH. *Selected writings of John Hughlings Jackson*. New York: Basic Books; 1958. v. II. John Taylor (Ed.).
Machado de Assis JM. *O alienista*. Diversas edições.
Pessotti I. *A loucura e as épocas*. 2. ed. Rio de Janeiro: Editora 34; 1995.
Popper KR, Eccles JC. *O eu e seu cérebro*. Campinas: Univ Brasília/Papirus; 1991.
Porter R. *Uma história social da loucura*. Rio de Janeiro: Jorge Zahar; 1990.
Postel J, Quétel C (Eds.). *Historia de la psiquiatría*. México: Fondo de Cultura Económica; 1993.

Capítulo 2 Personalidade

*Quando o homem é menino,
é terno e brando.
Mas quando chega a morte,
torna-se rígido e inflexível.*

Tao te King, de Lao-Tse
(séc. VI a.C.)

O objetivo deste capítulo, anterior a todos os demais itens do exame psíquico, é reforçar a ideia central de que as funções psíquicas são elementos virtuais, só desfrutando de existência real dentro do todo estruturante que constitui a personalidade.

CONSTITUIÇÃO, TEMPERAMENTO E CARÁTER

> *Man is least himself when he talks in his own person.*
> *Give him a mask, and he will tell you the truth.*
>
> Oscar Wilde, *The Critic as Artist*

Chamamos personalidade (do latim *persona*: máscara teatral, por trás da qual o ator falava; palavra derivada de *per sonare*: soar através) ao conjunto integrado de traços psíquicos, consistindo no total das características individuais, em sua relação com o meio, incluindo todos os fatores físicos, biológicos, psíquicos e socioculturais de sua formação, conjugando tendências inatas e experiências adquiridas no curso de sua existência.

Assim como as tendências inatas, a interação com o ambiente externo, por meio de frustrações, conflitos e ansiedade, é elemento essencial para desenvolver a personalidade, da mesma forma que bactérias, vírus, fungos, protozoários e helmintos são necessários para desenvolver o sistema imunológico.

Sua estrutura, portanto, mostra-se essencialmente dinâmica, podendo ser mutável – sem ser, necessariamente, *instável* – e encontrar-se em constante desenvolvimento. Três conceitos interativos são essenciais na definição de personalidade:

1. **Constituição:** corresponde ao conjunto das características morfofisiológicas intrínsecas do indivíduo, inatas e de origem genética. Incluem-se aqui o tamanho e a forma corporais, a robustez e a fragilidade, a suscetibilidade e a resistência às doenças, assim como inúmeras outras peculiaridades inatas. Observe-se que a *constituição* nem sempre corresponde exatamente ao *tipo físico*, estando, ambos, respectivamente relacionados com os conceitos biológicos de *genótipo* e *fenótipo*. Assim, por exemplo, um indivíduo de constituição natural robusta (genotípica) pode vir a apresentar um porte pequeno e delgado (fenotípico), caso haja sido submetido a privações alimentares durante a infância. Da mesma forma, um indivíduo de biotipo longilíneo em decorrência de uma vida sedentária e de uma alimentação inadequada e excessiva, pode vir a tornar-se gordo; neste caso, a gordura tenderá a mostrar-se desarmônica, mal distribuída, e os prejuízos à saúde serão maiores.
2. **Temperamento:** consiste na forma básica de reação individual aos estímulos, em suas tendências afetivas e instintivas fundamentais; relaciona-se com a constituição nas suas origens genotípicas. Por exemplo, são traços de temperamento: a expansividade, a introversão, a sensibilidade, a emotividade, a explosividade etc.
3. **Caráter:** refere-se ao conjunto de características psicológicas complexas, adquiridas durante o desenvolvimento, pelo qual o indivíduo se relaciona com o mundo, em sua forma peculiar de estabelecer vínculos pessoais e sociais, incluindo os aspectos éticos e morais. Sua formação é influenciada pelos ambientes familiar, social e cultural. Por exemplo, são traços de caráter: a coragem e a covardia, a suspicácia e a bonomia, a prodigalidade e a avareza, a generosidade e a mesquinhez, a crueldade e a bondade, a

timidez e o exibicionismo, a lealdade e a deslealdade etc. A construção de uma *persona*, portanto, faz parte do desenvolvimento normal do indivíduo. A incapacidade de tirar a máscara – a persistência indevida do chamado falso *self* – pode impedir, porém, esse desenvolvimento.

Os diversos elementos que constituem o conjunto de capacidades a que chamamos inteligência, assim como os talentos específicos e as habilidades individuais, também podem ser considerados como partes formadoras e integrantes permanentes da personalidade.

É importante distinguir os traços de temperamento dos traços de caráter, pois têm natureza e desdobramentos totalmente diferentes. Por exemplo, a **introversão** é um elemento do temperamento – dificilmente será mudado – enquanto a **timidez** é um traço de caráter, que pode ser alterado. Muitos sujeitos introvertidos não são nada tímidos, até porque não ligam a mínima para a opinião alheia; sua timidez, quando existe, refere-se muito mais ao estabelecimento de compromissos do que ao julgamento externo. Da mesma forma, muitos tímidos são extrovertidos e devem, em parte, a sua timidez à excessiva preocupação com o julgamento externo. Nada tendo a ver com o temperamento, a timidez pode representar o medo da hostilidade externa nos introvertidos, emocionalmente comedidos, ou a angústia da rejeição grupal nos extrovertidos, muito mais efusivos. Isso nada tem a ver com nível de afetividade em si, mas com a atividade mental interna e com o controle do "filtro" do córtex frontal. O excesso de estimulação sensorial e/ou afetiva sobrecarrega os introvertidos, já com altos níveis de estimulação interna, ao passo que a escassez de estímulos tende a frustrar os extrovertidos, internamente carentes.

Caricaturando, o introvertido tímido tem medo de gente estranha, potencialmente invasiva e hostil. Já o extrovertido tímido tem medo de não ser amado pelo grupo ao qual deseja pertencer.

Os temperamentos podem ser classificados em suas características básicas, discerníveis até mesmo nos animais superiores, como os cães. No entanto, entre os seres humanos, a sua relevância na formação e desenvolvimento do psiquismo é muito menor e não se pode esquecer que, mesmo entre sujeitos de temperamento muito semelhante, suas personalidades individuais mostram-se sempre diferentes. Um mesmo evento (p. ex., uma doença qualquer) pode, frequentemente, proporcionar vivências muito diversas para os variados indivíduos. Por essa razão, o diagnóstico, assim como o prognóstico e também o tratamento, devem ser necessariamente individualizados.

As classificações dos temperamentos humanos datam da Antiguidade Clássica. Já entre os séculos V e IV a.C., na Grécia, Hipócrates de Cós, o "Pai da Medicina" e, posteriormente, Aulus Cornelius Celso (c. 25 a.C.- c. 50 d.C.) e Cláudio Galeno (130-200 d.C.), em Roma, dividiram os tipos constitucionais do homem em quatro grupos básicos, de acordo com os quatro elementos (terra, água, fogo e ar), suas quatro qualidades (seco, úmido, frio e quente) e os quatro humores (fluidos orgânicos: linfa, sangue, bile e bile negra), que supunham predominar em cada constituição e em cujo desequilíbrio imaginavam encontrar-se a causa das doenças:

I. Linfático, ou seja, com predomínio da linfa, também conhecido como pituitoso (da pituita) ou, ainda, fleumático (do grego φλεγμα [*phlegma*]: inflamação).
II. Sanguíneo, ou seja, aquele em que ocorre preponderância do sangue.
III. Bilioso, ou seja, aquele que é influenciado pela bile, também chamado colérico (do grego χολη [*chole*]: bile).
IV. Atrabiliário, ou seja, aquele em que ocorre prevalência da atrabile ou bile negra, também conhecido como melancólico (do grego μελαν [*melan*]: negro e χολη [*chole*]: bile).

Em decorrência dessas antiquíssimas correlações psicológicas, a palavra *humor*, que quer dizer simplesmente líquido orgânico (como até hoje usa-se em, por exemplo, humor aquoso, humor vítreo), passou, metaforicamente, a abranger também o significado de disposição afetiva ou estado emocional. Classificações semelhantes a essas se encontram em várias tradições culturais. Por exemplo, na antiga doutrina constitucional *Sasang,* da medicina tradicional coreana, as pessoas são classificadas em quatro constituições básicas: *Taeyangin, Taeumin, Soyangin* e *Soeumin.*

Nas primeiras décadas do século XX, o célebre fisiologista russo Ivan Pavlov descobriu nos cães – com os quais trabalhava na pesquisa dos reflexos condicionados – certos traços ou padrões de comportamento que se assemelhavam muito a esses temperamentos básicos, também em número de quatro. Procurou classificá-los, dividindo-os em dois eixos fundamentais: excitação *versus* inibição e força *versus* fraqueza. Assim, o temperamento sanguíneo seria excitado e forte, enquanto o melancólico seria inibido e fraco. Tal classificação lhe permitia prever – entre seus animais de laboratório – as características de aquisição e perda de condicionamentos, de reação ao trauma e ao estresse, e até mesmo as doses necessárias de medicamentos sedativos como os barbitúricos.

Assim, podemos supor que os temperamentos estejam associados a padrões de regulação da sintonia fina entre as principais vias neuronais do cérebro e os neurotransmissores a elas vinculados (noradrenalina, serotonina, dopamina, acetilcolina, GABA, glutamato etc.). É possível que muitas diferenças entre as respostas terapêuticas dos diversos pacientes – assim como efeitos colaterais – estejam vinculadas a fatores constitucionais.

É possível que até mesmo alguns fatores de personalidade ideológica – como perfis conservadores *vs.* reformistas – possam ter alguns aspectos constitucionais e se correlacionar com certos parâmetros das estruturas cerebrais (especialmente o córtex cingulado e a amígdala). No entanto, a posição política, especificamente, envolve muitos outros aspectos e nem sempre se mostra um reflexo direto das tendências intrínsecas da personalidade. Por exemplo, eleitorados tradicionais de esquerda podem passar a votar na extrema direita, dependendo das circunstâncias. Além disso, a dicotomia direita/esquerda tem implicações muito diferentes em termos de política, economia ou costumes; assim, o que alguém pensa sobre a sexualidade ou a legalização da maconha nada tem a ver com sua opinião sobre a estatização dos bancos.

Uma escala dos temperamentos humanos muito conhecida é a do psicólogo behaviorista inglês de origem alemã H. J. Eysenck, que escreveu diversos livros de divulgação crítica sobre assuntos controversos em psicologia, como sugestão e hipnose, terapia reflexológica *versus* psicoterapia, validade científica da psicanálise, dos testes de inteligência, da parapsicologia etc., sempre em uma perspectiva objetivista e determinista. Com o propósito de determinar a previsibilidade e a suscetibilidade individual aos estados neuróticos, ele procurou conjugar ideias diversas e, assim, desenvolver uma escala básica para os temperamentos humanos com propósitos clínicos, utilizando nela os conceitos de introversão e extroversão do psiquiatra suíço Carl Gustav Jung, as já citadas observações de Pavlov e as antigas ideias dos gregos e romanos, de forma correlata. Nos intervalos entre os tipos básicos instáveis, dispôs o que chamou de personalidades neuróticas e, nos estáveis, as personalidades normais (Fig. 2-1).

Devemos ter em mente que essas tendências de temperamento não passam de disposições constitucionais, e de forma alguma se sobrepõem aos traços de caráter. Não se pode confundir, por exemplo, extroversão com desinibição. Assim, um indivíduo pode ser altamente introspectivo sem ser socialmente contido ou ter qualquer dificuldade de contato pessoal.

As classificações de temperamentos não devem ser vistas como dicotomias restritivas ou definitivas, porque existe uma infinidade de dicotomias possíveis, como um aro de

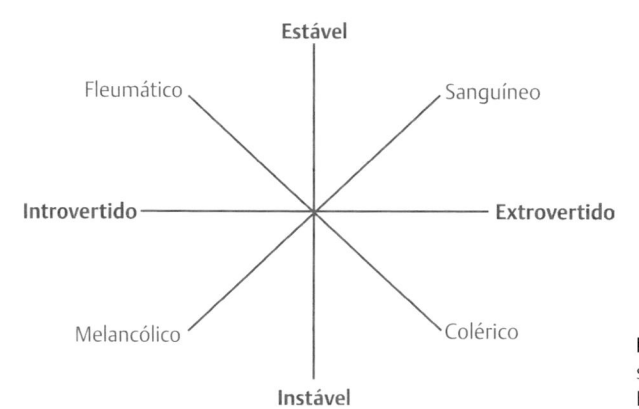

Fig. 2-1. Os temperamentos, segundo Eysenck, com base em Hipócrates, Jung e Pavlov.

roda de bicicleta, em que os raios se sustentam uns em oposição aos outros. A vantagem dessas classificações é nos ajudar a compreender a estrutura de cada personalidade, em função do seu temperamento e de suas perspectivas. A patologia não existe por si só, de forma isolada ou autônoma, mas sempre em relação a uma personalidade.

A classificação de Jung é muito mais sutil e sofisticada que a de Eysenck. Ele dispôs num eixo a dicotomia Extroversão vs. Introversão e em outro eixo perpendicular, o que chamou de *tipos psicológicos*: Afetivo, Sensitivo, Intuitivo e Pensativo. Organizou, assim, os temperamentos em oito subtipos. Num trabalho muito interessante, Mann, Siegler e Osmond associaram esses tipos a formas de vivenciar a temporalidade (tendência a se voltar para o passado, para o presente, para o futuro, ou para a sequência do tempo, respectivamente).

Assim, os tipos de Jung passam a apresentar diferentes experiências da passagem do tempo (Fig. 2-2):

1. Sensitivo – vinculado ao presente.
2. Pensativo – sequencial: passado-presente-futuro.
3. Intuitivo – voltado para o futuro.
4. Sentimental (emocional) – circular (retorno ao passado).

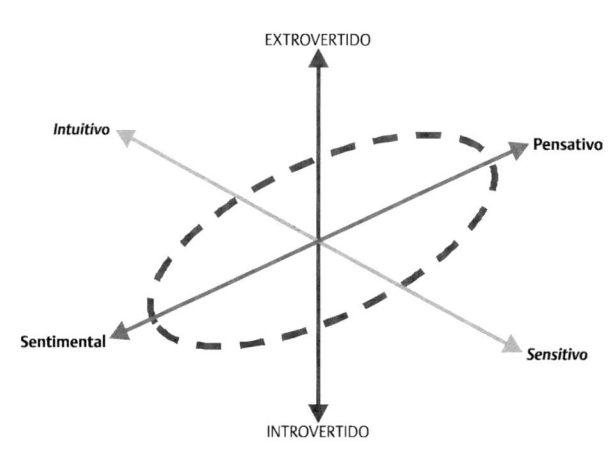

Fig. 2-2. Os temperamentos, segundo Jung.

Fora dessa linha de investigação, Ernest Kretschmer, um psiquiatra alemão, procurou associar as manifestações psicopatológicas a fatores predisposicionais inatos e demonstrar a existência de certas correlações entre o temperamento, a constituição física e os quadros psiquiátricos.

Distinguiu quatro grupos constitucionais entre os seus pacientes, que denominou:

1. Leptossômicos (do grego λεπτος [*leptos*]: delgado; e σωμα [*soma*]: corpo), longilíneos ou astênicos (do grego ασθηνεια [*astheneia*]: fraqueza).
2. Pícnicos (do grego πυκνος [*pyknos*]: compacto), ou brevilíneos.
3. Atléticos.
4. Displásicos (do prefixo grego δυσ- [*dys-*]: mau, difícil, ruim, inadequado, e πλασις [*plasis*]: modelar).

Suas investigações estatísticas realizadas com pacientes com doença mental internados levaram-no à conclusão de que:

a) Entre os pacientes de psicose maníaco-depressiva, havia grande prevalência do biotipo pícnico, sendo raros os displásicos.
b) Entre os esquizofrênicos, havia grande prevalência de leptossômicos e atléticos, ocorrendo também displásicos.

A partir dessas observações, postulou a existência de duas maneiras patológicas de ser, física e mentalmente antagônicas: a *ciclotimia* e a *esquizotimia*.

Miguel de Cervantes, o célebre escritor espanhol, nascido no século XVI, nos dá uma perfeita ilustração desses dois tipos idealizados, física e mentalmente opostos: o tresloucado fidalgo, Don Quijote de la Mancha, leptossômico, esquizotímico, cerebrotônico, fantasioso, e seu criado e "escudeiro", Sancho Panza, pícnico, ciclotímico, viscerotônico, prosaico. Também a iconografia de pessoas ou entidades mitológicas relacionadas com a reflexão e a espiritualidade mostra sempre um hábito astênico, assim como as representações da satisfação física e prazeres carnais são figuras invariavelmente roliças, como o rei Momo, o deus Baco, os deuses chineses da felicidade (Fig. 2-3).

Ainda no século XIX, na Itália, à parte os exageros e despropósitos pseudocientíficos de Cesare Lombroso* e sua escola, que acreditavam poder identificar indícios de personalidade antissocial nos traços fisionômicos dos indivíduos, os estudos antropométricos desenvolveram-se muito. Viola e Pende descreveram biotipologias que associavam características morfológicas e psíquicas.

Também na França, já desde o final do século passado, havia sido descrita por Claude Sigaud uma tipologia semelhante à de Hipócrates que, também procurando associar a constituição física ao temperamento, denominava os biotipos de *respiratório, digestório, nervoso* e *muscular*.

Nos Estados Unidos, em uma pesquisa publicada em 1942, os psicólogos W. H. Sheldon e S. S. Stevens, utilizando rigorosamente escalas antropométricas (do grego ανθρωπος [*anthropos*]: ser humano e μετρον [*metron*]: medida) com 17 medidas, em um grande número de fotografias em papel quadriculado, de frente e em perfil de indivíduos despidos, distinguiram três somatotipos (ou tipos físicos, do grego σωμα [*soma*]: corpo), os que se relacionaram com três temperamentos básicos:

---

* Cujo pseudoevolucionismo levou-o ao disparate de tentar criar uma biotipologia do "homem criminoso".

Fig. 2-3. Tanto Dom Quixote e Sancho como as estatuetas chinesas representam os mesmos tipos universais.

1. Endomórfico (do grego ενδον [*endon*]: dentro, e μορφη [*morphe*]: forma), correspondente ao biotipo pícnico, com predominância dos tecidos de origem embrionária endodérmica (vísceras, sistema digestório), cujo temperamento seria viscerotônico (função digestória, gosto pelo conforto, gula, relaxamento, sociabilidade, afeição).
2. Mesomórfico (de μεσος [*mesos*]: meio), equivalente ao biotipo atlético, com predominância dos tecidos derivados do mesoderma embrionário (ósseo, muscular, conectivo), cujo temperamento corresponderia ao somatotônico (função muscular, gosto pela ação, poder, atividade física, competitividade e dominação).
3. Ectomórfico (de εκτος [*ektos*]: fora) correspondente ao biotipo leptossômico, com predominância dos tecidos ectodérmicos (pele e sistema nervoso), de temperamento cerebrotônico (função exteroceptiva, cerebral, autoconsciência, gosto pela privacidade, evitando a superestimulação). Este último tipo opunha-se aos outros dois por essa hipersensibilidade à estimulação externa e atitude introspectiva.

Todos esses estudos tinham interesse não apenas psicológico e psiquiátrico mas, principalmente, criminológico. O grande propósito dessas investigações era a previsão e o controle do comportamento desviante, ou socialmente inadequado.

O famoso ensaísta e romancista inglês Aldous Huxley – autor de *Point Counter Point, Brave New World, The Doors of Perception, The Island** – descreveu, nesta última obra de ficção, uma sociedade imaginária, utópica, que teria conseguido, combinando o melhor de dois mundos: a ciência europeia e o conhecimento empírico tântrico hindu, encontrar um maravilhoso sistema social e regime político de equilíbrio e felicidade. Destacava, entre outras coisas, o uso racional e harmônico do conhecimento biológico, valorizando a adequação das atividades profissionais e sociais aos temperamentos e biotipos. O mais

---

* Em português, Contraponto, Admirável Mundo Novo, As Portas da Percepção, A Ilha.

interessante de toda essa história é que, muitos anos antes, no famoso *Brave New World*, o mesmo Huxley havia feito uma agressiva sátira – em um estilo profundamente sarcástico – exatamente a essa mesma ideia de divisão, classificação e manipulação das pessoas para fins de controle social e otimização dos recursos humanos. Não vale a pena discutir este assunto antes de ler e comparar os dois romances, pela agudeza e profundidade de suas observações, além do fato de que ambos são muito bem escritos.

Diversos estudos atuais sobre a genética das doenças mentais, comparando a incidência destas nos parentes dos pacientes afetados pela doença e, especialmente, nos irmãos gêmeos monozigóticos – geneticamente idênticos – criados separadamente, mostram correlações importantes entre fatores de risco de natureza constitucional, hereditária, e o aparecimento de distúrbios mentais, como a esquizofrenia e, especialmente, as psicoses cíclicas. Estudos de gêmeos também sugerem que as neuroses, assim como a própria tendência à ansiedade, parecem ter algum componente constitucional.

É importante nos precaver, no entanto, contra interpretações apressadas ou simplistas dos dados genéticos. Mesmo fatores com heritabilidade de 1 (equivalente a 100%) também podem ser totalmente influenciados pelo ambiente. Um exemplo clássico é o da fenilcetonúria, problema metabólico de origem totalmente genética, mas cuja expressão pode ser perfeitamente prevenida por meio de dieta. Assim, a capacidade leiteira das vacas, a velocidade dos cavalos de corridas, a produtividade dos cereais são caracteres em grande parte hereditários, mas a possibilidade de cada indivíduo propagar as suas características depende ainda de muitos outros fatores. Mesmo uma plantação feita com sementes de altíssima capacidade genética de produção não fornecerá nada se as condições de irrigação ou adubação não forem adequadas.

Devemos, ainda, destacar que a *hereditariedade* (conceito individual de causalidade) de um fator não implica, necessariamente, sua *heritabilidade* (medida estatística da variação em uma população). É perfeitamente possível termos alta hereditariedade de um determinado traço com heritabilidade baixa ou nula. Todos os cães nascem com rabo, fator hereditário, mas a ausência de cauda, como é sempre provocada pelo homem, mostra heritabilidade nula. As orelhas compridas dos coelhos são evidentemente hereditárias, mas um filhote de um casal de coelhos excepcionalmente orelhudos não será, necessariamente, orelhudo com relação à população dos coelhos. Nem sempre o produto de dois animais campeões será um campeão também. Os fatores que produzem as diferenças genéticas entre populações, variedades ou raças muitas vezes não são os mesmos que proporcionam a variação entre indivíduos.

O gráfico apresentado na Figura 2-4 mostra um estudo estatístico sobre os riscos genéticos para esquizofrenia, em que são comparados os graus de parentesco com as probabilidades de se apresentar a doença. Nele podemos observar que os riscos são patentes e claramente relacionados com a proximidade genética, porém, não ocorrem de forma absoluta ou completa, havendo uma larga margem de escape.

Com base nessas informações, podemos supor que a esquizofrenia, assim como, possivelmente, outras doenças mentais, apresente uma forma de herança genética complexa, e sua etiologia seja multifatorial, necessitando da participação de diversos fatores concomitantes para a sua plena manifestação, de forma semelhante ao diabetes do adulto ou às doenças obstrutivas cardiovasculares. Em resumo: ao que parece, alguma predisposição genética pode ser um fator causal necessário – porém, não suficiente – para originar um quadro clínico de esquizofrenia.

Os elementos constitucionais, além de contribuírem diretamente para a formação da personalidade pelo *temperamento*, também podem influenciá-la de forma *indireta* por

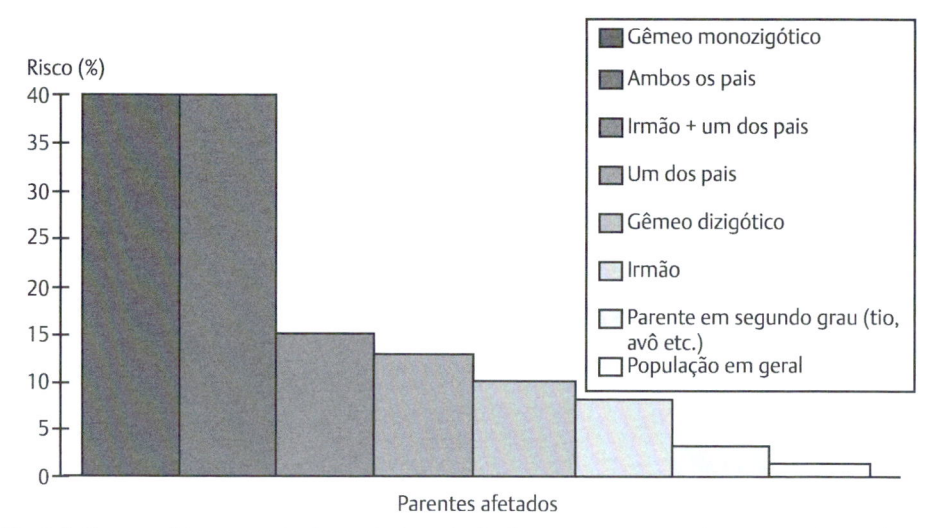

Fig. 2-4. Risco genético na esquizofrenia. (Adaptada de Slater, E. & Cowie, V. *The genetics of mental disorders*. London, Oxford University Press, 1971.)

meio de aspectos do *caráter*, como, por exemplo, nas deficiências e incapacidades físicas, nas doenças crônicas, na estatura, na obesidade, na beleza física etc. Esses elementos podem interagir de forma considerável nos períodos cruciais da construção da autoimagem do indivíduo. Podemos observar isso pelas obras de muitos artistas, políticos e intelectuais que refletem, de certa forma e até certo ponto, algumas dessas interações.

Naturalmente não imaginamos que foi a epilepsia de Júlio César que lhe proporcionou a conquista das Gálias, nem escreveu as obras dos epilépticos Dostoievsky, Flaubert e Machado de Assis, mas podemos imaginar se a obra de um Toulouse-Lautrec seria possível se fosse alto e bonito, além de rico? Tamerlão – ou Timur, o Manco [*Timur-i-lang*], como era seu nome tártaro – teria conquistado com tanta determinação tão vasto império se pudesse caminhar direito? E como seria a personalidade de Napoleão se ele tivesse um palmo a mais de altura? A especulação de Pascal sobre a importância histórica do tamanho do nariz de Cleópatra* pode, atualmente, não ter maior interesse para nós – que só queremos ver na história os determinismos econômicos e sociais – mas certamente teria influído na personalidade dela.

Além de influírem indiretamente na *formação* do caráter, os agentes constitucionais, assim como os fatores orgânicos exógenos – doenças, lesões, intoxicações etc. – podem agir, significativamente, na *modificação* da personalidade, trazendo novas vivências e perspectivas para o indivíduo. O grande pintor espanhol Francisco de Goya y Lucientes (1746-1828) frequentemente é dado como exemplo clássico de artista que desenvolveu seu potencial criativo após uma doença mental. Estudando o caso, no entanto, o psiquiatra espanhol Vallejo-Nágera, descarta as possibilidades de encefalopatia saturnina (envenenamento pelo chumbo das tintas), de sífilis (paresia geral sifilítica) e de esquizofrenia (já que esta, segundo o seu raciocínio: *"produz fixações, estereotipias, amaneiramentos; não originalidade e inovação criadora"*), argumentando ainda que: *"... a doença age simplesmen-*

---

* *"Le nez de Cléopâtre, s'il eût été plus court, toute la face de la Terre aurait changé."*

te como crise vivencial, modifica o curso e as circunstâncias de uma vida e, por meio dessas mutações, operam-se outras no ânimo e nos interesses da pessoa."

É comum se observar na clínica certas características que os portadores de deficiências ou doenças crônicas costumam partilhar. Não é raro os diabéticos tornarem-se rebeldes à escravizante rotina diária do seu tratamento, e nesse processo, acabarem por se mostrar também prepotentes em muitas outras coisas. Lembro-me de um caso em que o paciente tomava uma dose de insulina que ele mesmo havia determinado como a mais adequada e acreditava que poderia controlar muito bem o seu nível de glicose no sangue comendo maior ou menor quantidade de chocolates! Naturalmente, entrou em coma hipoglicêmico várias vezes e sofreu diversos acidentes automobilísticos por conta dessa insensata prática.

Indivíduos deficientes de nascença constroem suas relações com o mundo em torno de suas características. Oliver Sacks descreve um paciente que, aos 50 anos de idade, recuperou a visão perdida na infância, e para quem essa miraculosa cura acabou sendo, na verdade, mais um peso na sua vida do que um conforto. Quando, pouco tempo depois, o paciente perdeu novamente a visão, foi como que um alívio. Cita ainda um cego, John Hull, que em sua autobiografia revela que vivia em um mundo controlado pelo tempo, não pelo espaço:

> ...this sense of being in a place is less pronounced... Space is reduced to one's own body, and the position of the body is known not by what objects have been passed but by how long it has been in motion. Position is thus measured by time... For the blind, people are not there unless they speak... People are in motion, they are temporal, they come and they go. They come out of nothing; they disappear.*

Lembra, ainda, que já no século XVIII, o célebre *encyclopédiste* Denis Diderot havia considerado – defendendo uma postura epistemológica e culturalmente relativista – que os cegos, a seu modo, constroem um mundo próprio e suficiente. Considerou, em sua obra, *Lettre sur les Aveugles*, de 1749, que o "problema" da cegueira e o desejo de curá-la são nossos, não dos cegos. Entusiasma-se com a capacidade de construir uma concepção do universo sem percebê-lo diretamente, referindo-se ao matemático Nicholas Saunderson, discípulo de Newton, que sem jamais ter visto a luz ensinava óptica em Cambridge. R. Gregory descreveu, em 1974, o caso de um paciente que houvera recuperado a visão, mas que lhe dava a impressão de que para o ex-cego, esta mostrara-se, na verdade, um grande desapontamento. As oportunidades que lhe surgiram eram bem menores do que imaginara. A sua vida continuava sendo a de um cego, e às vezes ele nem se preocupava em acender a luz à noite. Seu estado depressivo foi piorando, ele ficou doente e morreu dois anos após a cirurgia, com apenas 54 anos.**

Estas observações se confirmam em uma reportagem publicada no jornal O Globo (17/12/95), em uma cidade nordestina onde o tracoma endêmico e uma retinose hereditária pareciam se unir para proporcionar ao local um enorme índice de cegueira. No entanto, os habitantes não se mostravam muito preocupados com isso: " – Ficar sem enxergar não tem nada de mais. É só se acostumar. O tratamento é caro e complicado – diz Jaciara Bezerra da Silva que aos 25 anos tem a metade da visão e sabe que aos 30 estará cega." Dois sub-

---

* ...o sentimento de estar em um lugar é menos pronunciado... O espaço é reduzido ao próprio corpo, e a sua posição é conhecida não pelos objetos que passaram, mas por quanto tempo esteve em movimento. A posição é, portanto, medida pelo tempo... Para os cegos, as pessoas não estão lá, a menos que falem. As pessoas estão em movimento, são temporais, vêm e vão. Elas vêm do nada; elas desaparecem.
** Os filmes *The Miracle Worker* (O Milagre de Anne Sullivan), de 1962 e *At First Sight* (À Primeira Vista), de 1998, ilustram, por vias diferentes, o mundo próprio dos deficientes. Ambos estão disponíveis em vídeo.

títulos da extensa reportagem destacavam esta perspectiva: "Maioria foge dos médicos e garante ser feliz" e "Menino que quer se tratar é exceção no lugar".

A respeito de perspectivas e influências similares, podemos fazer muitas especulações interessantes sobre as complexas relações de causa e efeito nesse tema. Por exemplo, se tendemos a pensar que os indivíduos introvertidos tendem a ler mais e a se tornarem míopes, caso tenham essa propensão, poderíamos também imaginar que aqueles que são míopes desde a infância, por só conseguirem ver bem de perto, tenderiam, com mais facilidade, à leitura e à introspecção. Ao contrário, os hipermétropes, que só podem enxergar de longe, tenderiam a não gostar de ler e a mostrar-se mais expansivos e sociáveis.*

DESENVOLVIMENTO DA PERSONALIDADE

O que caracteriza o desenvolvimento humano, em comparação com os animais, é exatamente o fato de que este desenvolvimento *nunca termina*. O homem é sempre infantil, e o fato de ter o neocórtex maior que o dos outros primatas espelha precisamente esta propriedade, já que esta parte do cérebro é a que realmente aprende e procura conhecer o que está em volta (Fig. 2-5). Tudo o mais serve apenas para a manutenção fisiológica, funcionando quase que automaticamente. A neotenia, ou a persistência no adulto das características infantis, é que permite ao homem uma capacidade permanente de aprendizado. Os aspectos cognitivos e afetivos se imbricam para proporcionar essas aquisições. Por esta razão é que a relação professor-aluno é tão importante na sala de aula. Mesmo indivíduos adultos necessitam infantilizarem-se para poderem aprender. Recordo-me de que, quando dava aulas de psicopatologia para oficiais militares, via muitos dos normalmente circunspectos majores e tenentes-coronéis brincando de esconder os sapatos dos colegas ou colocando tachinhas nos assentos uns dos outros. Eles mesmos se surpreendiam com isso, e com o fato de que, apesar da minha "anarquia" metodológica e da aparente

Fig. 2-5. O "infantilismo" biológico (neotenia) do homem em relação aos outros primatas pode ser constatado neste desenho, feito a partir de fotografias. (Adaptada de S. J. Gould, 1991.) O perfil do chimpanzé jovem, à esquerda, assemelha-se muito mais ao de um ser humano que o do chimpanzé adulto, à direita.

---

* Esta curiosa observação veio de um colega, oftalmologista e míope, o Dr. R. Wermelinger, que relacionava sua péssima memória para rostos com o fato de só ter começado a usar óculos na adolescência. Não havia aprendido a distinguir fisionomias pelo simples fato de não enxergá-las.

"indisciplina" – para os parâmetros militares – reinante nas aulas, o rendimento dos alunos acabava sempre sendo muito bom.

O desenvolvimento psicológico da criança, tanto sob o aspecto *afetivo*, como foi estudado pela psicanálise, como sob o aspecto *cognitivo*, como foi estudado por Piaget, guarda estreito relacionamento com o processo de amadurecimento do sistema nervoso. A mielinização das fibras nervosas, que se dá no sentido caudal-rostral, ou seja, no sentido das estruturas mais primitivas e fundamentais para as mais recentes e sofisticadas. O amadurecimento da personalidade e o do sistema nervoso não apenas tendem – em circunstâncias normais – a correr paralelamente, como podem, até mesmo, apresentar certo grau de interinfluência em alguns aspectos. Uma sobrecarga emocional de experiências negativas ou dolorosas nas primeiras vivências pode estabelecer registros mnêmicos potencialmente patológicos, que venham a atrasar ou inibir a maturação normal subsequente das estruturas neurais. A prática clínica mostra que muitos indivíduos com sinais de imaturidade do sistema nervoso apresentam, também, clara imaturidade emocional. Podemos certamente supor que as vias neurais – possivelmente as conexões límbico-corticais – de indivíduos cujos mecanismos de defesa restringem-se a fases imaturas da vida afetiva também tenderão a seguir aqueles caminhos estabelecidos na infância, e a se manter fixados lá, por mais sofrimento que isto cause.

Os estudos etológicos (sobre o comportamento animal) em primatas também apontam a importância fundamental das relações afetivas na vida mental. As famosas experiências dos Harlow, na década de 1960, já demonstravam que a ausência materna causava problemas de comportamento irreversíveis nos filhotes de macacos (Fig. 2-6). A separação em idades mais maduras, no entanto, já não ocasionava um efeito tão catastrófico. A evidência experimental nos primatas confirma os dados clínicos de René Spitz, sobre as catastróficas consequências do hospitalismo infantil. A extensa trilogia do psicanalista inglês John Bowlby, *Apego-Perda-Separação,* que procura correlacionar as descobertas sobre o comportamento animal com as observações clínicas psicanalíticas oferece volumosa base para a busca de integração entre estes campos científicos.

Fig. 2-6. Macaquinhos criados em isolamento. É só olhar para as suas caras para ver as graves consequências do abandono em primatas.

As experiências afetivas que moldam o caráter e proporcionam o desenvolvimento da personalidade ocorrem no início da vida infantil. Carências afetivas profundas podem dificultar o surgimento do amor-próprio e desencadear reações compensatórias que vão gerar sérios distúrbios na formação da identidade adulta. Formas patológicas de imaturidade, insegurança e falso-*self* são consequências relativamente comuns da precariedade parental.

Cada família é um sistema dinâmico – como espirais fractais em movimento aberto – cuja função é relacional, e cujo fim último é a sua própria desagregação, com a formação de novas famílias. Famílias patológicas – como redemoinhos ou *buracos negros* – tendem a se fechar em si mesmas ou a absorver elementos externos sem proporcionar trocas, nem o desenvolvimento ou a maturação de seus elementos.

Dificuldades no desenvolvimento afetivo e na formação do amor-próprio, ou seja, de uma autoimagem satisfatória, e consequentes sentimentos de desvalorização e fragilidade por parte dos pais podem conduzir a atitudes de superproteção com relação aos filhos. Famílias fechadas, imaturas, *simbióticas*, podem prejudicar a diferenciação da personalidade de seus membros. À medida que isso acontece, a atribuição de *papéis* estereotipados e o desempenho de *funções* familiares vão sendo reforçados.

Os filhos adotivos muitas vezes se veem obrigados a carregar, além do fato de terem sido, de alguma forma, rejeitados pelos pais biológicos – mesmo a morte é uma forma de rejeição – a presença de uma dívida sempre pendente com os pais postiços. Dessa forma, o afeto que recebem dificilmente tem aquele aspecto de *incondicionalidade* do amor materno comum. Os conflitos podem, assim, se tornar muito mais destrutivos, e a rebeldia tem sempre um aspecto de ingratidão – "*cuspir no prato em que se comeu*" – e tende a vir carregada de profundo sentimento de culpa.

Os filhos deficientes físicos e mentais defrontam-se sempre com a decepção que causam na família. No caso destes últimos, só amenizada, talvez, por sua própria incapacidade de compreendê-la. As atitudes de negação e de superproteção são muito frequentes e ocasionam a maior parte dos seus problemas psíquicos. Não podemos deixar de frisar que os deficientes mentais podem e devem beneficiar-se de psicoterapia, já que seus conflitos são basicamente os mesmos das outras pessoas. A forma de elaborar e expressar é que se mostra diversa. Além do mais, a psicoterapia deve lidar com os problemas emocionais, e não com os intelectuais.

Obs.: Personalidades precariamente *desenvolvidas*, mal estruturadas ou pouco diferenciadas (psicopatas, certos psicóticos, alguns oligofrênicos), por diversas razões, podem, eventualmente, encontrar na vida institucional uma espécie de *esqueleto externo* que substitua sua fragilidade interna. Por esta razão, certos indivíduos que se comportam muito bem nos hospícios, prisões, quartéis ou outras instituições fechadas apresentam péssimo desempenho social quando se encontram fora delas. É comum que certos delinquentes (ou pacientes com história de transgressões e delitos frequentes) que vêm apresentando excelente comportamento institucional, e há longo tempo solicitam alta ou licença, *aprontem* as piores atuações quando se veem soltos, garantindo, assim, seu retorno imediato.

Lembro-me do caso de um paciente de manicômio judiciário que se mostrava tão extraordinariamente solícito, prestativo e bem-comportado que em pouco tempo conseguiu obter uma licença para ver os familiares. Ao se informar aos familiares a concessão de nova licença, toda a equipe ficou surpresa quando a mãe e a tia correram ao hospital para implorar que não mais o fizessem, pois da primeira vez em que saíra, ele tentara violentar a mãe, encostando ao seu pescoço um facão de cozinha, tendo sido contido com dificuldade por parentes. Os familiares relataram, ainda, que além desse episódio já haviam ocorrido muitos outros, menos espalhafatosos, com sobrinhas, cunhadas, tias etc.

Um outro paciente, também sempre muito obediente, prestimoso e simpático, quando dentro da instituição, das três licenças que a duras penas conseguiu obter, em duas *conseguiu* logo ser preso pelos mesmos delitos pelos quais estava sob custódia, e em outra acabou internado em um hospital geral, em coma alcoólico.

Podemos constatar que as decisões baseadas na conduta de sujeitos sob coação disciplinar, em ambiente manicomial ou prisional, não têm grande capacidade preditiva. Como logo se vê, qualquer avaliação puramente objetiva do comportamento institucional tem muito pouco valor, se não houver verdadeira *compreensão* individual de cada caso, no sentido fenomenológico e abrangente.

Adolescentes necessitam de uma abordagem hábil e sutil, o que pressupõe um entrevistador bastante experiente. Dificuldades contratransferenciais com adolescentes muito rebeldes ou excessivamente passivos são comuns nos estagiários e nos recém-formados. Confundir dificuldades na formação da identidade com psicose ou homossexualismo, ou mesmo tomar o narcisismo adolescente ("secundário" e transitório) pelo narcisismo psicótico ("primário" e persistente) também são falhas comuns.

A adolescência é uma fase muito especial, de uma construção que deve ser, inevitavelmente, precedida de demolição, de ruptura e construção de vínculos, quando o crescimento e a formação da identidade devem se dar necessariamente *contra* as estruturas adultas vigentes. A constituição de uma identidade adulta amadurecida exige uma adolescência intensamente vivida. O ser humano maduro precisa ser adulto para ser equilibrado, mas também precisa saber ser adolescente para poder mudar quando necessário, assim como saber ser criança, para continuar aprendendo.

Reiteramos que o homem é uma criatura biológica e psicologicamente infantil, tendo evoluído por *neotenia*, ou seja, por meio da preservação de traços e estruturas infantis. Portanto, conviver com a própria infantilidade e adolescência é uma necessidade fundamental. Certos indivíduos, não podendo enfrentar os conflitos que esta fase acarreta, tentam criar uma identidade adulta precoce. Arriscam-se a tornar-se, então, prisioneiros da sua *persona*, incapazes de escapar da própria rigidez. Na verdade, não amadurecem nunca; como as frutas tiradas precocemente do pé, correm o risco de passar diretamente de verdes para podres.

REAÇÃO, DESENVOLVIMENTO, PROCESSO E DESINTEGRAÇÃO

Reações e desenvolvimentos patológicos podem limitar e restringir as perspectivas da personalidade, porém, sem chegar a destruí-la. O grau de comprometimento desta se avalia pela previsibilidade do comportamento, com a repetição dos mesmos mecanismos de defesa do ego. O conceito de doença é sempre o de restrição, redução, privação. Portanto, deve-se ter sempre em mente que a variabilidade e a maleabilidade dos recursos da personalidade podem ser usadas como fenômenos indicativos de higidez (do grego υγιης [*hygies*]: saudável) mental e não de doença.

Apenas os chamados *processos* patológicos podem levar à progressiva dissolução, desagregação, deterioração ou desintegração da personalidade, como nos estados terminais demenciais (do latim *de + mentia*: ausência de mente) ou esquizofrênicos (do grego σχισις [*schisis*]: cisão, divisão e φρενοςοχ [*phrenos*]: mente, espírito – podendo significar também, em outro sentido, sopro vital, diafragma).

No caso dos pacientes esquizofrênicos, porém, na maioria das vezes essa perda mostra-se apenas parcial, preservando algo da personalidade, e persistindo por toda a vida do paciente um déficit crônico residual. O isolamento, o abandono e as internações prolongadas podem precipitar a deterioração completa da personalidade no processo esquizofrênico. Por essa razão essa doença era anteriormente chamada de *dementia præcox* ou demência precoce.

FATORES PATOGÊNICOS E PATOPLÁSTICOS

Devemos relembrar que os fatores causais podem referir-se mais à origem ou, mais especificamente, à forma da doença. Portanto:

Patogênese sempre implica a participação *etiológica* (do grego αιτιος [*aitios*]: causar, e λογος [*logos*]: palavra, relato, estudo), ou seja, em que exista um *nexo causal* entre um determinado fator e a doença. Assim, são realmente patogênicos apenas aqueles eventos que concorrem diretamente para o estabelecimento da doença. Os que ocorrem juntamente com a doença, mas apenas de modo paralelo, sem que exista qualquer relação de causa e efeito, não o são.

Patoplastia é um conceito que se refere, especificamente, ao aspecto ou *morfologia* (de μορφη [*morphe*]: forma, aparência) da doença. Assim, uma mesma causa pode levar a efeitos muito diferentes, em consequência de fatores patoplásticos.

CONCEITOS PSICANALÍTICOS – MECANISMOS DE DEFESA NEURÓTICOS E PSICÓTICOS

No fim do século XIX, seguindo o desenvolvimento de conceitos como a hipnose, a sugestibilidade, a vida inconsciente e a hierarquia das funções mentais, surgiu a psicanálise, que introduziu importantes conceitos para a explicação e a interpretação do desenvolvimento afetivo da personalidade e dos mecanismos psicodinâmicos presentes nos distúrbios psíquicos. Os sintomas mentais passaram, então, a ser vistos como defesas psíquicas que buscavam a recuperação do equilíbrio perdido, análogas às demais defesas do organismo, como, por exemplo, a reação inflamatória, a febre, a tosse etc. Tais "problemas", na verdade, eram "soluções", como a negação, o deslocamento, a evitação, a repressão, a projeção, a regressão, o isolamento, a compensação, a atuação, a sublimação.

Mesmo os sintomas psicóticos, como os delírios e alucinações, podiam também ser vistos por este prisma. Dessa forma a personalidade ou, mais especificamente, o *ego* ("eu", em latim), na expressão psicanalítica, protege-se do conflito entre os desejos instintivos e os ambientes natural e social por meio de diversos mecanismos inconscientes de defesa, chamados *neuróticos* ou *psicóticos*. Inicialmente Freud dividiu o *aparelho psíquico* em três elementos (o chamado modelo "topográfico"): inconsciente, pré-consciente e consciente. Depois concebeu um modelo estrutural, com a interação dinâmica de três agentes básicos: o *Id*, o *Ego* e o *Superego*. No primeiro localizou os desejos, os impulsos instintivos; no segundo, a noção de realidade; e no terceiro, colocou as regras sociais e o ideal do *Ego*.

A ansiedade, explícita ou não, está presente, inespecificamente, em todos os estados neuróticos. A sua presença manifesta, na ausência de outros sintomas neuróticos (obsessivos, hipocondríacos, histéricos, fóbicos etc.), geralmente indica desenvolvimento ou reação neurótica de início mais tardio, menos infantil.

É importante compreender, porém, a natureza desses conceitos. "Superego", por exemplo, é uma metáfora clínica para uma função e não uma entidade autônoma ou um conceito científico. Esta função (ou conjunto de funções) tem correspondentes culturais, mitológicos e religiosos, além de se relacionar, em termos neurofisiológicos, com atividades que envolvem especialmente o córtex orbitofrontal.

O desenvolvimento precário da autoestima, ou insuficiência do amor-próprio, em decorrência de carências – ou necessidades afetivas não satisfeitas – em períodos cruciais da vida infantil pode conduzir, eventualmente, à formação da personalidade depressiva, também denominada melancólica ou ainda de depressão caracterológica. Note-se que estas necessidades afetivas diferem de pessoa para pessoa; assim, aquilo que é suficiente para um pode não ser para outro.

Devemos notar, no entanto, que o esgotamento das defesas do ego pode ocasionar o esvaziamento afetivo que caracteriza os estados depressivos, da mesma forma que a fase final do estresse se caracteriza pelo esgotamento das defesas orgânicas. Assim, estados depressivos podem surgir em qualquer tipo de personalidade, no decurso de qualquer estado patológico.

A personalidade estruturada e equilibrada mostra-se flexível, podendo recorrer a mais de um mecanismo, harmonicamente, de acordo com as suas características individuais e com as necessidades da ocasião. A diversidade de recursos é sempre um fator de bom prognóstico. Sempre devemos lembrar-nos que, ao contrário do que supõe o vulgo, o paciente com doença mental é *tanto mais previsível quanto mais doente* se mostra.

A personalidade razoavelmente estruturada, porém desequilibrada, prende-se a poucas ou a uma única forma de defesa, rigidamente, tendendo sempre a repeti-la, mesmo quando se mostra inadequada e provocadora de sofrimento. Tal postura é característica da personalidade neurótica (quando sofre conflito interno e manifesta ansiedade) ou psicopática (quando não manifesta conflitos, a não ser externos).

É importante notar que quando o desequilíbrio é muito intenso e a pressão interna ou externa é muito grande, tais personalidades podem, eventualmente, regredir e recorrer a mecanismos psicóticos, além dos dissociativos, ocasionando as chamadas psicoses agudas, surtos psicóticos, *bouffées délirantes*, delírios e psicoses histéricas. Tais "psicoses" costumam apresentar bom prognóstico e boa resposta à psicoterapia, com retorno subsequente à estrutura neurótica anterior. Para preservar a nomenclatura psicanalítica, os franceses tendem a usar a expressão *folie* (loucura) para as psicoses não esquizofrênicas, e para estas a palavra *psychose* propriamente dita.

A personalidade desestruturada recorre predominantemente aos mecanismos psicóticos, quando se vê ameaçada interna ou externamente. Segundo o psiquiatra e psicanalista francês Jacques Lacan, a chamada personalidade psicótica (esquizofrênica) não pode estruturar-se por não ter acesso à ordenação simbólica. Lacan chama a esse fenômeno *forclusão* (*forclusion*, em francês; *verwerfung*, em alemão) *do nome do pai*. Essa dimensão simbólica seria a instância que permitiria o acesso à cultura, à linguagem e à lei. Dentro dessa concepção, o inconsciente estruturar-se-ia por meio da linguagem. Estes aspectos, segundo os psiquiatras lacanianos, diferenciariam, fundamentalmente, as verdadeiras psicoses crônicas – esquizofrênicas – das chamadas psicoses agudas e histéricas *(folies hystériques)*.

Devemos observar, no entanto, que, mesmo nos pacientes esquizofrênicos, os mecanismos neuróticos também costumam estar presentes, uma vez que pouquíssimos pacientes apresentam-se *completamente* desestruturados. Nos seus momentos de reestruturação (precária) o paciente recorre a esses mecanismos neuróticos (obsessivos, fóbicos, histéricos, depressivos, hipocondríacos etc.). No entanto, são recursos de escasso potencial defensivo, em razão da fragilidade intrínseca do próprio *ego* do paciente.

Assim, constatamos que pacientes esquizofrênicos estabilizados podem – e geralmente o fazem – chegar a níveis neuróticos de atuação, usando recursos obsessivos, fóbicos ou histéricos (dissociativos). Por outro lado, pacientes neuróticos podem, em momentos ou circunstâncias internas ou externas de fragilização do ego, regredir a recursos psicóticos – paranoides, delirantes, alucinatórios – sem jamais desagregar e retornando eventualmente ao equilíbrio perdido. Além disso, todos esses pacientes podem apresentar flutuações no estado de humor, tornando-se ocasionalmente deprimidos, em função de disreações circunstanciais. Essas observações se apoiam não apenas nos estudos psicanalíticos, mas em observações anteriores à psicanálise, como as do grande nome da neurologia britânica do século XIX, John Huglings Jackson:

> Disease is said to "cause" a symptom of insanity. I submit that disease only produces negative mental symptoms answering to the dissolution, and that all elaborate positive mental symptoms (illusions, hallucinations, delusions and extravagant conduct) are the outcome of activity of nervous elements untouched by any pathological process; that they arise during activity on the lower level of evolution remaining.*

Como a clínica nos mostra constantemente, o diagnóstico deve ser baseado na relação estabelecida entre paciente e terapeuta, ou entrevistado e entrevistador, e sempre *pluridimensional*, visando à personalidade global do paciente, e não meros conjuntos de sintomas. Tomar deprimidos paranoides por esquizofrênicos deprimidos, alcoólicos com alucinose por psicóticos alcoolistas, mania delirante por hebefrenia, dissociação histérica por esquizofrenia paranoide ou obsessão grave por delírio são erros sérios e com pesadas consequências para os pacientes, mas infelizmente são muito mais comuns do que deveriam ser.

Lamentavelmente, tais avaliações incompetentes são grandemente estimuladas por essa separação artificial que divide a psicopatologia em três vertentes estereotipadas: uma psicodinâmica, pretensiosa, pernóstica, logorreica e descompromissada com a clínica; outra sociologizante, política, reducionista e obscurantista e, finalmente, uma terceira, biologizante, mecanicista, superficial e rotuladora. Todas são falsificações que obedecem apenas a meros interesses ideológicos e corporativistas. O verdadeiro pensamento clínico é necessariamente abrangente e precisa trabalhar com vários paradigmas simultaneamente (este é o conceito de *transdisciplinaridade*, de Piaget). A única forma de se privilegiar a clínica é deixar as doutrinas em segundo plano e colocar-se em uma atitude fenomenológica e relacional.

ALTERAÇÕES DE PERSONALIDADE NOS QUADROS PSIQUIÁTRICOS DE ORIGEM ORGÂNICA

São aqueles quadros sintomatológicos psíquicos ocasionados por distúrbios de origem fundamentalmente orgânica, como traumatismos e doenças vasculares, tóxicas, infecciosas, metabólicas, neoplásicas, degenerativas, imunológicas etc. Correspondem às chamadas psicossíndromes cerebrais orgânicas ou reações psicóticas exógenas agudas e crônicas.

---

* "Diz-se que a doença "causa" um sintoma de insanidade. Admito que a doença apenas produz sintomas mentais negativos em resposta à dissolução, e que todos os sintomas mentais positivos mais elaborados (ilusões, alucinações, delírio e conduta extravagante) decorrem da liberação da atividade de elementos nervosos intocados por qualquer processo patológico; que surgem durante a atividade do nível evolutivo inferior remanescente". Evolution and Dissolution of the Nervous System. Croonian Lectures delivered at the Royal College of Physicians. *Br Med J* 1884;1:591, 660, 703.

Se bem que seja sempre aconselhável uma boa avaliação dos possíveis sinais e sintomas neurológicos, quando existe a possibilidade de se estar diante de um quadro psicorgânico, não concordo com a prática rotineira de se fazer o diagnóstico psiquiátrico *por exclusão* do neurológico. Nos casos duvidosos, o exame psíquico benfeito pode ser tão ou mais útil quanto o neurológico. Podemos ilustrar essa opinião com o seguinte exemplo clínico:

Certa vez recebi um caso em que o paciente, já de certa idade, com um ar rígido e pouco expressivo, apresentava queixas somáticas diversas e relatava desânimo e insônia. Ele havia sido encaminhado por um clínico que já havia prescrito anteriormente um antidepressivo, a que o paciente atribuía expressiva melhora. Ao examiná-lo, percebi acentuada inibição psicomotora, muito *desproporcional* à profundidade de sua depressão. Após conversar com os familiares, tomei conhecimento de que ele *escondia* certos sintomas, como tremores, mantendo as mãos nos bolsos, e que seu estado de ânimo, na verdade, sempre fora aquele, fechado, pessimista e de pouca conversa. Acabei chegando ao diagnóstico de mal de Parkinson pelo exame psíquico, avaliando a *qualidade* da sua depressão – reativa, na verdade – em contraste com a intensidade da sua sintomatologia psicomotora. O nexo entre a afetividade e a sua expressão psicomotora era a chave do problema. Poderia ter sido um diagnóstico neurológico bastante óbvio, se ele não estivesse escondendo alguns sintomas.

Devemos lembrar, ainda, que a melhora com o antidepressivo certamente devia-se não aos seus efeitos terapêuticos, mas aos efeitos colaterais deste, a amitriptilina, uma droga de ação fortemente anticolinérgica. Para o mal de Parkinson em fase inicial, tal ação pode ser bastante benéfica.

De outra feita, atendi a uma senhora de seus oitenta e poucos anos, encaminhada por um clínico, supostamente para tratar de depressão e ansiedade. Estava em uso de antidepressivo e tranquilizante, aparentemente sem boa resposta. Não dormia em razão da inquietude e estava criando problemas para toda a família. Retirei o antidepressivo e ela melhorou em uma semana, pois o problema dela era simplesmente acatisia, transtorno do movimento, causado pelo próprio medicamento. Assim, não era a ansiedade que estava causando a inquietude, mas a inquietude que estava causando a ansiedade. O quadro inicial era apenas reativo, causado pelo isolamento e pela falta de atividades e objetivos.

No que se refere às alterações psicopatológicas, pode-se dizer que, em linhas gerais, os quadros psico-orgânicos costumam manifestar-se seguindo seu curso em duas formas básicas:

a) Nas síndromes agudas, com alterações gerais do estado de consciência (turvação, *delirium*).
b) Nas síndromes crônicas, com déficit cognitivo, evoluindo para os estados demenciais.

Podemos abordar nelas os seguintes aspectos:

a) ***Cognitivos:*** perda ou redução de, eventualmente com discrepâncias entre algumas funções específicas – recomenda-se uma adequada avaliação neuropsicológica.
b) ***Afetivos de natureza orgânica, deficitária:*** labilidade emocional, intolerância à frustração, irritabilidade, apatia.
c) ***Afetivos de natureza funcional, não orgânica ou reativa:*** respostas emocionais ao trauma ou ao *déficit*, alterações de natureza psicodinâmica: depressão, ansiedade, dependência, fragilidade, tendências querelantes.

Os mecanismos compensatórios se desenvolvem após a perda de funções, e muitos sintomas apresentam essa característica; formas primitivas de reação tomam o lugar dos recursos perdidos.

É possível observar, também, certas alterações de humor em quadros cerebrais de origem endócrina – como, por exemplo, a depressão no mixedema, e a ansiedade e a agitação no hipertireoidismo – assim como algumas alterações mais características em certas lesões cerebrais localizadas. Não há, porém, verdadeira especificidade psicopatológica qualitativa para tais quadros sindrômicos, muito menos para a sua etiopatogenia. Portanto, os sintomas são praticamente os mesmos para doenças de origens inteiramente diversas. Essa constatação foi feita pelo psiquiatra alemão, K. Bonhöffer, em 1912, e permanece até hoje basicamente incontestes. Assim, um tumor, um traumatismo craniano, um distúrbio metabólico, uma intoxicação ou uma infecção podem cursar com a mesma sintomatologia psíquica básica.

Podemos, no entanto, observar certas características menos genéricas nas personalidades (ou no que restou delas) dos pacientes atingidos por tais distúrbios:

Alterações Demenciais da Personalidade

Conforme veremos mais adiante, os quadros demenciais cursam com alterações da memória e da inteligência. Esta perda cognitiva pode esfacelar os vínculos afetivos e costuma ocasionar grandes dificuldades no convívio familiar, e não é por outra razão que os asilos geriátricos vivem lotados, mesmo nos casos em que as condições financeiras não constituem nenhum problema.

Certos traços de personalidade do paciente podem-se tornar mais evidentes, e a irritabilidade e a intolerância aumentarem. Sintomas depressivos ou persecutórios são muito comuns. Muitas vezes ocorre perda das noções de adequação do comportamento social e liberação dos impulsos. Devemos frisar que mesmo nos casos em que não existem quaisquer possibilidades de recuperação cognitiva significativa, o psicoterapeuta pode desempenhar um papel importante, especialmente na condução dos problemas familiares, de maneira que estes não venham a desembocar na rejeição e afastamento do paciente.

Personalidades Oligofrênicas

O déficit intelectivo é, naturalmente, a principal característica da personalidade oligofrênica. Mas devemos levar em conta que os aspectos fundamentais do processo de desenvolvimento afetivo normal também se fazem presentes no deficiente mental. Portanto, a abordagem psicoterápica dos pacientes oligofrênicos não apenas pode como deve ser feita, principalmente, porque a grande maioria desses pacientes sofre de inúmeros problemas emocionais, especialmente por conta da rejeição familiar e social.

Como é fácil verificar, o preconceito contra os deficientes grassa também entre os psicoterapeutas. A psicoterapia não é um processo cognitivo, mas afetivo e relacional; assim, boa parte das dificuldades surgidas na relação terapêutica com o deficiente é mesmo de origem contratransferencial. Não é negando a deficiência que se trata eficazmente do deficiente cognitivo, mas proporcionando condições para que tenha um papel social. Os aspectos estritamente cognitivos são, na verdade, os menores percalços para a integração do deficiente, já que muitas atividades laborativas exigem um desempenho intelectual pouco mais que mínimo. Os problemas relacionais e adaptativos constituem realmente o grande empecilho.

Necessidade de atenção, dependência, carência afetiva, atitudes pueris, impulsividade, baixo limiar de tolerância à frustração podem ser encontrados em muitos pacientes deficitários, mesmo com temperamentos muito diferentes. Todos os elementos citados dificultam a inserção social, e pesquisas indicam que os indivíduos mentalmente deficitários revelam-se três a quatro vezes mais propensos a delinquir que a população em geral.

O grau de dependência varia muito entre os deficientes, eventualmente até de forma discordante do nível cognitivo. Indivíduos cujo desenvolvimento se deu em um ambiente estável e produtivo podem aprender ofícios simples e adquirir razoável autonomia. Já aqueles que foram criados em um meio simbiótico, restritivo ou hostil podem tornar-se gravemente incapacitados e dependentes. Expectativas parentais exageradas ou irrealistas também contribuem para o fracasso e a frustração.

Personalidade e Epilepsias do Lobo Temporal

As epilepsias que se originam em lesões no lobo temporal, possivelmente pela estreita relação entre essa região e as estruturas componentes do sistema límbico, muitas vezes cursam com alterações psicopatológicas no humor. Irritabilidade constante, impulsividade e rompantes de incontida agressividade e violência imotivada são sintomas frequentes nesses pacientes. No entanto, muitas vezes essas crises de excitação podem ser canalizadas de maneira mais produtiva, como descreve o grande escritor russo, epiléptico, F. Dostoievsky, em uma carta escrita na prisão, em 1849:

> *Minha irritabilidade nervosa aumentou consideravelmente, em especial nas horas noturnas. À noite tenho longos e obscuros sonhos e ultimamente tenho sentido como se o chão estivesse balançando debaixo de mim, e meu quarto se assemelha então ao camarote de um navio. Anteriormente, quando sentia tais distúrbios, eu os usava para escrever; em tal estado eu podia escrever muito mais e melhor que normalmente.*

Podem ocorrer casos em que surgem reminiscências alucinatórias, que *transportam* o indivíduo para um estado em que a consciência como que se "duplica", e ele, então, vivencia estados afetivos extraordinários. É possível que esta seja uma das razões pelas quais muitos pacientes passam a se dedicar a questões religiosas e filosóficas após o surgimento da doença. Dostoievsky descreve um desses episódios:

> *Por alguns instantes, eu experimento uma tal felicidade que seria impossível em condições normais, e da qual as outras pessoas não podem ter ideia. Sinto-me em completa harmonia comigo mesmo e com o mundo, e este sentimento é tão forte e doce que por alguns segundos de tal bênção se poderia dar dez anos de uma vida, ou mesmo a vida toda.*

Com base em algumas informações biográficas que posteriormente revelaram-se incorretas, Sigmund Freud já havia dado uma errônea interpretação de histeria para as crises de Dostoievsky. Importantes epileptologistas, como Henri Gastaut, também não acreditavam em crises de êxtase como parte do quadro epiléptico temporal. No entanto, trabalhos recentes demonstraram cabalmente a sua existência, e o próprio Gastaut reconheceu o fato em um artigo.

Ocasionalmente, também podem ser observadas certas alterações cognitivas e na forma do pensamento, com incapacidade de síntese, detalhismo, prolixidade patológica e, eventualmente, perseveração, quando o quadro evolui para a demência.

Queixas de irritabilidade, dificuldade de concentração e hipossexualidade, assim como a exacerbação dos traços da personalidade pré-mórbida e tendências a certo infantilismo também são comuns em lesões orgânicas agudas, como nos traumatismos cranianos, com ou sem evidência de lesão cerebral, mesmo que nunca surjam crises convulsivas.

Quando a personalidade interictal (entre as crises) do epiléptico do lobo temporal apresenta tais características, pode ser, às vezes, chamada de *síndrome de Geschwind*, conceito que não é inteiramente isento de controvérsias.

Psicossíndromes Frontais

Em linhas gerais, podemos distinguir três quadros neuropsicológicos básicos, no que se refere às lesões de lobo frontal:

a) uma síndrome orbitofrontal, com desinibição, impulsividade pseudopsicopática, inadequação, labilidade emocional, falta de *insight;*
b) uma síndrome apática (pseudodepressiva), relacionada com a convexidade frontal, com retardo motor e déficits neuropsicológicos diversos;
c) uma síndrome acinética, relacionando a área frontal medial com falta de movimento espontâneo, de expressão verbal e gestual, além de déficits neurológicos (fraqueza, incontinência).*

Na prática clínica, vemos que os pacientes atingidos por lesões extensas dos lobos frontais do córtex cerebral podem apresentar quadros demenciais bastante característicos, com progressiva perda da noção de limites pessoais e inibições sociais, impulsividade, comportamento inconveniente, prodigalidade, compondo o quadro clínico conhecido como mória (do latim *moria*: loucura). Manifestações clínicas dessa ordem eram muito mais frequentes quando a sífilis cerebral (chamada paresia geral progressiva ou PGP) era uma doença comum. O saudoso professor Leme Lopes, em seu livro *A Psiquiatria de Machado de Assis*, considera que Machado fez de Rubião, em seu *Quincas Borba*, uma ótima descrição clínica da demência sifilítica.

É interessante notar que, em contrapartida, lesões em outras regiões corticais podem provocar graves perdas das funções cognitivas sem que a personalidade básica seja alterada. O grande nome da neuropsicologia russa, A. R. Luria, descreveu em seu livro, *Um Homem com um Mundo Esfacelado,* o caso de Zasetsky, um soldado que sofreu um ferimento em batalha na região parietoccipital esquerda, o que o fez perder diversas faculdades conceptuais e simbólicas. Perdeu o campo visual direito e a capacidade de expressar-se com as palavras; tornou-se incapaz de escrever, de executar tarefas simples, de somar. No entanto, manteve sua capacidade afetiva e de relacionamento pessoal, assim como de desejar e planejar o seu futuro. Durante 25 anos, com o auxílio de Luria, ele lutou para reaprender a ler e a escrever.

Lesões frontais extensas, como as que decorrem da sífilis cerebral e da doença de Pick, ocasionam a demência e a *moria*.

Certas lesões limitadas, no entanto, podem levar a quadros clínicos mais específicos e muito mais sutis, sem sintomatologia neurológica nem demência. Podem nem mesmo prejudicar o desempenho do paciente em testes de inteligência, mas tendem a impedir o indivíduo de utilizar a inteligência na sua vida, uma vez que passa a não aprender com experiência e a não antecipar consequências, tornando-se incapaz de sintetizar, tirar conclusões e distinguir o essencial do irrelevante.

---

* Cummings JL. *Clinical neuropsychiatry.* New York: Grune & Stratton; 1985.

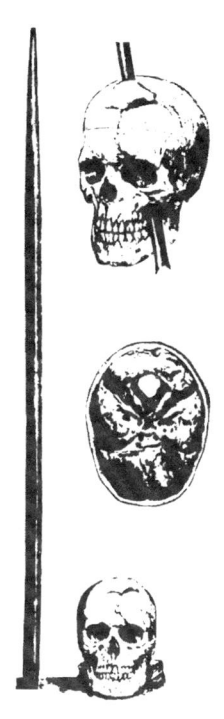

Fig. 2-7. Ilustração da época do caso de Phineas Gage.

O conhecido neurologista e pesquisador americano de origem portuguesa, Antônio R. Damásio, lembrando o incrível caso de Phineas Gage, que, em 1848, teve o seu crânio trespassado por uma barra de ferro e sobreviveu (Fig. 2-7), compara-o com casos atuais de lesões circunscritas às áreas ventromediais dos lobos frontais *(síndrome orbitofrontal).** Observa que apesar de nenhum teste psicológico conseguir observar quaisquer deficiências cognitivas em nenhum desses pacientes, eles evidenciam, no entanto, um péssimo desempenho em todas as suas tentativas de retomada de uma vida social normal.

Dificuldades como desemprego, inadaptação social, problemas familiares, divórcio e fracasso financeiro, surgidos após a ocorrência da lesão frontal, são muito comuns nesses casos, mesmo naqueles pacientes que apresentam resultados acima da média nos testes de cognição. Sem qualquer anormalidade detectável na capacidade verbal, na memória ou na inteligência, os pacientes mostram uma grande alteração na sua personalidade, tornando-se afetivamente esvaziados, emocionalmente distantes, com atitudes inconsequentes, resoluções irresponsáveis, comportamento social inadequado e apresentando notável in-

---

* A leucotomia pré-frontal, "psicocirurgia", criada pelo neurologista português Egas Moniz, juntamente com o neurocirurgião Almeida Lima, em 1936 (e que lhe valeu o Prêmio Nobel de 1949), em moda até meados da década de 1950, quando surgiram os primeiros medicamentos neurolépticos, provocava uma lesão cortical similar, com efeitos "terapêuticos" também similares. O neurocirurgião americano W. Freeman desenvolveu uma técnica chamada lobotomia transorbital, de execução muito simples – com um furador de gelo – que permitia operações ambulatoriais, e assim, até 1951, cerca de 20.000 pacientes já haviam sido operados, só nos EUA.

capacidade de planejamento e tomada de decisões.* Perdem inteiramente o *feeling* que lhes permitia atuar socialmente de maneira adequada, produtiva e bem-sucedida. O bom desempenho em testes laboratoriais e situações simuladas em nada corresponde ao que se observa no dia a dia dessas pessoas. Na realidade, os pacientes passam a situar-se na vida como meros espectadores, sem qualquer envolvimento emocional.

Esses estudos, como muitos outros, confirmam cabalmente a existência no ser humano de um vínculo indissolúvel entre a afetividade, a vontade e a cognição, e assim demonstram que a lógica cerebral não corresponde à lógica filosófica, matemática, e dão plena razão à neurofisiologista canadense Justine Sergent que, parafraseando a famosa observação de Blaise Pascal: "*O coração tem suas razões que a própria razão desconhece*", disse: "*L'organization du cerveau est le résultat de l'évolution et le fruit d'une logique que n'est probablement pas celle de notre esprit rationnel, mais le cerveau semble avoir ses raisons que notre cerveau ne comprend pas.*"**

A crença popular tem como certo que a racionalidade levada aos extremos e a supervalorização do pensamento, dos estudos, ciências e letras podem levar o indivíduo à loucura. São figuras folclóricas, quase arquetípicas, o filósofo excêntrico, o cientista louco etc. A própria literatura está cheia de exemplos estereotipados de indivíduos que perderam o equilíbrio mental em decorrência de suas pretensões de sabedoria, de certa forma representando um castigo divino (a inevitável νεμεσς [*nemesis*] da mitologia helênica) pelo pecado do orgulho (a υβρις [*hybris*] dos gregos) ou soberba intelectual. Observemos como o grande escritor espanhol Miguel de Cervantes Saavedra descreve, com muito estilo e humor, como o pensamento e as leituras em excesso acabaram levando *el ingenioso hidalgo don Quijote* à insanidade mental:

> "*La razón de la sinrazón que a mi razón se hace, de tal manera a mi razón enflaquece, que con razón me quejo de la vuestra fermosura.*" *Con estas razones perdía el pobre caballero el juicio, y desvelábase por enten- derlas y desentrañarles el sentido, que no se sacara ni los entendiera el mismo Aristóteles, si resucitara para solo ello.... y así del poco dormir y del mucho leer se le secó el celebro, de manera que vino a perder el juicio.*

Portanto, para nossa consternação, tudo aquilo que tanto prezamos com o nome de *racionalidade* não pode, de forma alguma, ser separado da emoção, apesar de estarmos sempre tentando nos precaver dessa mistura, repetindo uns para os outros que é preciso agir *racionalmente*, pensar "friamente", ter "cabeça fria" etc. O mesmo acontece com a tão insensata lógica, utilizada na produção da ciência. Como os clínicos já sabiam, há muito tempo, o chamado *método científico* serve muito bem para a apresentação e a organização da racionalização acadêmica do conhecimento científico, mas absolutamente nada tem a ver com a real produção desse conhecimento. Portanto, de acordo com as evidências das mais recentes investigações neuropsicológicas, se a "temperatura" do pensamento for muito baixa, a *racionalidade* também não funciona...

---

* Um paralelo com as personalidades chamadas psicopáticas não pode deixar de ser aventado, ao menos como especulação. Até que ponto essa analogia terá algum sentido etiológico?
** "A organização cerebral é o resultado da evolução e o fruto de uma lógica que não é, provavelmente, aquela do nosso espírito racional, porém, o cérebro parece ter suas razões, que nosso próprio cérebro não compreende." *La Recherche* 1994 jui-août;25(267).

Drogas e Personalidade

> *Banquo: Were such things here as we do speak about,*
> *Or have we eaten on the insane root*
> *That takes the reason prisoner?*
>
> W. Shakespeare: Macbeth, act I, scene III, l. 84

Diversas substâncias de ação farmacológica no sistema nervoso central podem, a curto ou a longo prazos, provocar importantes modificações na personalidade.

A ação imediata dessas drogas, estimulando ou inibindo níveis, sistemas ou setores do psiquismo e, dessa forma, excitando, tranquilizando, sedando ou induzindo estados seletivamente alterados de consciência, pode produzir um novo tipo de equilíbrio mental. Tal equilíbrio artificial vai, necessariamente, implicar uma subsequente adaptação da personalidade a ele.

Para a compreensão dos efeitos de um fármaco qualquer na vida mental, deve-se levar sempre em consideração pelo menos quatro componentes fundamentais destes efeitos.

1. Naturalmente deve ser considerada a ação propriamente farmacológica dessa determinada droga no sistema nervoso central e, mais especificamente, sua atuação direta ou indireta na região do córtex cerebral. Assim sabemos, por exemplo, que os medicamentos benzodiazepínicos têm atuação inibitória primária na região do sistema límbico (Fig. 2-8), que se estende, progressivamente, ao sistema reticular e ao tronco cerebral. Estas propriedades se devem à sua ação potencializadora sobre os receptores ϖ (sítios de reconhecimento benzodiazepínico), no complexo de receptores gabaérgicos (aqueles que são sensíveis ao neurotransmissor ácido γ aminobutírico, ou GABA: *gamma-amino-butyric acid*). Por estas vias se dão os efeitos ansiolíticos dessas drogas, que se estendem à indução de sonolência e, posteriormente, ao coma, nas *overdoses*.

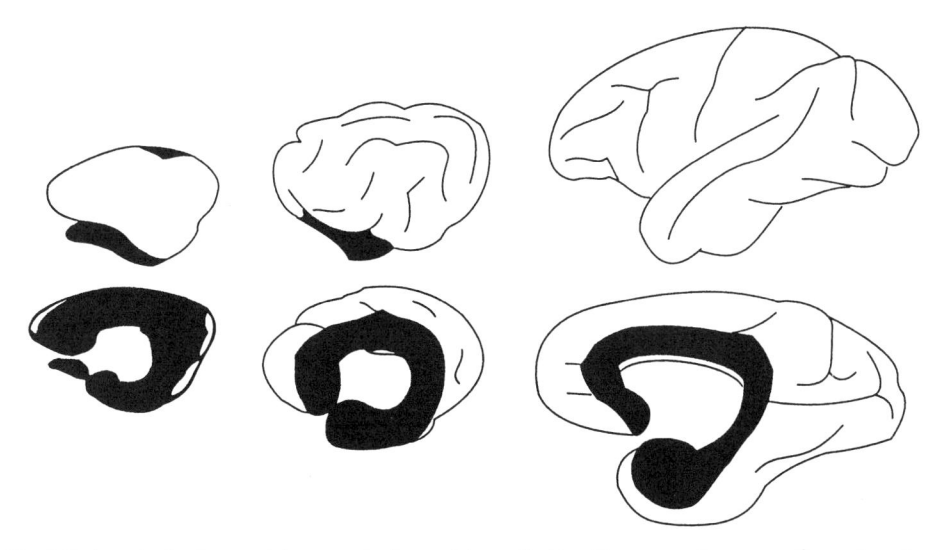

Fig. 2-8. A evolução do neocórtex em relação ao sistema límbico (área escura) nos mamíferos. A partir da esquerda, coelho, gato e macaco (segundo MacLean, Wittower & Cleghorn).

Essa ação indireta e específica explica sua relativa segurança e maior eficácia, como ansiolíticos e hipnoindutores, em comparação com os barbitúricos. Sob esse mesmo ponto de vista também podemos estudar as ações neurofisiológicas, farmacodinâmicas e farmacocinéticas das diversas drogas, cujo uso – ou abuso – são frequentes.

2. Devemos considerar as características constitucionais – fisiológicas e de personalidade – do indivíduo que sofre a ação do psicofármaco. As relações entre a afetividade, as motivações e demais vivências psíquicas e as atividades neurofisiológicas são extremamente complexas, repletas de sistemas interativos, inúmeros *feedbacks* e mecanismos reguladores e compensatórios que variam de indivíduo para indivíduo, de tal forma que as ações farmacológicas sobre o psiquismo jamais são inteiramente previsíveis. Usando o mesmo exemplo dado anteriormente, podemos lembrar que a ingestão de drogas benzodiazepínicas pode causar excitação em certas pessoas, naquilo que se chama de *efeito paradoxal*.

3. Não se pode deixar de avaliar a importância da sugestão externa ou interna, que proporciona o chamado efeito *placebo* (palavra latina que significa "eu satisfaço", do verbo *placere*: aprazer, satisfazer), e que, com muita frequência, é uma variável grandemente significativa na pesquisa psicofarmacológica.

4. Por fim, é preciso, também, considerar o contexto das inserções e interações culturais. Traços de personalidade que podem ser inibidos ou estimulados por uma determinada substância psicoativa podem ser amplamente valorizados em uma sociedade ou momento histórico, mas podem vir a ser violentamente condenados em outro momento, ou em outra sociedade. Tal conceituação nada tem a ver com a real nocividade específica do fármaco, mas com sua *representação social*. Uma mesma droga pode ser considerada como valioso medicamento ou como abominável *tóxico*, conforme sua contextualização na época e no grupo social. Alguns exemplos podem ilustrar este conceito:

   a) A coca sempre foi e continua sendo largamente consumida por grande parte das populações dos países andinos, sem nenhum problema especial, enquanto logo ao lado, no Brasil, é considerada um perigosíssimo tóxico. Não devemos esquecer que até há meio século a cocaína era um medicamento amplamente utilizado em numerosas fórmulas. Juntamente com a cafeína, presente na noz-de-cola, era integrante de fórmulas farmacêuticas digestórias e estimulantes, como a famosa *Coca-Cola*, que acrescida de gás carbônico, de medicamento acabou virando refrigerante. Não teve outra origem a *Pepsi-Cola*, cujo nome revela a sua antiga indicação terapêutica para as dispepsias.

   b) O chá e o café, que contêm cafeína – assim como a noz-de-cola, o chocolate, a erva-mate e o guaraná, trazidos da Ásia, da África e das Américas pelos primeiros colonizadores – foram inicialmente considerados, na Europa, drogas malignas,* capazes de criar vícios terríveis e destruir impiedosamente a moral, a família e a sociedade. Atualmente pode até parecer hilariante imaginar-se que diabo de sociedade seria essa que se sentia ameaçada até por *old ladies* tomando chá com *muffins*, o equivalente ao café com bolinhos da tia Nastácia. No entanto, se quisermos refletir bem,

---

* A. M. Freedman, em Drugs and Society: An Ecological Approach (in Cole, J.O., Freedman, A. M. & Friedhoff, A. (ed.). Psychopathology and Psychopharmacology. The Johns Hopkins University Press, Baltimore, 1972) cita a esse respeito um professor de medicina de Cambridge, no início do século: "Tea has appeared to us to be especially efficient in producing nightmares with hallucinations which may be alarming in their intensity. Another peculiar quality of tea is producing a strange and extreme

temos que reconhecer que as nossas atitudes atuais com relação a um suposto poder diabólico de certas drogas – em agudo contraste com as excelsas virtudes de outras drogas – não se mostram tão diferentes assim.

c) Diversos cogumelos e plantas alucinógenas são utilizados ritualmente por várias tribos indígenas das três Américas em suas cerimônias religiosas, e seu efeito é considerado como uma experiência mística, valorizada espiritual e socialmente integradora. No antigo México os cogumelos chegavam mesmo a ser adorados como divindades (Fig. 11-2). Já em outros contextos, estas mesmas drogas podem ocasionar comportamentos desviantes, atitudes antissociais, quadros psicóticos e as chamadas *bad trips*.

d) Entre nós, a maconha era também utilizada no tratamento da insônia e da asma. O ópio – de onde se extraem a morfina e a heroína – tem largo uso até hoje como antiespasmódico (sob a forma de tintura canforada, ou elixir paregórico), e muitos de seus derivados sintéticos são usados como sedativos da tosse, e outros como antidiarreicos.

e) Na antiga Índia, a utilização do *bhang* (preparado de *Cannabis*, como a maconha ou o haxixe), com o propósito de facilitar a introspecção e a meditação, era bem-aceita pela casta dos *Brahmins* ou brâmanes. Esta casta, uma aristocracia moral e espiritual, não via com bons olhos o uso do álcool, considerado como liberador dos instintos inferiores. Já com os *Rajputs*, pertencentes à casta dos guerreiros ou *Kshatriyas*, ocorria o oposto. Representavam a autoridade e o poder temporal, e desse modo o confronto, a violência e o desrespeito para com as proibições religiosas quanto ao consumo de carne e de bebidas alcoólicas eram partes integrantes de suas vidas. De maneira semelhante à atitude das sociedades ocidentais, eles desprezavam o *bhang* e faziam uso do *daru*, uma bebida destilada das flores de *mahwa*, de alto teor alcoólico.*

f) O álcool é abominado pelos muçulmanos ortodoxos, enquanto é uma droga que chega a fazer parte até mesmo dos rituais religiosos nas sociedades cristãs, em que a sua proibição seria simplesmente insuportável. Esse fato foi claramente demonstrado pela desastrosa experiência da *prohibition* (a famosa *lei seca*), imposta

---

degree of physical depression. An hour or two after breakfast at which tea has been taken, a grievous sinking may sieze upon a sufferer so that speak may become an effort. His speech may become weak and vague. By miseries such as these the best years of life may be spoiled." ["O chá nos parece ser especialmente eficaz em produzir pesadelos com alucinações que podem ser alarmantes em sua intensidade. Outra peculiaridade do chá é produzir um estranho e extremo grau de depressão física. Uma hora ou duas após um desjejum em que o chá tenha sido tomado, um afundamento depressivo pode se apossar da vítima, de modo que falar torne-se um esforço. Sua fala torna-se fraca e vaga. Por causa de desgraças como esta os melhores anos da vida podem ser desperdiçados."]. Sobre os terríveis males causados pelo café, o catedrático também pontifica: "The sufferer is tremulous and loses his self-command. He is subject to fits of agitation and depression. He has a haggard appearance. As with other such agents a renewed dose of the poison gives temporary relief at the cost of future misery." ["a vítima mostra-se trêmula e perde o seu autocontrole. É sujeita a crises de agitação e depressão. Tem uma aparência desgastada. Como ocorre com outras drogas uma renovada dose do veneno dá temporário alívio, ao custo da futura miséria."]

* Carstain GM. Daru and Bhang: cultural factors in the choice of intoxicants. Quarterly Journal of Studies in Alcohol 1954;15:224. Citado por Freedman AM. Drugs and Society: an ecological approach. In: Cole JO, Freedman AM, Friedhoff A. (Eds.). *Psychopathology and psychopharmacology*. Baltimore: The Johns Hopkins University Press, 1972.

na década de 1920 nos Estados Unidos. Enquanto esteve em vigor, o consumo de álcool, em vez de diminuir, aumentou. Tudo o que se conseguiu com essa lei foi fazer com que *gangsters,* como Al Capone, enriquecessem imensamente, e uma onda de corrupção rapidamente se espalhasse pela polícia, terminando por respingar até mesmo na justiça e no congresso americanos. Analogamente, é mais do que evidente que a criminalidade e a violência ligadas ao tráfico de drogas são geradas, basicamente, pela repressão ao consumo, que eleva os preços e cria um poderoso mercado marginal, e não pelo abuso ou dependência em si mesmos. Na Colômbia, milhares de anos de consumo diário da coca em nada prejudicaram a população, ao passo que uns poucos anos de tráfico internacional criaram grandes cartéis criminosos, como os de Medellín e Cáli.

O uso abusivo de álcool pode ocasionar quadros psicóticos agudos e crônicos e, eventualmente levar alguns indivíduos à degeneração do sistema nervoso periférico e central e à consequente demência, de tal forma que a personalidade subjacente – seja dependente, neurótica ou psicótica – fique completamente deteriorada. Mesmo sem lesões neurológicas importantes, a própria dependência psíquica conduz à fixação da personalidade em estágios imaturos do desenvolvimento, à progressiva dissolução do relacionamento social e a uma egocêntrica infantilização emocional.

O abuso de cocaína pode induzir quadros paranoides importantes. Da mesma forma que o álcool, também os opiáceos (morfina, heroína, metadona, demerol), os barbitúricos, outros sedativos e os tranquilizantes podem conduzir os indivíduos cujas personalidades mostram-se fundamentalmente *dependentes* a uma insidiosa, mas progressiva perda dos nexos afetivos, inclinando-se lentamente a uma certa puerilidade indiferenciada, independentemente da existência de qualquer sinal de deterioração cognitiva de tipo demencial.

Os medicamentos neurolépticos, inevitavelmente, tendem a induzir estados de indiferença emocional, desmotivação e distanciamento afetivo, que são partes integrantes de seu próprio efeito terapêutico; ou seja, não podem ser totalmente evitados, mesmo quando seu uso é o mais judicioso possível, e sua prescrição é orientada com a máxima perícia. Já quando mal indicados, podem mascarar outros quadros clínicos e, a longo prazo, chegar mesmo a contribuir para a destruição dos vínculos emocionais e existenciais do paciente e sua cronificação.

O trecho reproduzido a seguir foi extraído de uma narrativa que foi publicada há muitos anos em uma revista psiquiátrica francesa. Foi escrito por uma médica, psiquiatra, que apresentou quadro psicótico agudo – uma *bouffée délirante* – e foi tratada com neurolépticos. Por fim conseguiu recuperar-se e pôde, então, relatar aos seus colegas sua difícil e sofrida experiência:

> *... Então começou a longa tortura pelos neurolépticos, tortura diferente agora, não mais ao nível corporal, mas ao nível mental, intelectual e afetivo. Tortura mais insidiosa, cotidiana, banalizada no passar dos dias onde nada interessa, onde se espera pela noite para dormir e esquecer por algumas horas o estado de mera sobrevivência psíquica no qual se chafurdou todo o dia...*

> *... Como pôr em palavras sensações íntimas ligadas pelo empobrecimento extremo do mar de palavras no qual pensamos, vivemos as coisas. Como pensar nessa ausência de pensamento? Pois tratava-se exatamente disso. Meu pensamento tinha sido cortado em suas raízes, eu não era mais que um escancaramento, invadido por um*

> vazio de linguagem. Eu me queixava interiormente e exprimia meu sofrimento aos outros dizendo-lhes que me sentia mudada, que tinha a impressão de ter perdido a minha personalidade, quer dizer de ter perdido o que me caracterizava: meus gostos primeiramente. Tudo o que anteriormente me apaixonava já não me despertava mais nenhum interesse. Eu me afastava, pois aquilo me lembrava da minha desgraça interna. O contato que podia ter com os meus, eu tinha perdido, meus traços de caráter sobre os quais se baseavam as relações com os outros estavam diluídos, encobertos.

> Eu tinha o sentimento de uma perda irreparável. Nunca mais serei a mesma. Aquilo no qual eu me reconhecia como diferente dos outros e fundamentalmente como eu mesma, minha identidade estava dissolvida, desfiada. Os neurolépticos tinham realizado o equivalente a uma lobotomia, ao menos é assim que eu imagino que devem sentir-se os lobotomizados...*

Devemos notar que ela não pretendeu negar valor à psicofarmacoterapia, pois reconheceu o importante papel dos medicamentos em seu tratamento. Mas o elemento fundamental em seu depoimento foi a descrição desse *outro lado* do tratamento, que deve estar sempre presente na mente de quem examina e de quem prescreve. Em resumo, a ideia de que existem certas drogas "más" que possam levar as pessoas à perdição é tão mágica quanto a de que existem certas drogas "boas" que possam resolver os problemas humanos.

As Chamadas Personalidades Psicopáticas

São conceituadas, geralmente, como personalidades essencialmente desequilibradas que, sem chegar a apresentar sintomas definidos de qualquer neurose ou psicose, mostram traços de caráter e tendências ao uso de mecanismos de defesa correspondentes às neuroses e psicoses.

Na expressão de Kurt Schneider, elas sofrem ou fazem sofrer as outras pessoas. Tendem a apresentar traços de personalidade restritos sempre aos mesmos mecanismos de defesa, mesmo que não formem quadros patológicos específicos. A imaturidade e o empobrecimento da vida afetiva e relacional são os traços comuns a todas as formas de personalidade psicopática.

Assim, podemos reconhecer aquelas personalidades psicopáticas chamadas esquizoides, as ciclotímicas, as paranoides, as narcísicas, as anancásticas ou obsessivas, as inseguras, as hipocondríacas, as abúlicas, as astênicas, as dependentes etc. Se não chegam, propriamente, a constituir-se em doenças, são formas de ser ou estilos de vida. A ausência de conflito interno é o elemento essencial no diagnóstico: nos quadros neuróticos o paciente procura tratamento em razão do seu conflito e de sua ansiedade; em um transtorno de personalidade o indivíduo não acha nada demais ser assim, já que sempre vê os problemas como externos a ele.

As personalidades psicopáticas, portanto, não costumam procurar tratamento espontaneamente, uma vez que não experimentam nenhum conflito interno; em um certo sentido, são pessoas totalmente *"resolvidas"*, pois os problemas estão sempre nos outros. Quando em terapia, manipulam-na sempre para evitar as frustrações e conflitos e, assim, permanecerem sempre da mesma forma. Por isso, um neurótico obsessivo sente-se ansioso e quer se ver livre de seus sintomas (assim como um histérico ou um fóbico). Portanto, por exemplo, uma personalidade de características obsessivas ou anancásticas (do grego ααγκη [*ananke*]: necessidade) não vê nada de errado em si mesma, mas sim no descontrole

---
* *L'évolution psychiatrique* 1981;46(1):97-104.

e na imprevisibilidade do mundo externo. O examinador nunca se deve deixar impressionar pelas *evidências* ou manifestações superficiais, uma vez que o elemento essencial para o diagnóstico não é qualquer sintoma, mas a completa ausência de conflitos internos.

Na grande maioria das vezes, porém, a expressão *psicopata* ou *personalidade psicopática* refere-se mais especificamente ao que se chama *personalidade antissocial* ou *sociopática*. São aqueles indivíduos emocionalmente imaturos que se mostram incapazes de assimilar as regras de convivência social. Deve-se notar que não se trata aqui dos escroques, dos marginais, dos bandidos, dos rebeldes, dos corruptos ou dos déspotas, na medida em que esses indivíduos têm propósitos bem determinados e usam as suas habilidades sociais, buscando, objetivamente, alcançar suas metas, medindo suas chances, prevendo as consequências e tentando sempre obter vantagens ao mesmo tempo em que procuram escapar da punição, vivendo permanentemente um risco calculado.

Assim, a corrupção endêmica da nossa política obedece a um código próprio de conduta, sub-reptício e generalizado, e não se confunde com traços específicos de personalidade. Pessoas más podem ser audaciosas ao extremo, mas não costumam ser inconsequentes. Já os sociopatas não conseguem avaliar bem os riscos nem as repercussões de seus atos, e seu sucesso ou fracasso depende apenas da permissividade dos outros com relação a eles.

Nem todos os psicopatas são necessariamente transgressores, violentos, nem cruéis: é a sua postura, a sua atitude diante do outro que define o quadro e não o seu comportamento objetivo, manifesto. Em certas circunstâncias, pessoas normais podem ser muito mais cruéis que a maioria dos psicopatas jamais o será. Simples burocratas em cargos de autoridade podem mostrar-se de uma iniquidade inacreditável. Assim, o diagnóstico deve ser cuidadoso, evitando generalizações superficiais. À primeira impressão, esquizofrênicos, pacientes com deficiências mentais, autistas ou maníacos podem, eventualmente, mostrar-se tão insensíveis quanto psicopatas.

Há evidências de que as personalidades psicopáticas têm significativa propensão genética, mas que precisa ser desencadeada pelo ambiente. Em circunstâncias adequadas, as tendências antissociais podem nunca chegar a aflorar. Num ambiente hostil, porém, têm o meio de cultura perfeito para se desenvolver.

R. Hare definiu os seguintes critérios para o sociopata: afetividade superficial, autovalorização exagerada, necessidade constante de estímulo, tendência ao entediamento, mentira patológica, manipulação, falta de remorso ou culpa, falta de empatia, vida parasitária, baixo controle dos impulsos, irresponsabilidade, promiscuidade sexual, delinquência juvenil, reincidência e versatilidade criminal. A etiologia desses casos parece estar ligada a problemas no desenvolvimento da personalidade que promovam algum retardo no amadurecimento afetivo. No entanto, até o momento, nenhum fator causal específico, seja de natureza emocional, familiar, social, neurológica ou genética pode ser identificado com segurança. É bem possível que tais casos representem apenas as variações naturais dentro do leque de tendências e possibilidades humanas.

Muitas teorias tentam explicar a psicopatia, falhando, geralmente, em sua própria caracterização fenomenológica. O já citado H. J. Eysenck, juntamente com G. H. Gudjonsson, criou uma teoria excitatória da criminalidade, segundo a qual haveria uma predisposição biológica de hiperexcitabilidade subjacente aos psicopatas. Estes seriam extrovertidos, impulsivos e caçadores de emoções, com um sistema nervoso relativamente insensível a baixos níveis de estimulação. Seriam hiperativos na infância e com tendência a participarem de atividades de alto risco, como o crime. Parece haver aí uma certa confusão entre extroversão e excitação, além da costumeira confusão entre criminalidade e psicopatia.

O conceito de excitação nervosa – e necessidade de estímulo – não se confunde com o de temperamento. Tanto introvertidos como extrovertidos podem ser excitados. A extroversão é um traço relacional, que se refere à busca constante de referências grupais e de participação social. A psicopatia, em certo sentido, chega a parecer o inverso disso.

Quanto à busca de excitação, ocorre em todos os "viciados em adrenalina" que se dedicam aos esportes radicais sem que, necessariamente, exibam qualquer traço psicopático ou criminoso. Não faltam atividades excitantes e perigosas hoje em dia, e nem por isso a violência diminui. Existem criminosos introvertidos e extrovertidos, excitados e inibidos; o mesmo ocorre com psicopatas. O que define o psicopata (sociopata) é a ausência de vínculos afetivos consistentes e de inserção social estável, e não a excitação ou a extroversão. As raízes do problema se acham na imaturidade e na deficiência em construir uma imagem relacional.

O caso do psicopata revela-se bem diferente do criminoso comum, não apenas por ser muito pouco sensível ao castigo, mas pela sua incontrolável necessidade de prosseguir transgredindo. Assim, por maior sucesso que algum desses indivíduos venha a obter, e por mais inteligente que venha a ser, caracteristicamente acaba sempre fracassando, ou então criando problemas tão frequentes e de tal monta que a sociedade tende a rejeitá-lo ou destruí-lo. Sua imaturidade emocional e sua incapacidade de avaliar e compreender as regras interativas do jogo social levam esses indivíduos ao inevitável desastre. Como não têm escrúpulos de qualquer espécie, nenhum pejo em quebrar regras, nem a mais vaga noção de culpa, os psicopatas podem exercer uma enorme atração ou liderança sobre muita gente, nem sempre ignorante ou ingênua. Tais pessoas – que podem ser de elevado nível social ou intelectual – ficam absolutamente fascinadas pela audácia e "liberdade" do comportamento inconsequente do psicopata, projetando nele seus desejos de independência ou autonomia. Seduzindo e manipulando dessa forma pessoas cuja autoestima tende a ser muito baixa, certos psicopatas podem, às vezes, alcançar um considerável – se bem que geralmente transitório – sucesso.

Note-se que esta forma de sedução nada tem a ver com empatia, mas com o fascínio que a pessoa seduzida mostra pela ousadia e determinação do psicopata, que se coloca como depositário dos seus desejos e fantasias. O verdadeiro sedutor é bem diferente, já que sua capacidade de sedução reside, essencialmente, no fato de se envolver e se deixar envolver afetivamente pela outra pessoa, mesmo que de forma efêmera. Tanto os sedutores como os carismáticos têm uma sutil percepção do desejo do outro e buscam se tornar o objeto desse desejo. Na realidade, toda sedução envolve alguma forma de identificação. Nada disso acontece com os sociopatas, que nada veem além de si mesmos.

Um exemplo notório dessa patente imaturidade e total incapacidade de avaliação foi o caso – que teve amplo destaque anos atrás – de um *doublé* de cirurgião plástico e criminoso que parecia ter feito questão de jogar fora uma carreira profissional e social de bastante sucesso pelo mais que duvidoso *prazer* de aplicar alguns golpes pueris, cometendo crimes que, se encarados objetivamente, mostravam-se inteiramente despropositados. É essa inconsequência, e não o crime, que define o quadro.

Entre os políticos, essas características imaturas de personalidade tendem a produzir carreiras meteóricas que, invariavelmente, resultam em desastres, já que são incapazes de manter alianças e criar vínculos; são o oposto das verdadeiras *raposas* políticas. A nossa história recente traz como bons exemplos disso a impressionante falta de discernimento de alguns dos nossos líderes do passado recente. Atirando no lixo os seus próprios cargos, conseguiram algo quase impossível: constituírem-se nos raros casos no mundo de renúncia ou *impeachment*, justamente em um paraíso para arreglos e conchavos como a capital nacional. O que causa mais espanto nesses indivíduos é a absoluta ausência de precauções e a folgada inconsequência com que agem, em permanente desafio às regras estabelecidas.

Para compreender com clareza o problema e fazer avaliações válidas, não devemos nos permitir sair do conceito psicopatológico de psicopatia, evitando entrar em considerações de natureza moral ou nos prender a critérios jurídicos e sociais.* É o tipo de relação interpessoal – pueril, egocêntrica e vazia – estabelecida pelo psicopata que constitui o diagnóstico e não a violência, a repulsividade ou o número de delitos cometidos. Na boa observação fenomenológica, o próprio entrevistador é o melhor instrumento de avaliação, uma vez que ela não consiste em observar o entrevistado, mas sim em perceber o efeito que o entrevistado produz em sua própria personalidade.

Por conta desse desafio, uma relação confusa por vezes se estabelece entre a contestação, a arte engajada e a psicopatologia. Em avaliações superficiais, certos psicopatas podem ser vistos às vezes como rebeldes ou contestadores, quando não passam de meros predadores ou parasitas. O Marquês de Sade foi um bom exemplo, assim como Jean Genet, incensado por Sartre. Na década de 1970, o escritor americano Norman Mailer, ícone *radical chic* da contracultura, participou de uma vitoriosa campanha de mídia para libertar um perigoso assassino, Jack H. Abott. Este psicopata – tendo escrito um livro festejadíssimo pela *intelligentsia* da época – bancava o escritor incompreendido, vítima da sociedade. Dizia Mailer: *"This guy isn't a murderer, he's an artist!"*, como se uma coisa e a outra fossem incompatíveis. Um mês após ganhar a liberdade, graças ao esforços de Mailer *et al.*, mostrou logo sua cara ao esfaquear e matar um pobre garçom, por motivo fútil. Este caso famoso** serviu para mostrar ao público que um eventual talento ou capacidade intelectual em pouco ou nada altera os elementos fundamentais da personalidade.

É interessante notar que determinadas pessoas ficam obstinadamente mobilizadas pelos casos específicos de psicopatas e assassinos cruéis. Nos Estados Unidos, há mesmo quem se corresponda com condenados no "corredor da morte" e chegue a lhes propor casamento. Alguns ativistas de direitos humanos parecem mostrar extraordinária preocupação pelo bem-estar de criminosos violentos, com obstinação muito maior que a demonstrada pelo destino de outros transgressores, ainda mais desfavorecidos, porém, menos notórios ou empolgantes. Não seria de todo improvável que alguns aspectos sadomasoquistas inconscientes nas personalidades desses catequistas estejam relacionados com este fascínio desmedido pela salvação de almas desgarradas.

DIAGNOSTICANDO A PERSONALIDADE E NÃO OS SINTOMAS

> *"It is much more important to know what sort of a patient has a disease than what sort of a disease a patient has."*
>
> Sir William Osler (1849-1919)

O diagnóstico psicopatológico fenomenológico é sempre global (holístico, como dizia K. Goldstein) ou seja, envolve o total da personalidade e suas circunstâncias. Apesar de importante, a sintomatologia é secundária, uma vez que os mesmos quadros podem surgir com sintomas diferentes, enquanto quadros diferentes muitas vezes compartilham dos mesmos sintomas. Além disso, os sintomas secundários, em geral, destacam-se mais que

---

* Exceto, naturalmente, no contexto específico da psiquiatria forense e das avaliações periciais.
** Cuja lembrança agradeço ao Dr. Flávio Jozef, especialista no tema.

os fundamentais. Por esta razão, é absolutamente necessária a compreensão das relações de sentido que faz o quadro clínico com a personalidade do paciente, assim como de seu meio familiar e cultural, para que se possa obter um diagnóstico psicopatológico realmente válido na clínica.*

A cultura, a religião, a mitologia são elementos poderosos, não apenas na construção das categorias diagnósticas, mas também no processo de inserção de cada quadro clínico dentro dessas categorias.

Assim, por exemplo, se a cultura local do diagnosticador tende à inclusão social, e na sua mitologia o comportamento desviante do paciente é visto como apenas uma possibilidade a mais, o diagnóstico molda-se para que a gravidade do quadro tenda a ser minimizada, e o prognóstico a ser otimista. Se, ao contrário, o meio ideológico vigente é predominantemente excludente ou o ambiente social se encontra em desequilíbrio, o paciente tende a ser visto como uma potencial ameaça à estabilidade.

A quebra de regras sociais e a violência são encaradas como sinais de gravidade, se a disciplina e a ordem gozarem de prestígio social; no entanto a indiferença e a passividade é que podem assumir esse papel, se a atividade e a participação forem culturalmente valorizadas.

A indolência pode ser vista como indício de gravidade onde o trabalho tem um *status* cultural elevado. O sentimento de culpa pode ser um sintoma depressivo muito comum nos ambientes culturais, onde a responsabilidade individual é internalizada. Em outros ambientes, onde a coletividade predomina sobre a individualidade, o sentimento de vergonha é mais comum, e sintomas hipocondríacos tendem a predominar. Nos lugares em que a responsabilidade não se internaliza, a vivência persecutória pode ser uma manifestação frequente e um sintoma enganador. Em outros meios culturais, certos sentimentos, como o ódio ou a tristeza, podem não ter qualquer representação, não sendo verbalizados ou não existindo conceitualmente (fenômeno descrito pelo antropólogo Robert I. Levy, sob o termo *hipocognição*).

O mesmo medicamento pode ser visto tanto como terapêutico quanto como agravador do quadro, no mesmo paciente, dependendo daquilo que se espera do tratamento e do paciente.

Em nosso meio, a prática psicoterápica tende a usar como modelo teórico a psicanálise, que se concentra em três diagnósticos básicos: neurose, psicose e perversão.

a) A neurose confunde-se com a normalidade, com a diferença de que, na primeira, os mecanismos de defesa mais ou menos específicos procuram equilibrar os conflitos internos e reduzir a ansiedade; uma vez que nesta última o mecanismo de defesa da *sublimação* teria maior destaque que os outros.
b) Na psicose haveria uma perda de contato com a realidade, com regressão narcísica a estágios pré-edípicos do desenvolvimento.
c) O conceito de perversão – que tende a confundir-se com o de psicopatia – esta, porém, inextricavelmente ligado aos valores estabelecidos. Não há como definir perversão sem estabelecer uma norma moral prévia. Sob o aspecto fenomenológico, entendemos que o conceito de perversão não se sustenta teoricamente, pois está essencialmente

---

* Na pesquisa quantitativa, em razão do número de casos, é necessário o emprego de tabelas padronizadas, com critérios específicos, para servir à análise estatística. O quadro definido pelo conjunto dos sintomas pode-se relacionar, estatisticamente, com o diagnóstico, mas não compartilha da sua essência, nem tem valor na clínica.

vinculado aos padrões tradicionais de moralidade, socialmente instituídos e amplamente relativos à época e à cultura,* não podendo assim servir de base para um verdadeiro diagnóstico psicopatológico. Entretanto, o conceito de psicopatia antissocial tem outra consistência, porque envolve uma forma peculiar de existência, com uma patente incapacidade de perceber o outro, uma dificuldade intrínseca de estabelecer nexos relacionais e afetivos sólidos, que se pode manifestar em qualquer ambiente histórico ou cultural, sem considerar as questões relativas à moralidade. Pode, assim, ser definido até mesmo funcionalmente, uma vez que o psicopata, invariavelmente, tende a fracassar – ou a desperdiçar suas oportunidades – em razão de suas deficiências.

Neuroses

Em uma perspectiva etológica ou comportamental, vemos que, para o animal, a situação ameaçadora produz reações imediatas de luta ou fuga, com seus correlatos fisiológicos. As atitudes reativas básicas são variações em torno dos processos de controle, evitação ou mimetismo. Nos animais sociais, as relações se tornam mais complexas, exigindo outros recursos, como a agressão, submissão, a simulação, a dissimulação, o blefe etc. Em quaisquer casos, porém, o medo não causa senão reações dirigidas ao objeto ameaçador. Apenas na ansiedade – em que o medo não tem objeto definido – e nas situações conflitivas sem solução é que surge então o estresse psíquico. As chamadas "neuroses experimentais" produzidas em animais situam-se nessa categoria. As neuroses traumáticas também a elas se assemelham, guardadas as proporções. Se a ansiedade (sem objeto definido) pode ser convertida em medo (com objeto definido), desaparece o estresse e ocorre o combate ou a fuga, que produzem tensão, mas não estresse. Este só ocorre com a expectativa constante e a antecipação.

O homem também reage ao elemento ameaçador ou nocivo por alguns mecanismos básicos: afastamento, deslocamento, fuga aos estímulos correlatos, controle da situação e procedimentos estereotipados e comportamentos padronizados. Por exemplo, verificar se tudo está em seu lugar, estabelecer um território, purificar o seu microambiente são atitudes adaptativas face às ameaças – por predadores, inimigos, contaminação etc. – que se constituem em normas socialmente estabelecidas, preceitos sagrados e rituais religiosos.

Nas suas relações sociais, extremamente complexas, os elementos conflitivos são muitos, mas relacionam-se, em essência, com algumas situações básicas da primeira relação, a familiar. As formas de reagir, por mais intricadas que sejam, também prendem-se, fundamentalmente, a mecanismos mais ou menos semelhantes àqueles descritos por Anna Freud: repressão ou recalque, negação, racionalização, formação reativa, isolamento, deslocamento, projeção, regressão, sublimação etc.

Tais mecanismos visam a delimitar, redirecionar, afastar ou controlar a ansiedade, escapando da ansiedade ou do medo difuso pela definição de um objeto ameaçador. Assim, o medo difuso – a vivência angustiante – torna-se direcionado, localizado, circunscrito e pode elicitar uma resposta mais dirigida, mais específica. Transformar a ansiedade em medo – ou melhor, em fobia, já que o objeto deste medo é simbólico – é uma forma de proteger a mente do colapso. Da mesma forma, a dissociação dos afetos, os sintomas conversivos e os rituais obsessivos afastam, controlam e delimitam as situações conflitivas e ansiogênicas. O ambiente cultural tende a reforçar alguns desses mecanismos ao mesmo tempo em que desestimula outros.

---

* Para uma excelente discussão desse tema, ver Leitura das Perversões, de G. Lantéri-Laura (Zahar, 1994).

Todos eles, para o terapeuta, devem ser vistos mais como *recursos* da mente do que como problemas a serem "resolvidos". As tendências *fóbicas* ajudam a manter unido e coeso o grupo social, afastando-o do mal, da doença, da impureza e da corrupção; ao mesmo tempo, as inclinações *obsessivas* fortalecem as regras, a hierarquia, a obediência, as tradições e a disciplina. Da mesma forma, os aspectos *dissociativos* da mente produzem o senso de expansão, união, identificação e participação grupal, proporcionando assim a sugestionabilidade, os movimentos de massa e a dissolução do sentimento individual em função do chamado *inconsciente coletivo*. Essas tendências irracionais e geralmente inconscientes correspondem, respectivamente, aos aspectos mágicos, ritualísticos e místicos em que se baseiam todos os grupos religiosos e ideológicos, mesmo aqueles que se pretendem científicos ou centrados na razão.

Dessa forma, todas as pessoas tendem a usar esses mesmos mecanismos protetores, ditos "neuróticos", com amplas variações culturais e individuais. A restrição da defesa da integridade da personalidade a apenas um ou outro desses mecanismos torna-a mais frágil, e o fracasso desses mecanismos tende a trazer de volta a ansiedade e o sofrimento *(pathos)*, constituindo a neurose *stricto sensu*, ou seja, no seu sentido propriamente patológico.

Com a diminuição dos recursos afetivos ou da "reserva energética" da mente, surge a síndrome do estresse, cuja manifestação mental inicial é a cronificação da ansiedade. A persistência do quadro produz a reação depressiva, que cursa com esvaziamento emocional, desmotivação, desânimo. O retorno habitual a esse quadro constitui a neurose depressiva, que acaba por formar o correspondente mental da fase final de esgotamento na síndrome Geral de Adaptação (estresse), descrita por Hans Selye, em 1936.

Estados Psicóticos em Geral

Aqui, a situação já não pode ser encarada sob os aspectos dos mecanismos de defesa, porque não se enquadra muito bem nesse modelo, envolvendo toda uma nova forma de vivenciar a realidade; é como se todo o mundo se transformasse, se desconectasse ou se fragmentasse. Na mania, na depressão, na esquizofrenia, nos estados paranoides, os elementos mais básicos da vida mental humana estão comprometidos. A autoconsciência, a relação com os outros, a passagem do tempo, as dimensões espaciais, tudo pode mostrar-se alterado. As manifestações externas dessas alterações compreendem a inadequação, a estranheza, a dessocialização etc.

Psicoses Afetivas

Ocorre aí um desequilíbrio nos ciclos naturais de flutuação do humor (ritmos circadianos e sazonais), e as reações de estimulação e de esvaziamento parecem disparar aos seus pontos máximos. Quadros francamente delirantes podem desabrochar, mas costumam mostrar em seu âmago a origem afetiva primária. Nos processos depressivos melancólicos vemos todas as funções mentais – psicomotricidade, vontade, cognição, pensamento – inibirem-se face ao vazio afetivo, e a personalidade como que desaba ou "implode" no desespero e na autodestruição. Os processos maníacos parecem reações opostas, explosões afetivas que impedem esse colapso. No entanto, em ambos os processos as vinculações interpessoais e as experiências vivenciais se veem prejudicadas. As relações se superficializam ou se desvanecem, as sequências temporais se perdem, e as concepções do espaço pessoal se alteram. Mesmo com boa resposta aos medicamentos, o amadurecimento da personalidade se pode ver fortemente prejudicado.

Psicoses Desagregativas

Na esquizofrenia, a compreensão intuitiva e a racionalidade parecem se encontrar dissociadas, e o mundo perde a sua transparência, ou a sua evidência natural, na expressão de W. Blankenburg. Faltam elementos intuitivos na constituição dos pensamentos e das percepções, produzindo resultados desconexos ou idiossincrásicos. À diferença dos conceitos que envolvem a perda do contato com a realidade, aqui entende-se que a realidade continua existindo para o paciente, mas esvaziada de sua essência, favorecendo uma perspectiva solipsista (do latim *solus*: só + *ipse*: si mesmo) do mundo, sem diferença clara entre os aspectos internos e externos da realidade.

Psicoses Reativas

Reações psicóticas transitórias *(bouffées délirantes)* podem surgir a partir de quadros dissociativos *(folies hystériques)*, episódios paranoides em quadros obsessivos, ou crises de despersonalização em quadros de pânico ou fobia. Tendem a ocorrer em situações de estresse, mais especialmente personalidades imaturas ou mal estruturadas (adolescentes, personalidades psicopáticas, esquizoides, deficientes mentais etc.) e em usuários de drogas (especialmente estimulantes e alucinógenos).

Vemos, assim, que o conjunto de sintomas não determina o diagnóstico, uma vez que se pode encontrar ideação paranoide em quadros depressivos, manifestações obsessivas em quadros esquizofrênicos, sintomas histéricos em quadros maníacos etc. O que constitui o diagnóstico psicopatológico é o sentido que adquirem esses sintomas na singularidade em que consiste a personalidade do paciente. Reiteramos: o melhor método de obtenção desse diagnóstico acha-se no próprio entrevistador, pela observação dos efeitos que essas manifestações produzem no seu próprio mundo relacional.

CONCLUINDO

O diagnóstico da personalidade deve ter precedência sobre tudo o mais, porque os sintomas só têm sentido quando contextualizados e relacionados com o temperamento, o caráter, a cultura, etc. Não menos importante é ter bem definidos os conceitos, para não confundir temperamento e caráter com habilidades, talentos específicos, quadros patológicos ou deficiências. Assim, extrovertidos não são mais empáticos do que introvertidos, nem são melhores comunicadores nem melhores ouvintes. Um introvertido pode ser melhor ouvinte do que um extrovertido, até por não ter muita preocupação com a opinião dos outros. E pode discursar melhor, pela mesma razão. Extrovertidos não são histéricos nem maníacos nem psicopatas. Da mesma forma, introvertidos não são obsessivos, esquizoides nem autistas. E nem mais nem menos inteligentes.

LEITURA ADICIONAL SUGERIDA

Arykha N. *Passions and tempers*. New York: Harper Collins; 2007.
Benson F, Blumer D. *Aspectos psiquiátricos das doenças neurológicas*. São Paulo: Manole; 1977.
Blankenburg W. *La perte de L'évidence naturelle*. Paris: PUF; 1991.
Boyer P. *Religion explained*. New York: Basic Books; 2001.
Cervantes Saavedra M. *El ingenioso hidalgo Don Quijote de la Mancha* (reproducción corregida del texto de 1605). Barcelona: Seix Barral; 1968. Traduções brasileiras: Dom Quixote de la Mancha – inúmeras edições, geralmente condensações ou adaptações.
Cleckley HM. *The mask of sanity*. 3rd ed. New York: Mosby; 1955.
Crespo de Souza CA. *Neuropsiquiatria dos traumas cranioencefálicos*. Rio de Janeiro: Revinter; 2003.
Debray Q. *O psicopata*. Rio de Janeiro: Zahar; 1982.

Davis KL, Panksepp J. *The emotional foundations of personality*. New York: Norton; 2018.
Delgado H. *La personalidad y el carácter*. 4. ed. Madrid: Cient Med; 1953.
Dostoievsky FM. *Os irmãos Karamazov*. Várias edições.
DeWaal F. *Chimpanzee Politics*. Baltimore, Johns Hopkins; 2007.
Eysenck H. *A desigualdade do homem*. Rio de Janeiro: Zahar; 1976.
Freud A. *O ego e os mecanismos de defesa*. 5. ed. Rio de Janeiro: Civilização Brasileira; 1978.
Freud S. *Obras psicológicas completas*. Edição Standard Brasileira. Rio de Janeiro: Imago; 1996.
Goldstein K. *After effects of brain injuries in war*. New York: Grune & Stratton; 1942.
Hare RD. Psychopathy: theory and research. New York: Wiley, 1970. *Psicopatia: teoria e pesquisa*. Rio de Janeiro: Livros Técnicos e Científicos; 1973.
Jung CG. *Tipos psicológicos*. 4. ed. Rio de Janeiro: Zahar; 1981.
Kretschmer E. *Physique and character*. New York: Harcourt Brace, 1925. Existem também traduções para o francês, italiano e espanhol do original alemão: Körperbau und Charakter [*Forma do corpo e caráter*]. Berlin: Springer; 1921.
Lopes JL. *A psiquiatria de Machado de Assis*. Rio de Janeiro: Agir; 1981.
Luria AR. *A man with a Shattered World: the history of a Brain Wound*. New York: Basic Books; 1972.
Machado de Assis JM. *Quincas Borba*. Várias edições.
Malleval JC. *Les folies hystériques*. Paris: Payot; 1979.
Mann H, Siegler M, Osmond H. The many worlds of time. *J Analytical Psychology* 1968;13:35.
Pavlov I. *La psychopathologie et la psychiatrie*. Moscou: Éditions en Langues Étrangères; 1961.
Sheldon WH, Stevens SS. *The varieties of temperament: a psychology of constitutional differences*. New York: Harper & Bros; 1942.
Spitz R. *O primeiro ano de vida*. 3. ed. São Paulo: Martins Fontes; 1983.
Steyaert M. *Hystérie, folie et psychose*. Collection Les Empêcheurs de Penser en Rond. Le Plessis-Robinson: Synthélabo; 1992.
Vallejo-Nágera JA. *Loucos egrégios*. Rio de Janeiro: Guanabara Dois; 1979.

Capítulo 3 Cultura e Personalidade

*Homo sum;
nihil humani a me alienum puto.
(Sou um homem;
nada do que é humano me é estranho.)*

Publius Terentius (Terêncio),
185-159 a.C., comediógrafo romano

Nosso propósito neste capítulo é ressaltar a interação entre a cultura e os processos mentais, ou seja, observar como a cultura e as regras sociais se internalizam em cada indivíduo por meio de processos psicológicos inconscientes e, em contrapartida, como os processos psicológicos conscientes ou inconscientes estão enraizados na cultura. Assim, buscando os fenômenos essenciais, como as vivências primárias do tempo e do espaço, podemos – como sugere A. Tatossian – nos aproximar de uma psicopatologia metacultural. Além disso, também faz parte indissolúvel do estudo a que nos propomos a compreensão da nossa própria mentalidade social no Brasil. Devemos tomar conhecimento das características próprias do ambiente cultural em que vivemos, para que possamos utilizá-las em nosso trabalho e não lutar inutilmente contra elas.

Os mecanismos de defesa do ego, estudados pela psicanálise, encontram um paralelo nos rituais de cada cultura. Podemos fazer uma analogia entre os mecanismos de defesa e diversos desses rituais, que podem ter aspectos "obsessivos", "fóbicos", "histéricos" etc. Freud achava que a religião era uma forma de neurose obsessiva coletiva. Talvez pensando mais na tradição judaico-cristã que conhecia, ele deixou de lado os aspectos dissociativos, projetivos, evitativos e outros mais que cada religião apresenta. Cada sociedade dá preferência a um ou mais desses mecanismos, frisando-os e consolidando-os na cultura. Assim, por exemplo, podemos imaginar que devem existir tantos cidadãos obsessivos-compulsivos em Salvador quanto em Zurique, mas certamente eles devem ser vistos com muito menos estranheza nesta última cidade, onde seu comportamento se mostra mais adaptativo. Da mesma forma, a extrema facilidade com que as pessoas entram em transe (dissociação) em nossos rituais de umbanda ou candomblé espanta muitos europeus e americanos. Dessa maneira, as representações mitológicas, o folclore e os rituais de cada cultura formam o que podemos chamar de *background* cultural da personalidade, correspondendo, de certa forma, ao conceito um tanto impreciso de *inconsciente coletivo*, na expressão de Jung. Naturalmente, não podemos esquecer que não existe mais cultura "pura" hoje em dia, muito menos em um país multiétnico, como o nosso.

Desde o século XIX a cultura vem sendo sistematicamente estudada pelos sociólogos e antropólogos sociais, sob diversas perspectivas:

a) **Evolutivas:** especulavam sobre como a sociedade evoluiu do primitivismo para o nível atual de complexidade. Essa visão era a predominante no século XIX, em plena expansão do colonialismo europeu; os povos ditos "primitivos" eram vistos como antecessores dos povos modernos. Hoje, abordagens vinculadas à psicologia evolutiva e à sociobiologia procuram utilizar conceitos da etologia para tentar explicar certos aspectos do comportamento humano.

b) **Funcionalistas:** perguntavam-se sobre a serventia da cultura e o funcionamento dos seus mecanismos. Surgiram no início do século XX, quando – pelo menos no meio científico – todas as culturas, em geral, passaram a ser apreciadas em toda a sua complexidade, como recursos naturais da sociedade, que possuíam propósito ou utilidade para a sobrevivência da espécie humana. O *relativismo* cultural e o método *comparativo* tornaram-se característicos no pensamento antropológico.

c) **Estruturalistas:** desenvolveram-se no início da segunda metade deste século, partindo do pressuposto de que toda função tem de estar baseada em alguma estrutura preexistente. Inspirados em modelos linguísticos, queriam saber quais os substratos estruturais dos mecanismos sociais; procuravam examinar as infraestruturas inconscientes dos fenômenos culturais; encaravam os elementos dessas infraestruturas como *relacionais*, não como entidades independentes; e também propunham leis gerais para os padrões organizacionais subjacentes dos fenômenos.

d) **Construtivistas:** questionavam como a cultura *constrói* o próprio pensamento, a ciência, a filosofia. Essa concepção é mais recente e procura criticar os dogmas da isenção, neutralidade e imparcialidade do pensamento científico, negando a sua independência e encarando-o como parte da cultura em que está imerso, com suas crenças, mitos e visões de mundo.

Como é fácil notar, essas visões da sociedade são análogas ao estudo dos indivíduos, pois todo o organismo tem estruturas macro e microanatômicas, que exercem funções fisiológicas, influenciam e são influenciadas na sua interação com o ambiente e, com o tempo, evoluem. Evidentemente, todos esses pontos de vista podem ser úteis à compreensão do homem, mas têm também suas limitações. Conhecer alguns deles pode trazer algumas contribuições para o estudo da personalidade e dos seus distúrbios.

SÍMBOLOS E RITUAIS

> *No man is an island, entire of itself...*
> *any man's death diminishes me, because I am involved in mankind;*
> *and therefore never send to know for whom the bell tolls; it tolls for thee.*
>
> *(Homem algum é uma ilha, completa em si mesma...*
> *A morte de qualquer pessoa me diminui, porque faço parte da humanidade;*
> *E, portanto, nunca perguntes por quem dobram os sinos; eles dobram por ti.)*
>
> John Donne (1572-1631)

O ser humano se caracteriza pela vida social, para a qual o uso dos símbolos é indispensável. Dentre os conjuntos simbólicos, a linguagem é o mais importante. Segundo Lévi-Strauss, a cultura é um conjunto de sistemas simbólicos, mas é o próprio pensamento simbólico que constitui o fato cultural ou social. Assim identificam-se a função simbólica e a estrutura do inconsciente. A linguagem traz para a consciência as imagens inconscientes.

Primórdios da comunicação simbólica podem ser encontrados entre os animais, porém, de forma muito menos complexa do que a comunicação humana. Por exemplo, estamos acostumados com a ideia de que cetros e obeliscos, tradicionais símbolos do poder, são também símbolos *fálicos*. Estudos etológicos (sobre o comportamento animal) de campo mostram que muitos primatas, como, por exemplo, os babuínos, usam o pênis e a postura sexual como representações do poder, do domínio e da autoridade do líder do bando sobre os membros hierarquicamente inferiores. Nesse caso, o próprio pênis corresponde também ao *falo* (pênis simbólico, representante do poder e da ordem).

O nível de testosterona sérica se mostra mais elevado nos lobos líderes de matilha e nas hienas fêmeas dominantes (ocorre nelas uma enorme hipertrofia do clitóris, que adquire o tamanho de um pênis). Essa elevação hormonal também ocorre – de forma mais sutil – no ser humano, onde o falo adquiriu *status* simbólico que pôde substituir totalmente o pênis na representação da abstração do poder.

Nos animais, há uma tendência a evitar o incesto que é induzida pelos feromônios, produzindo uma maior atração sexual por combinações genéticas diferentes, dentro dos limites da espécie. Não por acaso, tanto o sistema límbico como o bulbo olfativo se originam do primitivo rinencéfalo (ou cérebro olfatório) dos répteis. No ser humano o tabu do incesto se tornou culturalmente condicionado, *pari passu* com o desenvolvimento do córtex frontal e a diminuição relativa do bulbo olfativo.

As diversas etapas da vida – nascimento, infância, adolescência, idade adulta, velhice, morte – relacionam-se com diversos papéis sociais e necessitam de *ritos de passagem* para marcar a transição de uma etapa a outra. Tais ritos são mais ou menos marcados, de acordo com a relevância que cada grupo ou setor da sociedade dá aos papéis que representam. Se em um ou outro povo alguns desses ritos podem ser mais drásticos ou mesmo violentos, na maioria das vezes não o são. Assim são também ritos de passagem batizados, concursos vestibulares, "trotes", casamentos, cerimônias de formatura, defesas de tese, homenagens, enterros etc. Na adolescência essas marcações adquirem importância crucial, e à medida que as ritos sociais, oficiais e religiosos perdem espaço, outras formas de iniciação tomam lugar, com modificações da imagem corporal – *piercings*, anabolizantes, próteses, cirurgias plásticas etc., – e identificação com grupos, fraternidades, seitas ou gangues.

Também os atos médicos, por mais carregados de ciência e tecnologia que sejam, não podem prescindir dos rituais específicos, os chamados rituais de cura, nem da necessidade do sacrifício, para chegar aos seus propósitos. Nem mesmo um paciente cuja doença foi diagnosticada por sofisticados exames de laboratório e tratada com os fármacos mais modernos está deixando de utilizar uma forma de *magia*.

Nenhum ato médico está inteiramente isento de um certo teor de *feitiçaria*, mas certamente não deve se resumir a isso, apenas. A propaganda médica atual ilustra muito bem o grande poder persuasório desse *appeal* cientificista. Há algum tempo recebi a visita do representante de um laboratório que, em vez dos tradicionais folhetos multicoloridos, tirou de sua inesgotável mala vários DVDs e um lindo *notebook* com sua tela colorida de cristal líquido – que naquele momento ainda não era objeto de uso rotineiro – dando um toque *hi-tech* à propaganda de um novo antidepressivo. Nada o computador ou os DVDs acrescentavam à algaravia do vendedor – estavam ali apenas para sacramentar a pretensa *modernidade* do produto.

RELATIVISMO

Como cada cultura engendra um tipo idealizado de equilíbrio entre fatores intra e interpessoais, uma forma específica de maturidade, aquilo que pode ser considerado normal ou saudável em uma sociedade pode, eventualmente, ser visto como doentio em outra. Os distúrbios psíquicos não podem ser considerados *per se*, isolados, descontextualizados.

Podemos dar como exemplo um povo de pastores gregos seminômades que viviam nas montanhas, os *sarakatsani*, que o antropólogo inglês J. K. Campbell descreveu em seu livro *Honor, Family and Patronage*, para os quais a família era tudo, o único ponto de apoio e o único referencial de conduta social. Os vínculos familiares eram extremamente fortes, e uma real identidade adulta só surgia com o casamento – que ocorria tardiamente, depois dos 30 anos para os homens e dos 20 para as mulheres – e, mesmo assim, de forma muito relativa. A identidade familiar sempre se sobrepunha à do indivíduo, e os papéis estereotipados eram reforçados em detrimento das características intrínsecas da personalidade. Essa descrição correspondia, aproximadamente, ao que poderíamos chamar de família *simbiótica*.

No entanto, essa estrutura rígida nada tinha de patológica, já que funcionava muito bem assim há milhares de anos. Naquela mesma Grécia, mas já em um grande centro urbano, como Atenas, uma família que apresentasse essas características seria com certeza considerada problemática, senão mesmo patológica.

A intelectualidade do mundo globalizante atual sofre uma forte inclinação a desprezar ou minimizar as diferenças culturais – ao mesmo tempo em que, paradoxalmente, as exalta. O politicamente correto passou a ser uma verdade pétrea, seja para um evento em Oslo ou em Bangcoc. As consequências das contradições óbvias dessas tendências são evidentes em nossa área, buscando uma uniformização forçada dos sintomas superficiais.

Os elementos básicos de resistência e de deterioração do psiquismo humano frente ao fracasso e às ameaças da existência são essencialmente os mesmos, em qualquer época ou cultura. Mas as formas específicas pelas quais reagimos, adoecemos ou nos recuperamos são muito diferentes. Aos primeiros chamamos sintomas **profundos**, e aos segundos, **superficiais**. À psicopatologia, é fundamental distinguir os dois.

CONCEPÇÕES DE SAÚDE E DOENÇA

Os historiadores das representações sociais da doença mostram-nos que se as concepções sobre a doença claramente variam, no decorrer do tempo histórico, na sua forma, em seu conteúdo mudam muito pouco. O desamparo de todo ser humano face à doença e à perspectiva da morte faz com que essas concepções, em sua essência, sejam aproximadamente as mesmas. Interpretações mágicas e religiosas das doenças – que são vistas como fatalidades ou punições – persistem até hoje. Interpretações racionais e naturalistas já existiam há centenas ou milhares de anos, entre médicos gregos, como Hipócrates, assim como chineses, egípcios e hindus.

O enorme desenvolvimento científico e tecnológico dos dois últimos séculos, no entanto, criou dificuldades de convivência entre essas duas mentalidades, em um antagonismo inevitável. Uma forma de conciliação vem sendo feita, nos países mais desenvolvidos, onde o racionalismo científico está mais solidificado, por uma espécie de *sacralização* da ciência médica, entre o público, e uma *cientificização* dos rituais de cura, entre os profissionais. Assim, aparelhos complicados são venerados, como oráculos e deuses da cura, e os profissionais que os manipulam como uma espécie de babalaôs que interpretam as suas falas. Por outro lado, os profissionais muitas vezes transformam fantasias colhidas na cultura, no *Zeitgeist**, ou no inconsciente coletivo, e tentam dar-lhes um colorido cientificista. Como exemplo dessas tendências temos a *adoração* das drogas e dos neurotransmissores, oferecidas como solução mágica até para as questões existenciais.

Em um país como o Brasil, essa interação encontra-se ainda incipiente, persistindo uma dicotomia entre uma cultura médica dita *popular* e uma cultura médica dita *científica*. Um interessante trabalho, realizado em São Paulo, abordando as necessidades de saúde *como um elemento de consumo*, mostrou claramente que o cientificismo "mágico" estabelece a única passagem entre ambas, mas que na realidade não chega a ocorrer diretamente um contato real e significativo entre a cultura científica e a não científica. A pesquisa foi realizada em uma comunidade periférica em que foi instalado um serviço médico público de alta qualidade, com médicos da UNICAMP, jovens, bem preparados para a prática de uma medicina popular estritamente científica e voltada para a saúde pública. No entanto, apesar da gratuidade e da alta qualidade do seu trabalho, constataram que, em diversas situações, acabavam sendo preteridos pelos médicos da região, por prescreverem *pouco* e pedirem *poucos* exames. Quando dispunha de algum dinheiro, o povo parecia preferir

---

* Expressão alemã que significa algo como "espírito da época".

a medicina "tradicional" dos médicos e farmacêuticos locais, que, em um falso paradoxo, mostrava-se muito mais *modernosa*, valorizando exames e medicamentos em profusão.

A tendência de aproximação entre os extremos revela que, na realidade, não há grandes diferenças entre o tecnicismo e as práticas tradicionais. No entanto, com relação à prática médica mais afeita ao rigor científico, existe um profundo abismo. Como se viu, a prática "tradicional", usando "mal" a tecnologia moderna, acaba tendo mais apelo frente à população que a prática da "boa" medicina, que a população considera pouco sensível às suas necessidades subjetivas, mostrando-se mesquinha em seus recursos aos "deuses" tecnológicos e na distribuição de "milagres" farmacêuticos.

Assim, constatamos que muitos problemas da saúde pública situam-se além da mera falta de verbas e necessitam de outros recursos para a sua compreensão. Para que a medicina possa servir bem à sociedade, é necessária ampla compreensão das necessidades da população, vistas de uma maneira muito mais abrangente que a utilizada pela medicina social. Como se vê, não se trata apenas de um conceito como *illness* contra outro conceito como *disease**, mas da permanente interação entre eles. A presença do conhecimento verdadeiramente científico na medicina só pode se dar por *dentro* da sua existência, como cultura, ideologia e desejo, e nunca *contra* a influência cultural, ideológica ou psicológica em sua formação. Essa visão da ciência como uma vestal intocada já não tem mais sentido atualmente, o que, de maneira alguma, tira o seu valor, ou a iguala a qualquer feitiçaria.

Na área dos exames periciais, especialmente previdenciários, vemos com frequência essas contradições decorrentes do confronto entre a visão subjetivista, tradicional, personalista e religiosa e o enfoque objetivista do discurso técnico. Enquanto para a instituição previdenciária o que se busca é a evidência específica de incapacitação, para muitos examinandos o que está em jogo é o seu sofrimento, em que a doença parece ser uma forma de penitência. O "benefício" obtido funciona quase como uma graça alcançada, um reconhecimento pela misericórdia divina. Desde a criação das irmandades e das Santas Casas que a ideia de beneficência está intrinsecamente ligada à de tratamento, e a separação administrativa e política da Previdência Social e da Assistência Médica não muda este fato cultural.

É impressionante como a negativa do benefício em doenças graves pode ser menos sentida que a negativa em doenças imaginárias. Nos ambulatórios, muitos doentes parecem fazer mais questão de atestados psiquiátricos do que atestados de outros médicos, mesmo nos casos em que é evidente que estes teriam muito mais peso na decisão pericial do que aqueles. Para o médico, um acidente vascular encefálico tem muito mais possibilidades de se mostrar incapacitante que simples crises de ansiedade, mas para o paciente, o que deve ser medido é o *pathos*, o seu sofrimento.

O TEMPO CÍCLICO (RODA) E O TEMPO CONTÍNUO (FLECHA)

A ação, o pensamento e o sentimento humanos só existem dentro do fluxo do tempo. A autoconsciência do homem e a constatação da passagem do tempo lhe permitem tomar conhecimento da inexorabilidade da morte. Duas concepções filosóficas básicas sobre a natureza do tempo persistem desde a antiguidade até os nossos dias: a noção de tempo cíclico, rotativo ("roda" do tempo) e a de tempo contínuo, progressivo ("flecha" do tempo). Na primeira, o tempo é visto como uma roda, ou uma série de rodas menores que giram em círculos maiores, onde os eventos periodicamente se repetem. Na segunda, o tempo

---

* O psiquiatra e antropólogo Arthur Kleinman usou esses termos para distinguir a doença no sentido médico da doença tal como é percebida pelo sujeito.

é visto como um fluxo contínuo, sob uma perspectiva histórica, onde os eventos jamais se repetem, e o passado forma o presente, e ambos conduzem ao futuro. A afirmação do filósofo grego Heráclito expressa muito bem esta ideia: *"Ninguém se banha duas vezes no mesmo rio"*, pois, na segunda vez, nem a pessoa nem o rio serão mais os mesmos.

Sob o prisma emocional, os ritos cíclicos, que se repetem sempre, como as festas anuais, representam os aspectos afetivos "femininos", maternais ou reprodutivos. Podemos relacioná-los com o conceito de matriarcado ou "direito materno" – *Das* Mutterre*cht* – de J. J. Bachofen. Abrangem os ritos de fertilidade e perpetuação, como as reuniões familiares de aniversário, natal, ano novo, páscoa, carnaval etc. O afeto celebrado é o amor nutritivo, *incondicional*, da convivência e da reconstituição ou renovação.

Já os ritos sequenciais, de tempo contínuo, como os ritos de passagem, que marcam etapas, ou as comemorações de eventos especiais, celebram realizações ou conquistas, representando os aspectos "masculinos" – paternais – da vida emocional. O afeto celebrado é o amor *condicional*, conquistado pelo desempenho, obtido pelo mérito, pelo reconhecimento e valor social. Em nossa festa de aniversário somos amados por nós mesmos e celebramos a nossa própria existência. Nas festas de formatura, porém, o que comemoramos é a nossa vitória, e somos amados pelo que conseguimos, pela atuação que tivemos.

CONCEPÇÕES CÍCLICAS DO TEMPO E OS DEUSES DAS DOENÇAS (OMOLU)

A ideia do tempo cíclico certamente se originou da observação dos ciclos da natureza: dia e noite, estações do ano, plantio e colheita, ciclos de reprodução, movimentos dos astros etc. Como disse J. K. Campbell, *"It is a common feature of many pastoral with simple material cultures that they are highly dependent on their physical environment..."* As sociedades iletradas, predominantemente extrativistas, nômades, seminômades (transumantes) e agrícolas tendem a ter como principal referência um conceito de tempo concebido como repetitivo e circular. Seu ritmo de mudanças é extremamente lento, quase a histórico. G. J. Whitrow, em seu livro *"O Tempo na História"*, menciona o clássico exemplo dos índios *Hopi*, do Arizona, que não se referem ao passado nem ao futuro. Relata que B. L. Whorf, tendo estudado minuciosamente a sua língua, não conseguiu encontrar quaisquer *"palavras, formas gramaticais, construções ou expressões referentes ao tempo ou a qualquer de seus aspectos."*

Evans-Pritchard assinalou que para os Azande, do sudoeste do Sudão, o presente e o futuro se superpunham. Em seu livro clássico, *The Nuer*, ele observa que o tempo, para o povo Nuer, apresenta dois aspectos: um é claramente cíclico, ligado aos ciclos da natureza que se repetem, que ele chamou de tempo ecológico. As estações do ano, as secas, as chuvas, as pastagens e as colheitas determinam a passagem do tempo. Ele observa que os Nuer pouco usam os nomes dos meses para indicar épocas, mas preferem referir-se a alguma atividade que esteja em curso naquele momento. Em nosso meio rural podemos constatar o mesmo hábito, com as pessoas reportando-se às águas, à seca, ao milho, ao ponto do feijão, ao estado do pasto, às capineiras, à silagem etc. como referências temporais. O outro refere-se às relações internas da estrutura social. O tempo estrutural parece ser progressivo, mas na realidade trata-se de uma ilusão, pois a estrutura permanece a mesma, e o tempo é percebido como o movimento de pessoas ou grupos, pela estrutura. Os antigos egípcios, cuja vida dependia das periódicas cheias do Nilo, apesar de todos as conquistas de sua civilização, mantiveram-se em uma perspectiva predominantemente não contínua. Os aspectos estereotipados, com figurações repetitivas, em que a representação formal e hierárquica predomina sobre a particularidade e o movimento são característicos na arte egípcia.

Apesar de a religião judaica em geral tender a uma visão contínua do passar do tempo, encontramos também alguns aspectos fatalistas e cíclicos no Antigo Testamento:

3. Que proveito tem o homem de toda a fadiga a que se sujeita debaixo do sol?
4. Uma geração passa, outra geração entra, mas a terra permanece para sempre.
9. O que foi é o que será. O que foi feito de novo será feito: nada de novo sob o sol.
10. Admita-se uma coisa da qual se afirma: "Vê que é nova!" Já existia nos séculos que nos precederam!
11. Não há memória daquilo que precedeu, também daquilo que sobreveio e não haverá no futuro. (Eclesiastes, 3-4 e 9-11)

Na Idade Média, apesar do Cristianismo, as concepções cíclicas dos antigos celtas e outros povos, assim como muitos de seus antigos rituais foram preservados, mesmo com a reprovação eclesiástica. Ideias fatalistas, com imagens como a da Roda da Fortuna, que está sempre elevando alguns às alturas, enquanto outros descem, aparecem nas cartas do *tarot* e na poesia profana dos *Carmina Burana*: "*Fortuna rota volvitur, descendo minoratus; alter in altum tollitur*".

O mesmo fenômeno vemos nos rituais de cura e sacrifício periódicos: os sacrifícios astecas, os deuses que morriam anualmente (Osíris, Adônis, Otis), os festivais do fim do ano agrícola, todos representam o mesmo ciclo da vida e da morte. Mesmo no Cristianismo encontramos o sacrifício periódico, repetido, em que a morte origina a vida: a eucaristia, onde o corpo e o sangue de Cristo são ingeridos. "*Em verdade, em verdade, vos digo: se o grão não cair na terra e morrer, ficará só; quando morre, porém, gera muitos frutos*" (João, 12:24). Mesmo constatando que o processo de substituição da ideia do tempo cíclico pela do tempo contínuo já poderia ser traçado desde o início da escrita e da história, vemos que essa substituição **jamais se completa**. Assim vemos que as concepções cíclicas do tempo tendem a predominar nas sociedades relacionais, mais hierarquizadas e conservadoras. Constatamos aí uma relativa ausência de concepções progressivas, lineares, de agendas, de programas, de história.

A doença tende nestes casos a ser vista como um *castigo causado pelo esquecimento* dos rituais e sacrifícios devidos aos deuses: gregos, hebreus, iorubás. Temos, então, entidades sobrenaturais encarregadas das funções patológicas, os deuses das doenças, como o orixá da varíola, chamado Omolu, ou Obaluaê, ou os deuses hindus da varíola e também da malária. As terapias passam a ter um caráter tão cíclico ou periódico, como os rituais, cujo esquecimento motivou as doenças. Dessa forma temos as bênçãos periódicas, as aspersões de água benta, as sessões de candomblé, umbanda, espiritismo etc. em possessões ritualizadas semanais. A repetição e o sofrimento são parte do tratamento, ou da penitência, e costumam ser muito bem-aceitos.

CONCEPÇÕES CONTÍNUAS DO TEMPO E OS DEUSES DA SAÚDE (ASCLÉPIOS)

Já os antigos gregos haviam começado a desenvolver ideias de tempo contínuo sobre as arcaicas concepções circulares. Ampliações dos intervalos de repetição são também formas de transformação dos ciclos em "espirais". É talvez a partir desse *alargamento* dos ciclos que surgem as concepções mais contínuas do tempo, que vai passando a ser visto como uma flecha direcionada. Surgem, então, as ideias de um deus único, com uma meta determinada, seus profetas, um messias redentor, e a previsão de um final dos tempos antes da eternidade. Concepções mais racionais surgiram e se sobrepuseram às ideias mágicas ou religiosas de doença, entre os gregos e também entre diversos outros povos da Antiguidade. O deus Asclépios (o Esculápio dos romanos) é uma representação dessa perspectiva, já que é a divinização da pessoa de um médico humano.

O desenvolvimento histórico do conhecimento humano vem tendendo cada vez mais para a superação das concepções cíclicas pelas contínuas, de uma forma lenta e gradual. A ideia de uma história natural da doença vem-se estabelecendo com a mesma força das agendas e planejamentos em geral. O desenvolvimento econômico, o comércio, a indústria e uma complexa rede de relações sociais e de trabalho não são compatíveis com filosofias de tempo descontínuo. Naturalmente tais ideias tendem a predominar nas sociedades mais individualizadas, menos pessoais, menos hierarquizadas. O tratamento médico é, então, encarado como a correção de uma falha, como o conserto de um defeito qualquer. As terapias costumam ser planejadas, tendo *schedules* que apresentam começo, meio e fim, com exames e verificações entre as etapas. No campo da saúde pública vemos como exemplo dessa perspectiva o estabelecimento dos exames pré-natais, das tabelas de vacinação, dos programas de tratamento e prevenção de hipertensão, diabetes, câncer, tuberculose, hanseníase, doenças mentais, AIDS, das psicoterapias breves ou não etc.

No Brasil, com toda a sua característica de sociedade dividida, cheia de ambiguidades, de duplicidades, temos com frequência o uso indiscriminado de todas as concepções possíveis de saúde e doença, e a busca de tratamentos múltiplos. Situações, como a da terapia da tuberculose e da lepra, das vacinações, ou mesmo das psicoterapias de base analítica, que exigem o cumprimento disciplinado de um planejamento ou um calendário programado, e que, por esta razão, enfrentam grandes dificuldades em sua implantação nas populações carentes, são muito comuns. Recentemente veio à baila um episódio em que pastores de uma conhecida igreja evangélica andaram divulgando para a população que a lepra era uma doença incurável pela medicina, e que, por isso, os pacientes deviam jogar fora os medicamentos fornecidos pelo governo e procurar a cura em Jesus, de quem eles achavam ter adquirido o *franchising*. Estavam, na verdade, jogando com uma ideia que já estava presente na consciência da população, de que tratamento *de verdade* tem de ser imediato e miraculoso, ou então cíclico, ritualizado e repetitivo, objetivando a expiação e a penitência do pecador. Tratamentos complexos, múltiplos, conjugados ou que exijam planejamento ou acompanhamento progressivo não costumam ser bem-aceitos pela massa e tendem a fracassar. As mesmas pessoas, cuja grande capacidade de suportar o sofrimento e realizar enormes esforços e sacrifícios em busca de tratamento é testemunhada diariamente pelos que trabalham na saúde pública, surpreendem a estes contrastando esse esforço com absoluta negligência quanto ao cumprimento das prescrições, dos exames ou do planejamento terapêutico. A mobilidade entre diversos enfoques e formas de tratamento é um elemento característico de nossa abordagem cultural da doença. Quando é necessária uma disciplinada aplicação a determinadas práticas terapêuticas específicas, falhamos redondamente.

As unidades de emergência dos hospitais públicos no Brasil vivem lotadas de pacientes, cujos problemas nada têm de emergencial, mas deveriam estar em tratamento regular nos ambulatórios, de forma programada. Uma prova disso é a imensa queda nos atendimentos em fins de semana e feriados, como qualquer um que haja trabalhado em serviços de pronto atendimento sabe. Essa demanda distorcida faz com que se forme um *gargalo*, com filas enormes e macas nos corredores, que impedem o atendimento adequado às verdadeiras emergências.

O seguinte exemplo ilustra melhor esses fatos: uma senhora hipertensa, diabética, obesa, sofrendo de úlcera péptica, artrose e varizes – que se recusa a procurar tratamento no posto de saúde vizinho à sua casa – é capaz de pegar quatro ônibus lotados, viajando durante cinco horas, para chegar ao hospital universitário e dizer sorrindo ao seu médico que infelizmente não fez os exames pedidos, não tomou os remédios prescritos, nem se lembrou de trazer quaisquer dos exames anteriormente solicitados. O sentido daquela consulta para ela é completamente diverso do sentido que tem para o médico, perplexo ante tanta "ignorância".

O caso das vacinações infantis também é significativo: só foi possível vacinar em massa as crianças quando se criou um "Dia da Vacinação", um evento único, meio religioso, meio carnavalesco, com bombástica divulgação pela TV, com apresentadores, comediantes, cantores e artistas de novela. As cadernetas e os calendários programados de vacinação jamais conseguiram atingir a população. Nem a ignorância nem a incapacidade intelectual são explicações satisfatórias para este insucesso, já que nenhum calendário de vacinação é mais complexo do que, por exemplo, o *jogo do bicho*.

Se os governantes refletissem mais profundamente sobre esses problemas, antes de tirar soluções prontas da algibeira, poderíamos já ter encontrado soluções como essa há muito mais tempo. O problema da aderência ao tratamento nas doenças de tratamento prolongado (tuberculose, AIDS etc.) também está à espera de uma abordagem mais original do que o tradicional enfoque pedagógico.

CONSTRUÇÃO DO "CARÁTER NACIONAL"

Cada sociedade, nação ou grupo étnico, em seu processo de construção cultural, acaba por desenvolver algumas características psicológicas que lhe são próprias, criando o que se conhece por "caráter social" ou o que às vezes – nunca de forma inteiramente isenta de estereótipos – chama-se de "personalidade nacional". Este processo se dá pela ação dos elementos formadores da cultura no *background* psicológico individual, privilegiando, reforçando ou valorizando certos traços de caráter, e simultaneamente descartando, enfraquecendo ou desvalorizando certos outros. O equilíbrio entre o individual e o coletivo – o delicado balanço entre o "ego partilhado" e o "ego particular" – dá-se em níveis diferentes em cada forma cultural.

As circunstâncias geográficas e históricas que formam cada nação são elementos formadores do caráter nacional, na medida em que selecionam as características psicológicas desejáveis e censuram as indesejáveis para aquele ambiente natural e humano. Como as planícies extensas – como os pampas, o oeste americano e as estepes – são naturalmente desprotegidas, e assim exigem que os homens que nelas habitam sejam não apenas destemidos e valentes, mas também bravateiros, tendendo para o exibicionismo e a prodigalidade. A melhor defesa passa a ser o ataque, e é preciso que o inimigo tenha receio da invasão. A fama da valentia torna-se tão importante quanto ela mesma. Tártaros, cossacos, *cowboys*, apaches, gaúchos, todos compartilham esses traços. Na literatura, a enorme semelhança de personalidade entre o Capitão Rodrigo de Érico Veríssimo e o Taras Bulba de Nicolai Gogol só demonstra a força desse arquétipo.

Já quando pensamos nos montanheses, onde os grandes deslocamentos são difíceis, a terra útil disponível é mais escassa, e os ataques de emboscada são de fácil execução, encontramos gente tendendo à *fala macia*, à dissimulação, à traição, à tocaia, à mesquinharia e à avareza. *Hillbillies*, caipiras, escoceses e suíços não escapam dessas características. O conto *O Duelo*, de Guimarães Rosa, descrevendo uma disputa de tocaias que dura anos, sem que os antagonistas jamais cheguem sequer a se ver, é um ótimo exemplo literário dessa mentalidade.

Outro interessante antagonismo arquetípico é entre a Terra, que representa a figura materna, nutriz e provedora de segurança e dependência, e o Mar, que representa o desafio, a liberdade, a imprevisibilidade e a novidade. Os grupos sociais ligados ao mar tendem a ser desbravadores e cosmopolitas, como os fenícios e gregos. Já aqueles presos à mãe-terra e à agricultura tendem a ser mais fechados, inseguros, xenófobos e conservadores, como os camponeses de qualquer lugar do mundo. Aqui no Brasil podemos fazer uma boa analogia comparando os alegres e descontraídos costumes dos habitantes das cidades costeiras com os circunspectos e conservadores hábitos dos sertanejos ou caipiras. O mito grego de Anteu (Fig. 3-1) ilustra bem esta ideia de que a segurança e a liberdade são bens psicológicos inversamente proporcionais: quando uma aumenta, a outra diminui, e assim jamais se pode ter as duas. Anteu era um rei da Líbia, poderoso gigante que lutava até a morte com qualquer estrangeiro que viesse ter às suas terras. Vencia todos os combates, pois suas energias eram inesgotáveis, e ele jamais se cansava. O segredo da invencibilidade do gigante era o fato de ele ser filho de Gea, a Terra, que ininterruptamente lhe transmitia força pelos pés. O herói Héracles matou-o, *tirando-lhe os pés da terra* – literalmente – e estrangulando-o.

Na História, o cosmopolitismo desbravador patrocinado por *Poseidon* – ou *Netuno*, deus do mar – sempre vence o conservacionismo arraigado inspirado por *Gea*. No século XIX, o célebre caso dos canhões da frota americana do Comodoro Perry, obrigando o Japão feudal dos Tokugawa a abrir suas portas, rompendo assim um isolamento de dois séculos, mostra-se uma clara reedição deste mito.

A democracia é a forma mais amadurecida de regime político, exigindo dos indivíduos uma atitude igualitária, fraternal. As formas autoritárias de governo são sempre mais ou menos paternalistas, em que a relação predominante não é entre irmãos, mas entre pais e filhos. Para a construção de um regime democrático verdadeiro, que não seja apenas de fachada, é necessário um grande amadurecimento cultural e social da população. O que constrói uma democracia não são eleições nem constituições, mas o senso de cidadania, de direitos e deveres equitativamente repartidos, o que exige regras e instituições internalizadas inconscientemente em cada indivíduo. Evidentemente, nenhum país do mundo chegou ainda a esse ponto e, provavelmente, jamais chegará. O curioso fato de que os países de maior tradição democrática são quase todos monarquias (Bélgica, Holanda, Suécia, Dinamarca, Noruega, Inglaterra) sugere um implícito reconhecimento da necessidade dessa analogia familiar – formada pelo rei-pai, a rainha-mãe e seus súditos-filhos – como inevitável resquício da eterna puerilidade da natureza humana.

Fig. 3-1. Vaso grego representando Héracles em luta com o gigante Anteu. Este, sendo filho de Gea, a Terra, tinha forças inesgotáveis enquanto mantivesse os pés na terra.

Os regimes autocráticos, portanto, não decorrem de meras circunstâncias políticas. O autoritarismo não se encontra apenas nos governos, mas está profundamente entranhado na alma das pessoas que constituem o país. Governos autoritários e paternalistas são o reflexo direto de cidadãos de mentalidade também autoritária e paternalista. Quando vemos o que se sucedeu na Bósnia, temos que refletir novamente sobre a nossa postura quanto à validade da *pax romana*. Muitos dos que viviam recriminando o intervencionismo dos Estados Unidos viram-se incongruentemente exigindo a *pax americana* para os países balcânicos. Essa guerra, assim como a do Golfo Pérsico, mais uma vez demonstrou que povos que sempre viveram sob regimes autoritários, quando se veem livres dos *opressores* caem no mais absoluto caos político e institucional, ressuscitando ódios seculares em sangrentas guerras fratricidas. A ex-Iugoslávia – que saiu do domínio grego para o romano, deste para o russo, daí para as mãos dos otomanos, para o império austro-húngaro e deste para a ditadura de Tito – assim como a independência da Índia, com as sangrentas separações do Punjab e de Bangladesh, as guerras entre os povos árabes e as terríveis lutas tribais africanas são exemplos suficientemente esclarecedores.

PERSEGUIÇÃO *VERSUS* CULPA

A formação da moralidade, ou em termos psicanalíticos, da estrutura do superego, está intimamente ligada às concepções socioculturais (ideológicas, míticas, religiosas) dos elementos que exercem o controle social sobre o indivíduo em uma determinada sociedade. Assim, o elemento punitivo, perseguidor (a deusa Nêmesis dos gregos) presente em cada membro do grupo, posiciona-se de forma diferente nas diversas culturas.

Em sociedades com pequeno nível de organização – ditas primitivas – o indivíduo tende a exteriorizar a punição (exercida pelo grupo social) sob a forma de perseguição sobrenatural. Sua severidade varia das mais banais crendices e superstições aos mais destrutivos delírios místicos persecutórios. A punição visa, sobretudo, disciplinar as relações **entre cada pessoa e o grupo** como um todo, que é simbolizado pela entidade sobrenatural. Assim, defesas paranoides face à situação depressiva – ou de luto – são caracteristicamente predominantes em sociedades menos sofisticadas, em que o grupo social provê o indivíduo do apoio e da autoestima necessários, assumindo também o papel perseguidor ao punir as ameaças à integridade grupal. A família, nessas sociedades, representa um papel muito abrangente durante toda a vida de cada pessoa. O grupo social não interfere nas relações entre os membros isoladamente, deixando as situações de conflito por conta da administração familiar.

As sociedades modernas, urbanizadas e mais complexamente organizadas, inclinam-se para maior controle das relações **entre os indivíduos**, exigência indispensável para o funcionamento de suas enormes estruturas e a manutenção do individualismo básico que as forma. A administração das relações interpessoais é tarefa da lei, pois dela depende o funcionamento das instituições. Não há mais lugar para soluções pessoais ou familiares para os conflitos. Tais sociedades exigem, portanto, uma moral interpessoal extremamente rígida, com sanções sobrenaturais internalizadas por meio da "consciência" moral, representação da divindade que tudo vê, e do acentuado senso de culpabilidade. São assim favorecidas as tendências intrapunitivas do caráter. O período de influência do grupo familiar na vida de cada um é reduzido, ao mesmo tempo em que lhe é aumentada a atribuição de responsabilidade pelo seu próprio papel social. O nível de organização social já é tal que pode permitir o precoce desligamento do grupo familiar, uma vez que estão internalizadas as normas sociais de conduta (o antigo superego perseguidor). Assim como o protestantismo teve importância fundamental no desenvolvimento da sociedade capitalista na Europa e nos Estados Unidos, como mostrou Max Weber, a cultura japonesa também é um exemplo flagrante dessa associação. Por caminhos muito diferentes, o Japão chegou a um resultado comparável, desenvolvendo uma sociedade tecnológica industrial que assume a liderança mundial. Com suas exacerbadas inclinações pela vergonha (mais do que pela culpabilidade), autopunição, e até mesmo autoextermínio, a cultura mantém a extraordinária disciplina e coesão interna da nação. Neste caso, uma diferença importante seria o sentimento de **vergonha** (relativo aos outros), substituindo o de **culpa** (relativo a si mesmo).

Essas diferenças levaram alguns autores à suposição de que os indivíduos pertencentes aos chamados povos "primitivos" não dispunham de um superego forte, ou mesmo de que não dispunha de superego algum. Uma posição mais moderna e menos preconceituosa é a de que os fenômenos psicológicos e sociais interagem e evoluem mutuamente, de acordo com as necessidades do momento histórico de cada sociedade. Sob este ponto de vista, as sociedades evoluiriam, também, de uma posição "esquizoparanoide" para uma posição "depressiva", para fazer uma analogia kleiniana. A própria formação do caráter individual – ou a resolução do complexo de Édipo, em uma leitura psicanalítica – refletiria, assim, as características culturais. A grande importância psicopatológica dessas observações reside na constatação de que a simples avaliação da sintomatologia, sem a compreensão real do paciente, pode ser altamente enganosa. Um quadro paranoide com delírio persecutório e alucinações muitas vezes surge em decorrência de um estado depressivo, em pacientes que apresentem tendência a externalizar a responsabilidade.

Internalização e culpa são aspectos psicológicos dos processos de organização social. Nas sociedades ocidentais, os traços de personalidade, vinculados ao individualismo, como os que tendem à internalidade, à depressão e à culpa, são relacionados com o amadurecimento e a racionalidade, enquanto tendências à externalidade e à projeção paranoide são vistas como "primitivas", infantis e ligadas à magia e ao pensamento *pré-lógico*.

Alguns autores, como Littlewood, procuram relativizar também a dialética internalidade *vs.* internalidade, atribuindo-lhe uma natureza política. Ocorre aí uma confusão entre um juízo de valor, a liberdade de consciência (ou livre-arbítrio) e um conceito cultural, a liberdade individualista. Sob este prisma, em uma cultura coletivista ninguém conseguiria pensar realmente, enquanto em uma cultura individualista quem escolhesse a cor de sua gravata ou de seu carro estaria tomando uma decisão absolutamente livre. Essa confusão entre o livre-arbítrio filosófico – um valor humano intrínseco – e o sentido individualista de autonomia – um valor meramente cultural – torna difícil discutir a questão da internalidade.

Desde o início do século passado é comum culparmos a chamada cultura *judaico-cristã* pelo próprio sentimento de culpa, atribuindo-lhe todos os males possíveis. Ora, sem sentimento de culpa, o que restaria para manter a civilização, a não ser o sentimento de vergonha ou o sentimento persecutório? Nem mesmo o *bon sauvage* de Rousseau poderia imaginar que a vida social sairia tão barata. Como a coerência não é forte nessa era massificada, os mesmos que esbravejam contra o *judaico-cristianismo* reclamam da ausência de limites entre os jovens de uma sociedade consumista, pueril e narcísica.

BRASIL – AMBIGUIDADE, MALANDRAGEM E PODER

Para compreendermos bem a importância dos fatores culturais na formação da personalidade, devemos considerar, ainda, que as sociedades que tendem à externalização da responsabilidade são hierarquizadas e personalizadas, enquanto as que privilegiam a internalização da responsabilidade são individualizadas e impessoais. De acordo com o antropólogo Roberto da Matta, "...*existe uma complexa dialética entre o indivíduo e a pessoa, correspondendo de perto à dicotomia do* Homo duplex *de Durkheim*." Salienta que existem "*sistemas que privilegiam o indivíduo e sistema que tomam como centro a pessoa*." Admite também que é perfeitamente possível a coexistência de ambas as noções, simultaneamente, incluindo aí "as sociedades chamadas mediterrâneas". No Brasil, da Matta vê "*uma situação onde o indivíduo é que é a noção moderna, superimposta a um poderoso sistema de relações pessoais.*" A partir daí, vê a escolha "*ambígua do nem lá, nem cá*" como "*uma vertente básica do mundo social brasileiro.*" Van Gennep distinguiu uma fase *liminar* – limítrofe, marginal, fronteiriça – nos chamados *ritos de passagem*, correspondendo ao momento de transformação ou ascensão, em que as definições se esmaecem. Segundo Victor Turner, o conceito de *liminaridade* surge na relação dicotômica entre a estrutura social imposta e as reações desestruturantes. Cita como exemplo de figura liminar o bobo da corte, uma figura gozadora e debochada institucionalizada, e lembra o papel dos proscritos e desprezados nos mitos e contos populares. De acordo com esse ponto de vista, podemos considerar duas formas rituais de transição liminar dentro das estruturas sociais:

a) Ritualização de investidura, de natureza progressiva, ascensional, que corresponde aos processos de elevação de *status* individualizado. A mudança de posições não fere a organização social. A sagração dos cavaleiros, a concessão de títulos e condecorações, as cerimônias de formatura e titulação universitária, a promoção dos militares, as festas de inauguração de casas, piscinas e carros em que os novos-ricos se apresentam etc.
b) Ritualização cíclica da desestruturação, que corresponde a uma inversão complementar de papéis, "*carnavalizando*" a organização social e permitindo o desafogo das tensões sociais presentes em sociedades hierarquizadas, personalizadas e de escassas possibilidades de mobilidade social. O carnaval representa entre nós essa completa inversão. No entanto, em outros ritos, como as festas juninas, se não chega a ocorrer nenhuma inversão estrutural propriamente dita, vemos um nivelamento, como a classe média urbana se vestir de caipira, com remendos nos fundilhos das calças, comer comidas rústicas e beber *quentão*. Outra forma de nivelamento semicarnavalesco foi observada por Isidoro Alves na festa religiosa paraense do Círio de Nazaré, por ele curiosamente denominada de "carnaval devoto".

A dicotomia estrutura/antiestrutura e suas consequências ou soluções encontra-se simbolicamente representada em diversos mitos. A tragédia do conflito Antígone *versus* Creonte é uma belíssima representação da falta que faz a intermediação flexível. O terrível destino de Penteu, na peça *As Bacantes* de Eurípides, castiga-o pela mesma rigidez e insensibilidade, que o incapacitavam de cruzar essas barreiras. Essa tarefa é função de figuras flexíveis, ambíguas, *malandras*. Na mitologia e no folclore de praticamente todos os povos existe sempre a figura representativa do intermediador, ou seja, daquele que ultrapassa as fronteiras, que supera os obstáculos e produz a comunicação entre os deuses e os homens, entre a lei e o delito, entre o bem e o mal, entre o certo e o errado. Assim está sempre presente um personagem que, sem nunca enfrentar diretamente as injustiças do poder como o faz o herói revolucionário – ou sem roubar o fogo dos deuses como ousou Prometeu – imiscui-se por entre os limites do humano e do divino, ou torna-se, na expressão de Roberto da Matta: "*o herói dos espaços intersticiais e ambíguos*".

O deus grego Hermes – o Mercúrio dos romanos – o mensageiro do Olimpo, era o comunicador, o intermediário entre os deuses e os homens, e também o padroeiro dos ladrões e dos comerciantes. Era o mais ocupado dos deuses e sua representação com asas nos pés indicava o intenso trânsito e agilidade que essa intermediação exigia. Constava ser Hermes o pai de Autólico – tido como o mais matreiro, ardiloso e mentiroso dos homens – que dele herdara a arte de furtar sutilmente, sem ser jamais percebido, e que possuía, ainda, o dom de transformar-se no que quisesse. Esse mesmo personagem viria a ser o avô de Odisseus – ou Ulisses – sem nenhuma dúvida o mais "malandro" de todos os heróis gregos. Outras figuras mitológicas que representam muito bem esse papel são, por exemplo, o Exu das nossas tradições nagô (iorubá). Como todas as figuras ambíguas, acabou sendo identificado pelo Cristianismo com o diabo – o enganador – mas sua duplicidade é um elemento fundamental na mitologia dos Yoruba da Nigéria *(Eshu)* assim como dos Fon do Daomé e do Haiti (lá chamado *Legbá*), onde é também cultuado nas encruzilhadas. No candomblé e na umbanda, cumpre o seu papel de *despachante* dos orixás. Entre os deuses nórdicos temos Loki, que para os *vikings* representava esse mesmo papel matreiro e escorregadio do mensageiro e intermediário divino. Os índios americanos também cultuavam entidades semelhantes. Diversos aspectos tornam para nós a figura do malandro um quase "arquétipo", que, ao contrário dos seus congêneres das sociedades mais individualistas, tem uma coloração altamente positiva em nosso folclore e nossa literatura. Enquanto a esforçada formiga triunfa sobre a boêmia cigarra na fábula de La Fontaine, em nossas histórias populares o esperto jabuti sempre vence a onça. Também o ardiloso saci-pererê é figura folclórica de destaque. O malandro é aquele que não apenas não arca com o ônus do trabalho, mas sabe "levar a vida" e obter o que deseja, sendo admirado por isso. Chamar alguém de malandro não ofende, chega a ser um elogio.

Podemos lembrar que entre nós a palavra trabalho tem o significado da palavra italiana *travaglio*, derivada do latim *tripalium* (aparelho composto de três paus, usado para castigar, torturar) e não o de *lavoro*, cuja origem é a mesma de lavoura, que tem uma conotação muito mais relacionada com a **produção** que o **suplício**. De forma oposta à concepção calvinista, "trabalhar como um mouro" não dignifica ninguém no Brasil. Em uma sociedade hierarquizada e pessoal, nada se pode conseguir sem a *cordialidade* de que falava Sérgio Buarque de Holanda: *"... certa incapacidade, que se diria congênita, de fazer prevalecer qualquer forma de ordenação impessoal e mecânica sobre as relações de caráter orgânico e comunal, como o são as que se fundam no parentesco, na vizinhança e na amizade."* Extraordinariamente significativa entre nós é a figura do *despachante*, o aplicador profissional da *malandragem* e dos *jeitinhos*, sem os quais nada se faz neste país. Nas palavras de Da Matta, "O despachante tem a função de *pessoalizar* a regra geral" (o grifo é meu). Diz ainda que *"os momentos em que percebemos o poder e o peso da totalidade com sua rede de ultradeterminações"* são o carnaval e *"os torneios de futebol"*. Em nenhum país do mundo se dá tamanha importância a qualquer modalidade esportiva, nem se vê tão grande vínculo com a ideia de pátria. Só aqui a seleção nacional de futebol pode ser "a Pátria de chuteiras" nas palavras de Nélson Rodrigues. Acredito que a enorme importância do futebol em nosso país deve-se à profunda identificação que temos com as características *malandras* desse esporte coletivo. Evidentemente, não é por acaso que esse é *o único* esporte em que nosso país se destaca mundialmente e exerce liderança incontestável. Ao contrário do futebol americano e do rúgbi inglês, em que a massa física é fundamental, dada a truculência das disputas; do vôlei, que exige uma altura não menor que 1,80 m para uma prática em nível profissional; do basquete, em que já não se pode ser competitivo com menos de 1,90 m, o *nosso* futebol exige – mais do que força, tamanho, destreza ou mesmo habilidade –

principalmente *malandragem*, no sentido de se estar permanentemente ludibriando o adversário, negaceando, driblando, escapando e descobrindo frestas e passagens virtuais.

Em razão desta ambiguidade visceral, esta permanente oscilação entre o *individual* e o *pessoal*, que exige permanente *interpretação* de todos os fatos, no Brasil, temos sempre enormes dificuldades em lidar com qualquer forma de poder, ou melhor, com a própria *onipotência*. Qualquer chefete de repartição sente-se um napoleãozinho de quintal, e acaba sempre desenvolvendo algumas tendências paranoides, a partir do princípio de que *"Quem não está comigo está contra mim"*. Nem mesmo os mais *malandros* conseguem escapar ilesos. Numa cultura hierarquizada como a nossa, o médio (no mesmo sentido coloquial) é sempre visto como ruim, "*medíocre*", assim como o comum, o ordinário. Todo mundo quer ser extraordinário, incomum, fora de série. Lembro-me de uma assistente social do sistema prisional que sempre classificava o comportamento dos seus avaliandos como "excepcional", querendo dizer "bom" ou "muito bom". Certa vez comentei que o uso dessa expressão implicava o comportamento dos outros ser sempre péssimo, para que os dela pudessem ser as "exceções". Em inglês, o termo "*common sense*" é traduzido como "bom senso"; "senso comum" é um anglicismo ruim. Por exemplo, um certo filme da década de 1970, chamado "*Ordinary People*" não poderia ser traduzido com "*Gente Ordinária*", pois o sentido seria outro.

Já que nunca temos chefes, mas apenas déspotas, uns fortes, outros fracos, nossa *democracia* não pode eleger periodicamente um presidente, mas sim um imperador, um faraó. Para verificarmos, basta refletirmos um pouco sobre a nossa vida política no último meio século: elegemos um ex-ditador paternalista que acabou suicidando-se e cobrindo de culpa toda a nação; pouco depois arranjamos um Ramsés II com o qual saímos da depressão para a mania, erguendo as gloriosas pirâmides de Brasília; logo em seguida aclamamos um desequilibrado pseudomoralista que renunciou conscientemente; e finalmente, após mais de 20 anos de ditadura militar, fizemos questão de eleger um outro desequilibrado pseudomoralista que "renunciou" inconscientemente, cavando a própria sepultura como uma espécie de messias às avessas. Anos se passaram e as eleições subsequentes continuaram a mostrar essa eterna necessidade de figuras simbólicas e de salvação da pátria, sempre com tentativas de se possibilitar um terceiro mandato. O nosso desejo de democracia e liberdade só é igualado pelo nosso amor pelo paternalismo, pelo messianismo e pelo autoritarismo.

Fiquemos por aqui, porque sem nenhuma dúvida, este tema da **psicopatologia do poder** no Brasil é um filão inesgotável de interpretações e discussões.

O CONCEITO DE *CULTURE-BOUND SYNDROME*

As chamadas "síndromes ligadas à cultura" *(culture-bound syndromes)* são entidades nosológicas que geralmente vemos relegadas a um parágrafo de capítulo nos livros de psiquiatria. Compreendem os quadros exóticos encontrados entre os esquimós, os malaios ou os navajos e têm nomes pitorescos como *pibloqtok, amok* etc. De acordo com a literatura em geral, não passariam de manifestações histéricas modificadas. No entanto, se procurarmos observar os quadros clínicos com uma visão fenomenológica mais profunda, veremos que o meio cultural delineia os quadros clínicos de maneira muito mais significativa do que tendemos a imaginar.

Cada sociedade tende a estimular, preferencialmente, determinadas formas ou mecanismos de defesa enquanto desfavorece – ou favorece menos – outros recursos de proteção da personalidade. De acordo com Robert I. Levy, as emoções que se mostram incongruentes com o *"ethos"* da cultura sofrem um processo de *hipocognição*; quando são congruentes ocorre o oposto, uma "hipercognição".

Em todas as religiões, por exemplo, encontramos tanto os rituais de controle, como os tabus evitativos e os estados dissociativos místicos. São muito diversas, no entanto, as preferências por cada forma.

Mecanismos obsessivos de controle são mais bem vistos na Europa que na África, enquanto nesta se veem mais os mecanismos dissociativos.

O Brasil, por exemplo, parece ser um país essencialmente dissociativo, em que todo o mundo age quase como se estivesse em um transe permanente. Daí parece vir o substrato para a persistente ambiguidade a que se refere Roberto da Matta. A todo momento dizemos que *"este país não tem memória"* e rimos com *boutades* como aquela que proclama que aqui *"até o passado é imprevisível"* ou com a piada do *Inferno brasileiro*, onde nenhuma das punições funciona para valer. Reclamamos da impunidade, mas como punir se ninguém jamais tem culpa de coisa alguma? *"Eu não estava em mim quando fiz isso ou aquilo". "Fui vítima de forças ocultas". "Esqueçam de mim". "Eu não sabia de nada". "Eu não me lembro". "Esqueçam o que escrevi".*

É interessante notar que os mecanismos dissociativos parecem conferir grande proteção contra os eventos traumáticos. Aqui no Brasil, apesar de um número imenso de crimes violentos e muitos desastres naturais – especialmente inundações – a prática clínica nos ambulatórios não vê muitos casos de *stress* pós-traumático, o famoso PTSD.

Os americanos, por exemplo, mostram fortes inclinações fóbicas em suas atitudes, o que é coerente com a perspectiva calvinista do mundo. Puritanos – como o próprio nome diz – estão sempre com medo de perder a pureza e se contaminar com a sujeira da vida. Diferenciar dissociação e "mentira" lhes parecem questões essenciais, distinguindo má-fé e patologia. Quando observamos com um olhar mais crítico as descrições americanas de quadros como a chamada "distimia", "depressão", a "fadiga crônica", o "déficit de atenção", a "personalidade múltipla" e as "falsas memórias", percebemos aí toda a essência da *culture-bound syndrome* em uma sociedade calvinista, profundamente impregnada pela moral sacralizadora do trabalho e do culto à verdade absoluta. Mas como nós somos os índios, somos obrigados a encarar essas manifestações como doenças "reais", já que, logicamente, eles não poderiam apresentar quadros exóticos, uma vez que são a própria referência contra a qual o que é exótico é definido. O enorme empobrecimento que a psicopatologia vem apresentando nos últimos anos se deve à imensa força de penetração dessa descrição formalizada e cega que nos vem sendo imposta.

PERSPECTIVA TERAPÊUTICA

A entrevista já é sempre o início do processo terapêutico, essencialmente comum a todas as épocas e culturas. Desde os tempos dos antigos gregos, consiste em:

a) estabelecer uma aliança, um vínculo com o médico *(iatros)*;
b) compreender a experiência *(empeiria)* vivida pelo paciente, à beira do seu leito *(kline)*;
c) interpretar o seu sofrimento *(pathos)* de acordo com as narrativas *(mythos)* proporcionadas pelo ambiente cultural compartilhado por ambos, terapeuta e paciente;
d) aliviar o sofrimento por meio de medicamentos *(pharmakon)*;
e) cuidar do paciente *(therapeia)*, proporcionando, reforçando ou facilitando o desenvolvimento de novos planos *(strategia)* e mecanismos de defesa;

f) eliminar ou expulsar os elementos nocivos ou destrutivos do organismo *(katharsis)*;
g) ressignificar o evento patológico (torná-lo significativo, *semantikos*) como início ou reinício de uma nova etapa (assim como Hermes *psychagogos* conduzia as almas pelo rio Estige).

É interessante notar que, assim como as palavras que usamos – em um tom por vezes pedante – têm uma origem mais prosaica, esse mesmo processo terapêutico é comum a todas as doenças, não apenas as mentais. Catarse, por exemplo, tanto pode significar uma purgação mental como intestinal...

Na última fase do processo terapêutico, os seus principais elementos já estão previamente determinados e codificados pelo ambiente cultural, que proporciona recursos para enfrentar a ansiedade por meio de seus rituais de prevenção e de cura. Estes, como é fácil observar, são mais ou menos análogos aos próprios quadros patológicos (Quadro 3-1).

A cultura proporciona um tempo e um espaço terapêuticos. O Tempo Terapêutico pode ser:

a) cíclico (ritualizado, recorrente) ou sequencial (programado, evolutivo)
b) imediato (emergencial, internação, exorcismos) ou prolongado (vinculado, rotinizado)

O Espaço Terapêutico pode ser:

a) individualizado (consulta pessoal) ou grupal (rituais, transes, cultos);
b) isolado (hospital) ou socialmente compartilhado (templos)

Não nos esqueçamos que toda terapêutica – dita científica ou não – utiliza rituais muito semelhantes. Aquilo que é patológico – em determinadas condições – pode ser terapêutico, e vice-versa, em uma analogia com o velho conceito grego de *pharmakon*, que tanto significava veneno como remédio.

O ser humano é uma criatura essencialmente social, e os fenômenos grupais emergentes são elementos importantes no diagnóstico e no tratamento. Existem aspectos da personalidade que só na relação com o grupo – familiar, terapêutico, social – encontram condições de plena manifestação.

Quadro 3-1

Ritual	Sintoma
Controle	Obsessividade, compulsão
Tabu	Fobia, pânico
Transe, comunhão carismática	Dissociação, despersonalização
Hipocognição inespecífica	Conversão, hipocondria, somatização
Luto	Vazio afetivo, inibição psicomotora
Castigo, humilhação, penitência	Perseguição, vergonha, culpa
Projeção	Paranoia
Crença	Delírio

LEITURA ADICIONAL SUGERIDA

Bastos CL. Delírio persecutório e depressão: uma abordagem transcultural e suas consequências terapêuticas. *J Bras Psiquiatria* 1995;44(10):507-13.
Buarque de Hollanda S. *Raízes do Brasil*, 8.ed. Rio de Janeiro: José Olympio; 1975.
Dalgalarrondo P. *Civilização e loucura*. São Paulo: Lemos; 1994.
Damatta R. *Carnavais, malandros e heróis*. 5. ed. Rio de Janeiro: Guanabara; 1990.
Dereuck AVS, Porter DR. *Transcultural psychiatry*. Boston: Little Brown; 1965.
Devereux G. *Essais d'ethnopsychiatrie générale*. Paris: Gallimard; 1970.
Fadiman A. *The spirit catches you and you fall down*. New York: Noonday; 1997.
Freyre G. *Casa-grande & senzala*. 17. ed. Rio de Janeiro: José Olympio; 1975.
Fromm E, Maccoby M. *Caráter social de uma aldeia*. Rio de Janeiro: Zahar; 1972.
Guyotat J. *Estudios de antropología psiquiátrica*. México: Fondo de Cultura Económica; 1994.
Kiev A. *Magic, faith and healing*. New York: Macmillan; 1964.
Kleinman A. *Rethinking psychiatry*. New York: Macmillan; 1988.
McGilchrist, I. *The Master and its Emissary*. New Have, Yale; 2009.
Ortigues MC, Ortigues E. *Œdipe africain*. Paris: L'Harmattan; 1984.
Sow I. *Psychiatrie dynamique africaine*. Paris: Payot; 1977.
Tuschman A. *Our Political nature*. New York: Prometheus; 2013.

Capítulo 4 Exame Psiquiátrico

ENTREVISTA PSIQUIÁTRICA

...o mago primitivo, o curandeiro ou o shaman não é apenas um enfermo: é, antes de tudo, um enfermo que conseguiu curar a si mesmo.

Mircea Eliade

A entrevista é uma arte, mais do que uma técnica. Isso não significa que não possa ser ensinada e aprendida, mas que exige algo além do que é dado em aula ou do que se lê nos livros. É o elemento básico da prática clínica, que não deve ser vista como um complemento ao estudo teórico, mas como parte intrínseca dele mesmo. Contrariando a ordem lógica do processo pedagógico, na acumulação do conhecimento médico, são a patologia e a terapêutica que nos ensinam sobre a normalidade fisiológica. Além disso, as entrevistas psiquiátricas não devem nem podem ser separadas em diagnósticas e terapêuticas, excetuando-se, evidentemente, os casos de perícia.

A abordagem fenomenológica não é uma *corrente*, já que não dispõe de nenhuma teoria sobre o funcionamento da mente, mas uma *atitude*, com base na constatação de que o homem é essencialmente relacional, e o único instrumento adequado para avaliar sua intencionalidade* é um outro ser humano. Assim, disposição do entrevistador deve ser eminentemente *compreensiva* e não *determinista*, buscando uma apreensão existencial das vivências do paciente em si mesmo, numa visão globalizante. Esta perspectiva, necessariamente, implica uma *relação interpessoal* e também na perspectiva de ajuda ao paciente, permitindo, assim, um conhecimento mais aprofundado dos seus problemas. No entanto, as avaliações periciais procuram apenas discriminar situações de incapacitação e fraudes, sendo, por isso mesmo, bastante limitadas.

O ser humano é uma criatura essencialmente relacional e, sob certo prisma, a psicopatologia pode ser vista como o estudo das formas disfuncionais de relação humana. Assim, o objetivo do exame é compreender que tipos de vínculos interpessoais o examinando estabelece em sua existência. O próprio entrevistador é o seu melhor instrumento de avaliação, e nada pode substituí-lo. Ninguém, por mais capacitado que seja, pode-se propor a adivinhar o que se passa na mente de outra pessoa. Por outro lado, a observação psicopatológica não deve se assemelhar a uma investigação detetivesca. O que o obser-

---

* Esta expressão não se refere ao aspecto volitivo, mas significa que todo fenômeno mental tem um objeto. Toda consciência é consciência de algo. Este aspecto caracteriza os fenômenos mentais, por oposição aos fenômenos físicos. Assim, o mundo interno e o externo constituem um todo inseparável. Abordagens exclusivamente voltadas para o mundo interno (introspecção, interpretação) ou para o mundo externo (observação comportamental) são, necessariamente, falhas ou incompletas.

vador pode, sim, é compreender de que forma a relação estabelecida com o entrevistado afeta seus próprios sentimentos, sua própria personalidade. Olhando para dentro, mais que para fora, torna-se possível vislumbrar algo do mundo vivencial do paciente. Do ponto de vista de Karl Jaspers (aqui citado por Ludwig Binswanger, referindo-se à esquizofrenia):

"Esquizofrenia" não é um conceito preciso, mas, em compensação, é um conceito infinitamente rico, que assume em diferentes contextos diferentes significações. Ora designa todos os processos que são irreversíveis e que não são processos cerebrais orgânicos conhecidos, ora designa um modo de vivenciar a ser apreendido psicológico-fenomenologicamente, um mundo inteiro de estranha existência psíquica, para cujos detalhes já se encontram numerosos conceitos mais precisos, sem que se consiga caracterizá-lo, satisfatoriamente, como um todo. Trata-se de uma realidade enorme, que não identificamos mediante "características" simples, tangíveis, objetivas, mas como uma totalidade psíquica individual.

O entrevistador deve permitir-se o máximo de flexibilidade, sem, no entanto, jamais se mostrar displicente. Da mesma forma, deve buscar ser, ao máximo, rigoroso e conscencioso, sem tornar-se nunca rígido, dogmático, autoritário. Em primeiro lugar, precisa estar preparado para **ouvir** o paciente, sem enquadrá-lo em modelos preconcebidos. Suportar a ansiedade, a expectativa e a frustração constitui parte intrínseca do nosso ofício. A impaciência ou a arrogância muitas vezes podem fazer o entrevistador "comer mosca" em questões fundamentais. Alguns exemplos podem esclarecer este ponto:

Certa vez atendi em um serviço de urgência um paciente – com significativo histórico psiquiátrico – que me contou uma longa, fantasiosa e confusa história que culminava com um suposto assalto e um tiro de revólver que ele teria levado na nuca, há cerca de um ano. Em decorrência disso, uma bala teria penetrado e viajado por todo o seu crânio, acabando por vir a situar-se na sua cara, o que lhe provocava muito incômodo, queixando-se ele também de que estava *"com a cabeça podre"* e que sentia *"um líquido pingar lá dentro"*. Ele não queria voltar ao tratamento psiquiátrico, mas conseguir com que lhe fizessem uma *"operação na cabeça"* para extrair a tal bala itinerante. Trazia uma sacola, com um desses grandes envelopes amarelos, muitos papéis e algumas radiografias. Pedi para vê-los. Havia dúzias de receitas de medicamentos psiquiátricos, atestados médicos etc. Olhei as radiografias e qual não foi a minha surpresa ao ver estampada nelas uma bala, alojada num dos seios paranasais! Examinei a cicatriz de entrada e constatei que o projétil realmente penetrara pela nuca, percorrera toda a calota craniana, circundando-a por dentro, e fora, finalmente, localizar-se entre os ossos da face do paciente! Aquela história tresloucada e inverossímil não era senão a pura expressão da verdade...

Kurt Schneider dá como exemplo o caso de uma moça de origem humilde, atendida numa crise, que alegava ter sido engravidada por um príncipe. No entanto, o que houvera sido inicialmente entendido como um delírio acabara por se revelar como um fato estritamente real. A moça trabalhara como criada num castelo na Alemanha e tivera, realmente, uma relação amorosa com um príncipe...

Lembro-me de um caso que li, publicado num periódico americano de clínica médica, de um paciente que se queixava de escutar músicas e pessoas falando dentro da sua cabeça. As vozes e sons soavam mal, no entanto, não sendo possível compreendê-las. No exame detalhado, a absoluta ausência de qualquer sintoma psicopatológico e a ocasional descoberta de que entre uma certa faixa da transmissão de rádio e o que o paciente relatava, havia exata coincidência dos períodos de música, de fala e de intervalos, acabaram por revelar estranho diagnóstico: o paciente, que possuía estilhaços metálicos encravados nos ossos do crânio causados por uma explosão durante a guerra, estava recebendo transmissões radiofônicas pelos ossos, como se fosse um rádio de galena! É fácil imaginar que caso houvesse sido examinado com menos cuidado, ou se tivesse sofrido o azar de apresentar qualquer histórico psiquiátrico, provavelmente essas "alucinações auditivas" teriam sido valorizadas.

Uma vez, num plantão de hospital psiquiátrico, apareceram três sujeitos, um vestido de centurião romano, outro de super-homem, e o terceiro em trajes comuns. Esse terceiro, surpreendentemente, é que era o paciente, havendo sido vítima de um surto psicótico – a chamada embriaguez patológica – numa festa à fantasia, e tendo prontamente sido conduzido ao hospital pelos outros dois. De outra feita, nesse mesmo hospital, atendi a um rapaz que procurara tratamento num hospital geral que se situava no outro lado da avenida, e fora imediatamente mandado "para o lado de lá" – a psiquiatria. Esse rápido "jogo de empurra" ocorrera porque ele se havia apresentado ao médico de plantão apenas apontando para o fundo da boca escancarada, e indicando: "*hã-hã-hã...*" Sem fazer maiores especulações, simplesmente examinei o que ele procurava mostrar e vi que o caso resumia-se a uma mera garganta inflamada, num paciente surdo-mudo que ninguém tivera a paciência de examinar.

Mas quem já viu, para um simples caso de criança com dor de ouvido e déficit auditivo unilateral, uma tomografia computadorizada do crânio cuja única patologia descrita no laudo era "rolha de cerume no conduto auditivo externo" – e eu juro que é verdade – não se espanta com mais nada. Aliás, isso não ocorre só aqui: recentemente ouvi dizer que na Inglaterra, em uma criança surda de um ouvido, havia sido encontrado um chumaço de algodão de cotonete empedrado lá há 6 anos; quando o chumaço saiu, a audição voltou. Um exame simples e rápido, porém bem-feito, teria resolvido esses casos desde a primeira consulta.

Na psicopatologia, da mesma forma, o cuidado na avaliação não depende só do tempo gasto com o exame. Cada entrevistador, em razão de sua própria personalidade, terá seu estilo pessoal de entrevista. No entanto, deve também obedecer a certas regras básicas, como procurar ser discreto, mas sempre sincero, e falar claramente sobre os sentimentos que transparecem, sem subterfúgios nem eufemismos inúteis. Jamais deve prejulgar nem conduzir a entrevista de modo a influenciar o paciente ou induzir respostas.

O desenvolvimento da(s) entrevista(s), ou seja, da relação médico-paciente, permite ao entrevistador a observação subjetiva e aprofundada dos processos mentais, não apenas *compreendendo* – no sentido fenomenológico de Jaspers – de forma empática os sentimentos que lhe são comunicados, mas também avaliando *suas próprias respostas emocionais* ao paciente, utilizando aquilo que na psicanálise se chama sentimentos *contratransferenciais*. Tão ou mais importante quanto aquilo que o paciente diz, ou seja, o *conteúdo* da informação que fornece ao entrevistador, é a maneira como o diz, ou seja, a *forma* dessa mesma informação. Como definiu Sullivan, o psiquiatra é um especialista nas formas de relacionamento humano. Sentir, eventualmente, irritação, tédio, repulsa, pena, prazer, afeto, atração etc., pelo entrevistado, não é empecilho para o desenvolvimento da relação terapêutica; ao contrário, esses sentimentos são os recursos mais importantes de que o terapeuta dispõe para entender o que se passa.

Alterações psicopatológicas não são alterações do comportamento, mas das vivências e das intuições. O que está alterado é o sentimento básico do mundo, a compreensão essencial da passagem do tempo e das dimensões do espaço. Sinais, sintomas – e escalas baseadas neles – referem-se apenas a manifestações dessas vivências, que podem sofrer as mais diversas influências e variar enormemente com os ambientes culturais. Ater-se apenas aos sintomas traz um risco inerente, já que os sintomas secundários tendem a ser exatamente aqueles que mais se destacam na avaliação superficial, enquanto os elementos profundos só aparecem de maneira indireta, por meio da forma pela qual se estabelece o vínculo entrevistador-entrevistado.

Mesmo quando o paciente se encontra lúcido e orientado, sem alterações do pensamento nem déficit cognitivo, podemos observar que as respostas ao questionamento nem sempre são satisfatórias, exatas ou coerentes. Tal fato acontece especialmente quando existem grandes diferenças socioculturais entre entrevistador e entrevistado. Na maioria das vezes, isto ocorre em função de uma parcial ou total incongruência entre os propósitos do terapeuta e os do paciente, de modo que os objetivos da entrevista estão inteiramente fora do campo de compreensão do entrevistado. O contato com o paciente deve ser estabelecido de forma sincera, honesta e clara, sem enganar, ludibriar ou falsear a realidade.

Às vezes pode ser necessário perguntar diversas vezes a mesma coisa, quando as respostas se mostram implausíveis, divergentes ou mesmo contrárias ao nosso *feeling*, sem a necessidade de confrontar o paciente com as aparentes discrepâncias do seu discurso. O terapeuta não busca determinar fatos, mas relações de sentido.

A FAMÍLIA

A participação da família na entrevista e no tratamento pode ser muito importante, e até mesmo essencial. No entanto, existem precauções que devem ser tomadas. A princípio, o entrevistador deve ter em mente que o vínculo com o paciente inclui lealdade e sinceridade; assim, em princípio, não se recomenda conversar com ninguém do grupo familiar na ausência do paciente. Se tiver que fazê-lo, deve avisar ao familiar que vai comunicar ao paciente o teor da conversa. Situações especiais que envolvam incapacidade ou problemas evidentes de discernimento – estados demenciais, deficiência mental e crises psicóticas – podem, eventualmente, fazer exceção a essas regras.

Certa vez me vi diante de um caso em que a família se preocupava com as consequências da interdição do pai, figura autoritária da qual o mal de Alzheimer havia roubado a competência para os negócios, juntamente com a autonomia e a dignidade. Queriam tomar alguma providência, mas não tinham coragem de levar o assunto adiante, nem mesmo de falar com o médico sobre isso. Um clima pesado pairava entre eles, e as relações entre o pai e o filho mais velho deterioraram-se a ponto de se tornarem hostis. Reuni a família e, na presença do paciente, disse abertamente que ele não tinha mais condições de cuidar de seus negócios e que deveria, para seu próprio bem, ser interditado. Eu nem sabia que eles já haviam contatado um advogado, em segredo. Para surpresa de todos, o ambiente imediatamente desanuviou-se e ele saiu dali abraçado comigo e, logo depois, reconciliou-se com o filho. Apesar de sua memória estar prejudicada e de tudo o que foi dito ali estar destinado ao olvido, em seu íntimo, de alguma forma inconsciente (ver o conceito de memória implícita), o paciente percebeu e guardou os elementos emocionais significativos daquela conversa. Antes desse episódio em que havíamos "aberto o jogo", ele, mesmo sem poder compreender nem fazer nenhum registro episódico ou semântico dos fatos, já estava percebendo – pelo próprio clima de culpa que reinava na família – que a sua autoridade seria desafiada e vinha reagindo à sua destituição com hostilidade.

Muitas vezes alguns familiares procuram fazer uma aliança com o terapeuta, falando em separado, ou sinalizando por trás do paciente durante a entrevista. Tais alianças não devem ser estimuladas, uma vez que tendem a perpetuar exatamente os mesmos problemas de convivência que estão ali sendo enfrentados. O paciente, naturalmente, também faz parte desse jogo, cumprindo o seu papel de elemento alienado, inadaptado, inadequado ou incapacitado desse grupo familiar. O terapeuta nunca pode abrir mão de seu papel e deixar-se fazer parte da família. Deve-se notar que evitar esse tipo de envolvimento, de forma alguma, significa repreender ou colocar-se contra a família. O entrevistador ou terapeuta iniciante não se deve imaginar como uma espécie de paladino dos direitos humanos do infeliz paciente contra o jugo tirânico da família. Mesmo porque **o paciente é sempre um participante do jogo,** por mais passivo que aparente ser. Um profissional consciente jamais se esquece disso.

O SENTIDO DO DIAGNÓSTICO

Seek simplicity, and distrust it.
Alfred North Whitehead

O entrevistador deve sempre ter em mente que uma doença não é um mero conjunto de sinais e sintomas, mas uma falha, um bloqueio ou um impedimento do funcionamento normal ou ideal do organismo, geralmente numa tentativa de refazer, repor, reparar ou restituir o equilíbrio perdido. As doenças não caem do céu como maldições imprevisíveis, mas têm, cada uma, a sua *história natural,* desde uma simples unha encravada até à AIDS, a tuberculose ou a esquizofrenia. Os sintomas não surgem isoladamente, ao acaso. Por este motivo, a avaliação das funções psíquicas não pode subsidiar eficazmente o processo do diagnóstico se elas não forem consideradas em conjunto, em seu relacionamento umas com as outras e em sua *proporcionalidade* ao quadro geral.

Lembremos que os mecanismos de defesa neuróticos ou psicóticos têm por objetivo *proteger* o indivíduo das ameaças externas ou do caos interno, da mesma forma que o vômito e a diarreia protegem o sistema digestório ou a tosse protege o sistema respiratório das agressões externas. Essas tentativas, inevitavelmente, impedem o funcionamento normal do indivíduo, por vezes prejudicando-o mais ainda que o agente externo; em certos casos extremos podem chegar mesmo a destruí-lo. Podemos ilustrar tais situações paradoxais dando como exemplo as colagenoses (chamadas doenças autoimunes), no nível puramente biológico, ou o comportamento autodestrutivo e o suicídio, no nível psíquico.

O que se observa no estudo de uma doença é, portanto, fundamentalmente negativo, compensatório ou substitutivo, ou seja, aquilo que o indivíduo *não é,* ou está deixando de ser. Da mesma forma que a cólica ou a constipação negam o funcionamento normal do intestino, a obsessão ou a paranoia negam o funcionamento normal da personalidade, impedindo a expressão do seu potencial. A essência da clínica é aprender a ver o paciente *por dentro.* O grande escritor inglês, G. K. Chesterton, criou um famoso personagem de histórias policiais, o padre Brown, cuja habilidade detetivesca consistia, principalmente, em sua capacidade intuitiva, empática, de compreender o criminoso. Quando inquirido sobre o seu método, ele esclarecia:

> "They mean getting outside a man and studying him as if he were a gigantic insect; in what they call a dry impartial light; in what I should call a dead and dehumanized light... When the scientist talk about a type, he never means himself, but always his neighbor; probably his poorer neighbor. I don't deny the dry light may sometimes do good; though in one sense it's the very reverse of science. So far from being knowledge,

> *it's actually suppression of what we know. It's treating a friend as a stranger, and pretending that something familiar is really remote and mysterious. It's like saying a man has a proboscis between the eyes, or that he falls down in a fit of insensibility once every twenty-four hours. Well, what you call "the secret" is exactly the opposite. I don't try to get outside the man. I try to get inside.**

Não é o mero estudo da sintomatologia *seca* que vai fornecer os elementos diagnósticos profundos, mas o da personalidade subjacente, *oculta* por esses sintomas. Esta só é acessível indiretamente, através da interação pessoal – ou seja afetiva – entre entrevistador e paciente, que pode revelar a proporcionalidade e a relação entre os sintomas. Evidentemente, estabelecer relações emocionais sempre envolve alguma perda do controle da situação e mesmo alguns riscos. Aquilo que Freud chamou de *transferência* sempre proporciona algum campo para aumentar a ansiedade do entrevistador e ainda para eventuais situações de atuação (*acting-out*: fenômeno em que o paciente *atua* em vez de simplesmente verbalizar) e manipulação.

Não há alternativa, uma vez que a avaliação com base, exclusivamente, em questionários ou listas de sintomas frequentemente é falha ou, no mínimo, superficial. A parte mais difícil da profissão é aprender a *ouvir*, para então compreender, antes de enquadrar, classificar ou rotular. Esta arte acaba sendo uma tarefa bem mais prolongada e árdua do que parece. Citando o célebre aforismo do Pai da Medicina – Hipócrates – quatro séculos antes de Cristo: "*a vida é breve, a arte é longa, a oportunidade é fugaz, a experiência é enganadora, a avaliação é difícil.*"**

Além do mais, devemos ter em mente que em nossa profissão, sem dúvida alguma, é muito melhor conhecer bem a obra de Sófocles, Eurípides, Shakespeare, Dostoievsky e Machado, do que decorar síndromes, códigos e listas. O que vemos realmente todos os dias em nossos consultórios e enfermarias são frustrados Édipos, Orestes e Electras, ou prosaicos Hamlets, Karamazovs e Bentinhos, e não as siglas vazias do DSM-IV. Familiarizar-se com os conflitos humanos e ter a capacidade de compreendê-los em suas diversas formas é muito mais importante que quaisquer rotinas, técnicas ou *macetes*.

Também difícil e trabalhoso é aprender como suportar o medo de falhar e como encarar e aceitar a própria insegurança. Essa aprendizagem deve sempre ocorrer antes de o iniciante ficar oscilando entre uma postura prepotente e rígida ou uma timidez também excessiva (a "síndrome" do médico residente). Depois desse período, existe o risco de que as posturas defensivas se cristalizem e não possam mais ser mudadas.

---

* "...Posicionam-se por fora do ser humano e o estudam como se fosse um gigantesco inseto, naquilo que chamam de fria luz da imparcialidade, e no que eu chamaria de luz morta e desumanizada... Quando o cientista fala de um tipo, ele nunca se refere a ele mesmo, mas a algum vizinho, de preferência um mais pobre. Não nego que a luz fria pode funcionar; apesar disso, num certo sentido ela é o verdadeiro inverso da ciência. Longe de ser conhecimento, ela é uma supressão daquilo que já conhecemos. É como tratar um amigo com estranheza, fazendo passar aquilo que é familiar por algo remoto e misterioso. É como dizer que um homem tem uma probóscide entre os olhos, ou que perde os sentidos a cada vinte e quatro horas. Bem, aquilo que você chama "o segredo" é exatamente o oposto disso. Eu não tento chegar ao ser humano por fora, mas sim por dentro."

** Muito citado na tradução latina: "*vita brevis, ars longa, occasio fugax, experimentum periculosum, judicium dificile*" a partir do original grego: βιος βραχυς, η δε τεχνη μακρη, ο δε καιρος οξυς, η δε πειρα σφαλερης, η δε κρισις χαλεπη. Em latim parece mais bonito, mas de qualquer forma, o Velho sabia bem do que estava falando.

O LUGAR DAS TEORIAS

> *Philosophus dicit quod amabile est magis parvum aliquid cognoscere de rebus nobilioribus quam multa cognoscere de rebus ignobilioribus.*
> *"Disse o Filósofo que é melhor conhecer um pouco sobre as coisas relevantes do que muito sobre coisas insignificantes."*
>
> Santo Tomás de Aquino

Todo aquele que se inicia tende – compreensivelmente – a ficar um tanto desnorteado com tantas diferentes escolas ou correntes de pensamento, sem ter ideia de como aplicá-las à clínica. No entanto, as diversas concepções teóricas são como os diversos instrumentos de uma orquestra, que, quando o maestro conhece o seu ofício, tocam harmoniosamente. O fundamental é a música, e não o instrumento. A clínica é uma *arte*, não uma ciência. Para ser bem aplicada, necessita de boa técnica e sólidos conhecimentos científicos, mas deve continuar sendo uma arte. Só o tempo, a experiência e a intuição ensinam o clínico a valorizar as suas próprias emoções, como instrumentos diagnósticos e terapêuticos. Sentimentos de invasão, desvalorização, hostilidade, indiferenciação, confusão e manipulação podem assustar terrivelmente o principiante, mas constituem, precisamente, a chave da compreensão e do diagnóstico. As Figuras 4-1 e 4-2 ilustram duas das principais atitudes ou tendências estereotipadas com que o iniciante pode se ver tentado a abordar suas primeiras experiências clínicas. A primeira representa uma fantasia onipotente de que se

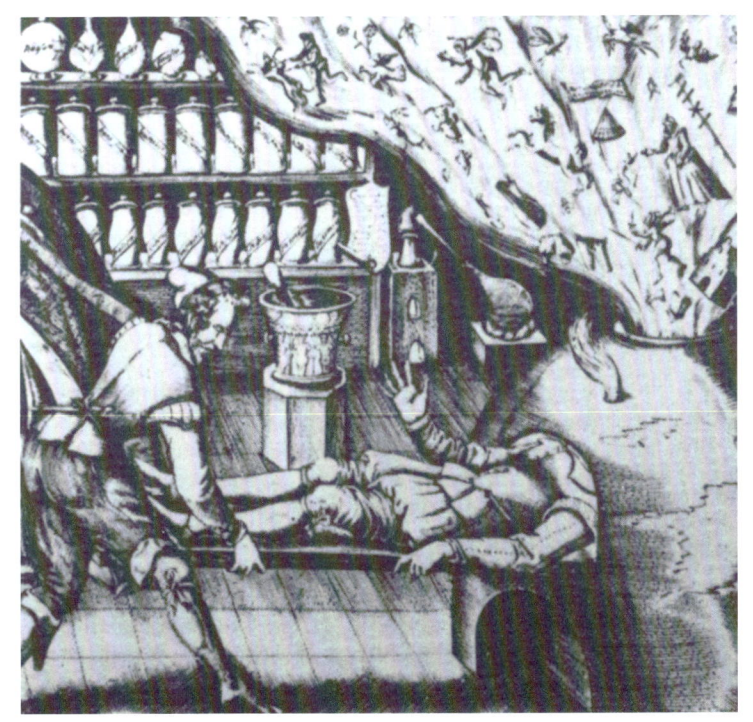

Fig. 4-1. Gravura do século XVII representando uma espécie de "máquina" em forma de forno para extrair os delírios e alucinações da cabeça de um doente.

Fig. 4-2. Damas do século XVIII observando loucos no hospício, como em um jardim zoológico.

pode resolver todos os problemas num passe de mágica, e a segunda mostra uma atitude alienada, de uma curiosidade descompromissada e distante.

As chamadas "linhas" teóricas servem apenas para orientar o pensamento, e jamais se devem sobrepor à clínica. Na verdade, sob o aspecto epistemológico, elas não passam de vagos modelos metafóricos de alguns aspectos funcionais da mente, e não correspondem a teorias científicas *stricto sensu*. Nenhuma delas é inteiramente capaz de dar conta nem mesmo dos problemas terapêuticos do dia a dia.

Há uma forte tendência em certos iniciantes em se apegar obsessivamente a alguma orientação teórica, na esperança de vencer a barreira que a insegurança parece tornar intransponível. Fiquemos atentos ao dito popular que alerta os que andam na linha para que não sejam atropelados pelo trem.

Intencionalidade é uma expressão que pode ter diversos sentidos. Na linguagem comum, pode ser vista como o direcionamento a uma meta, a um objetivo. Mas na linguagem filosófica e psicológica refere-se ao fato de que a consciência não existe por si só, mas é sempre relativa a alguma coisa (toda consciência é consciência de algo, como disse Husserl). Essa concepção se coaduna com a neurociência pelo fato de que nem a percepção, nem a memória, nem a cognição "existem" no cérebro, guardadas como num computador, mas são permanentemente construídas e reconstruídas em relação ao ambiente.

Nos estudos sobre comunicação, autoconsciência e teoria da mente fala-se em níveis de intencionalidade, porém o sentido é mais próximo do primeiro do que do segundo.

O exame clínico usa a informação produzida na relação com o paciente, no instante em que é construída. Não é um acúmulo de dados, mas a leitura de um instrumento, que é o próprio examinador. O bom clínico não vê o que se passa na mente do paciente (não é um telepata nem adivinho), nem preenche tabelas, segue protocolos ou busca "atender critérios" (não é um burocrata). Procura perceber o que se passa na sua própria mente ao se relacionar com o paciente. A construção dessa consciência (modulada pela presença ou interferência do paciente) é que permite a compreensão e o diagnóstico.

PROBLEMAS TRANSCULTURAIS

É preciso ter em mente que muitas pessoas tendem a responder, afirmativamente, a qualquer pergunta que possa ser respondida com sim ou não, ou a tentar dar uma resposta que – no seu julgamento – agrade ao perguntador. Deve-se tomar cuidado com os modelos americanos de avaliação, pois nos Estados Unidos existe longa tradição cultural e religiosa do culto à verdade literal, doa a quem doer. Aqui no Brasil não é assim; dizer a verdade explicitamente pode ser considerado inadequado, deselegante ou ofensivo. Por isso, questionários ou perguntas formais não costumam funcionar bem em nosso meio.

Em certas culturas como a nossa, tanto as perguntas como as respostas devem ser sempre **interpretadas**, e quase nunca tomadas em seu sentido literal. A comunicação se torna difícil sem o estabelecimento de vínculos afetivos. Foi a isso que Sérgio Buarque de Holanda* chamou de "cordialidade" (no sentido de "*cordis*", coração em latim). Isso pode tornar as entrevistas de primeira vez – em que não há laços de confiança estabelecidos – muito enganadoras. Uma mesma pergunta pode ser respondida de muitas formas, dependendo das circunstâncias e do momento.

A entrevista, assim como qualquer forma de comunicação, envolve fenômenos interpessoais e grupais contextualizados – vínculo afetivo, sugestão, transferência etc. – mas que não deixam de ser aspectos de um mesmo fenômeno humano essencial. Este aspecto subjetivo, longe de ser "um problema" consiste justamente no recurso que nos permite compreender coisas que não estariam ao nosso alcance de outra maneira.

O modelo de exame a seguir, por mais detalhado que possa parecer, é apenas um arcabouço, um simples esqueleto a ser preenchido pela experiência prática e pela vivência da relação interpessoal compreensiva. Raras vezes será possível completá-lo de maneira perfeita e, naturalmente, nem sempre há necessidade de fazê-lo. A sensibilidade e o bom-senso do entrevistador é que determinarão o que deve ser destacado e o que pode ser desprezado em cada situação. A displicência em colher os dados é um pecado capital, mas a obsessão perfeccionista também pode sê-lo. O *furor curandi* pode ser tão – ou talvez ainda mais – prejudicial quanto a negligência. Quando um exame é realizado de forma mecânica ou burocrática, com intenção puramente determinista, por mais completo que seja, apresenta limitado valor diagnóstico. Nenhum questionário, por mais "científico" que aparente ser e por mais rigorosa que seja a sua aplicação, tem qualquer poder para extrair "a verdade" dos casos clínicos.

Como já frisamos, não somos racionais nem objetivos, mas nos utilizamos da racionalidade em nosso processo de conhecimento. Já os poetas nos haviam alertado para o fato de que a "loucura" – não no sentido psicopatológico, mas do predomínio da emoção sobre a razão – fazia parte essencial da natureza humana. Os famosos versos de Fernando Pessoa, em seu "*D. Sebastião*", são diretos:

> "...Sem a loucura o que é o homem,
> Mais que a besta sadia,
> Cadáver adiado que procria?"

---

* Em seu excelente livro "Raízes do Brasil", muito comentado, mas pouco lido. Ao contrário do que dizem os que criticam o termo sem ter lido o livro, o conceito de *cordialidade* aqui nada tem a ver com gentileza, polidez, muito menos com bondade. Refere-se, especificamente, à *pessoalidade* nas relações sociais, por oposição à impessoalidade predominante nas sociedades mais individualistas e igualitárias.

Também *don* Miguel de Unamuno invectivou contra os abusos do racionalismo, em "*Vida de Don Quijote y Sancho*":

> "...creo que se puede intentar la santa cruzada de ir a rescatar el sepulcro de don Quijote del poder de los bachilleres, curas, barberos, duques y canónigos que lo tienen ocupado. Creo que se puede intentar la santa cruzada de ir a rescatar el sepulcro del Caballero de la Locura del poder de los hidalgos de la Razón."

O enquadramento dos casos clínicos em tabelas e questionários é útil para dar **fidedignidade** (ou confiabilidade) às categorias diagnósticas – nada garantindo sobre a sua **validade** – o que é interessante para as pesquisas quantitativas, para as companhias de seguros e para os fins burocráticos. Apenas isso. Para o estudo clínico, os códigos não têm qualquer significado. Se fossem úteis, esta disciplina de nada serviria, e o nosso trabalho poderia ser substituído pelo de qualquer burocrata com uma tabelinha na mão. Concluindo, devemos, mais uma vez, ressaltar: nem mesmo a completa ignorância pode ser pior do que uma falsa objetividade.

LEITURA ADICIONAL SUGERIDA

Bastos CL. Mania delirante ou psicose esquizo-afetiva? Reflexões sobre o método suscitadas por um caso clínico. *Informação Psiquiátrica* 1996;15(1).

Chesterton GK. *The secret of father brown.* New York: Penguin; 1975.

McHugh PR, Slavney PR. *As perspectivas da psiquiatria.* Porto Alegre: Artes Médicas; 1989.

Sullivan HS. *The psychiatric interview.* New York: WW Norton; 1954.

ROTEIRO BÁSICO PARA O EXAME PSIQUIÁTRICO

SEÇÃO 4-2

> *O que é uma pedra para o homem comum*
> *É uma joia para aquele que sabe.*
>
> Jalal-Uddin Rumi,
> mestre sufi do século XIII

O exame psiquiátrico completo abrange:

1. O exame clínico, compreendendo a anamnese completa, a revisão dos sistemas orgânicos, o exame físico e os exames complementares.
2. O exame psíquico (avaliação das funções psíquicas), cujo estudo é o objetivo do presente curso.

A seguir, apresentamos um modelo – esquemático, mas bastante completo e abrangente – de exame, com algumas sugestões e elementos básicos de orientação. As questões relacionadas com as funções psíquicas devem ter como referência seus capítulos correspondentes no texto. Os lembretes e sugestões são **apenas um auxílio mnemônico** que pressupõe o conhecimento dessas informações fundamentais; não são perguntas padronizadas nem itens a serem checados. O instrumento de observação é o próprio entrevistador; cada um deve aprender a usar a sua própria personalidade como se fosse o seu estetoscópio, deixando de lado teorias e classificações. Essa relação estabelecida e as vivências que ela produz na existência do entrevistador constituem a base da observação clínica psicopatológica. O estudo detalhado das funções mentais tem por objetivo organizar e complementar essa observação, mas não é a sua essência.

O exame é uma entrevista, não um simples bate-papo, muito menos um interrogatório policial. O seu propósito é o conhecimento e a compreensão do paciente. A ordenação dos itens destina-se apenas à apresentação do relatório final. Portanto, a sequência das perguntas não precisa ser necessariamente esta. Como logo tornar-se-á evidente, muitas observações do exame psíquico serão feitas antes mesmo de se coletar quaisquer dados de anamnese. A esquematização das funções mentais tem por objetivo disciplinar o exame e não esquematizar o diagnóstico. A entrevista deve buscar a compreensão das relações de sentido na vida do paciente e não o estabelecimento de vínculos de causa e efeito entre os eventos e as manifestações psicopatológicas. O diagnóstico **não faz** parte do exame e **não deve estar** entre as preocupações fundamentais na primeira entrevista.

O exame e seus itens não devem ser usados para afastar entrevistador e entrevistado, mas para aproximá-los. Ambos devem procurar se colocar o mais à vontade possível. Não deve haver afobação ou qualquer motivo para apressar o exame. Caso seja necessário, pode-se – e deve-se – marcar outra entrevista, ou quantas sejam necessárias.

O rigor do exame deve transparecer apenas no relatório escrito final, quando se organizam os dados de anamnese e do exame psíquico. A redação deve ser cuidadosa, para que fique bem claro tanto o que foi dito pelo paciente como o que foi dito por outros informantes, e que ambas se distingam das observações próprias do entrevistador e dos relatórios ou encaminhamentos anteriores. As observações do exame psíquico devem estar sempre fundamentadas no relato, quando necessário, com algumas citações das próprias palavras do paciente colocadas entre aspas.

O iniciante deve fazer certo esforço de conscientização para evitar que os eventos singulares, os fatos escabrosos, os relatos impressionantes e as situações inusitadas se transformem em atrativos irresistíveis para a condução da entrevista.

ANAMNESE

Todos os dados possíveis devem constar da anamnese, mas, naturalmente, o entrevistador deve dar destaque especial e desenvolver mais os aspectos que lhe parecerem especialmente relevantes. Assim, por exemplo, se um paciente relata haver sofrido grave acidente com traumatismo craniano ou se informa ser HIV positivo, informações mais detalhadas sobre a história clínica desses fatos devem ser obtidas.

No que se refere à obtenção de dados por meio de membros da família do paciente, é importante ressaltar que as informações que parecem ter maior importância para o paciente **não são** as mesmas que a família julga relevantes, nem aquelas que terão maior interesse para o entrevistador. Além disso, as informações devem ser especificadas e definidas sempre que necessário. Por exemplo: pessoas puritanas ou abstinentes podem classificar de *alcoólatra* qualquer um que tome dois chopinhos, ou de *promíscuo* alguém que mudou de parceiro na última década. Por outro lado, em certos ambientes alguém pode ser considerado ótima pessoa mesmo que haja exterminado meia-dúzia de desafetos.

1. **Identificação do paciente**: nome, idade, sexo, estado civil, ocupação, local de residência, instrução, religião, grupo étnico, naturalidade, nacionalidade, língua (se estrangeira). É importante pedir diretamente ao paciente essas informações, mesmo que já estejam disponíveis em ficha ou prontuário; em caso de discordância, registrá-la.
2. **Queixa principal ou motivo da internação**: a queixa deve ser sucinta e, de preferência, nas próprias palavras do paciente, entre aspas. Pode ser seguida da expressão latina *sic* (assim) entre parênteses, quando se quer frisar que a palavra ou frase foi realmente dita dessa forma pelo próprio paciente. O que motivou a consulta? Quando o paciente é levado por outra pessoa (pai, mãe, parente etc.), deve-se registrar os pontos de vista do paciente e do acompanhante. Se for o caso de internação: quem e por que razão conduziu o paciente à internação?
3. **História da doença atual**: quando, como, por que e em que circunstâncias ficou doente? Como era sua vida antes? Que mudanças ocorreram depois? Em que medida estas o afetaram? Descrever, cronologicamente, o início e a evolução da doença. Como foi a primeira manifestação ou o primeiro episódio da enfermidade, a primeira crise, a primeira internação, o primeiro tratamento?
4. História familiar:
    4.1. Formação, constituição e características da família, idade e estado de saúde dos pais, número de irmãos e posição do paciente entre eles, doenças familiares,

distúrbios psiquiátricos, suicídios, situações incestuosas, violência e outros problemas relevantes.
  - 4.2. **História conjugal**: estado civil, idade, estado de saúde e outras características do cônjuge, filhos e agregados; outros relacionamentos.
5. **História social**: condições de vida, nível educacional, características culturais, história ocupacional, situação trabalhista ou previdenciária (se aposentado ou em benefício, se aguarda perícia psiquiátrica ou clínica), ambiente social etc.
6. **História pessoal:**
  - 6.1. *Nascimento:* problemas na gravidez? Parto normal, a termo?
  - 6.2. *Desenvolvimento infantojuvenil:* crescimento, alimentação, aprendizado, comportamento, relacionamento interpessoal, história escolar, história sexual, adolescência.
  - 6.3. *Vida adulta:* trabalho, relacionamentos social e afetivo, características da vida sexual (promiscuidade, isolamento, homo ou bissexualidade?), problemas sexuais (impotência, frigidez etc.), episódios significativos, situações traumáticas (violência, incesto, tentativa de suicídio, acidentes, perdas).
7. **História patológica pregressa:**
  - 7.1. Doenças da infância, doenças transmissíveis e sequelas, imunizações, reações alérgicas e medicamentosas.
  - 7.2. Acidentes, traumatismos, lesões, internações, cirurgias.
  - 7.3. Doenças crônicas (diabetes, hipertensão, colagenoses).
  - 7.4. Doenças graves (neoplasias, AIDS), estados terminais.
  - 7.5. Doenças com aspectos psicossomáticos relevantes.
  - 7.6. Drogas, medicamentos e hábitos (uso prescrito, não prescrito, abuso ou dependência).

REVISÃO DOS SISTEMAS

A investigação dos sistemas orgânicos (circulatório, respiratório, digestório, urinário, reprodutor, locomotor, neurológico, metabólico, endócrino, hematopoético e tegumentar) deve ser feita pelo médico que está fazendo a entrevista, naturalmente.

EXAME FÍSICO

Em princípio também deve ser feito pelo médico que faz a entrevista. Nos casos em que o paciente já foi examinado ou vem encaminhado por outro médico, pode ser dispensado, a critério do profissional.

EXAMES COMPLEMENTARES

Imagens (tomografia, ressonância magnética, SPECT), EEG (com mapeamento), exames laboratoriais etc. – em geral, devem ser solicitados apenas pelo médico assistente (aquele que efetivamente encarregar-se-á do acompanhamento do caso).

Obs.: Estes três últimos itens podem, eventualmente, ser deixados a cargo do clínico geral, quando disponível, ou ainda de outros especialistas (cardiologistas, neurologistas, pneumologistas etc.), nos ambulatórios de hospitais gerais.

As avaliações neuropsicológicas cognitivas se indicam:

a) quando existem dúvidas quanto ao comprometimento cognitivo do paciente, especialmente em crianças e idosos;

b) para fins de orientação psicopedagógica, determinando o grau e o tipo de comprometimento cognitivo;
c) para avaliar a progressão da perda de funções em lesões cerebrais, assim como em pré- e pós-operatório de certos tipos de neurocirurgia.

As avaliações para fins psicopatológicos (testes projetivos etc.) só são indicadas em situações de triagem ou pesquisa, pouco acrescentando à clínica.

EXAME PSÍQUICO

Consiste na avaliação detalhada das funções psíquicas do paciente, cujo estudo será o objeto de todas as aulas restantes. O examinador deve observar cuidadosamente e descrever todos estes aspectos das funções psíquicas, relatando suas impressões e usando, quando necessário, as próprias palavras do paciente, entre aspas. A descrição deve formar um todo coerente com a observação clínica.

Expressões formais, eruditas ou técnicas só devem ser usadas quando necessárias e quando o entrevistador conhecer muito bem seu sentido. É muito melhor um relato correto, em linguagem simples, do que uma descrição pomposa, cheia de palavras que o relator não domina. No roteiro a seguir, as expressões entre parênteses são apenas explicações didáticas ou exemplos e não itens a serem conferidos.

1. Estado de Consciência (Lucidez):
   1.1. Alterações básicas do estado de consciência, em ordem crescente de gravidade:
      - Obnubilação ou turvação da consciência; hipoprosexia; *delirium* (se houver confusão mental, estados onirodes, alucinações e agitação psicomotora).
      - Torpor, estupor, pré-coma ou coma superficial (o paciente responde apenas aos estímulos fortes ou dolorosos).
      - Coma ou coma profundo (não responde a qualquer estímulo).
   1.2. Outras alterações (qualitativas): estreitamento de consciência, estados hipnóticos e de transe, estupor catatônico e melancólico etc.
   1.3. Sono:
      - Insônia (se é inicial, se é terminal, se o paciente desperta no meio do sono).
      - Conteúdo dos sonhos.
      - Pesadelos?
      - Terrores noturnos? Sonambulismo?
      - Outros distúrbios (narcolepsia, hipersonia etc.)?
2. *Atenção* (vigilância e tenacidade):
   - Está alerta para o que acontece à sua volta? Segue o movimento das pessoas ou objetos?
   - Volta o olhar para quem lhe dirige a palavra?
   - Focaliza-se nas perguntas? Compreende o que se lhe diz?
   2.1. Hipoprosexia: diminuição global da atenção (p. ex., alterações de consciência, depressão).
   2.2. Disprosexias:
      - Hipervigilância e hipotenacidade (p. ex., estados maníacos).
      - Hipovigilância e hipertenacidade (p. ex., estados obsessivos).
      - Distraibilidade.
      - Inatenção seletiva.

3. Aspecto geral:
   - Aparência, cuidados higiênicos, vestimenta.
   - Postura, equilíbrio, estabilidade.
   - Marcha.
4. *Atitude em relação ao entrevistador*: relatar se estabelece contato interpessoal, se olha nos olhos, se procura agradar ou não, se mostra medo ou irritação etc. Avalie o seus próprios sentimentos e procure descrever o efeito que o paciente produz neles, em suas palavras, exemplificando. A atitude pode ser, por exemplo: cooperativa, afável, empática, amistosa, divertida, eufórica, sedutora, carente, submissa, pueril, assustada, pegajosa, perplexa, distante, indiferente, apática, defensiva, evasiva, desconfiada, arrogante, superior, pretensiosa, hostil, beligerante, irritadiça, agressiva etc.
5. Comportamento e Psicomotricidade:
   - Comunicação não verbal, gesticulação (descrever se é excessiva, restrita, inadequada, teatral, rígida etc.), mímica facial (expressiva, inexpressiva, exagerada, inibida etc.).
   - Inibição psicomotora generalizada (caracterizar se é apática, melancólica, catatônica, demencial etc.).
   - Inquietude ou agitação psicomotora (caracterizar ansiedade, acatisia, excitabilidade, mania, agitação psicótica, *delirium* etc.).
   - Agressividade (caracterizar se é irritável, impulsiva, contida, descontrolada, estereotipada, autodirigida, imotivada, explosiva, furor do tipo epiléptico, agitação do tipo catatônica etc.).
   - Outras alterações observadas: estereotipias, ecopraxias, maneirismos, tiques, movimentos involuntários, rigidez etc.?
6. Linguagem:
   - Mutismo? *Obs.:* não confundir com mudez, afasia ou afonia.
   - Logorreia? *Obs.:* não confundir com uma simples fala ansiosa ou atabalhoada.
   - Discurso tendente à prolixidade?
   - Vocabulário inadequado, estereotipado, pedante, amaneirado, pernóstico?
   - Discurso repetitivo? Perseveração?
   - Jargonofasia, neologismos patológicos, logoclonia etc.?
   - Fala excitada, emocionada, angustiada, pueril, disfônica, gritada, estridente, gaguejante, sussurrante, inibida, lacônica, lenta, pausada, monótona etc.?
   - Observar também a expressividade e a prosódia.
7. Orientação:
   7.1. *Alopsíquica (tempo e espaço):* onde está? Que lugar é esse? O que faz aqui? Conhece o entrevistador? Como veio para cá? Quem o trouxe? Quando foi? Que dia é hoje? Que mês? Que ano?
   7.2. *Autopsíquica (Consciência do Eu):* Quem é? Qual o seu nome? Tem outros nomes? Mudou de nome? Mudou de pessoa? Transformou-se? Foi "possuído" por alguma entidade sobrenatural? Existe mais alguém na sua mente? Alguém o influencia? Alguém o controla? Sabe quem é o entrevistador?
   N. B.: Observar sempre a comunicação não verbal (risos, expressões faciais, gestos, sinais): o paciente psicótico pode acreditar que é capaz de manifestar-se por telepatia ou achar que seus pensamentos estão sendo publicados ou lidos mentalmente pelo entrevistador.
8. Afetividade:
   - *Vinculação* (se estabelece contato empático, *rapport*, relação pessoal, nexo afetivo).

- *Estabilidade:*
  a) Estável (o estado afetivo mostra-se regular e constante).
  b) Instável ou lábil (as emoções não se mantêm, mudando a todo o instante).
  c) Cíclica (o estado afetivo oscila periodicamente, em ciclos de exaltação e depressão).
  Obs.: Não confundir humor cíclico com humor instável (labilidade).
- *Humor* (procure descrever o estado afetivo geral): se o paciente, por exemplo, mostra-se empático, simpático, alegre, eufórico, excitado, explosivo, irritadiço, colérico, raivoso, furioso, antipático, contido, angustiado, ansioso, assustado, deprimido, melancólico, triste, envergonhado, culpado, desesperado, ambivalente, incongruente, embotado, apático etc.?
- *Equilíbrio afetivo:*
  a) Eutimia: humor equilibrado.
  b) Hipotimia: redução do *tônus* afetivo geral.
  c) Hipertimia: elevação do *tônus* afetivo.
  d) Distimias (tendências ao desequilíbrio afetivo): melancólica, expansiva, colérica etc.

9. Vontade e Pragmatismo:
   - Observar como o paciente age, como se dispõe, como se coloca, como se determina.
   - Abulia (o paciente mostra incapacidade de comportamento espontâneo).
   - Sugestibilidade patológica (como que em transe, aceita ou concorda com tudo).
   - Compulsividade (age contra sua vontade consciente).
   - Obediência automática (obedece como se fosse um robô).
   - Negativismo (procura contrariar o entrevistador, ativa ou passivamente).
   - Impulsividade (atitudes impensadas, incontroláveis).
   - Perversões instintivas (alimentares, sexuais etc.).
   - Pragmatismo: verificar o trabalho ou as práticas do paciente; se participa de alguma atividade ou praxiterapia; se defende os seus interesses; se faz o que pretende, se conclui o que inicia, se realiza o que se propõe, se age de acordo com suas metas ou propósitos, se executa suas intenções.

10. Pensamento
    10.1. Conteúdo:
    - O *insight* e o senso crítico apresentam-se preservados?
    - A capacidade de abstração encontra-se preservada (testar por meio de compreensão de frases feitas, provérbios, parábolas, fábulas ou simples metáforas)?
    - Apresenta ideias obsessivas (recorrentes e inevitáveis, mas sem perda da crítica)?
    - Mostra ideias fantasiosas, ideias sobrevaloradas, ideias de referência ou de influência, ideias deliroides, delírio secundário?
    - Apresenta delírio primário (ideias delirantes) de perseguição, de grandeza, de ciúmes, de ruína, de culpa, de prejuízo, místico ou religioso?
    - Se apresenta, este se mostra como:
    a) Delírio sistematizado (fora da realidade, mas organizado, coerente).
    b) Delírio desconexo (confuso, sem pé nem cabeça)?
    - Cognições (intuições) delirantes? Percepções (representações) delirantes?

    10.2. Forma e Curso do Pensamento:
    - Taquipsiquismo (aceleração do pensamento), fuga-de-ideias.
    - Bradipsiquismo (lentidão) ou inibição.
    - Prolixidade (perda do *fio da meada* por ramificação ou desdobramento).

- Perseveração (repetição).
- Incoerência, descarrilamento, desagregação, interceptação, bloqueio etc.?
11. Sensopercepção:
    11.1. Distorções (de intensidade, tamanho, características da percepção).
    11.2. Ilusões (deformações da percepção real).
    11.3. Alucinações (o objeto "percebido" é inexistente): visuais, auditivas, táteis, olfativas, gustativas, combinadas ou sinestésicas, cenestésicas (da imagem corporal), cinestésicas (de movimento), zoopsias (aranhas, insetos, ratos etc.).
    - Verificar se são visões ou vozes claras, definidas, ou se não passam de vultos ou ruídos irreconhecíveis; se interagem entre si (p. ex., vozes dialogantes), se são ameaçadoras, se têm cunho místico, se o paciente as reconhece como patológicas (senso crítico ou *insight*).
12. Memória:
    12.1. O próprio paciente se queixa da memória? Ou a família é que se queixa da memória dele?
    12.2. O paciente marcou e veio sozinho à consulta? Sabia o local e o horário?
    12.3. Negação (nega ter-se esquecido da data, de onde deixou os seus óculos, do lugar onde mora ou de ter perdido seus documentos)? Insiste em negar, apesar das afirmações dos familiares?
    12.4. Confabulação (apresenta amnésia anterógrada, mas tenta preencher os vazios mnêmicos com dados falsos, imaginários)? Apresenta-se como se já conhecesse o interlocutor, mesmo na primeira entrevista?
    12.5. Amnésia seletiva (esquece apenas certos fatos ou períodos específicos)?
    12.6. Já houve algum real episódio de amnésia? Como foi? Quanto durou?
    12.7. Avaliar:
    - *Memória imediata:* testar esta capacidade com frases, nomes ou números para memorização rápida.
    - *Memória de curto prazo:* refazer o teste anterior após meia hora; perguntar a data de hoje, o nome do médico ou do entrevistador, do enfermeiro, do hospital etc.; procurar saber se o paciente perde os óculos ou a dentadura com frequência, se lê os jornais ou assiste TV com interesse.
    - *Memória recente:* verificar se o paciente se lembra dos dias da semana, de compromissos, acontecimentos notórios, pessoas famosas atuais (presidente da república, governador, prefeito, jogadores de futebol, músicos ou atores da moda) etc.; última visita, última entrevista, endereço de casa, telefone etc.
    - *Memória remota:* perguntar ao paciente sobre seu passado, datas ou fatos importantes, nascimentos, casamentos, mortes, nomes dos filhos, do cônjuge, dos irmãos, dos pais, dos parentes, lembranças da juventude, da infância etc.
13. Inteligência: avaliar a capacidade de raciocínio e de abstração, através da proposição de pequenos problemas lógicos, interpretação de parábolas simples, provérbios conhecidos, metáforas de uso corrente, trocadilhos, jogos verbais, piadas e, ainda, pequenos cálculos (como fazer troco etc.). O *Minimental*, teste rápido para discernir alterações leves de consciência e perdas cognitivas, pode ser um instrumento útil para avaliar, de forma sistemática, os estados demenciais (ver Capítulo 16), mas existem muitas restrições quanto às suas sensibilidade e confiabilidade.
Obs.: Deve-se procurar sempre levar em consideração, ao avaliar a inteligência e a capacidade de abstração:

a) A possibilidade de que a desconexão que pode ocorrer no pensamento esquizofrênico se assemelhe à concretude do oligofrênico. O esquizofrênico forma relações inadequadas entre conceitos, usando-os, por vezes, de forma muito abrangente, cujo sentido se torna difícil de entender.
b) O meio cultural do paciente, seu nível social e educacional e sua idade. Além disso, é claro, considerar também sua motivação, suas condições de concentração no momento da entrevista e outros fatores intervenientes.

Em caso de dúvida, encaminhar para a aplicação de testes específicos, especialmente em crianças. Se a dúvida persistir, consultar um colega mais experiente, evitando sempre os vaticínios e as afirmações definitivas sem plena confirmação, nunca esquecendo que um diagnóstico errôneo de deficiência mental pode vir a ser desastroso para a criança e a família. Por outro lado, ignorar um déficit pode ocasionar pressão por desempenho também extremamente prejudicial.

14. Autoconsciência: avaliar a integridade do EU; isso nem sempre deve ser feito por perguntas diretas, porque tende a dar margem a confusões e mal-entendidos, mas deve ser investigado quando há evidência de que o paciente não se sente integrado em sua mente
    a) Atividade (autonomia): se o paciente se sente dono de si mesmo, responsável pelos seus atos.
    b) Unidade (ipseidade): se ele se sente uma só pessoa, inteira e conexa.
    c) Identidade (continuidade): se ele crê que permanece o mesmo que sempre foi.
    d) Delimitação (oposição): se ele se vê como indivíduo, distinto das outras pessoas.

        N. B.: Ao final do relatório, após os dados de anamnese e a descrição detalhada da entrevista, somando às observações do entrevistador citações – entre aspas – das próprias palavras do paciente, deve-se colocar um resumo esquemático dos achados psicopatológicos do exame psíquico, geralmente intitulado **Súmula Psicopatológica.** O uso irrestrito de expressões complicadas e palavras difíceis deve ser desencorajado, mantendo-se a especificidade do vocabulário psicopatológico.

Devemos, ainda, ter em conta que hoje em dia o vocabulário psicopatológico se acha muito vulgarizado, e expressões psiquiátricas são utilizadas a todo instante na rua, nos jornais e na TV, geralmente de forma inadequada. Hoje, todo cantor *pop* ou ator de novela se diz *"bipolar"* querendo dizer que se sente instável, e expressões como *"pânico"* e *"depressão"* são utilizadas de maneira extremamente banal, em vez de angústia e tristeza. *"Obsessão", "psicose"* ou *"mania"* são empregadas para significar insistência, hábito, gosto ou interesse; *"esquizofrênico"* para significar contraditório e *"psicopata"* no lugar de vigarista ou mau-caráter. Esse uso espúrio deve ser evitado ou referido apenas entre aspas e seguido da expressão latina *sic*, que significa *assim mesmo*. É muito importante que o relatório seja rigoroso no uso do vocabulário psicopatológico, sem ser prolixo.

A PSICOPATOLOGIA FORENSE E OS EXAMES PERICIAIS

A psicopatologia forense, em princípios e métodos, não difere, essencialmente, da psicopatologia clínica. No entanto, naqueles exames psíquicos que se destinam a fins periciais, o propósito fundamental não é o conhecimento profundo da personalidade nem a obtenção de elementos que possam subsidiar a recuperação ou a melhora do paciente, mas, exclusivamente, a determinação da existência de **inimputabilidade (ou irresponsabilidade penal), incapacidade civil** ou **incapacidade laborativa,** no que diz respeito aos interesses legais. Portanto, além de precisar e fundamentar bem a sua impressão diagnóstica, o perito deve responder, especificamente, aos quesitos previamente formulados pelo juiz, pelo promotor ou pelos advogados. As questões formuladas não dizem respeito às origens, ao desenvolvimento ou às repercussões de uma possível doença mental nem aos problemas clínicos ou terapêuticos do caso, mas única e exclusivamente à determinação de capacidade e responsabilidade legal. Assim é da maior importância que o perito não dê margem a qualquer contradição nas suas respostas. Deve-se ter sempre em mente que, sob essa perspectiva, a forma torna-se, muitas vezes, bem mais importante do que o próprio conteúdo. É fundamental ter em mente a grande relatividade (cultural, histórica, social) dos conceitos de capacidade, seja civil, penal ou laborativa. Contextualizar é fundamental.

Na área civil, determina-se a capacidade para os atos da vida civil (casamento, gerência dos bens, pátrio poder, testemunho etc.), e nas questões trabalhistas previdenciárias e acidentárias, determina-se a capacidade para o trabalho. A **interdição**, ou perda da capacidade civil por ordem judicial, sujeita o indivíduo à **curatela**, em que outra pessoa rege ou administra os bens do curatelado. A interdição não é, necessariamente, definitiva (pode ser temporária) nem absoluta (pode ser relativa). Observe-se que o benefício e a aposentadoria por doença mental não estão condicionados à incapacidade civil.

Na área criminal busca-se determinar se existe a inimputabilidade total ou parcial do réu, seja por:

a) incapacidade deste de entender o caráter delituoso do ato cometido;
b) incapacidade deste de determinar-se de acordo com este entendimento.

No primeiro caso, a relação do quadro mental com o delito é mais simples de se estabelecer. As principais funções mentais a serem pesquisadas são a consciência, o pensamento, a sensopercepção, a memória e a inteligência. Por exemplo, um deficiente mental que pegasse um objeto de uma loja, simplesmente porque achou bonito. Outro exemplo: um maníaco que assediasse sexualmente alguém, na certeza de que a outra pessoa estivesse interessada nele. Outro ainda: um psicótico que atacasse alguém por julgar estar sendo perseguido por essa pessoa e alegasse legítima defesa.

No segundo caso, trata-se de avaliar a capacidade do indivíduo de tomar decisões, seja ele capaz ou não de entender o eventual caráter delituoso dessas decisões. As principais funções mentais a serem pesquisadas são a vontade, a afetividade e, especialmente, a personalidade como um todo. Por exemplo, um dependente químico que – numa crise de abstinência – rouba para comprar a droga.* Outro: um crime passional – claramente impulsivo – por ciúmes incontroláveis. Como é evidente, a avaliação dos casos em que ocorre incapacidade parcial de determinação é bastante sutil e dá plena margem às controvérsias.

As situações em que ocorrem ambos os casos deixam menos espaço para dúvidas. Por exemplo, um esquizofrênico que matasse alguém em decorrência de uma ordem alucinatória para fazê-lo. Outro: uma mãe que matasse o filho no decorrer de uma psicose puerperal.

Deve-se levar em conta que, na perícia, não basta o simples diagnóstico psicopatológico, mas saber se há relação entre o possível quadro clínico e a incapacidade ou a inimputabilidade. Um delito pode ser cometido por um psicótico ou deficiente sem que a doença ou deficiência esteja em relação causal direta com o evento. Um deficiente mental leve ou

---

* Pelo art. 28, inciso II, §§ 1º e 2º, do Código Penal, nos delitos cometidos por embriaguez culposa ou voluntária (excluída a acidental), não importa que haja uma eventual perda ou redução da consciência do agente, uma vez que este usou a substância deliberadamente (princípio jurídico denominado *actio libera in causa*).

limítrofe geralmente tem discernimento suficiente para saber que não deve roubar nem agredir outras pessoas; no entanto, pode ser induzido a fazê-lo por engano ou manipulação.

Da mesma forma, muitos psicóticos conhecem as regras sociais e são capazes de cuidar de suas vidas sem qualquer necessidade de interdição. Mesmo pacientes com quadros cerebrais importantes (atrofias, lesões etc.) eventualmente podem viver com autonomia. Em nosso meio, porém, nem sempre estes princípios são devidamente respeitados e, às vezes, a simples presença de algum distúrbio mental pode acabar respaldando legalmente a incapacidade ou a inimputabilidade.

Nesses casos periciais convém previamente inteirar-se dos procedimentos jurídicos e dos seus objetivos e propósitos, já que estes se diferem, em muito, da prática médica ou psicoterápica. Mesmo para quem já tem extensa prática clínica, a única forma de conhecer o funcionamento do sistema é ler diferentes processos, observar como foram feitos os exames periciais e entrevistar os pacientes.

Se na clínica vemos, com frequência a **dissimulação**, em que o paciente tenta negar a doença, na vivência pericial, tanto previdenciária quanto jurídica, são muito mais comuns os casos de **simulação**, que frequentemente se confundem com os quadros conversivos, por vezes, de forma inextricável. Muito frequente é a **supersimulação**, onde o paciente simula ou "reaviva" sintomas reais que, no momento, já não está mais apresentando. Eu já vi pacientes esquizofrênicos que deixavam de tomar os medicamentos alguns dias antes do exame pericial, para que se apresentassem devidamente delirantes e suficientemente ameaçadores ao perito. Ficar vários dias sem tomar banho, com a mesma roupa, também faz parte da *performance*, sob o aspecto olfativo. Outro expediente consiste em duplicar ou triplicar as doses de neurolépticos para causar "boa impressão" no exame, manifestando intensa sintomatologia extrapiramidal, tremendo, babando e com distonias musculares. Quando dá certo, alguns nos contam, contentes: *"Passei, doutor!"*.

Nos presídios e manicômios judiciários, as atuações psicopáticas muitas vezes criam situações inusitadas, que mesmo o clínico experiente – mas que não conheça o sistema penal – pode ser enganado. Em tais ambientes, o entrevistador sempre deve desconfiar dos excessos: casos clínicos floridos demais, psicoses esdrúxulas demais, sintomas chocantes demais, histórias impressionantes demais. Deve-se ter em mente que o psicótico não age de forma anormal ou repulsiva o tempo todo e, quando o faz, não tem o propósito de impressionar ninguém, ao contrário de certos psicopatas e alguns criminosos. Atitudes ou comportamentos bizarros, provocadores de medo ou asco, assim como narrativas espantosas, ricas em detalhes escabrosos, costumam ser mais frequentemente manobras manipulativas do que sinais de psicose.

O oposto também ocorre com frequência, quando se trata de avaliações para visitas ao lar ou para desinternação. Muitas vezes os mais disciplinados, "bonzinhos" e adaptados à vida prisional podem ser, eventualmente, os mais perigosos no convívio social. Adaptação à vida prisional ou manicomial não é nem nunca foi critério aceitável de saúde mental. Além disso, a periculosidade psiquiátrica *stricto sensu* não é a mesma coisa que a periculosidade genérica, um conceito social e jurídico. Ambos os conceitos envolvem interações complexas de fatores e não deveriam ser avaliados superficialmente ou com base em dados simples e concretos. Pessoas bem-intencionadas, mas sem qualquer experiência ou conhecimento psicopatológico, comumente incorrem nesse erro grave, muitas vezes com consequências funestas.

Nos exames para fins previdenciários, além dos já citados problemas de fraudes, simulações etc., temos problemas de natureza simbólica e cultural bastante importantes.

Dentro do universo ideológico e religioso de boa parte da população, tendente ao paternalismo, a Previdência (Social), até certo ponto, se confunde com a Providência (Divina) sob vários aspectos.

Sob o aspecto histórico e cultural, o apoio aos pacientes, assim como aos idosos e desamparados, tem origem tradicionalmente religiosa (Santas Casas de Misericórdia, hospitais com nomes de santos etc.); assim, a seguridade social também adquire certo aspecto de esmola e dependência. Não é à toa que se chama "benefício", e que o paciente que o recebe fica "encostado". O sentido de *merecimento* predomina sobre o de *necessidade*, e o de *sofrimento* sobre o de *incapacidade laborativa*, associando a recompensa à penitência. Dessa forma, a avaliação técnica cede lugar a uma espécie de julgamento moral, e o que deveria ser um direito individual, genérico, acaba adquirindo certa feição pessoal de privilégio.

Não valorizando adequadamente a incapacidade para o trabalho que a doença causa, mas os transtornos e o sofrimento por ela ocasionados, o segurado pode tomar atitudes aparentemente paradoxais ou desconcertantes. Uma cardiopatia grave, mas silenciosa, por exemplo, pode vir a ter menos "valor" para o paciente penitente que uma simples depressão reativa ou um quadro ansioso. Além desse fator, devemos levar em conta que as descrições que os pacientes fazem de suas mazelas vêm quase sempre coloridas de tons dramáticos, dizendo que foram "desenganados" por uma "junta médica" – que muitas vezes não passava de um residente conversando com um interno ou estagiário – ou que sofreram "ataque cardíaco", quando tudo o que ouviram foi "taquicardia".

Como já mencionamos anteriormente, é comum o paciente solicitar atestados e pareceres do psiquiatra mesmo quando o aspecto realmente incapacitante do seu quadro pertence obviamente a outra especialidade (ortopedia, neurologia, cardiologia, oncologia etc.). Às vezes é praticamente impossível convencer o paciente disso, por mais que se explique e por mais óbvio que seja. Como o sofrimento psíquico (o conceito de *pathos* do gregos, ou o de *illness*, de A. Kleinman) pode ser muito maior que o sofrimento causado pela doença "objetiva" (*nosos*, dos gregos, ou *disease*, de Kleinman), muitos sujeitos têm por evidente que devam ser "encostados" pela psiquiatria, de preferência a qualquer outra especialidade.

Em suma, no exame pericial o cliente do médico já não é o paciente, mas uma instituição (a Justiça, ou a Previdência Social). O propósito já não é mais o bem-estar do paciente, mas a verificação da sua verdadeira condição de saúde sob o aspecto legal ou administrativo. O problema da simulação, porém, não é muito diferente da avaliação clínica normal. O profissional bem preparado não busca sintomas nem segue listas, mas observa o paciente e se observa a si mesmo ao fazê-lo. O ser humano é essencialmente relacional, e o diagnóstico se estabelece na relação que o indivíduo estabelece com o mundo e com as pessoas. Simular sintomas não é tão difícil, mas simular vivências e formas de contato interpessoal é quase impossível. Olhar, tom de voz, expressão, receptividade são elementos básicos da nossa presença no mundo, que aprendemos como crianças e que demonstramos de forma inconsciente.

Por esta razão, simuladores sempre mostram claras inconsistências em suas *performances*.

LEITURA ADICIONAL SUGERIDA

McKinnon RA, Yudofsky SC. *A avaliação psiquiátrica*. Porto Alegre: Artes Médicas; 1988.
Sullivan HS. *The psychiatric interview*. New York: WW Norton; 1954.
Taborda JGV, Chalub M, Abdalla E. *Psiquiatria forense*. Porto Alegre: ArtMed; 2004.

Capítulo 5 Estado de Consciência

*O God, that men should
put an enemy in their mouths
to steal away their brains!*

Shakespeare,
Othello: Act ii. Sc. 3.

Representa o todo momentâneo das atividades mentais ou o conjunto dos rendimentos psíquicos em um determinado instante, na definição de Karl Jaspers. Sua integridade é chamada *lucidez* ou *clareza* de consciência. Interessa-nos aqui, especificamente, a consciência no sentido psicofisiológico mais estrito. Uma vez que o estado de consciência engloba todas as funções psíquicas, nenhum sintoma psicopatológico tem valor em si mesmo na decorrência de uma redução da consciência. Assim, em termos diagnósticos, de pouco valem uma alucinação, um pensamento incompreensível, um déficit cognitivo, se o paciente se encontra obnubilado.

Não nos preocuparemos agora com a autoconsciência – ou consciência de si próprio – que será estudada em capítulo à parte. Também não estudaremos aqui a consciência no sentido moral, que interessa à psicanálise – correspondendo ao chamado *superego* – assim como à ética ou filosofia moral.

Sob o aspecto psicofisiológico, o fluxo permanente da consciência, sua modulação e regulação circadiana são controlados pela estrutura cerebral, que se chama Sistema Reticular Ativador. O SRA corresponde a um grupo de células nervosas ligadas em rede (*reticulum* = pequena rede, em latim), com interconexões complexas que se estendem do tronco cerebral ao tálamo. Suas funções compreendem a ativação geral e seletiva do córtex e estruturas relacionadas, em resposta aos estímulos internos ou externos e aos ritmos circadianos intrínsecos, como o ciclo sono-vigília. O estado de vigília requer estimulação constante do córtex cerebral pelo recrutamento e pela transformação dos impulsos sensoriais aferentes pelo SRA.

ALTERAÇÕES GERAIS DO ESTADO DE CONSCIÊNCIA

Naturalmente, são as primeiras observações que se pode fazer acerca do paciente: se ele está vivo ou morto (por estranho que possa parecer, nem sempre é fácil determinar isso[*]) se está alerta, dormindo, sonolento, torporoso ou em coma, se está confuso etc. Qualquer alteração do estado de consciência pode comprometer todas as outras funções mentais. Para fins clínicos é muito utilizada a escala de Glasgow, que avalia as respostas motora (M, de 1-6 pontos), ocular (O, de 1-4 pontos) e verbal (V, de 1-5 pontos) do paciente e cuja pontuação total vai decrescendo de alerta (15), até coma profundo (3). A perda progressiva da consciência se dá em um *continuum*, que classificamos arbitrariamente por etapas, nesta sequência:

1. **Turvação ou obnubilação da consciência** (do latim *ob* + *nubilare*: literalmente, pôr uma nuvem na frente, enevoar) diminuição global da atenção e letargia, com ou sem confusão mental (instabilidade, desorientação, alucinações). Pode haver sonolência, mas nem sempre; às vezes o paciente aparenta estar alerta, mas de nada se apercebe; nestes casos é frequente a falha diagnóstica. Todas as funções psíquicas se reduzem. O consumo cerebral de oxigênio cai para cerca de 20% abaixo do limiar de normalidade.

---

[*] Por exemplo, veja-se esta notícia: "Sex, 14 Set, 2007, 04h03 CARACAS (Reuters) – Um venezuelano que foi declarado morto acordou no necrotério com grande dor após médicos legistas terem começado a autópsia. Carlos Camejo, de 33 anos, foi declarado morto após um acidente em uma rodovia e levado ao necrotério, onde os examinadores começaram uma autópsia e perceberam que algo estava errado quando ele começou a sangrar."

2. **Estupor, torpor ou coma superficial:** corresponde ao aprofundamento da turvação, levando a um estado em que o paciente só pode ser despertado por estímulos dolorosos ou muito intensos e constantes.
3. **Coma ou coma profundo:** implica a ausência de qualquer reação a estímulo interno ou externo; ou seja, já não é mais possível despertar o paciente com qualquer manobra que seja. Não há nenhuma atividade psíquica. O córtex cerebral se encontra, então, desativado, e quando essa desativação atinge estruturas inferiores, como o tronco cerebral, a respiração se interrompe (por paralisia dos centros nervosos respiratórios).
Obs.: Nem sempre se consegue diagnosticar precisamente o estado de coma, já que pode ser muito difícil, em certos casos, determinar o nível de atividade mental (p. ex., em pacientes afásicos).
4. **Morte cerebral:** ocorre quando o coma torna-se irreversível por lesão cortical generalizada (note-se que bastam apenas alguns minutos de anoxia para que esta ocorra) e a destruição chegar, regressivamente, às estruturas inferiores do cérebro.
Obs.: A precisa determinação da morte cerebral é um tema bastante complexo, pleno de discussões e controvérsias, especialmente por estar relacionado com duas questões médicas muito delicadas, com sérias implicações legais, culturais e religiosas, a saber:
a) A *eutanásia* (do grego ευ [*eu*]: própria, boa, adequada, e θανατος [*thanatos*]: morte).
b) A retirada de órgãos para *transplantes*.

Os critérios clínicos geralmente aceitos para que se possa determinar a morte cerebral exigem: arreflexia, pupilas fixas, respiração espontânea abolida, respostas oculovestibulares e motoras abolidas, traçado eletroencefalográfico isoelétrico por 12 ou 24 horas, na ausência de hipotermia ou drogas depressoras do SNC. A circulação e os reflexos puramente espinhais ainda podem estar presentes.

Na distinção morte cerebral *versus* coma profundo (edema cerebral, insuficiência circulatória, atividade mínima), deve-se levar em conta que a morte dos neurônios se dá com oxigenação abaixo de 20%, mas que no intervalo entre os 20 e os 50% pode haver sobrevivência neuronal por tempo indefinido; quando surge parada cardíaca subsequente ao coma, esta ocorre pela falta de substâncias neuro-humorais, não necessariamente por morte cerebral. Recentemente, observou-se que a hipotermia (do grego υπο [*hypo*]: abaixo, e θερμος [*thermos*]: calor) induzida – técnica de resfriamento artificial do corpo – pode recuperar muitos pacientes com lesões cerebrais, pela redução metabólica, redução da pressão intracraniana e redução do edema cerebral. Estas novas constatações criam alguns problemas bioéticos de grande complexidade e exigem uma observação cuidadosa das funções cerebrais.*

Em certos casos, podemos ter alterações de consciência acompanhadas de alguns distúrbios característicos. Nessas situações, teremos os quadros correspondentes aos chamados **Estados Oniroides**, (de ονειρος [*oneiros*]: sonho, e ειδος [*eidos*]: aspecto, forma) ou **Delirium:** obnubilação ou turvação da consciência acrescida de confusão mental, alucinações, agitação etc.

São estados em que a alteração de consciência tem algumas características específicas, por vezes acompanhadas de manifestações relacionadas com os fatores que a causaram, como, por exemplo: agitação psicomotora, inquietude, labilidade afetiva e alucinações visuais nos estados de *delirium*, como as chamadas zoopsias (do grego ζωον [*zoon*]: animal,

---
* Ver, por exemplo, Owen AM, Coleman MR. Science and society: functional neuroimaging of the vegetative state. *Nature Reviews Neuroscience* 2008 Mar.;9:235-43.

e οψις [*opsis*]: visão) no *delirium tremens*; excitação nas intoxicações por estimulantes (anfetaminas, cocaína); perda das inibições e limites na embriaguez; fantasias nos estados oniroides; desorientação, incoerência, instabilidade emocional e perplexidade nos estados confusionais.

Já na Antiguidade grega e romana os médicos distinguiam os quadros mentais em que ocorriam alterações do estado de consciência daqueles em que estas não ocorriam. À perda progressiva da consciência atribuíam o nome de *letargia*. No relato do médico romano, Celius Aurelianus, do século V: "*Reconhecemos a letargia pela debilitação e pela obnubilação dos sentidos, pelo estado estuporoso, a febre aguda... Quando a enfermidade se agrava... os sentidos do enfermo estão embotados e lhe é difícil ordenar as ideias, até o ponto em que não se lhe pode chamar a atenção a não ser picando-o ou gritando por ele*".

Chamavam de *frenitis* ou *frenesi* aos quadros que hoje classificaríamos como *delirium*. Como exemplo temos esta descrição dos enfermos em estado *frenético*, com alucinações, feita por Aretæus da Capadócia, no século II: "*neles a sensibilidade se encontra falseada; veem como se tivessem à sua frente coisas que não existem; aquilo que não se apresenta aos demais, manifesta-se diante dos seus olhos.*"

N. B.: *Delirium*, assim mesmo, em latim, corresponde sempre a um distúrbio do *estado de consciência*, de origem orgânica (geralmente metabólica, tóxica, difusa ou multifocal), acompanhado de distúrbios da sensopercepção (ilusões e alucinações visuais etc.) e outros (confusão mental, desorientação, agitação psicomotora, ansiedade intensa etc.). Ocorre na abstinência alcoólica, na uremia, nas intoxicações, na insuficiência hepática, nos estados febris, nas encefalites, nos traumatismos cranianos etc.

Delírio, em português, designa um distúrbio específico do *pensamento*, sem nenhuma relação direta com alterações de outras funções psíquicas ou com causas orgânicas. Corresponde ao que em inglês se chama "*delusion*" e em alemão "*wahn*". Nos textos em inglês, é muito importante prestar atenção nessa diferença, pois aquilo que chamamos de ideia delirante equivale à expressão *delusional thought*; já *delirious thought* nada tem a ver com isso, correspondendo ao pensamento nos estados confusionais mencionados anteriormente. Nas traduções ruins ou feitas por leigos é comum transformar-se *delusion* em *ilusão* ou, pior ainda, *desilusão*. Note-se que em português existe a palavra *delusão*, psicopatologicamente mais adequada, porém, pouco usada.

ESTREITAMENTOS DA CONSCIÊNCIA
Estados Crepusculares Epilépticos
São estados de natureza orgânica (cerebral) em que a consciência não está clara, mas o paciente pode agir como se estivesse semidesperto, atuando, por vezes, de forma complexa.

- *Ictais:* ocorrem durante certas crises focais ou, mais especificamente, em crises do lobo temporal, iniciando-se com movimentos faciais e podendo prosseguir com agitação psicomotora, distúrbios do comportamento, fugas e, ocasionalmente, atos agressivos imotivados (quando ocorrem, podem ser de extraordinária violência).
- *Pré-ictais:* correspondem a *auras* ou crises focais que se generalizam posteriormente.
- *Pós-ictais* (do latim *post:* após e *ictus:* ataque, crise): podem ocorrer após um ou vários ataques, assemelhando-se aos estados confusionais, às vezes com ideação paranoide e alucinações.
Obs.: Tais estados são *muito raros* e não devem ser confundidos com psicose ou demência epilépticas ou com a *irritabilidade* constante que certos pacientes apresentam.

Estados Dissociativos Histéricos

Não são quadros em que haja verdadeira alteração do estado de consciência, mas eventos psicogênicos em que uma parte da autoconsciência se inibe, e manifestações inconscientes afloram (Capítulo 14). Assemelham-se aos estados de transe, em que a atividade cortical permanece semelhante à da vigília (EEG comparável ao do relaxamento). Compreendem as "psicoses histéricas", as *"bouffées délirantes"*, as "fugas", as "personalidades duplas" ou "múltiplas" (complementares), as amnésias histéricas (massivas ou seletivas).

Geralmente ocorrem em personalidades com traços histéricos (sedução, teatralidade, carência de atenção, imaturidade e frigidez sexual etc.) e com histórico de trauma psíquico grave na infância (espancamento, estupro, incesto, outras violências). Sintomas conversivos (paralisias, tremores, dormências, *globus hystericus*, dificuldades respiratórias, desmaios, crises pseudoepilépticas etc.) podem, eventualmente, estar presentes, mas não necessariamente.

Obs.: Os sintomas conversivos não devem ser confundidos com as doenças psicossomáticas. Aqueles têm existência apenas na fantasia do paciente, enquanto estas são doenças verdadeiras – causadas ou favorecidas por fatores psíquicos – com substrato orgânico e fisiopatologia determinada.

Estados Hipnóticos e de Transe

Também são estados dissociativos (Capítulo 14) que ocorrem de forma semelhante aos histéricos, com a diferença de que são voluntariamente induzidos por meio de rituais sugestivos por uma inibição seletiva cortical, concentrando toda a atividade mental no foco sugerido. A atenção se volta para uma única direção (p. ex., um *mantra*, um *ponto* ou as palavras de um hipnotizador) e assim, todos os outros estímulos são inibidos, mesmo os dolorosos (como na anestesia hipnótica). O estado de sugestionabilidade hipnótica pode induzir alterações da sensopercepção (anestesia, analgesia, alucinações etc.), da psicomotricidade (manifestações catalépticas, estados catatônicos etc.), da memória (paramnésia, criptomnésia, amnésia seletiva), e mesmo do sistema nervoso autônomo e periférico (alterações no pulso, na pressão arterial, reações epidérmicas etc.). O relaxamento pós-hipnótico pode prosseguir para um estado de sono normal.

Os estados de transe são rituais hipnóticos *culturalmente condicionados*. A catarse dos conflitos, a sugestionabilidade intensa e o acesso facilitado ao inconsciente possibilitaram extensos usos terapêuticos, em todas as épocas e culturas. A incorporação à vida social e cultural – através da ritualização – da catarse dos traumas psíquicos e conflitos e dos estados dissociativos é uma forma de terapia de grande eficiência.

Na Inglaterra, durante a Segunda Guerra, os psiquiatras Sargant, Grinker, Spiegel, Swank e outros realizaram estudos clínicos sobre o tratamento de neuroses traumáticas e fadiga de combate (chamadas hoje de estresse *pós-traumático*) em soldados britânicos, utilizando a ab-reação (ou catarse) induzida por hipnose e também por drogas específicas (barbitúricos de ação curta). Concluíram que a intensidade do processo catártico era muito mais importante do que o seu conteúdo, sendo, portanto, desnecessário reviver a experiência traumática, se a ab-reação fosse suficientemente forte. Essa constatação possibilitou correlacionar suas observações com as de Pavlov e suas teorias sobre o papel terapêutico da catarse (do grego καθαρσις [*katharsis*]: descarga).

Por ocasião da inundação do laboratório de Pavlov em Leningrado, em 1924, em uma grande enchente, seus cães, aprisionados, sofreram grave estresse nervoso, pois só puderam ser salvos na última hora. Ocorreram, subsequentemente, grandes alterações no comportamento dos animais e a perda dos reflexos condicionados. Estudando essas alterações, Pavlov distinguiu três fases no fenômeno psicofisiológico, que chamou de *Inibição Transmarginal Protetora*. Esta ocorreria quando a fadiga e o risco de colapso da atividade nervosa superior por estimulação excessiva, tensões, pressões, traumas, exaustão emocional e conflitos ultrapassassem a capacidade mental de suportá-los. Esta inibição teria uma função neuroprotetora, impedindo que a mente sofresse um colapso por hiperexcitação. Os temperamentos "estáveis" ou "fortes" resistiriam mais ao *breakdown*. O processo de inibição, segundo Pavlov, evoluiria nessas três etapas:

- *Fase equivalente:* todos os estímulos, sejam fortes ou fracos, passam a provocar sempre a mesma reação.
- *Fase paradoxal:* os estímulos fracos passam a produzir reações mais intensas que os fortes.
- *Fase ultraparadoxal:* as respostas afetivas e os reflexos condicionados passam a se inverter. O comportamento no ser humano se assemelha ao transe e à dissociação histérica, com sugestionabilidade intensa.

As mesmas fases, de características dissociativas, guardadas as devidas proporções, foram observadas nos seres humanos sob trauma psíquico grave. O comportamento paradoxal das vítimas de sequestro (a chamada síndrome de Estocolmo), de torturas e da chamada "lavagem cerebral" relaciona-se intimamente com esses fenômenos.

Observando os mesmos fatos sob um outro prisma, podemos notar que, em níveis mais complexos e subjetivos, o processo psicodinâmico da *identificação com o agressor* ocorre exatamente nessas situações de fragilização e desamparo, especialmente quando os sequestradores são fanáticos com profundas convicções e certezas absolutas. Podemos usar como exemplo o caso célebre de Patricia Hearst, nos Estados Unidos, que se aliou aos seus sequestradores e passou a fazer parte do grupo terrorista. Certos rituais iniciáticos procuram promover um processo desconstrutivo semelhante na criação de uma "nova" pessoa.

No entanto, nos motins em prisões e situações assemelhadas, dificilmente ocorrem essas mudanças de posição porque todos, sequestradores e vítimas, vivenciam a mesma angústia, incerteza e insegurança. Na situação caótica de uma rebelião em penitenciária não existem figuras realmente poderosas com quem se possa construir identificações. Tais situações de completo desespero e impotência podem levar *qualquer* pessoa ao colapso mental e a neuroses traumáticas, e *nenhum* treinamento ou preparo pode evitar que isso venha a ocorrer.

Nos traumatismos craniencefálicos (TCEs) leves, em que ocorre apenas concussão cerebral, e a perda de consciência não ultrapassa os 20 minutos, pode restar como sequela a chamada *síndrome pós-concussional,* que cursa com diminuição do desempenho cognitivo, irritabilidade, ansiedade e agressividade. Tais sintomas geralmente tendem a diminuir após alguns meses, mas podem chegar a durar anos. Como os TCEs frequentemente ocasionam, também, *neuroses traumáticas* (ou transtornos de estresse pós-traumático, como se denomina hoje), que podem não melhorar nunca, existe uma superposição de quadros clínicos que nem sempre é fácil discriminar.

Sono Normal e Patológico

O sono é um processo fisiológico *ativo,* com padrões eletroencefalográficos específicos e consumo de oxigênio equivalente ao estado de vigília, ao contrário do coma, que é um estado passivo, caracterizado pela *deficiência* das funções cerebrais. O sono obedece a uma regulação rítmica circadiana (do latim, *circa diem*: aproximadamente um dia), havendo diferenças individuais em seus padrões (cronotipos), descritas no Capítulo 7.

Sono Normal

O sono pode ser dividido em *fases*, de acordo com os registros polissonográficos (eletroencefalograma, eletromiograma, registro dos movimentos oculares e outros, feitos durante o sono):

- Sono lento – fases NREM (1 a 4): apresentam registro eletroencefalográfico específico (atividade delta, ondas lentas), sem movimentos oculares rápidos.
- Sono REM (sono paradoxal): o registro eletroencefalográfico é semelhante ao da vigília, e ocorrem movimentos oculares rápidos (*Rapid Eye Movements*), total relaxamento muscular e ereções. Parece estar relacionado com os sonhos verdadeiros (detalhados, vívidos, visuais, com conteúdo simbólico).

A inibição da psicomotricidade, evidentemente, é essencial para que o sono transcorra em segurança. A desconexão entre os processos coordenados de: a) dissolução da consciência; e b) inibição do tônus muscular pode ocasionar distúrbios como a **paralisia do sono**, em que o sujeito desperta mas continua sem movimentos, e o **sonambulismo**, em que o sujeito não desperta, mas recupera os movimentos.

As fases do sono se sucedem em ciclos de, aproximadamente, 90 minutos. O período total de sono, assim como a proporção de sono REM, varia de acordo com a idade. O sono parece dividir-se em duas porções: uma principal ou nuclear e outra secundária ou opcional. Na privação de sono, a parte que faz realmente falta é a nuclear. Por essa razão, a recuperação do sono perdido não exige mais que algumas horas de sono extra. A privação de sono continuada, tanto da fase REM como das outras, pode provocar colapso mental e estados psicóticos agudos. Sob o aspecto fisiológico, a perda de sono pode ter efeitos deletérios na neurogênese, com atrofia hipocampal e, assim, piorar a consolidação da memória e a *performance* neurocognitiva.*

De acordo com estudos recentes**, após algum tempo de privação de sono, o cérebro perde a capacidade de aprendizado, recuperando-a apenas após um período de repouso. O cérebro consome até 80% de sua energia adicionando e reforçando conexões sinápticas. O papel do sono seria compensar esse desgaste e recuperar a eficiência sináptica.

Curiosamente, já se observou que a privação do sono pode ter efeitos benéficos nas depressões endógenas. É possível que esse efeito esteja relacionado com a atividade terapêutica da iluminação artificial nas depressões que surgem no inverno, nas altas latitudes. Portanto, ambos os casos poderiam estar vinculados à modulação sazonal do ciclo sono-vigília e à sua mediação pela já mencionada glândula pineal e seu hormônio, a melatonina.

O sono pode ser induzido por estimulação auditiva e vestibular periódica, como sons rítmicos (voz monocórdica, cadenciada, canções de ninar) e balanço rítmico. A atividade hípnica neocortical sincroniza o tálamo, inibe o estado de vigília e induz todo o cérebro ao sono profundo, expressado no EEG por ondas lentas, chamadas *delta*.***

Praticamente todos os distúrbios psiquiátricos podem cursar com insônia, que é um sintoma quase tão inespecífico quanto a ansiedade. Algumas formas de insônia, porém,

---

* Riemann D *et al.* Chronic insomnia and MRI-measured hippocampal volumes: a pilot study. *Sleep* 2007 Aug. 1;30:955.
** Cirelli *et al. Nature Neuroscience*, 20/01/2008.
*** Velluti, RA. Interactions between sleep and sensory physiology. *J Sleep Res* 1997;6:61-77.

podem ter significado clínico mais preciso. Nas depressões ditas endógenas, os pacientes tendem a acordar durante a noite ou cedo demais, pela manhã. Este despertar precoce é chamado *insônia terminal*, e deve ser valorizado clinicamente. Nas depressões ansiosas e reativas já é bem mais comum a dificuldade para adormecer (insônia inicial).

As insônias devem ser sempre encaradas como *sintomas* de algum distúrbio subjacente. Seu tratamento deve dirigir-se à causa, não aos efeitos. No entanto, sabemos que os soníferos estão entre as drogas mais vendidas do mundo.

As drogas hipnoindutoras (do grego υπνος [*hypnos*]: sono) atuais (benzodiazepínicos e similares) inibem menos o sono REM que os barbitúricos usados anteriormente, porém, ainda assim o sono induzido por elas realmente não é fisiológico. Em razão disso, admite-se que, a longo prazo, o uso continuado dessas drogas possa, eventualmente, vir a trazer consequências psicopatológicas graves. Como ilustração, observa-se o caso da proibição, há alguns anos, do benzodiazepínico hipnoindutor Halcion®, nos Estados Unidos, após rumoroso processo judicial promovido por uma paciente. Esta cometeu matricídio durante um surto psicótico supostamente ocasionado ou favorecido pelo uso continuado da droga.

Devemos ressalvar que os problemas se originam do uso inadequado dessas substâncias, suprimindo a insônia, mas também o sono normal e as manifestações de ansiedade, mascarando o quadro e protelando um tratamento mais consistente.

O sono pode ser induzido por inúmeras drogas, dos mais diferentes grupos farmacológicos. Note-se que, além de barbitúricos e benzodiazepínicos, são também hipnoindutores todos os neurolépticos, muitos antidepressivos, muitos anti-histamínicos, os opiáceos em geral, entre muitos outros tipos de drogas. Mas é preciso notar que para cada fármaco ou grupo farmacológico distinto observam-se também características neuroquímicas e psicofisiológicas bastante diferenciadas, inclusive no que se refere ao sono paradoxal e às outras fases do sono.

Sonhos

Durante a fase REM surgem os sonhos, que consistem em uma atividade mental superior intensa, prolongada e absolutamente necessária ao equilíbrio psicofisiológico, mesmo entre os animais. No ser humano, pensamentos e percepções surgem em profusão, sem obedecer às regras da lógica, do dimensionamento espacial ou temporal. Uma profunda carga simbólica, no entanto, está sempre presente, o que torna a vida onírica um importante elemento no exame psíquico. A psicanálise utiliza os sonhos como importante caminho para a vida mental inconsciente. Apesar de ter sido Freud o primeiro a dar um formato sistemático e teórico ao estudo dos sonhos, seu uso como elemento interpretativo mental e espiritual remonta há milhares de anos. Cada cultura tem seus códigos de interpretação do significado mitológico dos sonhos, e os interpretadores adquirem um prestígio social condizente com a importância dessa sua atividade. Na narrativa bíblica, por exemplo, vemos José do Egito, que chegou à posição de braço direito do faraó, e o profeta Daniel, que ascendeu a um alto posto entre os babilônios e, mais tarde, entre os persas, em decorrência das suas habilidades para interpretar sonhos.

A compreensão do significado afetivo dos sonhos envolve não apenas o reconhecimento dos elementos simbólicos individuais referentes à história pessoal do paciente, mas também dos elementos simbólicos sociais, culturais, aquilo que Jung chamou de *inconsciente coletivo*. Temas gerais, como alturas, precipícios, casas, terra, mar etc., mesclam-se com outros muito específicos e individualizados, em uma rede infinita de interinfluências. Segundo Freud, cada sonho apresenta dois conteúdos: o manifesto e o latente.

O conteúdo latente representa um desejo inconsciente, que é submetido a mecanismos de defesa, como condensações, deslocamentos, simbolizações e dramatizações para, então, naquilo que chamou de *elaboração secundária*, constituir-se no conteúdo manifesto. De uma forma didática, o psicanalista Erik H. Erikson classificou e esquematizou, assim, a análise dos sonhos:

I. **Configurações manifestas:** verbais (qualidade linguística geral, palavras, trocadilhos); sensoriais (qualidade sensorial geral, amplitude, intensidade, foco específico); espaciais (extensão, vetores dominantes); temporais (sucessão, perspectiva temporal); somáticas (percepção e imagem corporal, áreas do corpo, formas dos órgãos); interpessoais (agrupamento, vetores sociais, "relações objetivas", pontos de identificação); afetivas (atmosfera afetiva, inventário e amplitude dos afetos, pontos de mudança); resumo: correlação das tendências configurativas.
II. Ligações entre o material manifesto e o latente do sonho: associações e símbolos.
III. **Análise do material latente:** estímulos perturbadores agudos; estímulos demorados (resíduo diurno); conflitos vitais agudos; conflitos de transferência; conflitos repetitivos; conflito infantil básico; denominadores comuns (desejos, impulsos, necessidades; métodos de defesa, negação e deformação).
IV. **Reconstrução:** ciclo vital (fase presente e fase infantil correspondente, defeito, acidente ou doença, fixação e retenção psicossexual); processo social: identidade coletiva (protótipos ideais e protótipos perversos, oportunidades e obstáculos); identidade do ego e plano de vida (mecanismos de defesa e de integração).

A interpretação terapêutica dos sonhos não se constitui em uma técnica simples, exigindo uma profunda compreensão dos elementos simbólicos da cultura e uma experiência considerável. Às vezes, o iniciante fica tentado a utilizá-la, especialmente quando estimulado por certos pacientes manipulativos, que já passaram por vários terapeutas. Apesar de estar sujeita a algumas restrições, não deixa de ser uma parte importante do processo psicoterápico, não apenas dentro das escolas de orientação psicanalítica, mas em muitas outras formas de terapia, inclusive naquelas ligadas às práticas religiosas e místicas. Para certos povos, como os *Senoi*, da península malaia, a interpretação dos sonhos é uma parte integrante da sua educação desde a infância e um dos mais importantes instrumentos psicológicos da sua cultura (ver Stewart, K., in Tart, 1969).

Pesadelos × *Terrores Noturnos*

Aquilo que denominamos *pesadelos* são apenas sonhos de conteúdo extremamente angustiante ou assustador. Sua interpretação revela conteúdos simbólicos complexos como todos os outros sonhos; estão sempre relacionados, psicofisiologicamente, com a fase REM do sono.

No entanto, nos chamados *terrores noturnos* – em que a criança acorda apavorada, sem saber por que – não estão diretamente relacionados com os sonhos normais, não tendo qualquer conteúdo nem simbolismos passíveis de interpretação. São um fenômeno ligado ao desenvolvimento, pois surgem na infância e tendem a desaparecer posteriormente, com o amadurecimento. Relacionam-se com a fase IV do sono e com o *sonambulismo*.

SONAMBULISMO

Como o nome está dizendo, consiste em andar ou apresentar atividades psicomotoras complexas durante o sono. Ocorre, predominantemente, em crianças, estando relacionado com a maturação tardia, sem significado psicopatológico. Tende a desaparecer com o amadurecimento. Quando ocorre em adultos, relaciona-se com situações de ansiedade intensa, desequilíbrio emocional ou conflitos graves, como, por exemplo, nos estados dissociativos histéricos.

Outros Distúrbios do Sono

Enurese noturna: corresponde à incapacidade da criança em controlar a diurese durante o sono. No adulto relaciona-se com fatores predominantemente orgânicos, e denomina-se *incontinência urinária*. A enurese pode ser classificada em dois tipos principais:

1. **Primária**: quando o completo controle esfincteriano não chega a se estabelecer. São casos em que geralmente há história familiar ou algum fator orgânico interveniente.
2. **Secundária**: quando ocorre perda do controle anteriormente estabelecido. Nessas situações, geralmente, existem claros fatores psicológicos envolvidos. Por exemplo, é muito comum o surgimento de enurese quando a criança é surpreendida pelo nascimento de um irmãozinho, que, na qualidade de bebê, naturalmente passa a receber todas as atenções da mãe e dos familiares.
    - *Narcolepsia (de* ναρκη *[narke]:* entorpecimento, sedação, e ληψις *[lepsis]:* receber, ser tomado) é uma alteração da consciência que se caracteriza por súbitos ataques de sono de curta duração, geralmente acompanhados de paralisia do sono, alucinações hipnagógicas e cataplexia.
    - *Cataplexia (do grego* κατα *[kata]:* para baixo e πληξις *[plexis]:* golpe), estado em que ocorre a queda do paciente ao chão, por relaxamento muscular abrupto. Uma súbita e intensa atividade emocional também pode precipitar um episódio de cataplexia.
    - *Alucinações hipnagógicas (do grego* υπνος *[hypnos]:* sono e αγωγος *[agogos]:* condutor) são alterações sensoperceptivas que já se manifestam no período imediatamente anterior ao início do sono.
    - *Alucinações hipnopômpicas (do grego* πομπη *[pompe]:* cortejo, procissão) são as imagens oníricas que ainda persistem durante o período inicial do despertar.

EPILEPSIA, CRISES CONVULSIVAS E ELETROENCEFALOGRAMA (EEG)

Άλλα γαρ αἴτιος ὁ εγκέφαλος τούτου του πάθεος
... *Mas o cérebro é a causa desta afecção [a epilepsia]...*
Hipócrates, Da Doença Sagrada (ΠΕΡΙ ΙΕΡΗΣ ΝΟΥΣΟΥ), século V a.C.

Como já se vê logo nesta epígrafe, Hipócrates, o Pai da Medicina, já sabia, há 2.500 anos, que a epilepsia era uma afecção do cérebro, e não uma manifestação sagrada. A epilepsia generalizada (também conhecida pela expressão francesa *"grand mal"*) não é uma doença, mas uma síndrome, uma reação cerebral inespecífica que pode ser induzida por inúmeros fatores (traumáticos, tóxicos, infecciosos etc.). Caracteriza-se pela perda da consciência, seguida de contrações musculares tônicas (do grego τονος [*tonos*]: estender, tensionar) e clônicas (do grego κλονος [*klonos*]: agitação, tumulto). O registro eletroencefalográfico, se efetuado no momento da crise, mostra-se hipersincrônico (a sincronização denota perda da atividade normal do cérebro).

Crises convulsivas epileptoides podem ser provocadas ou facilitadas por certas drogas (p. ex., cardiazol, estricnina), por estimulação elétrica (eletroconvulsoterapia, ECT), por traumatismos (pancadas, tiros, acidentes) ou intervenções cirúrgicas craniencefálicas, por suas sequelas cicatriciais, por tumores cerebrais ou metastáticos, por lesões vasculares, por distúrbios metabólicos (hipoglicemia, uremia etc.), por infecções (sífilis, meningoencefalites), parasitoses (neurocisticercose) ou, ainda, pelo estado de abstinência alcoólica ou barbitúrica.

Existem também crises focais restritas a uma área específica do cérebro, com sintomatologia relativa ao foco. Tais crises podem-se manifestar de formas simples ou complexas, com ou sem perda de consciência. As crises focais mais frequentes são as que ocorrem nos lobos temporais. Podem, eventualmente, tornar-se generalizadas a partir do foco onde se iniciam. A crise focal passa a constituir-se, então, na chamada "aura" que precede a crise generalizada. O inverso também pode ocorrer quando crises generalizadas frequentes acabam por originar focos temporais.

Crise de "ausência" ou *"petit mal"* é um tipo de crise *generalizada*, sem convulsões, que se caracteriza por um padrão eletroencefalográfico específico ("pontas-ondas"), sem foco nem aura, portanto. Devem-se checar, com cuidado, as histórias de "ausências", pois muitas vezes são erroneamente assim chamadas as crises focais psicomotoras ou ainda confundidas com lipotimias, desmaios e estados dissociativos.

O diagnóstico e o tratamento devem sempre ser feitos *a partir da clínica*, e não do EEG, que é apenas um exame *complementar*. Um tratamento nunca deve ser prescrito somente pelo exame, sem que tenham sido eficazmente constatadas manifestações clínicas condizentes com esse diagnóstico. As correlações que muitas vezes se fazem entre exames eletroencefalográficos "anormais" e distúrbios do comportamento infantil ou problemas no rendimento escolar geralmente *não têm nenhum fundamento*. É também importante ressaltar que o sistema nervoso infantil está em processo de desenvolvimento, e que a interpretação do exame em crianças pequenas não é simples nem fidedigna. Além do mais, certas manifestações convulsivas desaparecem espontaneamente na adolescência, enquanto outras vão aparecer justamente nessa época, com o amadurecimento do cérebro.

Deve ser levado ainda em consideração que medicamentos anticonvulsivantes podem prejudicar o desenvolvimento cognitivo e o desempenho escolar, e que, portanto, devem ser prescritos apenas quando tiverem uma indicação específica e puderem realmente beneficiar a criança. Reiteramos que a atribuição dos distúrbios do comportamento infantil, geralmente relacionados com os problemas familiares a pretensas "disritmias" e o seu "tratamento" farmacológico em geral, representa um bom exemplo de *pensamento mágico*, sob a forma pseudocientífica. Tais posturas, essencialmente, em nada diferem das práticas comuns de feitiçaria, desempenhando, aí, a tecnologia, o papel do feitiço, e o médico, o do babalaô. As máquinas são incorporadas ao imaginário popular como novas bolas de cristal ou modernos tarôs ou búzios eletrônicos. Nada há de mais comum nos ambulatórios de psiquiatria infantil do que se ouvirem solicitações de mães insistentes que exigem, antes mesmo de a criança ser examinada: *"doutor, eu quero que meu filho faça um 'elétrico' para ver o que ele tem na cabeça"*, ou ainda: *"é preciso bater uma 'chapa' da cabeça dele"*. Tais pedidos muitas vezes são reiterados ou estimulados por leigos bem-intencionados, mas mal informados, como alguns professores, aconselhadores pedagógicos etc.; às vezes, até mesmo certos profissionais – de competência ou ética questionáveis – tendem a satisfazer essas demandas. Com a técnica do mapeamento cerebral – uma interpretação gráfica, topológica, do traçado do EEG feita por computador – o fascínio se torna ainda maior.

Obs.: Ao contrário do eletrocardiograma (ECG), que apresenta ritmo específico e sincronia (dada pelos marca-passos cardíacos naturais), o eletroencefalograma (EEG) normal não apresenta *nenhum ritmo* real, mas apenas certos padrões gerais de frequência e amplitude. Ao contrário do coração, não existem marca-passos gerais no cérebro, mas grande número de oscilações específicas e padrões próprios a certos grupos neuronais. Na realidade, a presença de verdadeiros ritmos ou sincronismos generalizados faz supor sempre alguma disfunção, anormalidade ou lesão. Assim, é justamente em crises epilépticas que se pode observar ritmo e sincronia no EEG, de onde se conclui que a expressão "disritmia" (ritmo anômalo) não se aplica, de forma alguma, aos problemas do cérebro, ao passo que "arritmia" (perda do ritmo) pode aplicar-se adequadamente ao coração, cuja função muscular é essencialmente rítmica, onde um único oscilador predomina e se sobrepõe aos outros. Portanto, além de semanticamente inadequada, a expressão "disritmia" não corresponde a qualquer quadro clínico nem traduz qualquer manifestação fisiopatológica.

Além disso, em nosso meio sempre ocorreu uma superestimação do EEG, originada pela ignorância e pela tendência à desvalorização do profissional, decorrente do culto à tecnologia, que hoje se dedica mais à Ressonância Magnética e à PET-TC. Em consequência, uma enorme quantidade de pedidos desnecessários sobrecarregavam de tal forma os serviços de eletroencefalografia, que os casos que realmente tinham indicação clínica ficavam meses na fila, esperando. Um estudo americano mostrou que o EEG feito de modo rotineiro na triagem dos pacientes psiquiátricos veio a alterar o diagnóstico em apenas 1,7% dos casos. Atualmente, os exames de imagem assumiram boa parte desse papel.

As Figuras 5-1 e 5-2 mostram com grande clareza a ritmicidade específica das crises epilépticas, em contraste com a irregularidade dos traçados normais, durante a vigília ou durante o sono.

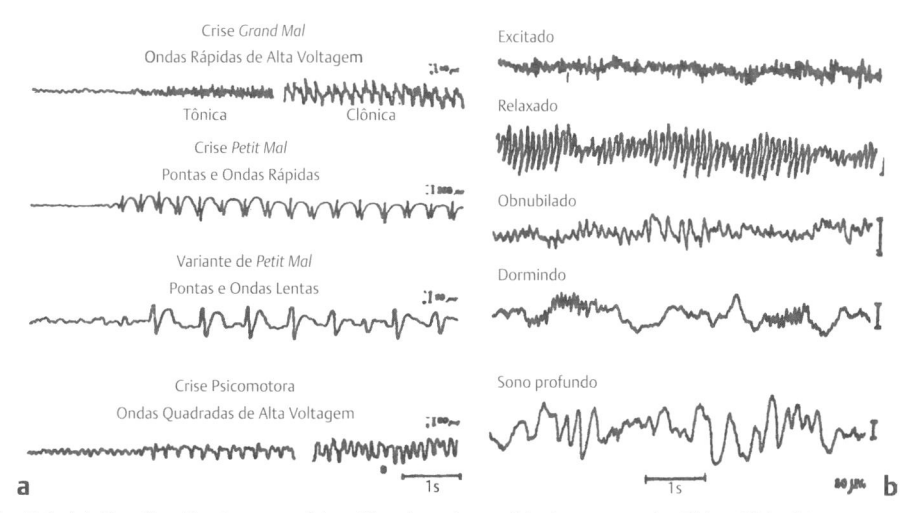

Fig. 5-1. (**a**) Classificação eletroencefalográfica das crises epilépticas, segundo Gibbs, Gibbs & Lennox. Observe-se a ritmicidade das crises, ao contrário do que se vê nos EEGs normais. (**b**) Eletroencefalogramas normais, mostrando as variações entre os estados de excitação vígil e o sono profundo. (Segundo Penfield & Erickson, 1941.)

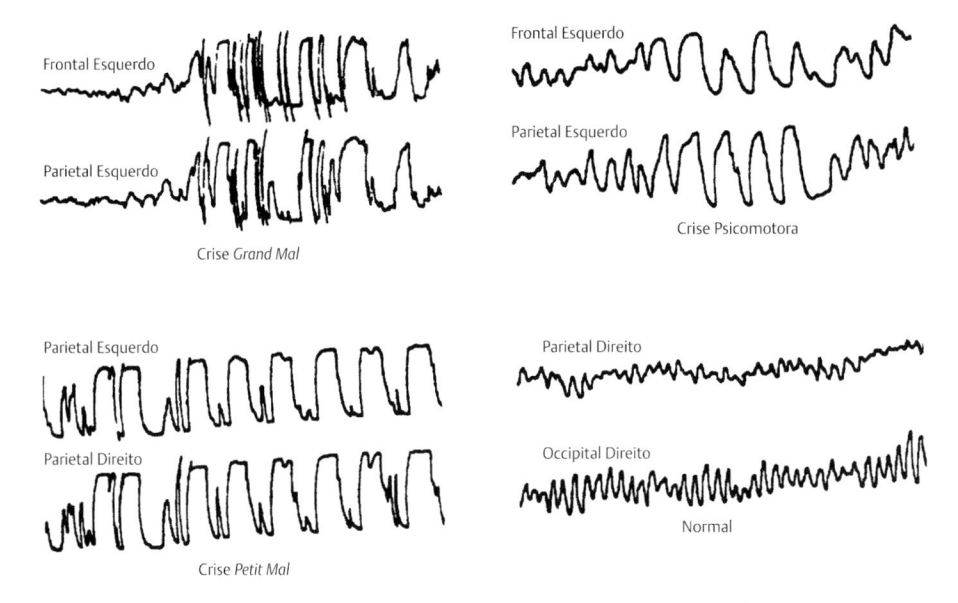

Fig. 5-2. Outra comparação entre EEGs críticos (ritmados) e normais (sem ritmo).

OUTRAS ALTERAÇÕES DO ESTADO DE CONSCIÊNCIA

O estado de consciência é um fenômeno composto de diversas funções, e sua integridade pode variar no sentido horizontal (amplitude), vertical (intensidade) e temporal (persistência), ocasionando quadros complexos diversos. Com o desenvolvimento da tecnologia médica, especialmente as de neuroimagem, podemos hoje melhor distinguir e abordar terapeuticamente algumas situações clínicas difíceis:

1. **Coma vígil** *(mutismo acinético):* o paciente se mantém imóvel, com olhar vivo, ciclo de sono e vigília normal e ausência de atividade mental. Ocorre em lesões que interferem com a integração reticulocortical, preservando as vias corticospinais.
2. O termo **estado vegetativo crônico** designa os casos em que o paciente sobrevive por longos períodos sem recuperar a atividade mental superior.
3. Usa-se a expressão **locked-in syndrome** (síndrome do cativeiro ou do encarceramento) para designar a condição em que o indivíduo fica como que "preso" em si mesmo, caracterizada por tetraplegia e paralisia dos nervos cranianos inferiores, sem que haja, necessariamente, distúrbio da consciência. Lesões bulbares, especialmente da região pontina ventral, irrigada pela artéria basilar, podem ocasionar este quadro. Apenas os movimentos oculares mantêm a comunicação com o mundo externo. Diversas obras literárias e filmes já trataram do assunto (p. ex., o livro "O Escafandro e a Borboleta" *(Le scaphandre et le papillon),* de J.-D. Bauby, que foi lançado como filme em 2007.
4. O quadro chamado **minimal-conscious state** (estado mínimo de consciência), um grau flutuante de consciência persiste. É possível que um número significativo de diagnósticos de estado vegetativo crônico na verdade corresponda a casos assim.*

---

* Owen A. M *et al.* Detecting awareness in the vegetative state. *Science* 2006;313:1402.

5. **Catalepsia** (do grego καταληψις ([*katalepsis*]: tomada, recepção, posse) designa um estado de consciência estreitada em que predomina uma profunda inibição psicomotora, como ocorre nos estados de transe, hipnóticos, histéricos ou no estupor catatônico.
Obs.: Esta expressão é também às vezes utilizada para denominar um estado de redução seletiva das funções vitais – circulação e respiração – a um nível mínimo, extremamente próximo da morte. Neste estado, o paciente pode ser erroneamente dado por morto. Certas drogas podem ocasionar essas "pseudomortes". Já mencionamos o peixe venenoso *Lagocephalus lævigatus,** conhecido como *baiacu-arara,* no Brasil, e *fugu,* no Japão, que apresenta, em seus órgãos, concentrações perigosas de uma potente neurotoxina (tetrodotoxina) que apresenta propriedades inibidoras do SNC altamente específicas e pode ser usada para induzir certos estados catalépticos. Apesar de a legislação japonesa proibir o preparo do *fugu* por pessoal não especializado, este peixe – considerado uma iguaria – é responsável por inúmeras mortes, anualmente. Os estados catalépticos podem ser, às vezes, propositadamente induzidos; isto parece ocorrer, por exemplo, no Haiti, isto ocorre naqueles indivíduos enfeitiçados pelos complexos rituais do culto *vudu (vodun ou voodoo),* praticados por feiticeiros haitianos de origem *gege,* oriundos do antigo Daomé (atual Benin), na África Ocidental. As vítimas desses feitiços são eventualmente consideradas como mortas e enterradas, sendo, subsequentemente, exumadas e "ressuscitadas" pelos feiticeiros. Em seguida, seriam transformadas nos chamados "mortos-vivos" ou *zumbis (zombies).*** Tais criaturas são mantidas em constante estado de transe – com hipobulia, hipomnésia, sugestionabilidade e apragmatismo – por meio de ritos mágicos tradicionais combinados a determinados preparados de ação farmacológica específica. Em um episódio da famosa peça *Romeu e Julieta,* de Shakespeare, frei Lawrence utiliza uma misteriosa droga – cuja ação assemelha-se muito à da tetrodotoxina – para que Julieta seja dada por morta, para ser posteriormente *ressuscitada.* Assim ele descreve os seus efeitos:

> And this distilled liquor drinks thou off:
> When, presently, through all thy veins shall run
> A cold and drowsy humour; for no pulse
> Shall keep his native progress, but surcease:
> No warmth, no breath, shall testify thou liv'st;
> The roses in thy lips and cheeks shall fade
> To paly ashes; thy eyes' windows fall,
> Like death, when he shuts up the day of life;
> Each part, depriv'd of supple government,
> Shall, stiff and stark and cold, appear like death
> And in this borrow'd likeness of shrank death
> Thou shalt continue two-and-forty hours,
> And then awake as from a pleasant sleep.
> (Romeo and Juliet, act IV, scene I)***

---

* E também diversos outros peixes de vários gêneros, dessa mesma família, como os *baiacus Tetrodon sp.*, Diodon sp. e *Sphoeroides* sp.
** Pelo uso de certas drogas de ação anticolinérgica central e periférica, como a planta *Datura stramonium,* cujos efeitos terapêuticos e também alucinatórios e amnésicos podem ser revertidos pelo antídoto fisostigmina (droga inibidora da enzima colinesterase), encontrado na trepadeira africana fava-de-calabar *(Physostigma venenosum).* O livro *A Serpente e o Arco-Íris,* de W. Davis, descreve essas práticas.
*** "E desta bebida destilada tudo tomarás: então correrá em suas veias um lento e frio humor; pois nenhuma pulsação manterá seu ritmo natural, mas cessará; nenhum calor, nenhuma respiração,

6. São também chamadas de "estados alterados de consciência" as experiências psicológicas subjetivas que ocorrem dentro do estado de lucidez, alterando a percepção da realidade, das vivências corporais, das sensações internas e do pensamento. Tais situações não podem ser adequadamente descritas, face à subjetividade de sua natureza, e seu estreito relacionamento com o *setting*, o meio cultural em que estão inseridas, as expectativas internas com que são vivenciadas etc. Incluem-se, aí, as experiências místicas, psicodélicas ou meditativas, com ou sem a participação de manobras fisiológicas ou drogas de ação psicotrópica. Devemos ressaltar que a subjetividade é essencial no estabelecimento dessas experiências. Assim, a ingestão de uma mesma substância – por exemplo, um cogumelo silvestre – pode ser encarada por uma pessoa como uma intoxicação, mas ser sentida por outra como uma experiência profunda de introspecção, ou uma *bad trip* angustiante, ou uma vivência psicótica de despersonalização, ou ainda uma maravilhosa expansão mística dos limites mentais. Por esta razão, aqueles indivíduos que tradicionalmente se dedicam a essas artes visionárias e divinatórias – bruxos, feiticeiros, xamãs, faquires, pitonisas etc. – são sempre instados a passar por longo período de iniciação, durante o qual passam por intenso treinamento e preparo espiritual. Antes de *ver*, é preciso *saber* como e o que deve ser visto.

Nos estados de relaxamento vígil, como a meditação, a contemplação mística, a auto-hipnose, o treinamento autógeno de Schultz, a ioga ou práticas equivalentes, o traçado eletroencefalográfico mostra padrões de vigília, com predominância dos padrões de frequência convencionalmente chamados "*alfa*" (entre 8 e 13 Hz ou ciclos por segundo). Por meio das mais diversas técnicas de treinamento e *feedback* pode-se aprender a praticar o relaxamento com muita eficiência, e o estudo do traçado eletroencefalográfico demonstrará isso. Ao contrário de qualquer outro animal – incluindo os primatas – o homem é capaz de aprender a relaxar mesmo durante um tiroteio, mantendo as suas funções vegetativas (autonômicas) estáveis e o traçado do EEG no padrão alfa. Esta capacidade de adaptação, autorregulação e controle deriva da predominância do neocórtex sobre o córtex límbico no homem.

Trata-se de simples fisiologia; no entanto são frequentes as tentativas de exploração comercial da obtenção desse pretensamente misterioso "estado mental alfa" que, invertendo causa e efeito, atribuem a esse tipo de traçado propriedades intrinsecamente positivas, mentalmente saudáveis ou transcendentais. Em geral não passam de reles misturas de ciência mal digerida com magia, produtos de fantasias esotéricas aliadas à má-fé deliberada. A essas "saladas mistas" de neurofisiologia com autoajuda pode-se aplicar, sem medo de errar, a antiga frase atribuída a Samuel Johnson: *"Isso é tão novo quanto verdadeiro. Infelizmente, aquilo que é novo não é verdadeiro e aquilo que é verdadeiro não é novo..."*.

A partir de muitos dos estudos interessantes e sérios em neuropsicologia e fisiologia, sempre surge, imediatamente, uma enorme e frenética sequência de "aplicações" práticas, sem nenhum respaldo científico, tiradas da algibeira pelos exploradores de plantão. Hoje recomendamos prudência com qualquer técnica, abordagem teórica ou terapia que se apresente com o prefixo "*neuro-*" seguido de alguma palavra pomposa.

---

atestarão que estás viva; o róseo em teus lábios e maçãs decairá em pálidas cinzas; as janelas de teus olhos cairão como a morte, quando encerra o dia da vida; cada parte, desprovida da mobilidade flexível, assemelhar-se-á, rígida, endurecida e fria, à morte, e nessa emprestada semelhança de uma pequena morte continuarás por 42 horas, e então despertarás como de um agradável sono."

O ser humano é fisiologicamente propenso a estados dissociativos, à identificação, à sugestão e aos fenômenos grupais; a vida em sociedade depende disso. Abusando desse antigo filão, há décadas os charlatões redescobrem e renomeiam a boa e velha hipnose, envolvendo-a em uma confusa trapalhada em que até mesmo o budismo e a física quântica entram de gaiatos. Fazem conferências, *workshops* e editam livros, em um enorme estardalhaço em cima de métodos e "descobertas" mais vetustas que a Sé de Braga, explorando comercialmente algumas meias-verdades científicas acopladas a um misto de sugestão, fantasia e, às vezes, até o simples bom-senso. Baseiam-se na sabedoria eterna do célebre empresário circense americano do século XIX, P. T. Barnum, que vivia de explorar a boa-fé do povo: *"There's a sucker born every minute"* (*"Nasce um trouxa a cada minuto"*).

Não é função da ciência dar respostas às indagações éticas e espirituais da humanidade. Todas as tentativas de misturar teorias científicas com explicações místicas acabam sempre em um amontoado de bobagens.

LEITURA ADICIONAL SUGERIDA

Andrade O. *Manual de hipnose médica e odontológica*. Rio de Janeiro: Atheneu; 1979.
Caillois R, Von Grunebaum GE (Eds.). *O sonho e as sociedades humanas*. Rio de Janeiro: Francisco Alves; 1978.
Cipolla-Neto J, Marques N, Menna-Barreto LS. *Introdução ao estudo da cronobiologia*. São Paulo: Ícone & Ed. Univ; 1988.
Cohen, L. *Porquoi les chimpanzés ne parlent pas*. Paris: Odile Jacob; 2011.
Davis W. *A serpente e o arco-íris*. Rio de Janeiro: Zahar; 1986.
Foulkes D. *A psicologia do sono*. São Paulo: Cultrix; 1970.
French JD. A formação reticular. In: McGaugh JL, Weinberg NM, Whalen RE. *Psicobiologia*. São Paulo: Ed. Univ São Paulo & Polígono; 1970.
Freud S. *A interpretação dos sonhos*. Rio de Janeiro: Imago; 1987.
Fromm E. *A linguagem esquecida*. Rio de Janeiro: Zahar; 1971.
Horne J. *Why we sleep*. Oxford: Oxford University Press; 1988.
Kandell ER, Schwartz JH, Jessell TM (Eds.). *Essentials of neural science and behaviour*. New Jersey: Prentice Hall; 1995.
Kleitman N. Padrões de sonhos. In: *Psicobiologia*. São Paulo: Univ São Paulo & Polígono; 1970.
Plum F, Posner JB. *Diagnóstico de estupor e coma*. 2. ed. Rio de Janeiro: Guanabara Koogan; 1977.
Poirel C. *Les rythmes circadiens en psychopathologie*. Paris: Masson; 1975.
Reimão R. (Ed.). *O sono*. Rio de Janeiro: Atheneu; 1990.
Sargant W. *A conquista da mente*. São Paulo: Ibrasa; 1968.
Tart CH. *Altered states of consciousness*. New York: Wiley; 1969.
Wasson RG, Kramrisch S, Ott J et al. *Persephone's quest: entheogens and the origins of religion*. New Haven: Yale University Press; 1986.
Wise MG, Brandt GT. "Delirium". In: Yudofsky SC, Hales RE (Eds.). *Compêndio de Neuropsiquiatria*. Porto Alegre: Artes Médicas; 1996.

Capítulo 6 Atenção

*So she was considering in her own mind
(as well as she could,
for the hot day made her feel
very sleepy and stupid)
...when suddenly a White Rabbit with pink
eyes run close by her.*

Lewis Carroll,
Alice's Adventures in Wonderland

Muitas vezes negligenciada no exame das funções mentais, a **atenção** é uma função psíquica estreitamente relacionada com o *estado de consciência*, consistindo em um dos principais elementos de observação clínica para a determinação do nível desta. No entanto, a atenção se vincula a muitos outros aspectos da vida mental além do nível de consciência. A *afetividade* e a *vontade* são duas outras funções psíquicas que operacionalizam a atenção. Já a **sensopercepção** e a **cognição** são funções que são operacionalizadas pela atenção, que seleciona os elementos perceptivos e constitui os registros mnêmicos, como veremos a seguir. Inúmeros são os casos em que a observação deficiente do estado atencional acarreta sérias consequências clínicas, não apenas na prática psiquiátrica, mas também na neurológica e na clínica geral.

Se a observação fenomenológica do processo atencional aponta não para uma, mas para várias atividades funcionais, também a pesquisa neurofisiológica indica dúzias de diferentes estruturas neurais que intermedeiam a atenção. Não se trata, portanto, de uma função simples, nem única, nem autônoma, mas que envolve uma série de fenômenos mentais complexos, originados em uma intrincada rede de estruturas neurofisiológicas, situadas em diferentes áreas cerebrais, mediadas por vários neurotransmissores. Tentar reduzir a investigação da atenção ao estudo de elementos discretos ou pontos isolados seria um mero artificialismo; se, por um lado, poderia ter alguma utilidade do ponto de vista didático, por outro poderia, também, originar repercussões indesejáveis na prática clínica, cujos aspectos negativos serão abordados um pouco mais adiante no texto.

Um claro reflexo das dificuldades, sutilezas e paradoxos que envolvem o conceito de atenção é a constante confusão semântica que envolve os termos "atenção", "distraibilidade", "hiperprosexia" e "vigilância" na literatura. Cada texto precisa redefinir seus significados, para ser compreendido adequadamente pelo clínico, pelo estudante ou pelo pesquisador. A dificuldade em se definir os termos torna os estudos atuais inconclusivos ou extremamente discrepantes, especialmente entre Estados Unidos e Europa. Na clínica, vemos que são muitos os quadros psicopatológicos que cursam com distúrbios da atenção. Nos aspectos neuropsicológicos, devemos estar alertas para a extrema dificuldade em discriminar os elementos atencionais na avaliação prática: *"Não existem testes de atenção... é possível apenas avaliar um aspecto do comportamento humano com interesse especial em seu componente atencional."* (van Zomeren & Brouwer, cit. por Lezak, 1995).

Ainda no século XIX, Wiliam James criticava os empiricistas ingleses – Locke, Hume, Hartley, Mills, Spencer – por ignorarem o fenômeno da atenção, atribuindo essa omissão ao seu propósito de demonstrar que as faculdades mentais eram produtos somente da "experiência", que seria apenas um elemento *dado*. A atenção quebraria esse círculo de pura receptividade com o seu aspecto de espontaneidade reativa. Dizia James (1890): *"Milhões de itens da ordem externa que se fazem presentes aos meus sentidos não participam da minha experiência. Por quê? Porque não têm interesse para mim. Minha experiência consiste naquilo em que eu decido prestar atenção."* Ao assim se manifestar, trazia, novamente, o aspecto da **vontade** ao problema da atenção, que já havia sido exposto por Santo Agostinho, ao dizer que, por meio da atenção, fazemos vir o mundo externo para o interior de nossas mentes, para que seja então lembrado, entendido, afirmado ou negado. Sob certo aspecto, esse viés apontado por James persiste ainda hoje. Como frisou

Husserl, a atenção não pode ser abordada plenamente sem se levar em conta o seu aspecto de intencionalidade.*

Na fase de início das investigações psicológicas sobre a atenção, Titchener, em 1928, comparou-a a um foco de luz, dirigido para a obscuridade da realidade externa, iluminando apenas os pontos selecionados. Broadbent, em 1958, comparou-a com um filtro destacando seu aspecto seletivo com relação ao afluxo sensorial abrangente, que "afoga" os sentidos em sua abundância de estímulos. Outros ainda fizeram uma analogia da atenção com uma lente *zoom*, passando da perspectiva aberta para uma fechada. Quando procuramos alguém em uma multidão, olhamos como que por uma lente grande-angular; tão logo percebemos algum ponto de referência ou ouvimos uma voz de reconhecimento, dirigimos nosso foco visual para lá, onde passamos a ver como que no ângulo estreito de uma teleobjetiva, concentrando os nossos recursos sensoperceptivos em um único ponto. No entanto, a atenção não pode ser vista como uma entidade em si mesma ou uma atividade isolada, selecionadora ou filtradora da realidade, como demonstrou Husserl.

M. Merleau-Ponty frisou que o fenômeno da atenção pressupõe uma mudança do campo mental, em uma nova presença da consciência nos objetos, produzindo novas estruturas e criando modelos. O ato de prestar atenção, portanto, não envolve apenas reconhecer dados já previamente registrados, apenas iluminando melhor os elementos preexistentes – pré-formados como simples *horizontes* – mas a realização de uma nova articulação, já como *figuras*. Assim, a atenção faz aparecer na consciência fenômenos que reestabelecem a unidade do objeto em uma nova dimensão, dissolvendo os seus elementos constitutivos.

ELEMENTOS FUNCIONAIS

Em termos neurofisiológicos, pode-se entender a atenção como um sistema orgânico que envolve tanto estruturas primitivas do cérebro posterior como do neocórtex em uma grande rede interativa, com diversas vias e redes especializadas, cujas funções são a produção e a manutenção do estado de alerta, a orientação para os eventos sensoriais e o controle dos pensamentos e sentimentos.

W. Hess** denominou *ergotrópico* (de εργον [*ergon*]: energia, trabalho) o sistema que integra a função excitatória central (diencefálica) com a ação estimulante autonômica periférica (simpática), dirigindo o organismo para o meio externo sob todos os aspectos, por meio de atividades vascular, visceral, muscular, sensorial e cerebral. Hess chamou de *trofotrópico* (de τροφή [*trophe*]: alimentação) o sistema – incluindo o parassimpático e o SNC – que inibe todas essas atividades, embotando os sentidos, diminuindo o estado de alerta e reduzindo o tono muscular.

Ninguém poderia tomar conta de algo ou vigiar algum lugar depois de uma lauta refeição. Da mesma forma, seria impossível realizar uma tarefa minuciosa em seguida a uma feijoada. Deitar em uma rede é a única coisa que passa por um cérebro embebido em atividade colinérgica. Assim, é apenas a partir do estado ergotrópico que se podem desencadear os processos – opostos e complementares – de vigilância e de concentração.

---

* De acordo com Husserl, toda a consciência é consciência de algo; assim, os mundos interno e externo são uma única entidade. A mente individual não existe fora da relação com o outro, como é confirmado pela neurociência atual.
** Prêmio Nobel de 1949.

LaBerge* considerou que o processo atencional compreende uma triangulação entre o córtex perceptivo (occipitotemporal), o tálamo e o córtex pré-frontal (envolvendo mecanismos de expressão, realce e controle). Destaca que o processo atencional ocorre quando se conjuga uma experiência de se estar consciente do objeto com uma representação de si mesmo. Em outras palavras, a consciência ocorre quando "uma experiência" torna-se a "minha experiência". Nesse ponto, ele complementa, em termos neurofisiológicos, o princípio fenomenológico de Brentano e Husserl da intencionalidade da consciência, ou seja, de que toda consciência é sempre a consciência de algo. Observa, no entanto, que o processo da atenção não implica, necessariamente, a representação do autor responsável, ou seja, a autoconsciência. Como em um exemplo dado por Sartre, de que quando eu vou à rua pegar determinado ônibus, dirijo minha atenção ao ônibus a ser pego e não a mim mesmo pegando o ônibus.

Henri Ey destacou o fato de que o campo da consciência não apenas surge da interação de funções, mas que mostra sempre um aspecto de bilateralidade, ou seja, aquilo que chama a atenção ativa as instâncias afetivas que, por sua vez, reforçam as perceptivas. Nossa atenção pode ser despertada de duas formas, ambas relacionadas com a afetividade. Uma se dá pelo simples gradiente de variação da intensidade do estímulo, como, por exemplo, um clarão, um grito ou uma explosão, despertando uma reação básica de alarme ou, ainda, pela quebra de padrão dos estímulos, como um ruído súbito ou a interrupção de um som constante por um silêncio brusco. A outra maneira vem do sentimento de prazer ou desprazer advindo dos estímulos sensoperceptivos, como no reconhecimento de uma voz ou um rosto familiares.

O processo mental da atenção depende, essencialmente, da afetividade e da vontade, apesar de esta última ser uma função psíquica especificamente humana, na medida em que por ela se entenda o ato volitivo completo. Se mesmo animais primitivos podem dirigir e enfocar a sua atenção, fazem-no em função dos estímulos ambientais, e não se pode dizer que o fazem voluntariamente, mesmo que exista intencionalidade em suas atitudes. A atenção, portanto, pode ser **voluntária** ou **involuntária**.

Já a percepção e a cognição são as funções que se tornam operacionalizadas por meio da atenção, que seleciona os elementos perceptivos e vai, assim, constituindo os registros mnêmicos, como veremos a seguir. Como exemplifica Bergson (1888/1970), quando escutamos o relógio bater as horas, mas a mente distraída só se apercebe após várias batidas se fazerem ouvir; assim, elas não foram contadas. No entanto, basta um esforço de atenção retrospectiva para fazer a soma das batidas já soadas e juntá-las às que se fazem ouvir.

Wilhelm Wundt, no século XIX, já havia distinguido o aspecto aberto da atenção, que é o seu campo, que chamou de *das Blickfeld*, do aspecto mais limitado ou fechado que é o seu ponto ou foco, que chamou de *der Blickpunkt*. Assim, de acordo com a abrangência do campo atencional, podemos decompô-la em duas funções básicas, que tendem a ser inversamente proporcionais, complementares, em um balanceamento que se inclina no sentido das necessidades, chamadas por Eugen Bleuler de **vigilância** e **tenacidade**.

---

* Laberge D. Attention, awareness and the triangular circuit. *Consciousness and cognition* 1997;6:149-81.

CONCEITOS FUNDAMENTAIS

> *Que importa a paisagem, a Glória, a baía, a linha do horizonte?*
> *— O que eu vejo é o beco.*
>
> Manuel Bandeira

Atenção Aberta, Atenção Extensa ou Vigilância
Refere-se ao estado de *alerta* para os estímulos vindos do meio ambiente, ou do próprio organismo. Predominam aqui os aspectos **sensoriais** da atenção. Assim, quando interrompemos um trabalho, uma leitura ou uma conversa em função de um estímulo qualquer – por exemplo, uma campainha – o fazemos em função da nossa vigilância.

Atenção Fechada, Atenção Estrita ou Tenacidade
Este conceito refere-se à *concentração* da atenção ou ao *foco* da consciência. Aqui predominam os aspectos **cognitivos** da atenção. Assim, quando **não** interrompemos nosso trabalho em função de um estímulo externo ou interno, ou seja, **não** ouvimos a campainha que toca, por estarmos absortos no que fazemos, isso se deve à nossa tenacidade. Alguns autores distinguem a **focalização** da atenção da **manutenção** dessa atenção focalizada, chamando a esta última de **atenção mantida, atenção sustentada** ou ainda **vigilância** (especialmente autores americanos). De acordo com Damásio (2000), a atividade de focalização da atenção realça a própria ativação da consciência e a capacidade de processamento sensorial, produzindo informações mais detalhadas e otimizando, assim, as reações e o planejamento psicomotor.

Outros Aspectos
Pode-se, ainda, distinguir mais uma forma de atenção, que é a **atenção partilhada** ou a capacidade de executar diversas tarefas *(multitasking)* sem perder de vista as metas de cada uma. Às vezes confunde-se o desinteresse que uma pessoa com capacidade para diversas atividades sente quando se vê obrigada a fazer uma única e aborrecida tarefa de cada vez. O simples tédio muitas vezes leva à desconcentração, que pode ser confundida com um suposto déficit de atenção.

No psiquismo normal espera-se um processo constante de transição equilibrada entre as duas formas de atenção, naturalmente guardadas as diferenças individuais, que fazem parte das características constitucionais específicas de cada ser humano.

A função atencional é lateralizada e, assim, o córtex esquerdo processa a atenção concentrada e o córtex direito a atenção aberta. Na maioria dos animais um hemisfério cerebral se encarrega de cada função. Isso ocorre até mesmo nos invertebrados, como artrópodes e moluscos.

A grande variabilidade individual serve à sobrevivência da espécie, atendendo a muitas necessidades sociais, culturais e históricas. Assim, a tendência a fechar o foco atencional em um campo restrito e se desligar do ambiente externo seria um grave defeito em um caçador, em um vigia, em um pastor ou em um soldado, que precisam contar com uma alta capacidade de manter a atenção constante em um espectro amplo para exercer bem as suas funções. Por outro lado, aquela mesma tendência focalizadora torna-se uma qualidade essencial em um artesão, em um curandeiro, em um tecelão, em um escriba, em um técnico ou em um cirurgião. Além desses casos que se situam em extremos, temos as pessoas em cujas atividades ambas as características são necessárias, de forma moderada, e ainda aquelas que exercem funções em que ocorrem a todo momento transições de um polo a outro. O processo educacional, assim como a seleção e o treinamento de recursos humanos, deve sempre levar em conta essas diferenças individuais.

O conceito neuropsicológico da excitabilidade se fez importante para várias teorias dos temperamentos, como as de Pavlov e Eysenck. De acordo com este último, as dimensões de temperamento introversão *versus* extroversão e estabilidade *versus* instabilidade subjazem em diferenças na excitabilidade reticulocortical e autonômica. Assim, os temperamentos introvertidos tenderiam a níveis altos de excitação, e os extrovertidos, a níveis baixos, o que os faria buscar mais estimulação externa. Da mesma forma, os estáveis tenderiam a menores níveis de resposta emocional e autonômica, e os instáveis a uma ativação simpática mais exacerbada.

No entanto, a pesquisa, posteriormente, revelou que em todos os níveis fisiológicos, tanto a excitação cortical como a autonômica e a endócrina não se mostravam unitárias, mas multidimensionais. Por exemplo, o próprio sistema reticular ativador se revelou constituir de diversos subsistemas regulatórios específicos que se projetam para o córtex. Além disso, as relações entre excitação e emoção não são de mão única, mas envolvem muitas outras funções e estruturas neurofisiológicas.

Na linguagem comum, do dia a dia, usamos a expressão **distraibilidade** – ou tendência à distração – que pode ser usada para significar tanto a diminuição da capacidade de concentração como a tendência oposta, em que há redução do estado de alerta. Comumente se diz de uma pessoa absorta em seus pensamentos – um músico enlevado por uma melodia, um filósofo ou um cientista concentrado em suas ideias – que se mostra **distraída**. Vemos a mesma palavra aplicada em uma situação diametralmente oposta, como, por exemplo, uma criança que não presta atenção à aula e desconcentra-se em razão de qualquer estímulo externo que surja.

A distraibilidade, no sentido estrito, seria um estado de hipotenacidade com tendência à hipervigilância, ou seja, incapacidade ou dificuldade de manter a concentração, desviada constantemente pela estimulação (que pode ser externa ou interna). Tende a ocorrer com grande frequência em situações de ansiedade. Costuma, também, manifestar-se nas depressões ansiosas e reativas, aqui, porém, com a função da vigilância tendendo mais para a normalidade ou mesmo para alguma diminuição. Ressalte-se que a maior parte das queixas de "perda de memória" e fadiga mental, tão comuns nos ambulatórios e consultórios, deve-se à dificuldade que o paciente encontra em concentrar sua atenção nas tarefas diárias, uma vez que seus pensamentos se fixam nos seus problemas e conflitos internos. A dona de casa que esquece o feijão no fogo ou o estudante que não consegue fixar a matéria escolar não têm quaisquer problemas reais com a sua memória, mas com a sua motivação. Tanto a criança superdotada como a subdotada podem apresentar este mesmo sintoma, por razões diferentes, nenhuma delas relacionada com o déficit primário da atenção. Os subdotados podem perder o interesse pela grande dificuldade em acompanhar a turma e por se sentirem excluídos, diminuindo ainda mais seu rendimento, já baixo. No caso dos superdotados, a desmotivação decorre do aborrecimento por se verem obrigados a ouvir, estudar e responder sobre temas que já compreenderam há muito e não lhes interessam mais. Assim, podem tender a se desvincular, e o seu alto rendimento acabar caindo.

A **inatenção seletiva** ocorre em estados neuróticos, em que a repressão inconsciente evita a percepção de objetos que apresentem uma carga emocional conflitiva, ansiogênica. São os casos em que, por exemplo, se diz: "Fulano *só escuta o que quer*". Essa mesma origem têm as chamadas *alucinações negativas*, em que a percepção de estímulos sensoriais reais é catatimicamente negada.

Freud preconizava uma técnica de escuta psicanalítica chamada de **atenção flutuante**, em que o analista deveria procurar se desconcentrar, suspendendo as motivações que orientariam normalmente a sua atenção, buscando desfocalizar o processo atencional e torná-lo menos dirigido e mais espontâneo. O bom entrevistador se volta mais para o que se passa com ele mesmo ante a presença do outro do que para o que lhe é dito objetivamente.

A ATENÇÃO E AS DEMAIS FUNÇÕES PSÍQUICAS

Como precisamos também definir não apenas em que consiste essa função psíquica que chamamos de "atenção", mas em que situações clínicas se acha alterada, procuramos aqui relacionar as funções psíquicas com a atenção no que se refere aos aspectos psicopatológicos que interessam à prática clínica. É preciso destacar o fato de que as funções mentais funcionam integradas em rede e não podem ser separadas totalmente, a não ser por necessidade didática.

Raro é o quadro clínico em que a atenção não se encontre, de uma ou outra maneira, comprometida. Não é possível, portanto, um diagnóstico de déficit de atenção sem a avaliação do psiquismo total, sob pena de se cair na superficialidade, confundindo os fenômenos primários com os secundários.

Atenção e Consciência

Consideramos que a atenção se relaciona estreitamente com o **estado de consciência**, consistindo em um dos principais elementos de observação clínica para a determinação do nível desta. Muitos textos de psicologia e psicopatologia tratam do tema da atenção como um mero subtema dentro do estudo da consciência. Neste âmbito, certamente é pertinente a questão: seria possível se estabelecer diferenças claras entre os conceitos de consciência e atenção? Para evitar as dificuldades inerentes à polissemia da palavra consciência e tropeçar em questões de semântica, frisamos que nos referimos aqui ao estado de consciência, clareza sensorial (*Bewusstsein* em alemão, *consciousness* ou *awareness*, em inglês).

Em primeiro lugar, damos por estabelecido que a atenção é o elemento que dimensiona e dirige o campo da consciência, abrindo-o, fechando-o ou deslocando-o de um objeto a outro. Como uma função não pode dirigir nem dimensionar a si mesma, entendemos que a atenção transcende a consciência e alcança outros aspectos da mente individual. De acordo com Husserl, a atenção e a consciência não estão jamais separadas, mas não se confundem uma com a outra.

Podemos, ainda, responder a esta pergunta de forma empírica, tendo em mente que a atenção – enquanto função direcionadora do sensório – pode existir mesmo sem que a consciência esteja presente. Quando o som do despertador nos acorda pela manhã, chamando a nossa atenção e interrompendo, assim, o estado onírico, demonstra, inequivocamente, que a função de **vigilância** da atenção permanecia ativa, mesmo durante o sono mais profundo. Como já foi observado, até mesmo o próprio silêncio pode nos despertar, se ocorrer de forma brusca, interrompendo de maneira súbita um ruído constante.

Inversamente, na condição clínica conhecida como síndrome de Balint*, pode haver uma incapacidade de mudança de foco atencional, sem que exista aí uma real concentração da consciência. Assim vemos, mais uma vez, de forma prática, que o conceito de atenção como função psíquica não está englobado pelo conceito de consciência. Damásio

---

* Também chamada de *simultanagnosia*, este quadro neurológico consiste em desorientação espacial, apraxia oculomotora e ataxia visual. O paciente não consegue identificar objetos ou cenas completas, fixando-se em um elemento isolado.

(2000) ressaltou que a atenção básica (vigilância) pode sobreviver ao comprometimento da consciência, e dá como exemplo os pacientes em estado de mutismo acinético*, que podem manter um certo nível de atenção vigilante, de forma fugaz e inconsistente, apesar da ausência de consciência normal. Pacientes com automatismos epilépticos e crises de ausência estão despertos – ou seja, em vigília – mas não apresentam consciência real. Seria interessante, ainda, lembrar que, nas experiências de Gazzaniga e Sperry (1964) com pacientes cujo corpo caloso havia sido seccionado, criava-se uma situação em que o hemisfério esquerdo tendia a ignorar os estímulos aos quais o hemisfério direito estava atento e respondia. Observou-se ainda que, em situações de conflito, sempre um dos hemisférios assumia o controle, mesmo em animais.

Animais, em geral, tendem a perder a concentração ao serem distraídos por estímulo externo. As experiências com primatas demonstram que estes conseguem retornar à tarefa inicial após o período de distração. Isto significa que o objeto de atenção inicial fica retido na memória – fora do campo de consciência, portanto – até que o estímulo intercorrente seja extinto. Já a habilidade de realizar várias tarefas independentes em série, sem perder de vista as suas metas, é uma característica específica da mente humana, como recentes estudos em neuropsicologia vêm observando. Essa habilidade varia, naturalmente, entre os indivíduos. É importante distinguir esse importante recurso mental – que não é um problema, mas uma valiosa habilidade – das dificuldades em manter a concentração, que podem sinalizar comprometimentos psíquicos das mais diversas naturezas e níveis de gravidade.

De qualquer forma, a atenção é fundamental para se avaliar pequenas alterações do estado de consciência. A fase inicial do rebaixamento de consciência pode cursar sem sonolência nem *delirium*, mas com perda da concentração e da vigilância, sem outros sintomas aparentes. Certa vez fui chamado a ver em casa uma senhora idosa, para avaliar se estava iniciando um quadro de depressão ou deterioração cognitiva. Tratava-se, na verdade, de um quadro metabólico – hiponatremia medicamentosa – de natureza iatrogênica. Um sinal simples me fez ver o problema: passei diante dela e me posicionei atrás da cadeira onde ela estava; seus olhos, apesar de bem abertos, não me acompanharam. Distinguir entre os aspectos sensoriais, cognitivos, afetivos e volitivos do quadro é essencial.

Atenção e Afetividade

A afetividade modula o tônus atencional, estimulando ambas as dimensões. No esvaziamento afetivo decorrente da depressão melancólica observa-se hipoprosexia com diminuição global da atenção e perda tanto de foco como de campo. Nas depressões reativas e secundárias não chega a haver perda do tono atencional, mas pode surgir diminuição secundária da fixação da memória, em virtude da inatenção provocada pela desmotivação.

A intensidade do vínculo se reflete no foco atencional, e o afeto é o principal elemento no "filtro" que estabelece o campo. Nos autistas vemos um foco dirigido para objetos como relógios e aparelhos de TV e uma ausência de interesse e contato visual com as pessoas. Autistas não olham para as pessoas, mas "através" delas.

---

* Quadro neurológico causado por lesões bilaterais do giro do cíngulo. Não deve ser confundido com a síndrome do cativeiro *(locked-in syndrome)*, causada por lesões das vias motoras da região ventral do tronco cerebral, em que o paciente se mantém totalmente consciente, mas imobilizado.

Atenção e Vontade

Na transição entre se ter chamada a atenção para algo para o ato de prestar atenção em algo, vemos o processo volitivo tomar o controle e dirigir a atividade sensoperceptiva. A dificuldade em concentrar a consciência impede que as etapas do processo volitivo normal – composto pela sequência: emoção (desejo) → intencionalidade (propósito) → deliberação → execução psicomotora – se completem. A deliberação e o controle dos impulsos se dão por meio da atividade cortical superior (áreas pré-frontais); quando esta instância se encontra reduzida, a atividade volitiva se inibe e tende a se tornar predominantemente impulsiva, em uma espécie de curto-circuito desejo → ação (afetividade → psicomotricidade), como se vê em certas lesões frontais.

Nas situações depressivas, a hipobulia prejudica sensivelmente a concentração e a cognição em geral. Nos estados de sugestão hipnótica, a influência sobre o processo volitivo pode conduzir o foco da consciência, dirigindo a atenção. Nessas situações, a inatenção seletiva pode produzir ilusões e alucinações negativas.*

Atenção e Psicomotricidade

A atenção focalizada se mostra maleável, mas exige muito do controle e da capacidade de processamento do cérebro. A atenção automática demanda bem menos, mas é relativamente inflexível e não pode ser controlada. Assim se pode traçar um paralelo entre esta última e a psicomotricidade automática, assim como com a memória implícita, inconsciente. Podemos tomar como exemplo os eventos mentais que ocorrem quando se está aprendendo uma tarefa, como dançar, digitar, dirigir ou andar de bicicleta. Nas primeiras vezes em que se exerce a nova atividade recentemente aprendida é necessário focalizar nela a atenção, recordar a sequência das etapas e controlar conscientemente todos os movimentos. Uma vez aprendida e memorizada (implicitamente), a execução da tarefa se torna inconsciente, a atenção se automatiza e se abre para outros aspectos da realidade. Em termos neurofisiológicos, vemos a atividade se deslocar das estruturas corticais para as subcorticais e o cerebelo.

Quando a capacidade de focalização da atenção se reduz, e a atenção automática se eleva, o controle dos impulsos se vê prejudicado, resultando em um aumento da atividade psicomotora (hiperatividade).

Atenção e Percepção

A própria existência dessas palavras revela que pertence ao senso comum o fato de ser perfeitamente possível **olhar** sem **ver** e **ouvir** sem **escutar**; ou seja, podemos fixar a percepção em um objeto sem dirigir a nossa atenção a ele e, assim, não registrar sua presença na memória. Uma forma extrema deste fenômeno é a alucinação negativa, em que um elemento perceptivo, sons, palavras ou imagens são "apagados" do campo de consciência. Da mesma forma, pode-se produzir uma percepção que não corresponde ao objeto, como é o caso das ilusões (e mesmo pseudoalucinações) de natureza catatímica, em função da expectativa emocional. Como exemplificou William James (1890): "*Quando esperamos pelas batidas do distante relógio, nossa mente fica tão repleta com a sua imagem que a qualquer momento pensamos ouvir o tão desejado ou tão temido som. Da mesma forma com o som*

---

* Forel A. De l'hallucination négative chez les alliénés. *In: Premier Congrès International de L'hypnotisme, Expérimental et Thérapeutique. Comptes Rendus.* Paris: Octave Doin, 1889. p. 122-28, v.1, 2ème partie, 2ème séance.

de esperados passos. Cada mexida no matagal é para o caçador a sua presa; para o fugitivo, os seus perseguidores. Cada chapéu na rua parece momentaneamente ao amante estar encobrindo a cabeça de seu ídolo." Estudos neurofisiológicos posteriores confirmaram essas observações fenomenológicas, mostrando que o processo atencional pode induzir, modificar ou mesmo suprimir a sensopercepção, como, por exemplo, nas experiências que provocam *inattentional blindness* (cegueira por desatenção). Mágicos, batedores de carteira e trapaceiros de jogos de cartas vivem disso.

Pesquisas demonstram que cor, locação e movimento podem ser percebidos (inconscientemente ou de forma implícita) sem atenção, enquanto formas, não. No entanto, a percepção consciente não é possível sem a atenção.* Experiências revelam que ocorre uma ativação inconsciente das regiões frontal e occipital do córtex cerebral por estímulos visuais ocultos (mascarados), demonstrando que essa atividade por si só não implica a consciência dos estímulos.** O córtex visual primário se mostra indispensável para a percepção visual,*** mas a integração de diversos sistemas se faz necessária para a atenção visual, assim como processos cognitivos que envolvem áreas parietais e frontais. Assim, vemos que o processo perceptivo está fortemente vinculado ao atencional.

Não seria supérfluo lembrar ainda que – especialmente em crianças – deficiências sensoperceptivas eventualmente podem estar por trás do baixo rendimento escolar. Sem que se precise encaminhar todos os casos para especialistas e exames sofisticados, um exame visual e auditivo simples e rápido pode ser bastante útil, poupando tempo, recursos e a paciência da família. Pode parecer óbvio, mas a realidade não se cansa de nos lembrar de casos como o de um menino cuja cefaleia e diminuição da audição se deviam a uma simples rolha de cerume, que só foi descoberta – após 2 meses de peregrinação – por uma tomografia computadorizada...

Atenção e Memória

Os registros mnêmicos só podem ser efetuados na vigência do processo atencional normal. Em termos neurofisiológicos, sabe-se que os vínculos entre o prosencéfalo basal e o hipocampo exercem uma função primordial na atenção e na memória. O processo de registro só pode ser iniciado com a focalização da consciência no objeto. Sem isso, não há produção de memória, nem aprendizado. Estudos mostram que a memória imediata (de trabalho) de chimpanzés é muito melhor que a nossa, mostrando sua importância para a sobrevivência.

Na prática clínica, vemos basicamente três tipos de queixas referentes à memória que se vinculam estreitamente à atenção, que são:

"Falta" de Memória

Episódios frequentes de esquecimento são sintomas que surgem com frequência em depressões ansiosas, de natureza reativa. Queixas como essas raramente ocorrem nas *verdadeiras* amnésias (amnésias primárias). A ansiedade e a desmotivação impossibilitam a focalização atencional nas tarefas e nos compromissos da vida diária. As dificuldades no

---

* Mack A, Rock I. Inattentional blindness: an overview. *Psyche* 1999 May;5(3). <http://psyche.cs.monash.edu.au/v5/psyche-5-03-mack.html>
** Rees G. Seeing is not perceiving. *Nature Reviews/Neuroscience* 2001 July;4(7).
*** A lesão occipital pode produzir a chamada "visão cega" *(blindsight)*, em que o paciente nada percebe no campo visual atingido. Observa-se, no entanto – por meios indiretos – que permanece ainda uma percepção totalmente inconsciente dos objetos.

registro mnêmico, que constituem, talvez, uma das queixas mais comuns nos ambulatórios psiquiátricos, devem-se aqui apenas a esses quadros de conflito ou vazio afetivo, com perda secundária da capacidade atencional.

Baixo Rendimento Escolar
A dificuldade de fixar na memória os assuntos estudados em aula, quando associada ao déficit primário de atenção, em que a criança não consegue aprender por não conseguir se concentrar e mostrar uma elevada distraibilidade. A correção do problema logo faz com que a "memória" se normalize.

"Amnésia" Seletiva
A "amnésia" dissociativa, ou "perda" da memória, sempre de natureza seletiva, que pode se originar em uma seletividade mnêmica (amnésia seletiva) – em que os registros conflituosos ou ansiogênicos são "esquecidos" – ou em uma seletividade atencional, em que esses registros nem chegam a ser feitos, porque são ignorados, ou mais bem afastados do campo de consciência. O estreitamento da consciência no estado dissociativo tanto pode apagar (ou não registrar) como produzir registros mnêmicos falsos, induzidos por sugestão. O fenômeno – recentemente denominado de "síndrome das memórias falsas", nos Estados Unidos – foi bastante relatado e estudado no século XIX por Lasègue, Bernheim, Ribot, Binet e Pierre Janet.

ALTERAÇÕES FUNCIONAIS DA ATENÇÃO

Hiperprosexia
Do grego *hyper* (sobre, acima) e *prosektikos* (atento). No sentido etimológico original (dado por Kraepelin), esta palavra deveria referir-se a um aumento global da atenção como um todo. Uma vez que a existência de uma condição como esta seria discutível, ou não poderia ser considerada propriamente patológica, uma vez que o aumento do tono atencional ocorre em situações de normalidade psicofisiológica, o termo acabou sendo mais usado para se referir ao aumento isolado da função de vigilância.

Hipoprosexia
Do grego *hypo* (sob, abaixo) e *prosektikos* (atento). O déficit global da atenção (hipovigilância e hipotenacidade) geralmente ocorre nas alterações do estado de consciência, na obnubilação, no *delirium*. Trata-se de um dado importantíssimo do exame, indicando possíveis problemas orgânicos (metabólicos, tóxicos etc.). Reiteramos: nem sempre ocorre sonolência ou agitação. Corresponde ao caso da paciente idosa, aparentemente lúcida, com suspeita de depressão ou demência, em aprosexia completa, que estava, na realidade, fazendo um quadro de hiponatremia medicamentosa.

A hipoprosexia pode, no entanto, vir a ocorrer em situações de profunda desmotivação, como nos estados depressivos e na esquizofrenia. Note-se que uma redução moderada do tono atencional costuma ocorrer nas depressões ansiosas e reativas, onde a perda maior é na tenacidade, e a queixa se volta mais para a memória de fixação. A perda da tenacidade sem perda concomitante da vigilância pode estar presente em lesões cerebrais do hemisfério direito, especialmente de lobo temporal.

Fora estas últimas condições, assim como a redução do tono atencional global, a tenacidade e a vigilância geralmente tendem a variar em proporções inversas, como os dois extremos de uma gangorra: quando um sobe, o outro desce.

Disprosexias
Consistem em um desequilíbrio constante da função de tenacidade *versus* função de vigilância, que normalmente tendem a variar em proporções inversas, de acordo com a necessidade e as circunstâncias:

Hipervigilância
Geralmente acompanhada de hipotenacidade, ocorre em estados de grande excitação, como nas situações de intensa ansiedade. No caso do uso de psicoestimulantes e nos estados maníacos, pode ocorrer a hipervigilância, mas sem hipotenacidade. Frequentemente é denominada **hiperprosexia**.

Hipertenacidade
Geralmente acompanhada de hipovigilância, está mais bem caracterizada nos quadros em que surge um estreitamento do campo da consciência, como nos estados dissociativos, na hipnose e nas crises histéricas, podendo, ainda, ocorrer em certos estados psicóticos e em alguns quadros epilépticos. No chamado efeito paradoxal dos psicoestimulantes, o que parece haver é um aumento global do tono atencional, mas como, em razão da baixa ativação cortical, a vigilância já estava previamente elevada – em uma busca constante de estimulação externa – é só o aumento da tenacidade que se destaca.

ALTERAÇÕES DA ATENÇÃO NOS QUADROS CLÍNICOS
Na Criança
a) Deficiência Mental
O baixo rendimento escolar é um sintoma relativamente evidente nas oligofrenias mais sérias. No entanto, em crianças apenas levemente deficientes, ou nos casos limítrofes, o quadro deficitário pode ser fácil e erroneamente atribuído a problemas de comportamento, a conflitos emocionais ou mesmo a déficit primário de atenção. Não é demais lembrar que este é um diagnóstico extremamente espinhoso, que muitos pais dificilmente conseguem aceitar ou suportar e que deixa muitos avaliadores e terapeutas em uma situação bastante desconfortável.

Lembremos que não é raro que nesses casos ocorram, ainda, queixas familiares e escolares relativas a certa incapacidade de concentração, que tende a se revelar como secundária ao déficit cognitivo e à complexidade do tema do aprendizado, já que não seria possível se concentrar a atenção em assuntos que não se conseguem compreender. Quando o tema não exige senão simples recursos mnêmicos, o problema tende a desaparecer.

Deve-se observar que o desestímulo e o desinteresse causado por um ensino exigente demais pode prejudicar ainda mais o rendimento cognitivo dessas crianças, assim como sua atitude social e seu comportamento. Note-se que problemas semelhantes podem surgir em crianças, cuja capacidade cognitiva não chega a descer abaixo dos níveis de normalidade, mas situa-se abaixo da média, e que sofrem, concomitantemente, forte pressão familiar pelo desempenho escolar.

b) Autismo

O que se mostra marcante nos quadros autísticos é a desatenção pelos outros, por mais chegados que sejam. Não há concentração da atenção nas pessoas, mas apenas naqueles objetos que dizem respeito ao pequeno mundo do autista. Uma criança autista é capaz de tentar puxar um relógio do braço de alguém sem ao menos olhar para ela, como se o objeto de seu desejo estivesse pendurado em um cabide. Ocorrem aí, juntamente com a incapacidade de fixar a atenção nos outros, uma insensibilidade perceptiva para as expressões faciais, para as manifestações afetivas e para a compreensão das motivações das outras pessoas.

Assim, ao que parece, nos autistas não chega a se formar aquilo que se convencionou chamar de "teoria da mente" (especulação sobre o que o outro está pensando). No entanto, como existem tanto autistas de alto desempenho como autistas deficientes mentais, podemos inferir que a resposta a esta questão se encontra além da cognição. Além disso, estudos etológicos revelam que muitos primatas demonstram ter uma "teoria da mente". As relações causais entre os fenômenos relacionados com o autismo ainda estão longe de ser claras.

c) Ansiedade

Na criança ansiosa são frequentes as queixas familiares de mau desempenho escolar juntamente com observações de professores de que ela "não presta atenção à aula". Costuma ocorrer nesta situação a inatenção por autodirecionamento da consciência, em razão dos conflitos internos na relação com a família. Naturalmente, a criança tende a se sentir muito mais fortemente motivada pelos seus problemas emocionais e pelas dificuldades familiares do que pelas questões externas levantadas na sala de aula.

d) Déficit de Atenção e Hiperatividade

Nesses pacientes, hipervigilantes e hipotenazes, tendo dificuldade em se concentrar e tendendo à dispersão, à hiperatividade psicomotora e à impulsividade, parece ocorrer uma deficiência em alguns aspectos da ativação cortical, com baixa estimulação interna ou baixa reação à estimulação externa. Registros eletroencefalográficos demonstram atividade de ondas lentas no córtex frontal durante a execução de tarefas. O efeito da estimulação e da atividade mental sobre o equilíbrio entre as funções atencionais foi exemplificado por Bergson com o tique-taque de um relógio, que parece mais sonoro à noite, por absorver uma consciência quase vazia de sensações. Ele observa que ao ouvirmos estrangeiros conversando em um idioma que não compreendemos, temos a impressão de que estão falando alto, porque as suas palavras não evocam em nós quaisquer ideias, ecoando no meio de um silêncio intelectual, que chama a nossa atenção como o tique-taque do relógio.

Sob uma perspectiva comportamental – como a de Eysenck – a criança hiperativa estaria disposta na extremidade da escala de extroversão e necessitaria de doses também extremas de estimulação para se manter em equilíbrio. Nas condições normais da vida social, tal dificuldade tornaria esses pacientes agitados, descontrolados, inquietos, incapazes de se concentrarem, como que forçados a uma intensa procura de estímulos, acarretando um quadro que se caracterizaria por hipotenacidade e hipervigilância. Em casos assim, certas drogas estimulantes (anfetaminas, metilfenidato) podem aumentar significativamente a *tenacidade*, uma vez que a vigilância já está em seu máximo. Dessa forma consegue-se fechar mais o campo de consciência, concentrando o foco atencional e corrigindo, assim, a deficiência e as suas consequências (inquietude, agitação psicomotora, distúrbios do comportamento, baixo rendimento escolar). Quando bem prescrito, um tratamento com esta classe de psicofármacos pode melhorar o desempenho escolar da criança e seu relacionamento interpessoal e familiar. Este fenômeno constitui o que comumente se chama de "efeito paradoxal" do medicamento.

A observação de crianças com real déficit primário da atenção revela que elas parecem ter uma enorme necessidade de permanente estimulação externa para conseguir manter um mínimo de concentração. A tendência à imaturidade – ou a certo retardo no amadurecimento cerebral (Shaw *et al.*, 2007) – parece ser também um elemento essencial para configurar o quadro. Sua inquietude e sua dispersividade correspondem a uma constante busca de estímulos. Como vimos, o uso de psicofármacos estimulantes compensa, de certa forma, essa inadequação. No entanto, nunca é demais destacar que o diagnóstico deve ser feito com todo o cuidado necessário e sempre por um especialista experiente.

Na prática ambulatorial se vê que a grande maioria das crianças supostamente "hiperativas" ou "hipercinéticas", chamadas antigamente de "portadoras de d.c.m." (disfunção cerebral mínima, denominação em desuso), não passa, na verdade, de crianças – e famílias – simplesmente ansiosas, assim rotuladas por avaliações apressadas e superficiais, uma vez que, por influência dos meios de comunicação, muitas vezes o "diagnóstico" já vem feito de casa ou da escola, pela professora ou pela pedagoga. Referindo-se ao que vem ocorrendo já há alguns anos nos Estados Unidos, E. Goldberg comenta o fato de que o paciente muitas vezes só chega ao consultório para que os pais vejam confirmado o diagnóstico pela autoridade médica, aliviando seu sentimento de culpa pelos fracassos escolares e sociais.

Não se pode deixar de ressaltar que a maior parte dos estudos sobre os transtornos da atenção demonstra que estes não chegam a constituir déficits homogêneos nem permitem que se lhes englobe em entidades únicas, mas constituem um panorama clínico que envolve grande complexidade de elementos. Três ou quatro tipos diferentes se distinguem, conforme prevalecem as alterações na impulsividade, na desatenção ou na hiperatividade, constituindo quadros provavelmente não relacionados. As diferentes funções atingidas tornam difícil a identificação do "problema central" e, assim, a discriminação entre o crescente número de subtipos descritos e as chamadas comorbidades torna-se bastante controversa, mais especialmente nos Estados Unidos, onde o diagnóstico se faz com mais frequência que em outras partes do mundo. Em seu número de 27 de julho de 1996, o Lancet já destacava o enorme número de crianças em uso de estimulantes nos Estados Unidos (10 vezes maior do que na Europa), onde um "pré-diagnóstico" já era feito muitas vezes pela família ou pela escola, alarmadas por uma avassaladora divulgação na mídia.

A grande frequência das chamadas "comorbidades" aponta para um grupo amplamente heterogêneo de problemas, em muitos dos quais o déficit de atenção é claramente secundário. A sobrevalorização da avaliação do desempenho em detrimento da avaliação da personalidade acaba por conduzir ao abuso de psicofármacos e ao mascaramento do quadro. A chamada "prova terapêutica" com metilfenidato ou anfetaminas tende a ser superestimada pelos neurologistas e pediatras, uma vez que os estimulantes melhoram o desempenho em quase todas as situações possíveis; é exatamente por isso que são usados ilegalmente como *doping*. Além disso, as questões transculturais que envolvem esse diagnóstico tão complexo não podem ser negligenciadas. A nosso ver, não há como se avaliar em profundidade o fenômeno psíquico da atenção sem levar em consideração a questão fenomenológica da intencionalidade e a questão clínica da sua relação com a personalidade.

Vários modelos vêm sendo propostos, mas parecem esbarrar na conceituação das funções primariamente atingidas. Muitos observam que a inatenção se faz presente na maioria dos quadros psiquiátricos, o que a tornaria um sintoma pouco útil. Sugerem um modelo com base na hiperatividade, enquanto outros propõem um modelo em que as deficiências nas funções executivas são causadas, primariamente, por falhas na inibição do comportamento, que resultaria em déficits na memória imediata e no sentido do tempo. A hipótese de que essa deficiência corresponda a um problema de maturação parece ser bastante provável.*

Pesquisadores europeus, em geral, tendem a ter uma visão diferente dos americanos neste assunto e fazem pertinentes críticas à conceituação entre os diferentes níveis de análise e destaca a incapacidade dos modelos propostos na distinção entre quadros clínicos muito diferentes. O que parece se perder nessas discussões é o fato de que se a atenção realmente se acha perturbada em quase todos os quadros psiquiátricos, esta perturbação não se dá sob o mesmo aspecto fenomenológico, e essas diferenças qualitativas podem e devem ser detectadas na clínica, que é o ponto de partida para a própria definição das entidades nosológicas.

Além disso, há que se levar em conta que o problema com os resultados das pesquisas é que elas nunca mostram as mesmas alterações neuroanatômicas, neurofisiológicas ou neuroquímicas, mesmo reconhecendo que, seja qual for o método de pesquisa, a maior parte dos estudos tende a revelar diferenças entre os grupos de controle e aqueles com déficit de atenção.** Não se acham anomalias cerebrais localizadas, mas variações no desenvolvimento vinculado às áreas pré-frontais, com problemas nas conexões ou na organização geral do sistema.*** O que parece claro é que certo emaranhado conceitual entre os diferentes subtipos e as chamadas comorbidades não pode ser desfeito a não ser que se consiga distinguir, clinicamente, entre os déficits primários de atenção e os déficits secundários, originados por quadros clínicos os mais diversos, ou mesmo por fatores ambientais e circunstanciais.

Sendo um quadro intrinsecamente complexo, nem critérios superincludentes nem a fragmentação em subtipos resolvem a questão, e não vemos como uma perspectiva clínica para a abordagem do problema possa ser obtida, a não ser por meio de uma visão global de cada paciente, como um todo integrado.

Poderíamos fazer uma analogia gráfica com essa questão comparando as relações entre os detalhes de uma fotografia digitalizada com a identificação da imagem. Nenhum estudo dos *pixels* pode interpretar as representações ali presentes. Em um aparente paradoxo, para certos fins, quanto menos detalhada é a figura, mais fácil de identificar se torna. Por exemplo, o sentido da visão em animais caçadores de insetos, como sapos e rãs, é extremamente pobre em detalhes na mesma medida em que se mostra altamente preciso em captar os mínimos movimentos. Também no âmbito da psicopatologia e da neuropsicologia, muitas vezes pode ser necessário deixar de lado as minúcias e os dados objetivos para se poder captar o "movimento" do quadro clínico, ou seja, do sentido que fazem aqueles sintomas dentro da vida mental do paciente e do seu meio.

Qualquer criança tende a refletir facilmente o ambiente emocional criado pelas pessoas com quem convive, em especial pela sua mãe, é claro. Mães muito ansiosas, inseguras, frustradas, deprimidas ou sobrecarregadas, pais alcoólatras, sogras dominadoras, padrastos

---

* Shaw P et al. Attention-deficit/hyperactivity disorder is characterized by a delay in cortical maturation. *PNAS* 2007;104:19649-54.
** Conners CK. Is ADHD a disease? *J Attention Disorder* 1997;2(1):3-17 .
*** Thomas J, Willems G. *Troubles de l'attention, impulsivité et hyperactivité chez l'enfant: approche neurocognitive.* Paris: Masson; 1997.

abusadores, violência, conflitos, casamentos em vias de terminar são causas muito frequentes de falso déficit de atenção e hiperatividade em crianças. O uso de medicamentos, nestes casos, atende apenas à solicitação imediata dos pais, aliviando a angústia familiar à custa de um prejuízo ainda maior para o desenvolvimento afetivo e cognitivo da criança, assim como para o próprio desempenho escolar dela.

Tendo em mente as consequências futuras – muitas delas irreversíveis – de diagnósticos apressados, originados em entrevistas mal conduzidas, creio nunca ser demais se frisar a fundamental importância da anamnese e do exame psíquico adequados, juntamente com atenta observação da família e das suas formas de interação, para que se possa fazer um bom diagnóstico diferencial entre a criança verdadeiramente hiperativa com déficit primário de atenção e a criança com déficits secundários de atenção, que podem surgir em casos de:

- Ansiedade, geralmente vinculada à ansiedade (ou outros problemas psicopatológicos) dos pais, na grande maioria dos casos.
- Deficiência sensorial (visual, auditiva).
- Deficiência mental.
- Quadros psicóticos.
- Quadros afetivos.

No Adulto

a) Esquizofrenia

O sintoma chamado autismo, diferentemente do autismo infantil, não exclui as outras pessoas, mas as coloca em um mundo diferente, à parte, tão real – ou tão pouco real – quanto o mundo delirante. Nos quadros paranoides, a atenção se vincula a alguns aspectos da realidade externa e os vincula arbitrariamente, de forma peculiar, à realidade interna, produzindo as chamadas percepções delirantes. Blankenburg destaca a perda da evidência natural, intuitiva, que constitui a consciência intencional.

Os pacientes esquizofrênicos têm claras dificuldades em filtrar e selecionar a informação importante da massa de dados irrelevantes trazidos pelo sensório. Esse problema compromete fortemente a *performance* cognitiva dos esquizofrênicos, apesar de a sua distraibilidade tender a se mostrar bastante baixa. Mesmo aqueles esquizofrênicos dotados de altos recursos intelectuais se veem quase completamente incapacitados durante os surtos ou reagudizações de seus quadros psicóticos.

b) Mania

O taquipsiquismo e a logorreia podem, à primeira vista, dar alguma margem de confusão com o quadro de déficit de atenção. No entanto, o exame psicopatológico adequado revela que, apesar da hipervigilância, não chega a ocorrer hipotenacidade. Uma de minhas pacientes, já com uma certa idade, disse-me, certa vez: *"Melhorei muito! Até voltei a estudar!"* Depois acrescentou que obtinha boas notas... em todos os **cinco** cursos que estava fazendo ao mesmo tempo!

Além disso, o paciente maníaco, mesmo na mais intensa agitação, consegue, muitas vezes, aperceber-se de circunstâncias e detalhes os mais sutis, frequentemente de forma inconveniente ou mesmo embaraçosa. Quando seu rendimento cognitivo finalmente cai, é em função do excesso de atividades e de informação, e não de incapacidade atencional.

c) Depressão Melancólica

Aqui a tendência é para um certo grau de hipoprosexia, com redução do tono afetivo, volitivo e atencional. Nesta condição clínica podemos encontrar um sintoma que jamais é visto em depressões reativas ou neuróticas, o bradipsiquismo ou lentidão do pensamento. As respostas podem, às vezes, parecer desconexas em decorrência da demora, obrigando ao diagnóstico diferencial com os estados demenciais e esquizofrênicos. Como o paciente reage muito lentamente às solicitações, pode parecer inatento ao entrevistador mais apressado, que pode já estar formulando a terceira pergunta quando o paciente finalmente começa a responder à primeira. A observação cuidadosa e paciente revela, no entanto, que se trata de uma falsa inatenção ou, no máximo, de uma inatenção secundária.

d) Depressões Reativas e Secundárias

Encontramos nestas situações queixas predominantes de "perda de memória" por inatenção secundária ao desinteresse e à fadiga mental. O paciente refere esquecer-se de objetos, tarefas, compromissos etc., sem que haja qualquer comprometimento verdadeiro da capacidade mnêmica. O esvaziamento afetivo e volitivo cria uma situação de desmotivação que dificulta a fixação dos novos registros, produzindo uma pseudoamnésia. Vitaminas, antioxidantes, estimulantes e os inumeráveis "remédios para memória" encontram aqui um mercado inesgotável.

e) Quadros Neuróticos

- *Ansiosos:* nas crises de ansiedade o processo atencional se vê tomado pela reação psicofisiológica de alarme, e a vigilância tende a se exacerbar em detrimento da tenacidade, ao mesmo tempo em que a atividade simpática produz os efeitos autonômicos de taquicardia, secura na boca, sudorese etc.
- *Dissociativos e conversivos:* ocorre aqui um processo de inatenção seletiva, em que o campo de consciência parece se estreitar, e uma parte é deixada de lado, dominada por elementos inconscientes. A focalização e a exclusão se estendem aos registros de memória, criando também amnésias seletivas. De acordo com a perspectiva jacksoniana de Pierre Janet, nesses estados haveria um estreitamento do campo consciente que impediria o paciente de dirigir voluntariamente a sua atenção para qualquer outra coisa que não fosse aquilo de que se ocupava no momento, como que em uma *distraction perpétuelle* ("distração perpétua"). A sugestionabilidade seria causada por esse estreitamento, que se faria traduzir em um comportamento em níveis mentais mais primitivos e mais automatizados.
- *Fóbicos:* no paciente fóbico, durante a crise decorrente da situação de exposição, a capacidade de concentração voluntária da atenção se esvai, e o foco se prende ao elemento desencadeador da crise, impedindo a atividade normal. Assim, em uma crise de pânico ou na fobia de se apresentar em público, o paciente pode perder a capacidade de agir racionalmente, de pensar com clareza e de se expressar.
- *Obsessivo-compulsivos:* nestas situações clínicas tende a ocorrer certo aumento geral do tono atencional. Alguns pacientes podem apresentar tendência à concentração, porém sem que haja necessariamente qualquer detrimento da vigilância. As alterações da atenção que se podem observar aqui são absolutamente secundárias às características de personalidade do paciente e devem-se à necessidade de controle constante.

f) Hipnose e Estados de Transe

Vemos aqui intensa focalização ou estreitamento do campo de consciência em torno de um ponto central, inibindo tudo o mais. A sugestão hipnótica, em sujeitos suscetíveis, pode modular até mesmo aspectos não conscientes da atividade perceptiva. A personalidade individual parece se fundir com a do hipnotizador ou com a coletividade. A tendência à sugestionabilidade, um *setting* adequado e a presença de elementos perceptivos ritualizados proporcionam ou facilitam o processo, que pode ser tão intenso que mesmo estímulos básicos, como a dor, podem ser negligenciados. A inatenção para o sofrimento e a inibição da dor durante esses estados podem ser tão completas que mesmo rituais cruentos de autoflagelação e cirurgias sob anestesia hipnótica se podem realizar por meio deles. Tais fenômenos, que são encontráveis em todo o mundo, reavivam as crenças religiosas e a integração grupal.

g) Quadros Cerebrais Agudos

Lesões traumáticas, alterações metabólicas, infecções, quadros vasculares etc. podem produzir alterações de consciência radicais, como *delirium*, estupor ou coma. Em fases iniciais de quadros metabólicos – como a hiponatremia, dada no exemplo anterior – pode haver aprosexia total, sem *delirium*, muitas vezes confundida com depressão, demência.

Além disso, queixas inespecíficas, como inatenção, dificuldades de concentração, esquecimento, vertigens e irritabilidade, podem persistir posteriormente, após a recuperação. Pesquisas recentes – com soldados americanos que retornaram do Iraque – porém, fazem crer que tais sintomas parecem estar mais relacionados com depressão reativa e estresse pós-traumático do que com concussões cerebrais (lesões traumáticas leves).*

h) Quadros Demenciais

A perda cognitiva progressiva se inicia com o déficit de memória imediata, e a amnésia anterógrada, ao se instalar, vai impedindo que a focalização da atenção se estenda por mais que alguns instantes. Assim, forma-se um quadro de hipotenacidade sem que haja hipervigilância. A partir desse momento, os pacientes não mais conseguem ler jornais, acompanhar a novela na televisão ou mesmo manter uma conversação coerente.

Nos processos demenciais em que predominam lesões das regiões frontotemporal (doença de Pick, sífilis, neoplasias) a focalização da atenção pode se ver prejudicada essencialmente e não apenas em função da perda da memória. Assim, o controle dos impulsos se reduz e surgem os distúrbios de comportamento (atitudes inconvenientes, hiperatividade etc.), constituindo o quadro clínico da chamada *moria*.

ATENÇÃO E CULTURA

Como já disse Luria, é a vida social que desenvolve as formas neurologicamente superiores de atenção voluntária; construindo, assim, uma ponte entre a atenção involuntária elementar, primitiva e as instâncias mais elevadas e evolutivamente mais recentes da atenção voluntária. A maturação dos sistemas frontais, de controle mais elevado da atenção, se dá ao mesmo tempo em que a criança adquire a linguagem e estabelece vínculos afetivos com o cuidador. A cultura estabelece, então, diferentes padrões de autorregulação e controle,

---

* Hoge CW *et al.* Mild traumatic brain injury in US. Soldiers returning from Iraq. *N Engl J Med* 2008 Jan. 31.

proporcionando um treinamento diverso em aspectos afetivos, volitivos e cognitivos, compondo uma variedade de manifestações destas funções psíquicas.*

Cada elemento que constitui a vida mental se desenvolve em um ambiente cultural que o nutre e o molda. Por exemplo, entre os japoneses, o traço de personalidade chamado "modéstia" tende a ser visto como uma virtude que desfruta de alto reconhecimento social; no entanto, esse mesmo traço, em outros meios culturais, pode ser categorizado como "timidez", um defeito que costuma acarretar desprestígio social. Em outros lugares, em contextos inclinados à medicalização da vida afetiva, essa característica pode mesmo chegar a ser classificada como uma doença, nomeada de "fobia social" e assim encarada como algo que necessita de tratamento psicofarmacológico.

A observação fenomenológica adequada dos fenômenos relativos à atenção exige sua contextualização, ou seja, a compreensão abrangente de cada quadro clínico dentro das relações individuais e sociais em que está imerso.

Em suma, a atenção – tanto em seus aspectos fenomenológicos como neuropsicológicos – revela-se uma função de complexidade intrínseca, distinta, mas não única, e específica, mas não discreta; ou, ainda, por outro lado, que se mostra ampla, sem ser dispersa, e abrangente, sem ser fragmentária.

Como sempre relembra Oliver Sacks em seus belos estudos clínicos, cada estrutura mental constrói um mundo temporoespacial próprio, que se altera nos estados patológicos. A atenção se encontra bem no cerne deste processo construtivo.

Por essas razões, praticamente todos os quadros psiquiátricos têm alguma coisa a ver com as alterações atencionais. Isso nos obriga, na atividade clínica, a procurar distinguir os distúrbios fundamentais, ou primários, daqueles que se mostram secundários ou mesmo meros epifenômenos. Na avaliação puramente neuropsicológica, as múltiplas vinculações das funções dificultam a conceituação dos aspectos primários e secundários, tornando árdua a classificação nosológica. O mesmo já não ocorre na prática clínica, onde o profissional experiente geralmente consegue distinguir com razoável clareza o superficial do profundo e o circunstancial do essencial. A razão disso é que nessa instância clínica a avaliação se dá por um instrumento sensível à intencionalidade, um componente fenomenológico da personalidade inacessível por métodos discretos ou estritamente objetivos.

LEITURA ADICIONAL SUGERIDA

Benson DF. *The neurology of thinking*. New York: Oxford University Press; 1994.
Bergson E. *Essai sur les données immédiates de la conscience*. (publ.orig.1888) Paris: Les Presses Universitaires de France; 1970.
Blankenburg W. *La perte de l'évidence naturelle* (Der verlust der natürlichen selbstverständlichkeit). Paris: PUF; 1991.
Damásio A. *O mistério da consciência* (The feeling of what happens). São Paulo: Companhia das Letras; 2000.
Ellsworth P. Sense, culture and sensibility. In: Kitayama S, Markus HR. *Emotion and culture*. Washington: American Psychological Association; 1994. p. 23-50.
Ey H. *La conscience*. Paris: Desclée de Brouwer; 1983.
Eysenck J. *The biological basis of personality*. Springfield: CC Thomas; 1978.
Goldberg E. *The executive brain*. New York: Oxford University Press; 2001.
Hartmann T. *Attention deficit disorder: a different perception*. Grass Valley, CA: Underwood; 1997.

---

* Posner MI, Rothbart MK, Harman C. Cognitive science's contribution to culture and emotion. *In:* Kitayama S, Markus HR. *Emotion and culture*. Washington: American Psychological Association; 1994. p. 197-216. cap. 6.

Husserl E. *Ideas relativas a una fenomenología pura y una filosofía fenomenológica* (Ideen zu einer reinem phänomenologie und phänomenologischen Philosophie). México: Fondo de Cultura; 1992.
James W. *The principles of psychology*. New York: Henry Holt; 1890.
Janet P. *L'automatisme psychologique*. Paris: Odile Jacob; 1998 (ed. orig. 1889).
Lezak MD. *Neuropsychological assessment*, 3rd ed. New York: Oxford University Press; 1995.
Luria AR. *Higher cortical functions in man*, 2nd ed. New York: Plenum Pub Corp; 1981. p. 634.
Merleau-Ponty M. *Phénomenologie de la perception*. Paris: Gallimard; 1976.
Rogers, LJ, Vallortigara, G, Andrew, RJ. *Divided Brains: The Biology and Behaviour of Brain Asymmetries*. Cambridge University Press; 2013.
Sacks O. *An anthropologist on mars: seven paradoxical tales*. New York: Alfred A. Knopf; 1995.
Shaw P, Ekstrand K, Sharp W *et al*. Attention-deficit/hyperactivity disorder is characterized by a delay in cortical maturation. *PNAS* 2007;49:19649-54.

Capítulo 7 Orientação Espaço-Temporal

*Em nossa mente existem
três tempos presentes:
um presente relativo ao passado,
que é a memória;
um presente relativo ao presente,
que é a percepção;
um presente relativo ao futuro,
que é a expectativa.*

Santo Agostinho

A orientação também é uma função psíquica que se encontra em íntima relação com o estado de consciência e com a capacidade cognitiva, e, geralmente, pode ser usada para avaliá-los. Define-se pelos pontos básicos de referência: as noções de espaço e tempo (orientação alopsíquica) e pessoa (orientação autopsíquica). Estudamos aqui apenas a primeira, já que a orientação autopsíquica será vista em um capítulo à parte. A avaliação corriqueira, de rotina, é bastante simples. No entanto, existem inúmeros desdobramentos das funções temporoespaciais, que se ramificam de forma complexa e permitem interessantes *insights* à psicopatologia.

Compreender melhor o mundo espacial e temporal do paciente permite ao entrevistador transcender algumas das limitações que as circunstâncias impõem à investigação psicopatológica, tornando-a menos restrita aos ambientes social e cultural.

AVALIAÇÃO BÁSICA

A avaliação da orientação espacial normalmente é feita perguntando-se ao paciente se ele sabe onde está, qual o nome do local, da rua, do bairro, da cidade. O exame da orientação temporal é feito solicitando-se ao paciente que diga o dia da semana, a data de hoje ou o mês, o ano. O exame da orientação alopsíquica é uma rotina de fundamental importância clínica, mas nem sempre precisa ser feito dessa maneira formal. Naturalmente, se o paciente veio sozinho à consulta, na data e no local marcados, é óbvio que está perfeitamente orientado alopsiquicamente.

Causas Genéricas de Desorientação Alopsíquica

1. A *apatia depressiva,* por sua profunda desmotivação, pode ocasionar desorientação por desinteresse e inatenção.
2. Os *estados amnésicos* ocasionam perdas das referências temporais e também espaciais, com consequente desorientação.
3. Os estados psicóticos e delirantes provocam, frequentemente, desorientação por meio de falsa ou dupla orientação.
4. As alterações do *estado de consciência* (*delirium*, estados confusionais, sedação), com rebaixamento sensorial, ocasionam quase sempre perda da orientação alopsíquica.
5. Em certas lesões cerebrais, como ocorre na psicose de Korsakoff, podem ocorrer falsas orientações, chamadas *confabulações*, que se mostram como tentativas de preencher vazios da memória com informações imaginárias.
6. Na já citada síndrome de Balint ocorre desorientação visual, que se deve à lesão do lobo parietal contralateral ao hemicampo prejudicado. Diversas outras alterações mais específicas do reconhecimento espacial podem ocorrer em quadros neurológicos. Entre elas, temos a perda da representação espacial, as alterações espaciais da imagem corporal, a apraxia construtiva, a perda da orientação direita-esquerda etc.
7. O espaço e o tempo também se encontram alterados nos sonhos, assim como nos relatos de alguns pacientes esquizofrênicos e certos deprimidos.

   Obs. 1: É válido ressaltar que o exame da orientação só tem valor em um *setting* adequado, ou seja, quando existem condições ambientais suficientes e adequadas para a apreensão dos parâmetros necessários. Assim, por exemplo, indivíduos sequestrados, isolados em solitária ou quarto-forte, perdidos em região inóspita etc., podem apresentar um certo grau de desorientação, mesmo que não apresentem qualquer sinal de rebaixamento do nível de consciência e mantenham o sensório inteiramente preservado.

Obs. 2: Lembramos que devemos ainda levar em consideração que a conceituação de espaço e tempo sofrem fortes influências do meio cultural e que informações aparentemente distorcidas ou inexatas podem, às vezes, ser um reflexo de diferentes formas de encarar as dimensões espaciais e temporais.

PSICOPATOLOGIA DO TEMPO E DO ESPAÇO

Aparentemente, perguntar *"Onde estamos?"* e *"Que dia é hoje?"* envolve apenas aspectos relativamente simples e banais do exame mental rotineiro. No entanto, como elementos essenciais da relação do sujeito com o mundo que o cerca, as noções de tempo e de espaço podem alcançar instâncias muito mais profundas da individualidade. Em termos evolutivos, as concepções do tempo e do espaço foram essenciais no desenvolvimento da mente social, proporcionando os sensos de grupo, identidade, pertencimento, localização, previsão, história, narrativa, interações sociais, relações em geral. O desenvolvimento da linguagem evoluiu interativamente, em conjunto com a temporalidade e a espacialidade. A capacidade de construção de instrumentos e artefatos foi surgindo *a posteriori*, de forma gradual, com alguns eventuais saltos bruscos, como o advento do fogo e da agricultura.

Não é difícil percebermos que o espaço individual e o coletivo se alteram de acordo com o ambiente cultural, assim como nos diversos estados psíquicos, nos distúrbios mentais. É comum que paciente psicótico tenha grande dificuldade para delimitar-se e, assim, delimitar o espaço dos outros. Além disso, devemos considerar que, no caso da internação hospitalar, o espaço próprio fica reduzido a um mínimo. No entanto, é precisamente esta perda da autonomia que proporciona a certos pacientes o alívio da ansiedade psicótica de desintegração.

A temporalidade pode estar alterada em diversas condições mentais. A memória, que é o registro do tempo interno, é condição básica para a própria noção de tempo. Em certos estados amnésicos, como a síndrome de Korsakoff, há certa perda da localização temporal dos registros (Capítulo 16). Existe também um tempo afetivo que percebemos quando sentimos a diminuição aparente do fluxo do tempo interno no prazer e a sua aceleração no sofrimento. Há, ainda, um tempo cognitivo: a intensa aquisição de informações acelera o tempo interno na infância e o reduz na velhice.

O ambiente cultural, como já vimos, condiciona certas referências espaciais e temporais. Por exemplo, quando uma pessoa urbana vai à zona rural, logo percebe que lá o tempo parece passar de forma diferente, e as pessoas parecem ser mais lentas, mais passivas e menos rigorosas com os horários e planejamentos. A espacialidade também se mostra alterada, como se vê na célebre expressão *"É logo ali..."*, muito usada em Minas Gerais para indicar lugares os mais longínquos.

OS DIVERSOS TEMPOS E ESPAÇOS

πάντα ρεί ούδέν μένει
(Panta rei, ouden menei)
Tudo flui, nada permanece.
Heráclito (535-475 a.C.)

Apesar de falarmos em tempo e espaço como conceitos únicos, perfeitamente claros e evidentes, quando refletimos sobre eles vemos que não são. Já na Idade Média, Santo

Tomás de Aquino sustentava a ideia de que as criaturas corpóreas existiriam no *tempus* (tempo cíclico, de nascimento, corrupção e morte), ao passo que as criaturas espirituais existiriam no *ævum* (tempo direcional, sujeito a mudanças), e apenas Deus existiria na *æternitas* (eternidade, tempo imutável). Bem antes, seguindo a concepção platônica, Santo Agostinho havia proposto que o tempo havia sido criado por Deus juntamente com o Universo, de forma que qualquer questão sobre o que haveria antes da Criação não teria nenhum sentido. Já na sua "Física", Aristóteles contestava essa visão cosmológica de Platão – defendida no diálogo "Timeu" – baseando-se em que ela exigia não apenas um início de universo no tempo, mas absurdamente pressupunha um início do próprio tempo em si mesmo. Antecipava, assim, em 20 séculos, a discussão entre Newton e Leibnitz sobre o tempo e o espaço absolutos. Curiosamente, a concepção platônica agostiniana em muito se assemelha à dos físicos atuais, que entendem que o tempo surgiu com o *Big Bang*.

A temporalidade e a espacialidade foram consideradas pelo filósofo alemão, Immanuel Kant (1724-1804), como constructos da mente humana, fenômenos (de Φαινομενον, *phainomenon*); por oposição aos objetos da realidade em si mesma, ou númenos (de νουμενον, *noumenon*), que não seriam acessíveis ao homem. De acordo com ele, não temos acesso à realidade, mas apenas à representação de realidade vinculada ao tempo e ao espaço que já existem como elementos *a priori* em nossas mentes. O que podemos observar no exame psíquico é o compartilhamento desses constructos com as outras pessoas e não a percepção do espaço e do tempo "reais".

As dimensões espaciais – compondo distâncias, formas, tamanhos – afetam a nossa posição, a nossa atividade e as nossas relações com o mundo. A dimensão temporal, porém, afeta a nossa própria existência, assumindo um papel essencial na constituição de qualquer *Weltanschauung*. Ontologicamente o espaço apenas nos limita, mas é o tempo – a duração de nosso estado consciente – que nos define.

Não temos nenhum controle sobre a dimensão temporal e muito pouco sobre as dimensões espaciais, mas podemos agir sobre as nossas percepções delas. Não podemos retardar nem apressar o tempo, mas podemos criar um fragmento de tempo isolado em uma música, em um livro, em uma peça teatral ou em um filme. Não podemos aumentar nem diminuir o nosso tamanho, mas podemos desenhar, pintar, esculpir monumentos e construir edifícios.

Tempo e Espaço Psíquicos

> *La libertad, Sancho, es uno de los más preciosos dones que dieron los cielos; con ella no pueden igualarse los tesoros que encierran la tierra ni el mar encubre; por la libertad, así como por la honra, se puede y debe aventurar la vida...*
> "El Ingenioso Hidalgo Don Quijote de la Mancha".
> Miguel de Cervantes Saavedra (1547-1616)

No desenvolvimento da mente infantil, a absoluta inconsciência do tempo – um eterno presente – evolui para uma progressiva ampliação da consciência do passado e da expectativa do futuro. Segundo Piaget, mesmo quando nas suas primeiras fases a criança age dentro de uma sequência temporal, a consciência dessa temporalidade só vem com o desenvolvimento. Dessa forma, no início ela pode ordenar sua atividade no tempo sem se dar conta disso, ou seja, sem nenhuma representação sequencial dos eventos ou qualquer serialidade temporal.

Na consciência temporal da criança se vai revelando cada vez mais importante a ideia de futuro, pois sua identidade individual e seu reconhecimento social se encontram como que armazenados lá, naquele adulto que ela será quando crescer. Durante a adolescência o processo de construção da identidade absorve todas as energias emocionais no momento presente, enquanto o passado infantil é deixado de lado, e o futuro paira incerto em um horizonte distante, paradoxalmente muito mais longínquo do que durante a infância. Finalmente, a senectude tende a se dedicar ao passado, já que o presente é pouco gratificante e o futuro não existe. Assim, cabe à idade adulta produzir o equilíbrio entre passado, presente e futuro em que se constitui a maturidade.

Santo Agostinho, no livro XI de suas célebres "Confissões", inquire-se sobre a natureza do tempo, observando que o presente está sempre deixando de existir, enquanto o passado não é mais, e o futuro é apenas uma potencialidade. Segundo ele existem em nossa mente três tempos: o presente do passado, que é a memória, o presente do presente, que é a atenção, e o presente do futuro, que é a expectativa. Memória, atenção, pensamento e afetividade envolvem aspectos importantes do exame clínico psicopatológico.

A afetividade representa um papel fundamental na formação dos registros mnêmicos, que formam a base da noção de temporalidade. A neurofisiologia nos mostra que as estruturas do sistema límbico-hipocampal estão diretamente ligadas à afetividade e à mnemogênese. Na mente adulta, a memória anterógrada, afetivamente ligada à curiosidade, ao gosto pelo novo, forma uma consciência de tempo progressivo, em permanente expectativa de mudança. A memória retrógrada forma a consciência de um tempo caracterizado por fenômenos que se repetem, cuja previsibilidade cria a experiência.

A memória produz o registro do tempo interno. Podemos propor um tempo afetivo, ao observarmos a diminuição aparente do fluxo do tempo interno nos estados de prazer, e a sua aceleração no sofrimento. Constatamos ainda um tempo cognitivo à medida que a intensa aquisição de informações acelera o sentido do tempo interno na infância, e a redução do ritmo cognitivo reduz o fluxo temporal interno na velhice. Aprendemos cada vez menos com o avançar dos anos, e o tempo parece passar cada vez mais rápido: *"Parece que foi ontem..."* torna-se uma frase cada vez mais frequente, com a idade.

A percepção visual privilegia o espaço, enquanto a percepção auditiva tende a vincular-se ao tempo. Já mencionamos a descrição do cego John Hull, que relatava viver em um mundo controlado pelo tempo, não pelo espaço.

A territorialidade é uma característica comportamental encontrada em todos os seres vivos, incluindo até mesmo invertebrados, plantas e criaturas unicelulares. Limites são estabelecidos por meios físicos ou químicos, diretos ou indiretos, práticos ou simbólicos. Da agressão direta e das exotoxinas aos feromônios, sons e rituais, o espaço de cada indivíduo, família, grupo ou espécie precisa se estabelecer, para assegurar a alimentação, o abrigo, a proteção à prole e o habitat em geral.

Nos animais mais complexos, a territorialidade inicia a organização social, introduzindo as fronteiras individuais e grupais. Vemos que os cães, por exemplo, rapidamente aprendem a defender veementemente o seu espaço, a marcar as suas fronteiras e a jamais fazer as suas necessidades perto de onde habitam. No ser humano, a noção de espaço social se imbrica com a cultura e incorpora novos elementos à já complexa noção de território. Qualquer percepção de perda dos limites produz ansiedade e sentimentos de ameaça à integridade do indivíduo ou do grupo.

Tempo e Espaço Fisiológicos

Ritmos circadianos são ritmos fisiológicos *intrínsecos,* cuja duração se aproxima das 24 horas, que regulam o metabolismo, as taxas hormonais plasmáticas e o ciclo sono-vigília. Tais ritmos sofrem variações entre as espécies, entre as populações e entre os indivíduos, assim como entre as estações do ano. Todos os seres vivos – animais, plantas ou micróbios – apresentam ritmos entre 22 e 28 horas, sendo chamados *ultradianos,* quando são *menores* que um dia e *infradianos,* quando ultrapassam. Precisam, portanto, ser regulados permanentemente. Existem no organismo diversos *osciladores biológicos* ("relógios vivos") que se interinfluenciam e que sofrem a influência dos *sincronizadores* (ou *Zeitgebers*, em alemão), como os ciclos de luz e temperatura, que "acertam" os relógios.

Os núcleos supraquiasmáticos do hipotálamo são os principais marca-passos e recebem informações sobre a quantidade de luz diária (o fotoperíodo ou tempo de iluminação), diretamente da retina por meio de fibras dos nervos ópticos. Por este mecanismo, também os ritmos mais longos, como, por exemplo, os ciclos reprodutivos, sofrem a influência sazonal. O pesquisador Stuart Albert verificou experimentalmente que, em sujeitos em ambiente fechado – com relógios propositalmente acelerados ou retardados –, a rapidez da atividade mental aumentava ou diminuía de acordo com o ritmo artificialmente estabelecido pelos cronômetros.

Dois relógios principais nos controlam: um regula o ciclo do sono, e o outro regula a temperatura corporal e os ritmos metabólicos. Quando sentimos sono, mais ou menos simultaneamente a nossa temperatura corporal vai caindo, e na mesma medida o ritmo metabólico e a frequência respiratória vão baixando. Em consequência da respiração mais lenta, a insuficiente eliminação do gás carbônico induz a seguidas inspirações forçadas: os bocejos. A sonolência vem acompanhada de acentuada redução metabólica. Por esta razão, quando ficamos sem dormir, sentimos uma certa retomada das energias após uma certa altura da madrugada, quando a temperatura corporal volta a subir novamente. A defasagem provocada entre os dois relógios produz esses estranhos efeitos de que nos queixamos, quando, apesar do cansaço, não conseguimos dormir.

A glândula pineal ou epífise, que intermedeia os núcleos hipotalâmicos por meio da secreção do hormônio melatonina, parece estar envolvida com essa regulação sazonal dos ciclos reprodutivos, de acordo com o tamanho do fotoperíodo. Em um réptil muito primitivo da Nova Zelândia, o tuatara *(Sphenodon punctatus),* um órgão fotossensível vestigial persiste na cabeça, como um terceiro olho. Nos outros vertebrados, a pineal recebe essas informações por ramificações específicas do trato óptico. Existem especulações relacionando a pineal e a melatonina com estados depressivos sazonais e estes com os ritmos circadianos, especialmente em países onde as estações são muito marcadas. Esse mesmo hormônio parece produzir efeitos terapêuticos interessantes, certamente por vias indiretas, sobre certos tipos de insônia e sobre o *jet lag* (efeito das viagens rápidas que ocasionam a passagem por diversas longitudes e, portanto, por diversos fusos horários). As alterações impostas a esses ritmos (p. ex., longos percursos aéreos que ocasionam *jet lag*, plantões noturnos etc.) exigem períodos de adaptação; mesmo assim sempre persiste alguma dificuldade, pois certos ritmos são intrínsecos a cada indivíduo.

Algumas pessoas tendem a dormir e acordar mais tarde que a média **(cronotipo vespertino)**, enquanto outras tendem ao inverso **(cronotipo matutino)**. Assim, pessoas de tendência à atividade noturna jamais se adaptam inteiramente ao trabalho matinal, apresentando baixo rendimento, depressão ou irritabilidade constantes; e vice-versa. Portanto, as adaptações devem ser sempre transitórias, e o indivíduo deve procurar adequar seus horários de maior atividade laborativa às suas características pessoais. Deve notar ainda que existe alguma variação quanto à idade e ao sexo; com as mulheres e os idosos em geral tendendo um pouco mais ao cronotipo matutino.

O cérebro humano organiza o espaço do corpo em uma programação hierarquizada, chamada **esquema corporal**. De forma talvez mais complexa, temos ainda a **imagem corporal** (ver Capítulo 8: Sensopercepção). A submissão à invasão do espaço corporal só pode ser possível por meio do autocontrole, ou, ainda, de um vínculo emocional extremamente forte. Por isso os exames físicos e as intervenções invasivas em crianças ou em pessoas mentalmente incapacitadas podem ser tão difíceis.

Tempo e Espaço Culturais

Como já havia observado William James, para a nossa mente, o registro intuitivo do tempo não vai além de horas ou dias. Além desse limite, a concepção se torna absolutamente simbólica. São as datas e os eventos que nos criam a referência; a sua quantidade simboliza a extensão temporal. É o seu caráter social que nos permite construir uma noção do tempo. Coube ao registro simbólico cultural a tarefa de vincular o tempo natural (os ciclos da natureza) aos eventos humanos.

Assim, em linhas gerais, as concepções culturais do tempo mais relevantes, ou pelo menos as que mais interessam ao contexto da terapêutica e da psicopatologia, a nosso ver, são as de tempo cíclico e tempo contínuo, que já mencionamos, e os diversos espaços sociais. Na prática clínica, muitas das dificuldades encontradas pelos médicos nas suas relações com pacientes – especialmente os de baixa renda – estão relacionadas com as expectativas sobre os papéis do médico e do paciente, assim como da programação terapêutica.

De acordo com Piaget, o desenvolvimento do conceito de espaço na criança vai do egocêntrico para o alocêntrico, que engloba o social. O espaço social, de um modo geral, apresenta características comuns em todos os grupos e sociedades, com algumas variações entre as culturas. O antropólogo Edward Hall distinguiu quatro distâncias interpessoais, cuja extensão variava com a cultura:

1. Distância íntima.
2. Distância pessoal.
3. Distância social.
4. Distância pública.

Existem variações culturais na delimitação desses espaços, mas tendem a ser predominantemente quantitativas. Em geral, quanto maior a tendência ao individualismo (no sentido sociológico), maior a área ocupada pelo espaço íntimo. Este recebe *inputs* de todos os sentidos (visuais, auditivos, táteis, olfativos e até gustativos), enquanto os outros espaços restringem-se quase totalmente à percepção visual e auditiva, especialmente o último, o espaço público. Ser tocado ou sentir o cheiro de alguém torna íntima uma relação pessoal, social ou pública, o que nem sempre é adequado ou agradável. Os cumprimentos padronizados, como apertos de mão, e o uso de loções e perfumes tornam formais os contatos e evitam os constrangimentos.

Um aspecto tradicionalmente difícil na relação com pacientes com doença mental é a ausência de cuidados higiênicos e de boas maneiras, podendo desrespeitar o espaço íntimo do entrevistador. Esta invasividade da área pessoal pode ocorrer em quadros maníacos, esquizofrênicos ou deficitários. Nos estados maniformes, geralmente se relaciona com a expansão do eu, que "transborda". Nos esquizofrênicos, pode-se dever à perda dos limites do sujeito, que não mais se distingue do *outro*. Nos deficientes mentais, pode ocorrer pelo isolamento, pela falta de convívio ou até mesmo pela própria incapacidade de compreender as regras sociais.

Uma forma ilustrativa de como a cultura interfere no espaço íntimo é a distância entre a cadeira do entrevistador no consultório e o assento do paciente. Em ambulatórios públicos, é comum este procurar se sentar o mais próximo possível do médico, mesmo que ainda não se ache estabelecido um vínculo significativo entre eles. A presença de outras pessoas também é muito mais facilmente tolerada do que em um consultório particular.

Tempo e Espaço na Clínica

Alguns distúrbios afetivos têm certa relação com os ritmos fisiológicos, com a sazonalidade e com o fotoperíodo. Karl Jaspers discrimina as alterações da consciência do curso temporal (aceleração ou lentificação do tempo, perda da consciência do tempo, desrealização do tempo, imobilização do tempo), da consciência da extensão temporal, da consciência do presente com relação ao passado e ao futuro, da consciência do futuro e ainda as alterações esquizofrênicas da consciência do tempo (desagregação, confusão). O espaço e o tempo esquizofrênicos são restringidos pelo esvaziamento dos vínculos afetivos sociais. Como sabemos, a distância espacial, assim como a temporal, é avaliada pelos eventos e pelos laços emocionais e sociais do percurso.

O espaço institucional tem por função não apenas a contenção e a proteção do paciente, mas ainda a delimitação entre o sujeito e o mundo, assim como a reorganização da personalidade fragmentada ou sem referências internas. No século XIX, nos Estados Unidos, muitos hospícios foram construídos sobre a ideia do papel terapêutico da própria estrutura arquitetônica. Nas instituições asilares, a uniformização do espaço pode angustiar muito o paciente, que acorda todos os dias num ambiente novo, que jamais reconhecerá conscientemente. Particularizar e identificar o espaço próprio do paciente pode ajudá-lo a suportar a vida institucional. Para as personalidades sociopáticas, o espaço manicomial, além de proteger a sociedade, pode proporcionar uma espécie de "superego de concreto" de função pedagógica a longo prazo.

Para boa parte da população normal, as instituições totais (militares, religiosas etc.) têm efeito agregador, vinculador e identificador, produzindo o sentido de pertencimento e os fenômenos de massas, pela sugestão. Soldados em ordem unida e religiosos entoando cânticos, assim como partidários em convenções políticas e torcedores em estádios sentem-se como um só. Para o paciente, no entanto, que já tem dificuldades de se vincular, instituições grandes, impessoais e burocratizadas demais podem criar um efeito desmoralizante a longo prazo, reduzindo o autorrespeito e a diferenciação.

Em certas lesões cerebrais pode ocorrer uma perda da aquisição de novas informações, ocasionando um presente permanente, fixo em uma época passada. Nas lesões hipocampais, ocorre certa diminuição da capacidade de consolidação dos registros mnêmicos prévios, ocasionando esquecimento rápido. Nas lesões diencefálicas, como na síndrome de Korsakoff, diminui o próprio registro ou sua codificação; assim o esquecimento permanece normal, mas o processo de registro torna-se muito lento. Ocorre aí uma perda da localização dos registros no tempo (isolamento contextual), sem que haja perda da percepção do fluxo do tempo.

Nos estados demenciais, o ambiente e as pessoas podem ser referidos a lugares e personagens do passado. Certo dia fui visitar uma paciente demenciada em uma instituição, e ela me recebeu com um sorriso, como se estivesse na sua antiga residência: *"Sinta-se em casa, doutor"*. Em seguida determinou que me trouxessem um cafezinho, como se fosse a dona da casa.

Manter seus objetos antigos e elementos de decoração bem conhecidos do paciente em seu quarto ajuda o doente demenciado a se manter familiarizado com o ambiente institucional.

A percepção do tempo encontra-se alterada sob a ação de drogas estimulantes, nos estados reativos de alarme, nos estados febris, no *delirium*, nas lesões dos gânglios basais, da substância negra e do estriado. Sob a influência desses estados, a passagem do tempo pode parecer lentificada (quando o sujeito se sente acelerado, e o mundo tornado vagaroso) ou então mais rápida (quando o sujeito se percebe lentificado, e o mundo, acelerado). Assim, por exemplo, um usuário de cocaína e um paciente parkinsoniano tendem a apresentar percepções opostas da passagem do tempo, ocasionadas pelas diferenças na atividade dopaminérgica dos gânglios da base (estimulada no primeiro caso e reduzida no segundo).

Alonso-Fernández procurou sistematizar a temporalidade psicopatológica de acordo com a predominância do futuro (neuroses de angústia), do presente (histéricos, maníacos, alcoólicos, dementes, oligofrênicos), ou do passado (depressivos). Relaciona também a temporalidade à expectativa, à esperança e à capacidade de suportar a frustração. Mais recentemente, Fuchs propôs uma interpretação da melancolia como resultado de uma dessincronização da relação temporal entre organismo e ambiente, ou indivíduo e sociedade.

Na depressão melancólica o eu se esvazia e retrai, como que fazendo desaparecer o futuro, tomado pelo fatalismo (tudo já está escrito, já é passado) e pela desesperança e pela ideia de fim e de morte. De acordo com Ludwig Binswanger, o futuro se mostra como que invadido pelo passado. Nos estados maníacos parece não haver mais vínculos entre o passado e o futuro, dando lugar à inconsequência e à ausência de limites. É como se o eu se inflasse e avançasse com relação ao mundo.

As neuroses de angústia e depressivas apresentam manifestações temporais, assim como a neurose obsessiva. Nesta, porém, o indivíduo busca o controle não apenas do tempo – com seus rituais – mas também dos espaços interno e externo. Podem surgir ideias deliroides, organizando um sistema quase paranoico de controle, sem perda do *insight*.

Neuroses conversivas manifestam-se no espaço corporal, enquanto as dissociativas no espaço interno. Os fóbicos tendem a localizar no espaço externo os sentimentos de ameaça, como na claustrofobia e na agorafobia. Observe-se que o fóbico mantém o cuidado, o controle da situação, o *insight* e a coerência do procedimento, ao contrário do esquizofrênico recluso.

Podemos considerar que nos estados neuróticos o presente (vida atual) se vê sobrepujado pelo passado (reminiscências) ou pelo futuro (a antecipação e a ansiedade).

Antecipação

A antecipação é a base da percepção, da harmonia na música e também o fundamento de todos os mecanismos de defesa. A repetição de um evento permite a sua antecipação e consiste no elemento fundamental da satisfação que se sente ao reconhecer algo, como uma imagem, uma melodia ou uma narrativa. Esse reconhecimento assegura o nosso domínio cognitivo sobre a realidade: o mundo se torna previsível e controlável. O enorme prazer que toda criança mostra ao ouvir a mesma história inúmeras vezes se deve ao fato de já conhecer o seu final. A previsibilidade das novelas de TV e a repetitividade da música de massa obedecem aos mesmos princípios. Quando essa previsibilidade não está assegurada, a expectativa se transforma em ansiedade e angústia.

W. S. Condon estudou a sincronia da comunicação em autistas, concluindo que eles não conseguem sincronizar o seu próprio ritmo de resposta corporal ao som com o das outras pessoas. No autismo, vemos como que uma compartimentação do espaço próprio (como uma bolha), em que o outro só penetra como fragmento. Nos comportamentos autísticos secundários, vemos um recolhimento defensivo ao espaço próprio.

Tempo e Espaço Psicóticos

Se nos quadros neuróticos e afetivos o tempo é o elemento essencial, nos quadros psicóticos o espaço tende a predominar. Nos estados esquizofrênicos parece interromper-se a passagem do tempo, não havendo mais vida nem prazer.

E. Minkowski destacava a redução da estrutura temporal na mania e na depressão, utilizando a diferenciação feita por Hönigswald e por Straus entre o tempo imanente (*Ich-Zeit*: tempo do eu) e o tempo transitivo (*Welt-Zeit*: tempo do mundo). Observou que, na depressão melancólica, o tempo imanente se retarda com relação ao tempo transitivo, e a inibição se instala.

Minkowski entendia que a essência fenomenológica da esquizofrenia consistia na alteração da estrutura temporoespacial das vivências, especialmente na prevalência dos aspectos estáticos (espaciais) em detrimento dos aspectos dinâmicos (temporais).

É interessante notar que a **espacialização** do tempo de que falava Minkowski é mais um dos aspectos que a sociedade moderna individualista tem em comum com o solipsismo e a fragmentação esquizofrênica (ver Sass). Agendas, *planners* e *schedules*, elementos espacializadores do tempo moderno, mostram estranha semelhança com os desenhos e mapas diagramáticos esquizofrênicos. Poder-se-ia especular se esta espacialização favoreceria talvez um limiar mais baixo para a desagregação cognitiva e afetiva.

Entre os principais elementos da espacialidade esquizofrênica a serem observados temos a perda dos limites do eu e a confusão entre espaços interno e externo. A confusão leva à expansão invasiva do espaço interno sobre o mundo externo. O conflito resultante pode, eventualmente, conduzir a situações agressivas – reação social, repressão, hostilidade – e a uma consequente retração do eu a um espaço limitado, como que tendendo a se recolher a um "buraco negro" cada vez menor. Certos casos chegam a melhorar com a internação pura e simples, antes mesmo de a medicação fazer efeito. É comum em muitos pacientes o medo da alta, quando o resultado terapêutico não é suficiente. Um paciente meu, quando ainda jovem, investiu seu primeiro salário em um jazigo perpétuo à prestação, garantindo seu lugar na eternidade.

Podemos, ainda, observar a desvinculação entre os objetos e o seu espaço. Na arte esquizofrênica, a marcação sem sutileza de cores nem formas mostra a dificuldade de delimitação. Experiências mostram que a orientação espacial sofre prejuízos na esquizofrenia. Também não é incomum que pacientes cognitivamente preservados e orientados quanto à data e ao local não consigam dizer quando ocorreu um evento, se há 1 ano ou há 10 anos.

LEITURA SUGERIDA

Barcia D. *Ritmos biológicos en psiquiatría*. Murcia: FAES; 2007.
Bastos C. Tempo, idade e cultura. *Revista Latinoamericana de Psicopatologia Fundamental*. VIII, 2005;4(8)738-53.
Gubrium JF. *Time, roles and self in old age*. New York: Human Sciences Press; 1976.
Hall E. *A dança da vida*. Lisboa: Relógio D'Água; 1996.

Kimura B. *Écrits de psychopathologie phénomenologique.* Paris: PUF; 1992.
Levine R. *A geography of time.* New York: Basic Books; 1997.
Minkowski E. *Le temps vécu.* Paris: PUF; 1995.
Pélicier Y. *Espace et psychopathologie.* Paris: Economica; 1983.
Piaget J. *A noção do tempo na criança.* Rio de Janeiro: Record; 2002.
Poirel C. *Los ritmos circadianos en psicopatologia.* Madrid: Alhambra; 1982.

Capítulo 8 Sensopercepção

*Is this a dagger which I see before me,
The handle toward my hand?
Come, let me clutch thee:
I have thee not, and yet I see thee still.
Art thou not, fatal vision, sensible
To feeling as to sight? or art thou but
A dagger of the mind, a false creation,
Proceeding from the heat-opressed brain?*

William Shakespeare,
Macbeth, act II, scene I

SENSAÇÃO

Define-se como a impressão causada nas terminações nervosas (receptores), quando estimuladas. Essas impressões são conduzidas pelas grandes vias aferentes do sistema nervoso, que levam os impulsos aos centros suprassegmentares.

Os sentidos, ou seja, as informações originadas nos receptores do sistema nervoso periférico, proporcionando ao sistema nervoso central elementos para estabelecer o relacionamento do psiquismo com os meios externo e interno, são muito mais que apenas cinco, como podemos constatar ao citá-los:

- Dor (mediada por receptores nociceptivos).
- Temperatura (corpúsculos de Ruffini para o calor e de Krause para o frio).
- Pressão e tato protopático (grosseiro) – corpúsculos de Vater Paccini.
- Tato epicrítico (discriminativo) – corpúsculos de Meissner.
- Propriocepção consciente (terminações nervosas nos tendões, ligamentos e cápsulas articulares).
- Propriocepção inconsciente (fusos neuromusculares e órgãos neurotendinosos).
- Sensibilidade visceral (terminações nervosas nas paredes e cápsulas viscerais).
- Gosto (corpúsculos gustativos da língua).
- Olfato (vesículas olfatórias).
- Visão em cores (três tipos de receptores – um para cada cor primária – em forma de cone, situados na retina).
- Visão no escuro, em branco e preto (receptores em forma de bastonete, na retina).
- Audição (órgão espiral de Corti, da cóclea, situado na orelha interna).
- Equilíbrio vestibular (canais semicirculares do labirinto, na orelha interna).
  Obs.: O labirinto é a estrutura sensorial intrínseca do equilíbrio postural, sentindo a direção e o sentido do campo gravitacional; no entanto, a propriocepção e a visão também fornecem elementos ao sistema nervoso central para a manutenção do equilíbrio em cuja coordenação o cerebelo desempenha papel fundamental.

Tendemos a considerar o nosso corpo e a sua relação com o mundo externo como partes intrínsecas de nossa vida, e assim custamos a encarar como sentidos próprios e específicos as capacidades de que dispomos ao nos pormos em pé, nos equilibrarmos, andarmos, percebermos a nossa posição, os nossos movimentos etc. O nosso mundo espacial interno e suas complexas relações com o espaço externo são tão integrados à nossa existência e à nossa identidade que dificilmente tomamos consciência de suas propriedades. Só quando nos confrontamos com os casos patológicos é que nos apercebemos da enorme quantidade de informações que recebemos e processamos, inconscientemente, a cada instante.

Alterações das Sensações
- Analgesia (do grego α-, αν- [*a-*, *an-*] prefixo de falta, ausência, privação, e αλγος [*algos*]: dor): refere-se à ausência específica da sensação de dor.
- Anestesia, hipoestesia, hiperestesia (do grego αισθησις [*aisthesis*]: sensação): referem-se à ausência, à diminuição e ao aumento, respectivamente, de *todas* as sensações, inclusive a dor.
- Deficiências e alterações das funções sensoriais específicas: surdez, cegueira, daltonismo, anosmia etc.

PERCEPÇÃO

> *Nihil estl in intellectu quod non prius fuerit in sensu*
> *(Nada se acha no intelecto que não tenha vindo dos sentidos)*
> Frase aristotélica, citada por Hobbes, Locke e Leibniz

Processo mental pelo qual a informação sensorial é organizada e integrada significativamente, podendo, assim, ser reconhecida. Sabemos que apenas uma minúscula fração de 1% do sistema nervoso é diretamente utilizada para estabelecer relações com o meio externo. Quase a totalidade da trama neuronal destina-se ao processamento da informação e à integração perceptiva. Além de coordenar, integrar e dar sentido à informação proveniente dos sentidos, o córtex cerebral precisa, também, apreender e utilizar as noções de movimento e de ordenação espacial e temporal (Figs. 8-1 e 8-2).

Os diversos sistemas sensoriais (olfativo, visual, auditivo etc.) constituem, com o sistema límbico, a interface entre o cérebro e o ambiente, ilimitadamente complexo. Este conjunto de estruturas usa uma dinâmica não linear – na fronteira do caos – para produzir incessantemente modelos e experimentos, levantando e descartando hipóteses sobre o meio externo. Em última análise, todo o registro cognitivo – o conteúdo mental – consiste em paisagens semicaóticas formadas por atratores que a dinâmica neural da intencionalidade humana produz, tornando a sensopercepção um sistema informativo em permanente reconstrução e reorganização.

Nem todo o *input* sensorial é processado como percepção. Em certas circunstâncias podemos reagir inconscientemente a eventos fora do nosso alcance sensível. Determinados estímulos podem despertar uma sensibilidade primitiva – em níveis infracorticais – que atinge além da capacidade perceptiva normal. Assim dispomos de recursos aos quais reagimos, mas não temos acesso consciente, por estarem vinculados a vias e estruturas arcaicas do cérebro. Boa parte do que se chama de "percepção extrassensorial" pode estar relacionada com fenômenos dessa natureza.

Devemos notar que a vivência fenomenológica das percepções *não* corresponde exatamente à influência direta do meio externo sobre os receptores do sistema nervoso, mas à maneira particular como o cérebro organiza e representa essa influência. Além disso, toda a informação sensoperceptiva é de natureza comparativa, relacional, nunca absoluta. Isso já havia sido destacado por Goethe e por Helmholtz, no século XIX. Oliver Sacks, em seu livro, *The Island of the Colorblind*, relata de forma muito interessante a experiência perceptiva de pessoas com acromatopsia congênita, que não enxergam cores nem detalhes.

Como ressaltaram os psicólogos gestaltistas, o significado ou o valor do objeto é percebido juntamente com a sua forma e cor. K. Koffka, em seu "*Princípios de Psicologia da*

Pontos somatossensoriais

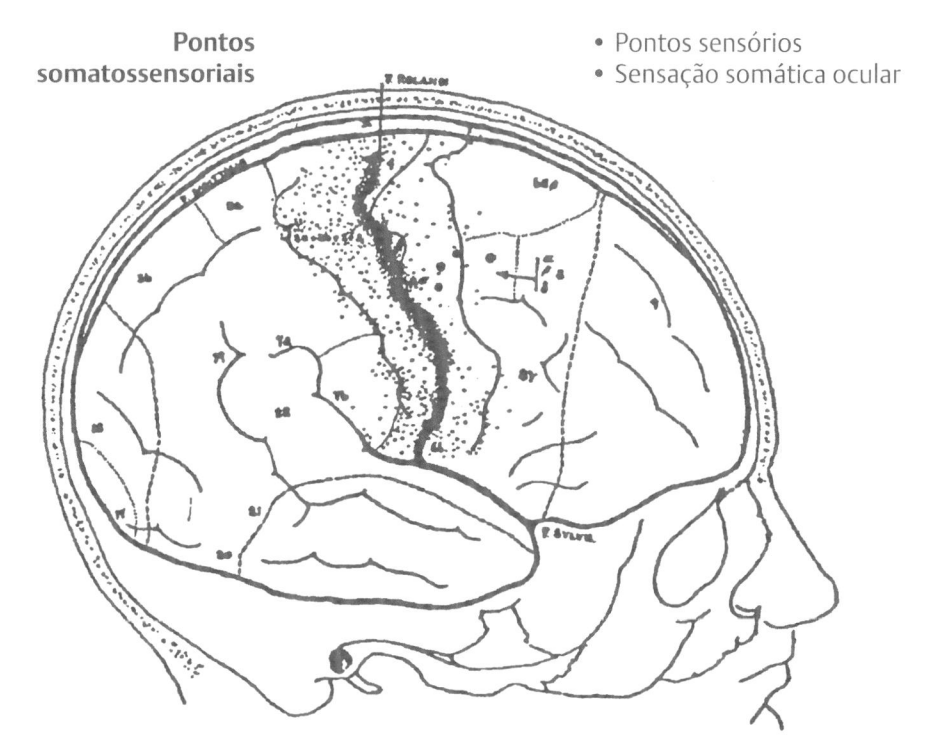

- Pontos sensórios
- Sensação somática ocular

Fig. 8-1. Córtex sensório, segundo Penfield (giro pós-central, áreas 1, 2 e 3 de Brodmann). Ver homúnculo sensório-motor de Penfield, Figura 8-4.

Coelho   Gato   Macaco   Homem

Fig. 8-2. Áreas somestésicas corticais em diferentes espécies de mamíferos (coelho, gato, macaco e homem), ilustrando as suas diferentes "imagens" do corpo (segundo Kandell, Schwartz & Jessel, 1995.)

Gestalt", ilustrou assim esse conceito: "... *a fruta diz: 'Coma-me', a água diz: 'Beba-me'*, o trovão diz: 'Tema-me', uma mulher diz: 'Ama-me' ". Não há percepção isolada do fenômeno perceptivo integrado, que inclui afetividade, cognição e vontade. Isso é ainda mais verdadeiro com o olfato e o gosto, cuja vinculação com o sistema límbico produz os registros mais antigos da memória, e com grande carga afetiva:

> *Et tout d'un coup le souvenir m'est apparu. Ce goût c'était celui du petit morceau de madeleine que le dimanche matin à Combray..., quand j'allais lui dire bonjour dans sa chambre, ma tante Léonie m'offrait après l'avoir trempé dans son infusion de thé... Mais, quand d'un passé ancien rien ne subsiste, après la mort des êtres, l'odeur et la saveur restent encore longtemps, comme des âmes, à se rappeler, à attendre, à espérer, sur la ruine de tout le reste, à porter sans fléchir, sur leur gouttelette presque impalpable, l'édifice immense du souvenir. (Proust, À la Recherche du Temps Perdu.)**

Os fenômenos perceptivos, assim como a memória (representação), não são registros estáveis e fixos, como os registros artificiais, sejam analógicos ou digitais (filmes, fitas, placas etc.). São registros virtuais, que só se constituem naquele momento específico da sua existência e se desvanecem imediatamente após. Redes de conexões neuronais formam-se ou reativam-se a cada instante para produzir os fenômenos perceptivos e mnêmicos. A percepção tem, assim, uma natureza passível de modificar-se, desenvolver-se, alterar ou adaptar-se, conforme o mundo mental do sujeito se organiza.

Nas regiões occipitais do córtex cerebral encontram-se as áreas relacionadas com a percepção visual, ou seja, com o reconhecimento da informação óptica. Em certas áreas localizadas nos lobos parietais (giro pós-central) encontram-se estruturas neuronais relacionadas com a percepção do tato, dor, propriocepção, estereognosia, imagem corporal etc. A percepção auditiva relaciona-se com determinadas áreas localizadas nos lobos temporais.

Certos estudos (Ivry & Robertson, 1998) parecem demonstrar que as estruturas neuronais, relacionadas com a percepção fina, detalhada, estão mais presentes no hemisfério esquerdo, enquanto no direito localizam-se as estruturas que permitem a percepção geral, mais abrangente. A Figura 8-3 demonstra com clareza esta especificidade.

A integração da informação sensorial com o *background* perceptivo mental se faz por meio do aprendizado, durante o desenvolvimento e integra-se à personalidade do indivíduo. Um indivíduo surdo ou cego de nascença, caso recuperasse o sensório após a idade adulta, não conseguiria *perceber* nenhum som ou imagem, por não ter desenvolvido as estruturas neuronais necessárias. Nesse caso apresentaria uma condição semelhante à *agnosia* auditiva ou visual. Um colega nosso,** portador de miopia e astigmatismo, certa vez contou-me que, como só veio a corrigir suas deficiências visuais após a adolescência, não chegara a desenvolver bem a sua memória visual para rostos. Assim, lembrava-se com facilidade dos nomes e das vozes das pessoas conhecidas, mas o mesmo não acontecia com as fisionomias.

Estudos recentes mostram que o cérebro dispõe de um sistema para tratar as imagens visuais dos objetos em geral e de outro sistema específico apenas para processar as imagens faciais das pessoas. Lesões cerebrais nas áreas envolvidas com este processamento – giros para-hipocampal, lingual e fusiforme, e lobo temporal anterior do hemisfério direito – tornam impossível o reconhecimento das fisionomias naquilo que se chama *prosopagnosia*.

Um elemento de fundamental importância na percepção fisionômica é o olhar. Mesmo em animais a representação dos olhos pode indicar ameaça – como vemos, por exemplo,

---

* "E de uma só vez a lembrança me surgiu. Esse gosto era do pedaço de bolinho *madeleine* que no domingo de manhã em Combray ..., quando eu lhe ia dizer bom dia em seu quarto, minha tia Léonie me oferecia depois de havê-lo molhado em seu chá ... Mas, quando de um passado antigo nada subsiste, após a morte dos seres, o odor e o sabor persistem por muito tempo, como as almas, a se recordar, aguardando, esperando sobre a ruína de tudo o mais, carregando resolutos, em sua gotícula quase impalpável, o edifício imenso da recordação."
** O mesmo oftalmologista já citado.

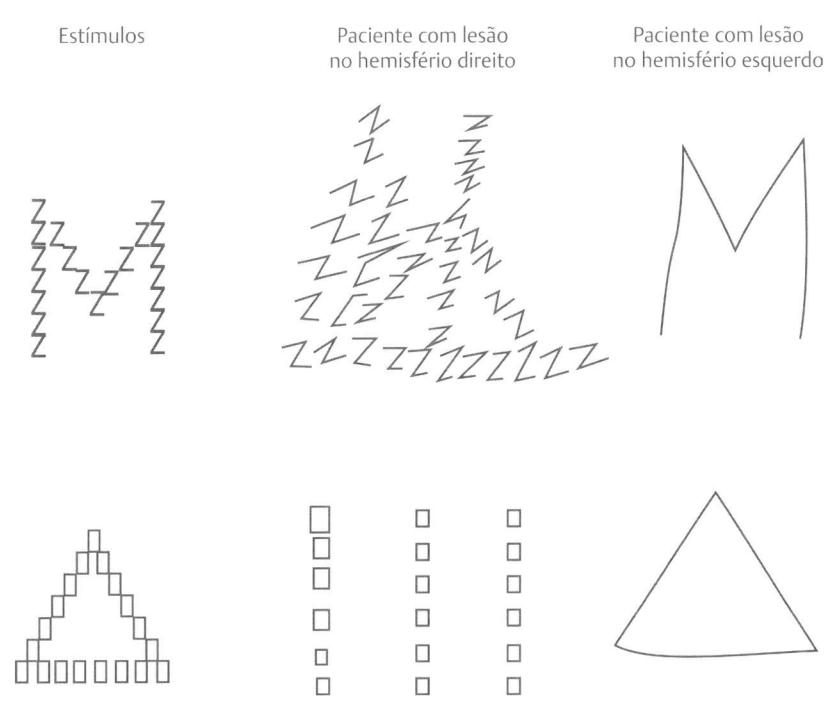

Fig. 8-3. O paciente com lesão no hemisfério direito reproduziu os estímulos (desenhos) dados à esquerda, sem forma geral, mas preservando os detalhes que o constituíam. O paciente com lesão esquerda perdeu os elementos básicos, mas preservou a imagem global (Delis *et al. Neuropsychologia,* 1986;24:205-214.)

nas asas de certas borboletas, que se assemelham a olhos de coruja – e em diversas outras criaturas. A interpretação define a natureza do olhar; olhar nos olhos pode indicar afeto, simpatia ou desafio, confronto. Nos quadros patológicos em que a interatividade se encontra prejudicada, como no autismo, o olhar tende a ser evitado a todo custo. O autista olha como que "através" do interlocutor. Na esquizofrenia o olhar também tende a ser evitado; quando não, pode ser interpretado como hostil, invasivo ou como sinal "telepático" de compartilhamento mental.

As chamadas ilusões de óptica – que vemos nos textos de psicologia da percepção – mostram-nos que toda e qualquer percepção é sempre **construída** pela mente, correspondendo ou não à realidade. Os mágicos e ilusionistas de todo o tipo não cansam de demonstrar a frágil relatividade do valor do testemunho ocular, altamente suscetível à sugestão. Por isso vemos tanta gente testemunhando com toda a sinceridade sobre discos voadores, assim como em outras épocas muitos juravam ter visto duendes, lobisomens e fantasmas.

Na última década, as neurociências demonstraram a grande plasticidade do córtex cerebral e, como após uma lesão, ocorre uma espécie de *remapeamento* da imagem corporal, em consequência do desuso, do novo uso ou da realocação de funções. Dessa forma, o indivíduo com perdas sensoriais desenvolve novas estruturas e funções, e seu cérebro adapta-se a essas novas funções. Assim, no indivíduo surdo, as áreas corticais correspondentes à representação auditiva cedem lugar para o processamento visual, e de forma análoga, no cego, o uso de um dedo para ler em Braile leva a uma representação muito aumentada desse dedo na área somestésica do córtex.

Nem mesmo sensações aparentemente simples manifestam-se de modo isolado, sem corresponder a um processo perceptivo. A sensação de dor, por exemplo, que tem representação na área somestésica cortical, só se torna uma experiência desagradável após ser percebida e interpretada emocionalmente como tal, o que ocorre pela ativação do córtex cingulado anterior.

Representação corresponde ao registro mnêmico da percepção, ou seja, ao seu aspecto cognitivo. De acordo com K. Jaspers, as qualidades características da percepção real seriam:

- Nitidez.
- Corporeidade.
- Estabilidade.
- Extrajeção (está situada *fora* do indivíduo).
- Ininfluenciabilidade voluntária (não pode ser alterada pela vontade).

Imagem Corporal e Esquema Corporal

A imagem corporal se apresenta atualmente como um conceito bem mais complexo do que simplesmente a representação mental do corpo, constituindo-se na intersecção entre a autoconsciência e a sensopercepção. Em função dos diferentes níveis de organização hierárquica do sistema nervoso central, temos uma integração de estruturas superpostas na formação da consciência corpórea, que não chega a se constituir em uma unidade. Os conceitos de imagem e de esquema corporal, que datam de 1935 (*Körperschema*, de Paul Schilder) e 1937 (*l'image de soi*, de Jean Lhermitte), muitas vezes são usados de forma indistinta, mas estudos mais recentes parecem mostrar que são conjuntos funcionais distintos, ambos multimodais, parcialmente inatos e adquiridos.

S. Gallagher (2005) atribui à **imagem corporal** as seguintes características: a) ser acessível à consciência, mesmo que parcialmente; b) situar-se em um nível pessoal; c) produzir uma sensação de propriedade (*meu* corpo); d) mostrar-se abstrata e parcial; e) distinguir-se do ambiente; f) não estar envolvida na ação (com raras exceções); g) mostrar-se deficitária nas síndromes de negligência (inatenção quanto ao hemiespaço contralateral).

No entanto, o **esquema corporal** se apresenta totalmente inconsciente, não pessoal, anônimo, holístico, interativo com o ambiente, envolvido na ação e deficitário nas síndromes de desaferentação (perda da informação sensorial). Apenas para ilustrar essa diferença, podemos lembrar que quando dirigimos um carro ou jogamos um *videogame*, incorporamos o espaço virtual deste ou o espaço real daquele ao nosso esquema corporal, em nossas manobras com a direção, os pedais ou o *joystick*. A nossa imagem corporal, porém, não se mostra em nada afetada.

Hoje se fala no chamado transtorno de identidade da imagem corporal,* mas a literatura não é homogênea nem define uma psicopatologia específica. É possível que alguns casos envolvam alterações neurológicas (lobo parietal direito), outros estejam relacionados com estados psicóticos ou ainda se vinculem a *culture-bound syndromes* da nossa sociedade e da nossa época.

---

* Assim como da chamada apotemnofilia (desejo de ter amputados os seus próprios membros). Ver, por exemplo, Employ, Baubet *et al. L'Encéphale* 2007 Sept.;33(4):609-15, part 1, ou Bensler JM, Paauw DS. *Southern Medical Journal* 2003 July;96(7):674-6.

Alterações das Percepções (e Representações)

I. Alterações Quantitativas ou Agnosias (do grego α- [a-] prefixo de falta, negação; e γνοσις [gnosis]: conhecimento)

Referem-se à incapacidade de **reconhecimento da informação perceptiva** que ocorre, por exemplo, na agnosia visual ou cegueira psíquica, na alexia ou cegueira verbal, na acinetopsia, na acromatopsia, na anosognosia, na agnosia tátil, na surdez verbal etc. Esse reconhecimento, feito pelo cérebro, de maneira particularmente complexa e específica, nem sempre corresponde aos fenômenos físicos que os originam. Assim, a percepção das cores *não* corresponde à capacidade de discriminar os diversos comprimentos de onda eletromagnética que constituem fisicamente as cores. O que entendemos como cores são percepções *construídas*, de forma relacional, pelo cérebro.

Na área chamada *somestésica* do córtex cerebral (giro pós-central, ou áreas 1, 2 e 3 de Brodmann), encontram-se as representações da sensibilidade e do reconhecimento corporal. As regiões do corpo onde a sensibilidade é mais apurada ocupam maior volume neuronal. A ilustração da representação do corpo nessa área é o conhecido *homúnculo de Penfield*, um boneco deformado, com enormes mãos, rosto, lábios e língua, em um tronco relativamente pequeno. É assim que o corpo é "visto" pelo cérebro (Fig. 8-4).

Tendemos a imaginar que sempre que um paciente perde uma determinada capacidade sensoperceptiva (ou psicomotora), ele sofre com isso, ou seja, que o reconhecimento dessa perda seja automático. Isto não é verdade. Em muitos casos, por terem sido lesadas as conexões cerebrais que permitiriam o reconhecimento da perda de função, surgem estranhas situações em que o paciente não tem nenhuma consciência de qualquer perda, negando ou não tomando conhecimento de qualquer deficiência. Oliver Sacks menciona um caso em que o paciente, sem nenhuma capacidade perceptiva visual, foi instado a aprender o código Braile e reagiu furioso: *"Eles pensam que eu sou cego!"*

Uma forma de agnosia mais comum do que se pensa é a prosopagnosia (do grego πρόσωπον [*prosopon*]: rosto, face), em que a capacidade específica de reconhecer rostos se

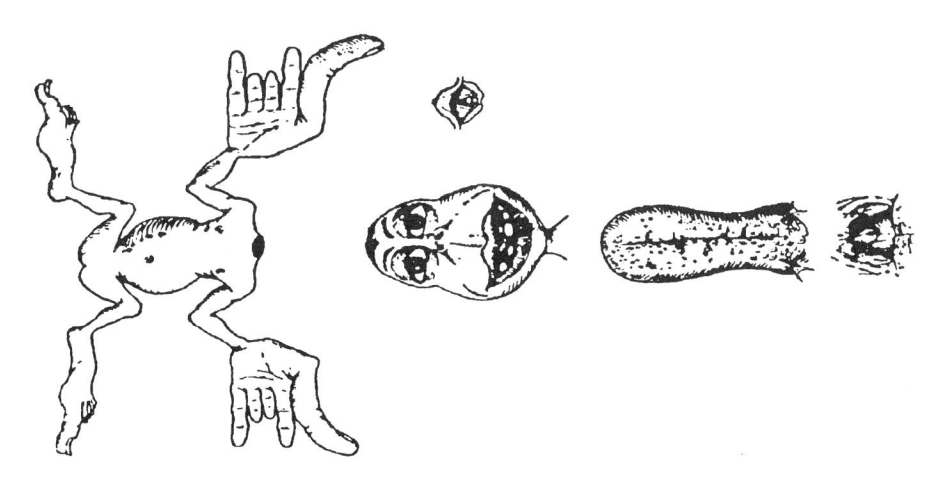

Fig. 8-4. Homúnculo sensitivo-motor de Penfield, mostrando a "imagem" corpórea cortical do ser humano.

acha prejudicada. Essa função se relaciona com o giro fusiforme (occipitotemporal) e parece utilizar duas vias, uma consciente e outra inconsciente, vinculada à resposta emocional.

Na construção, na perda e na reconstrução da *imagem e do esquema corporal* não ocorrem apenas os fenômenos sensoperceptivos correspondentes aos processos de desenvolvimento, atrofia, hipertrofia e coordenação psicomotora, mas a integração mental de todos esses processos.

Apesar de os distúrbios citados serem causados por distúrbios ou lesões cerebrais, cujo exame, avaliação e tratamento dizem respeito à neurologia e à neurocirurgia, a difícil compreensão das vivências desses pacientes em um mundo sensoperceptivo estranhamente alterado é também tarefa do psicólogo e do psiquiatra.

II. Alterações Qualitativas

1. **Ilusões (auditivas, visuais etc.):** são percepções reais patologicamente deformadas, como, por exemplo, a metamorfose de simples sombras em vultos fantasiosos, ou a transformação de barulhos reais em vozes imaginárias, ou, ainda, o burburinho de vozes indistintas em palavras ou frases determinadas. No famoso episódio de Dom Quixote em que o bravo e desmiolado cavaleiro confunde os moinhos de vento e suas grandes pás a girar com terríveis gigantes agitando os braços e valentemente os ataca, Cervantes descreve com maestria uma ilusão visual. É importante ressalvar que as ilusões nem sempre têm cunho patológico: podem também ser apenas de origem *catatímica* (de κατα [*kata*]: abaixo, sob, e θυμος [*thymos*]: emoção), ou seja, influenciadas pelo estado emocional. A diversidade das versões entre testemunhas de um mesmo fato pode ser enorme em consequência das ilusões catatímicas. Considerando-se a já mencionada virtualidade do fenômeno perceptivo, o valor semiológico das ilusões, isoladamente, é muito pequeno, e necessita de uma boa dose de contextualização.
2. **Alucinações (auditivas, visuais, olfativas, gustativas, táteis, cenestésicas):** são percepções (representações) falsas, criadas pela mente, mas mostram-se com todas as citadas propriedades das percepções verdadeiras; são sempre patológicas. Há quem considere que, sendo representações falsas, as alucinações não são propriamente alterações da sensopercepção, mas do pensamento ou da memória, cuja natureza real seria cognitiva ou afetiva, ou, ainda, da consciência de si, no caso da esquizofrenia. Podem-se mostrar de forma simples e sem conteúdo simbólico (figuras geométricas, sons), que são mais comuns nos quadros de natureza neurológica, ou apresentar-se sob formas complexas, com ou sem conteúdo simbólico (imagens, figuras de pessoas, vozes etc.). Neste último caso são mais frequentemente associadas a quadros psicopatológicos. Certas formas de alucinações apresentam algumas características próprias:
    a) Vozes alucinatórias que dialogam entre si e referem-se ao paciente, fazem supor a existência de importante grau de cisão mental e podem aparecer nos quadros esquizofrênicos, estando associadas a alterações da autoconsciência.
    b) Vozes indistintas de conteúdo autorrecriminatório são comuns na alucinose alcoólica.
    c) Alucinações visuais ou táteis de insetos, aranhas ou outros pequenos animais (chamadas *zoopsias*) ocorrem no *delirium tremens*. Antes de registrar este sintoma, deve-se levar em conta que em certos hospitais públicos de precária higiene os insetos podem ser reais. Muitas vezes, no ambulatório, já vi os pacientes levantarem-se para matar baratas verdadeiras...

As representações mentais, patológicas ou não, sofrem poderosa influência dos fatores socioculturais. Por esta razão, as descrições de OVNIs, ETs e raptos por alienígenas sempre se assemelham, assim como as descrições de demônios se assemelhavam na Idade Média. Para ilustrar melhor essa ideia, lembro um exemplo clínico:

Anos atrás, por ocasião da súbita morte de uma famosa cantora popular, Clara Nunes – que interpretava com muito sucesso temas ligados aos cultos afro-brasileiros – observei um "surto" epidêmico de episódios alucinatórios ligados à sua figura, em uma enfermaria psiquiátrica em que eu prestava assistência. Levando em consideração que as pacientes daquela enfermaria apresentavam quadros psiquiátricos diversos (esquizofrênicos, maníacos, histéricos, depressivos, etílicos etc.), podemos considerar essa forte influência da notícia sobre seus estados mentais, como um sinal da importância dos fatores *patoplásticos* nos quadros psicopatológicos.

Devemos, ainda, lembrar que alguns pacientes referem aspectos positivos nas suas alucinações; há casos mesmo em que as vozes alucinatórias parecem até fazer companhia ao paciente, que sem elas se sente muito só. A prática ensina que nem todos os sintomas precisam ou devem ser medicados.*

- *Pseudoalucinações:* são as manifestações que não possuem todas as propriedades características da imagem perceptiva real (mostram-se como vultos, figuras indistintas, ruídos, vozes ininteligíveis etc.).
- *Alucinações ou ilusões negativas:* o indivíduo deixa de perceber certos elementos sensoriais que estão sendo captados por seus sentidos. Por exemplo, não ver ou ouvir algo que não se quer (ou não se pode suportar) ver ou ouvir, em uma espécie de cegueira ou surdez seletivas. Geralmente ocorrem sob forte influência catatímica.
- *Alucinações visuais extracampinas:* são alucinações que ocorrem fora do campo visual (o indivíduo "vê" objetos que se encontram atrás de si).
- *Alucinose:* quadro alucinatório sem perda da consciência de realidade, geralmente relacionadas com síndromes neurológicas, mais comumente em lesões localizadas em certas regiões dos lobos temporais ou occipitais. O Dr. Leo Rangell, psicanalista de San Francisco, refere-se assim às suas próprias alucinações musicais: *"An uncommon medical event happened to me ten years ago, which both left me with a medical problem, and presented an unusual opportunity. ... I am speaking of what I can call musical hallucinosis, involuntary music in the head. I hear music, at first I would say all the time."* [Um evento clínico incomum aconteceu comigo anos atrás, que me deixou com um problema médico e uma oportunidade rara.... Estou falando do que chamo de alucinose musical, música involuntária na cabeça. Eu diria que ouço música o tempo todo.]**
- *Alucinose alcoólica:* alucinações auditivas em período de abstinência, geralmente simples, repetitivas e de cunho recriminatório, autodepreciativo, culposo ou persecutório (p. ex., "Fulano, *você vai morrer*", "você é um corno", "você não presta" etc.).
- *Alucinações sinestésicas (do prefixo grego* συν- [*syn*-]: junto, combinado + αισθησις [*aisthesis*]: sensação): alucinações de mais de um sentido, combinada e simultaneamente (p. ex., música com "cor", imagem com "sabor" etc.). Percepções sinestésicas ocorrem naturalmente em certos indivíduos, sem quadro alucinatório nem significado clínico.

---

*   Jenner JA *et al*. Positive and useful auditory vocal hallucinations. *Acta Psychiatr Scand* 2008 Sept.;118(3):238-45.
** http://www.huffingtonpost.com/dr-leo-rangell.

- *Alucinações cenestésicas* (do grego κοινη [*koine*]: em comum): alucinações proprioceptivas viscerais e do esquema corporal, que frequentemente se associam a ideias delirantes de negação, destruição interna, esvaziamento. Tais quadros podem ocorrer em estados melancólicos ou esquizofrênicos, sendo também conhecidos como **síndrome de Cotard**. Por exemplo, um paciente esquizofrênico dizia: *"sinto que não tenho mais fígado nem estômago", "minhas tripas apodreceram", "fiquei sem sangue", "estou amolecendo", "minha cabeça está encolhendo".* Um outro paciente queixava-se amargamente: *"roubaram meus ossos"*, exigindo da espantada estagiária que o entrevistava: *"devolva a minha costela!"* Um paciente deprimido queixou-se de que sentia-se definhando e que até o seu esperma estava *"ficando ralo".*
- *Alucinações cinestésicas* (do grego κινεσις [*kinesis*]: movimento): alucinações relacionadas com movimento, velocidade, voo.

A síndrome de Charles Bonnet se caracteriza por alucinações visuais em pessoas que perderam a visão quando já idosas. Parece se relacionar com focos de atividade cortical isolada, que não são mais inibidos pela sensopercepção normal. Fenômeno semelhante pode ocorrer com a audição. Já em 1894 Colman mencionava quadros alucinatórios em pessoas normais, associados a doenças localizadas nos órgãos sensoriais. J. Konorski (1967, citado por Sacks, 2007) descreveu um sistema dinâmico que geraria percepções e alucinações. Segundo ele, não existiriam apenas conexões aferentes dos sentidos para o cérebro, mas também retroconexões na direção oposta, que seriam inibidas pelo *input* sensorial e pela atividade mental normal. A desinibição desse refluxo poderia originar as alucinações.

3. *Outras alterações*
    - *Estranheza da percepção:* as percepções normais mostram-se "estranhas", a realidade se apresenta como que "diferente", sem familiaridade.
    - Pacientes esquizofrênicos podem apresentar um quadro às vezes chamado de **prosopagnosia afetiva** (ou emocional). Tais pacientes têm dificuldade em avaliar as expressões afetivas das outras pessoas, uma capacidade comum às pessoas normais.* Experiências feitas com aborígenes da Nova Guiné – ainda não aculturados na época – mostraram que eles não tinham qualquer dificuldade em interpretar os estados afetivos representados em fotografias de estudantes universitários da Califórnia, confirmando a suposição de que esta habilidade seja um traço humano universal, relativamente independente das diferenças culturais.
    - Na *síndrome de Capgras* o paciente acredita que seus familiares foram substituídos por sósias.
    - *Imagem eidética* (do grego ειδος [*eidos*]: figura): imagem projetada com grande nitidez a partir da memória, de maneira que mesmo os menores detalhes possam ser observados como se em uma imagem real.
    - *Pareidolia* (do grego παρα [*para*]: ao lado, e ειδος [*eidos*]: figura): imagem fantástica, constituída de elementos sensoriais, não patológica; por exemplo, castelos e figuras vistos nas nuvens.
    - **Alterações da percepção corpórea:** percepção externa de si mesmo, da própria imagem corporal, como se o indivíduo pudesse se observar "de fora". Existem elementos proprioceptivos e cinestésicos na constituição do quadro. Podem ser observadas três formas:

---

* Além disso, parece haver deficiência na própria percepção de faces, como relatam Chen *et al.* Inefficient Face Detection in Schizophrenia. *Schizophr Bull* 2008;34(2):367-74.

a) *Experiência extracorpórea:* o sujeito se acha colocado e se observa fora do seu próprio corpo. Há relatos de que esse fenômeno pode ocorrer em certas lesões temporoparietais direitas.*
b) *Alucinação autoscópica:* o sujeito vê a própria imagem no espaço externo a si mesmo, tendo consciência da natureza alucinatória do fenômeno. A junção têmporo-occipital e a parietoccipital direitas parecem estar implicadas.
c) *Heautoscopia:* (do grego η + αυτος + σκοπια [*he* + *autos* + *skopia*]: ver a si mesmo): o sujeito não se distingue da imagem e se percebe em dois lugares ao mesmo tempo. Parece estar vinculado a lesões da junção temporoparietal esquerda.
   Obs.: Os dois primeiros fenômenos descritos correspondem a alterações da sensopercepção, enquanto o último parece se relacionar com distúrbios de outras funções psíquicas, como a *despersonalização* (alteração da consciência do eu) e o chamado *delírio de sósias* (alterações da consciência do eu e do pensamento).**

- **Alterações da imagem corporal**: pode encontrar-se alterada em quadros clínicos, como a *anorexia nervosa* e o chamado *transtorno da imagem corporal*. Note-se que o paciente não se "vê" transformado ou deformado, como em uma alucinação, mas se sente assim. Lembremos que todo o processo perceptivo é relativo e catatímico; focalizamos no mundo sensorial aquilo que nos diz respeito, nos atinge ou nos interessa, aumentando ou diminuindo sua importância. É no direcionamento do campo atencional que se encontra o problema. Adolescentes e personalidades imaturas são extremamente suscetíveis a essas alterações, e muitas cirurgias plásticas atendem a essa demanda patológica. Assim, essas alterações não devem ser confundidas com alucinações cenestésicas, quadros dissociativos, transtornos da identidade sexual, ideias delirantes etc.

LEITURA ADICIONAL SUGERIDA

Cohen L. *L'Homme Thermomètre*. Paris: Odile Jacob; 2008.
Day RH. *Human perception*. New York: Wiley, 1969. Tradução castelhana: psicología de la percepción humana. México: Limusa; 1973.
Gallagher S. *How the body shapes the mind*. New York: Oxford University Press; 2005.
Hécaen H. *Introduction à la neuropsychologie*. Paris: Larousse; 1972.
Ivry RB, Robertson LC. *The two sides of perception*. Cambridge: MIT Press; 1998.
Kandell ER, Schwartz JH, Jessell T (Eds.). *Essentials of neural science and behaviour*. New Jersey: Prentice Hall; 1995.
Morgan CT. *Physiological psychology*. New York: McGraw-Hill; 1965.
Sacks O. *An anthropologist in mars. Seven paradoxical tales*. New York: Knopf; 1995.
Sacks O. *Musicophilia*. New York, Knopf, 2007.
Sacks O. *O homem que confundiu sua mulher com um chapéu*. Rio de Janeiro: Imago; 1988.
Schilder PA. *Imagem do corpo*. São Paulo: Martins Fontes; 1981.
Science et vie: les cinq sens. Numéro hors série trimestriel, 158, Mars 1987.
Scientific American: Psicobiologia. *Coletânea de textos*. Partes VIII e IX São Paulo: Polígono/Univ São Paulo, 1970. c. 32-41.
Yudofsky SC, Hales RE. *Compêndio de neuropsiquiatria* (trad. bras. do Synopsis of Neuropsychiatry, da American Psychiatric Association). Porto Alegre: Artes Médicas; 1996.

---

* De Ridder D *et al*. Visualizing out-of-body experience in the brain. *N Engl J Med* 2007 Nov. 1;357:1829.
** Blanke O, Mohr C. *Brain Research Reviews* 2005.

Capítulo 9 Pensamento

Toute la dignité de l'homme est en la pensée.
Blaise Pascal

Cogito ergo sum (Penso, logo, existo).
René Descartes

Livre-pensar é só pensar.
Millôr Fernandes

A ideação ou a capacidade de elaborar ideias e conceitos corresponde à atividade puramente intelectual e independe da estimulação sensorial. Conceitos são relações entre ideias, constituindo significados. Um sistema conceptual consiste em vários conceitos em uma inter-relação definida. Juízos são afirmações ou negações de relações entre conceitos por meio dos quais determina-se o que é verdadeiro e o que é falso. O raciocínio consiste no encadeamento dos juízos por meio dos processos indutivo (partindo do particular para o geral) e dedutivo (do geral para o particular), envolvendo tanto aspectos **verbais** como não verbais. Os silogismos dependem da ideia de conjuntos, que é essencialmente **espacial**. Sofismas e paradoxos são confusões essencialmente verbais. A confusão entre símbolos e coisas, assim como entre palavras e ideias, se acha presente na esquizofrenia, onde o pensamento mágico e o raciocínio se confundem. Uma pessoa normal pode acreditar em fantasmas, anjos, demônios ou ETs sem deixar de raciocinar de forma clara e pragmática em tudo o mais.

Como disse Kant, temos formas *a priori* de pensar e organizar as informações: espacialmente, temporalmente, causalmente. O raciocínio espacial envolve redes cerebrais distintas de organização do pensamento, por categorias:

1. Comparação – maior/menor, baixo/alto, escuro/claro etc.
2. Proximidade – perto, longe, junto, afastado etc.
3. Região – lugares com algo em comum.
4. Sequência – em ordem, em linha.
5. Hierarquia – o menor dentro do maior.
6. Analogia – em posição similar, mas em outro lugar.
7. Padrão – em grupos, linhas, arcos, formas, etc.
8. Associação – ocorrendo junto com outras características

O raciocínio lógico-matemático funciona de forma tanto *analógica* (espacial) como *digital* (verbal), utilizando os recursos de ambos os hemisférios cerebrais. O hemisfério esquerdo tende a concentrar-se nas funções verbais, e o direito, nas espaciais.

Nossa mente raciocina de forma essencialmente intuitiva, reconhecendo padrões, mas é capaz, também, de raciocinar de forma analítica. O raciocínio analítico pode seguir uma linha

a) algorítmica: usando fórmulas e padrões precisos;
b) heurística: buscando aproximações.

Aprendemos a duras penas os algoritmos, que são aplicados no campo da ciências "exatas". Tendemos, geralmente, à heurística, do tipo bayesiano, ou seja, analisamos de modo intuitivo as probabilidades e formamos árvores de decisões a partir delas. Ressalva: isto é feito de forma automática, inconsciente, e não de forma matemática probabilística.

Por isso, somos muito melhores que os computadores em resolver problemas inespecíficos, confusos, nebulosos, com pouca informação. Mas somos muito piores em resolver problemas específicos, exatos, com muita informação precisa.

Além disso, outro ponto fraco do nosso processamento mental é que o chamado "observador bayesiano ideal" já não se mostra tão ideal quando se trata de vigilância, conferência, verificação de segurança ou correção de erros, pois quanto mais infrequente o evento, mais ele tende a falhar.

Em termos de desenvolvimento, os estudos de epistemologia genética de Jean Piaget observam que o pensamento lógico na criança se desenvolve em três etapas básicas:

1. Por volta dos 2 anos e até os 7 anos, a criança ainda não é capaz de operações lógicas, tirando conclusões sempre com base na experiência imediata (pensamento pré-operatório).
2. Dos 7 aos 10 anos surge o pensamento operatório, já podendo utilizar as operações lógicas concretas, mas ainda exclusivamente ligadas à presença da experiência imediata.
3. Entre os 11 e os 12 anos aparecem as operações lógicas formais, quando a criança já consegue dominar os códigos lógico-formais e estender o raciocínio ao pensamento abstrato.

O neuropsicólogo russo A. R. Luria demonstrou que o surgimento do pensamento lógico-formal – a capacidade de raciocinar e concluir logicamente – não é uma propriedade intrínseca do pensamento, mas um potencial, cuja expressão plena depende do desenvolvimento histórico-cultural. Como frisou Vygotsky, "... *o desenvolvimento da lógica na criança, como os estudos de Piaget demonstraram, é uma função direta de sua fala socializada.*" Assim, a alfabetização e a socialização, envolvendo a participação em processos culturais e sociais complexos, formam os recursos mentais necessários ao pensamento lógico, que permite ir além dos limites da experiência imediata, concreta. O pensamento abstrato e matemático surge mais tarde no desenvolvimento da criança. Indivíduos iletrados e pertencentes a grupos sociais de organizações social e laborativa mais simples tendem, geralmente, a apresentar dificuldades com o pensamento abstrato, em seus aspectos lógicos. Notemos, porém, que no pensamento simbólico mitológico ou mágico a capacidade de abstração pode encontrar-se preservada.

A mente humana não foi feita para o raciocínio lógico, mas a tomada de decisões sempre segue, primariamente, a intuição, a empatia, o *insight*. A lógica vem depois, num segundo momento, quando é necessário argumentar, convencer os outros, refletir. Lógica exige esforço especial, treinamento, disciplina e dedicação. Por isso é tão fácil agir irracionalmente.

A oposição entre escolha intuitiva e escolha estudada é apenas aparente, e não real. O processo de tomada de decisão **sempre** é intuitivo. O indivíduo cognitivamente capacitado toma melhores decisões intuitivas do que o indivíduo despreparado. Por essa razão, os protocolos e algoritmos servem apenas para decidir tarefas simples. As complexas são mais bem executadas **intuitivamente** por pessoas capazes e experientes.

Mesmo as decisões intuitivas de natureza afetiva são de melhor qualidade quando tomadas por pessoas emocionalmente maduras. Estas tendem a gostar de tomar suas próprias decisões. Personalidades imaturas, porém, tendem a repetir padrões, a tomar decisões impulsivas, a seguir outras ou a ficar paralisadas, numa espécie de "fibrilação" volitiva. Mostram-se estressadas quando têm que decidir.

Assim, o desenvolvimento afetivo e o preparo intelectual sempre tendem a produzir melhores condutas, **mesmo sendo intuitivas**.

E as rotinas e programas? Representam a não tomada de decisão; o indivíduo delega a decisão para um protocolo já estabelecido. Isso funciona muito bem para situações comuns e repetitivas. Com o aumento da complexidade, a necessidade de decisão pessoal aumenta. Mesmo os itens de uma árvore decisória padronizada precisam ser interpretados.

PENSAMENTO LÓGICO E PENSAMENTO MÁGICO

> *Que serions-nous sans le secours des choses qui n'existent pas?*
> Paul Valéry
>
> *Fairy tales do not tell children the dragons exist.*
> *Children already know that dragons exist.*
> *Fairy tales tell children the dragons can be killed.*
> GK Chesterton

Pensamento mágico seria aquele que se origina da magia ou – utilizando o conceito introduzido por Lévy-Bruhl – a partir da chamada **mentalidade pré-lógica**, característica dos primeiros anos da infância e atribuída ao homem em estado primitivo. Estabeleceria significações à base de relações de semelhança e proximidade, sem distinções claras entre realidade e fantasia, entre o objetivo e o subjetivo, entre o interno e o externo. Sob o aspecto estritamente cognitivo, este conceito foi criticado por Vygotsky:

> ... acreditamos ser incorreta a forma como Lévy-Bruhl interpreta... Ele aborda a afirmação dos bororos – de que são araras vermelhas – do ponto de vista de nossa própria lógica, à medida que presume que para a mente primitiva tal afirmação também significa uma identidade de seres. Uma vez que para esses índios as palavras designam grupos de objetos e não conceitos, a afirmação deles tem um significado diferente: a palavra que significa arara é a mesma que designa um complexo que inclui as araras e eles próprios.

Essa separação entre o pensamento mágico e o racional tem algo de artificial, idealizado. Jamais somos inteiramente racionais; isto está fora de nosso alcance. Determinados conceitos, como, por exemplo, a aleatoriedade, são de difícil compreensão, mesmo por pessoas instruídas, já que temos uma tendência intuitiva a atribuir causalidade a todos os eventos. As superstições do dia a dia e a nossa suscetibilidade aos jogos de azar têm essa origem. Tendemos a personalizar e ver uma ordenação intrínseca em todos os eventos; se um número ainda não foi sorteado, é porque não "quer" sair, ou porque vai sair logo, é a "sua" vez. Não conseguimos acreditar que o acaso possa originar os eventos que nos atingem; em vez disso, achamos que estamos com azar ou com sorte. A vontade de Deus sempre foi "lida" por meio de pedras, varetas, dados, búzios, ou adivinhações semelhantes.

Sob uma perspectiva antropológica, o pensamento "primitivo" seria uma forma de pensamento carregada de *mitos* e *simbolismos*, que teria por função fundamental facilitar a integração, a agregação, a estabilização e a construção cultural, deixando em segundo plano a realidade objetiva e a lógica formal, e proporcionando previsibilidade e interpretabilidade à natureza. Além disso, como observou o antropólogo, Claude Lévi-Strauss – usando a expressão *pensée sauvage* –, o pensamento *selvagem* não é apenas o pensamento *do selvagem,* mas uma forma de pensamento tão complexa quanto o pensamento lógico, em que imagens e elementos míticos são usados para expressar proposições abstratas. A sua importância não está apenas no significado intrínseco ou no simbolismo de um elemento particular em um mito, mas nas relações subjacentes a todos os seus elementos estruturais. Assim, o pensamento *mítico* ou *selvagem* constrói códigos presentes em *todos os homens,* por mais civilizados, instruídos ou intelectualmente sofisticados que sejam.

Em razão desse aspecto integrador, o pensamento mágico mantém sua importância mesmo hoje em dia, em culturas as mais avançadas e em indivíduos os mais intelectualizados. Este fato se revela quando utilizamos palavras ou conhecimentos científicos de forma inadequada, torcendo a lógica e o método científico de forma catatímica, ritualizada ou ideológica, e torna-se evidente que o nosso pensamento mostra-se tão "mágico" como o de qualquer "selvagem". Assim podemos manter um comportamento essencialmente com base na razão e, ao mesmo tempo, acreditar em mitos e fantasias absolutamente ilógicos. A capacidade de conviver com crenças logicamente incompatíveis foi denominada por Festinger de *dissonância cognitiva*.

Na realidade, devemos nos conformar com o fato incontestável de que a nossa "lógica" jamais estará inteiramente livre dessas influências. A lógica só tem sentido quando temos informações precisas e confiáveis; no mundo real, raramente isso acontece. Por isso robôs não fazem quase nada sozinhos. Nosso pensamento, por isso, é basicamente intuitivo, usando a lógica apenas onde se aplica. O pensamento mágico não é i-lógico, mas a-lógico, porque sua função é mitológica, proporcionando uma narrativa simbólica que organiza o mundo cultural.

De certa forma, o pensamento estritamente lógico é como uma tênue nata que flutua em um mar de referências afetivas, com seus simbolismos e rituais. Como já havíamos anteriormente mencionado quando nos referimos às síndromes do lobo frontal, devemos admitir que, por maior que seja a sua capacidade de raciocínio lógico, todo ser humano é, necessariamente, limitado em sua ação racional. Homem algum pode agir senão por motivação de origem afetiva, pelos circuitos límbico-corticais de seu cérebro. A sociedade e a cultura modelam o pensamento por meio dessas motivações afetivas. Nas palavras de M. Godelier:

> O pensamento não reflete, mas dá sentido a situações que nascem de causas e forças cuja origem não é só a consciência ou o inconsciente. Inventa o sentido e o produz, construindo sistemas de interpretação que geram práticas simbólicas que constituem outro modo de organizar, legitimar e portanto também de produzir a dominação dos homens sobre as mulheres, convertendo-se em relações sociais. Tudo seria muito simples se o pensamento se limitasse simplesmente a refletir, a representar a sociedade, mas precisamente todas as dificuldades da análise científica da parte ideal do real provêm do fato de o pensamento não só representar a sociedade, mas também produzir essa mesma sociedade.

Sem compreender claramente essa estreita ligação do pensamento com a vida afetiva e a vida social, corremos o risco de perder até mesmo o pouco de racionalidade a que temos acesso. Elucubrações esotéricas, pseudocientíficas, atingem o público diariamente, abrangendo todas as áreas do conhecimento. Mixórdias confusas de *ciências ocultas* com biologia, ecologia, física, psicologia, química, astronomia e medicina são facilmente impingidas ao leigo – para quem a ciência não é mais do que uma forma atualizada de magia – sob a forma de dietas, terapias alternativas, técnicas autossugestivas etc., como se fossem grandes novidades ou "descobertas" científicas recentes. Inúmeras aplicações comerciais altamente duvidosas – ou, no mínimo, não comprovadas – de teorias científicas consistentes, mas ainda sem qualquer possibilidade séria de desdobramento prático atingem em cheio o público que, incapaz de *metabolizar* intelectualmente a enorme quantidade de informações que recebe e ávido por novidades, engole tudo.

Quando consultamos astrólogos, videntes, oráculos, cartomantes ou tarólogos, obtemos sempre o efeito tranquilizador da previsibilidade, do conhecimento cósmico, da crença na ordenação e no controle divinos. Não é por mero acaso que a palavra adivinhar vem do latim *divinare*: saber a vontade dos deuses.

O que chamamos de pensamento racional, lógico ou reflexivo é aquele que obedece aos estritos princípios filosóficos da Lógica:

1. Princípio da identidade.
2. Princípio da causalidade.
3. Princípio da relação da parte ao todo.

Dentro destes princípios ocorrem os processos de *dedução* (o processo de inferir fatos particulares a partir de princípios gerais) e *indução* (inferência de princípios gerais a partir de fatos específicos).

- *Intuição* é a capacidade de apreender a realidade diretamente, sem o uso do raciocínio.
- *Simbolização* é a capacidade de utilizar intermediários (símbolos) para significar determinados objetos e conceitos.
- *Abstração* é a capacidade de generalizar a partir de conceitos abrangentes independentes do objeto concreto. Quando existe comprometimento cognitivo, observamos que a compreensão de analogias, metáforas, provérbios, parábolas e fábulas encontra-se incapacitada. Esta perda do pensamento abstrato constitui a chamada *concretude* ou *pensamento concreto*, que surge de forma:
    a) Q*uantitativa*, por perda e empobrecimento, nas oligofrenias e demências; também nos ambientes cultural e intelectualmente depauperados, o desenvolvimento do pensamento abstrato não é favorecido, e as ideias tendem a se restringir ao imediato e concreto. Metáforas podem ser tomadas de modo literal.
    b) *Qualitativa:* nesse caso não se deve às perdas, mas à cisão do pensamento e à desconexão dos conceitos e ideias, como ocorre na esquizofrenia. Neste caso, não há, propriamente, uma incapacidade de acesso ao metafórico, mas de compartilhá-lo com os outros; metáforas esquizofrênicas costumam ser incompreensíveis.

    Obs.1: Certas formas de lesão cerebral, no lobo temporal esquerdo, podem produzir uma espécie de afasia em que apenas as palavras correspondentes aos conceitos concretos podem ser lidas ou repetidas oralmente. Note-se que o paciente se apercebe e descreve o problema:

    > *Depuis Aristotèles, les philosophes ont organizé notre univers intellectuel, en particulier selon la dichotomie du concret et de l'abstract. Or les recherches des années soixante-dix et quatre-vingt ont confirmé l'existence de cette dichotomie: certains patients cérébro-lésés sont incapables d'évoquer des connaissances abstraites mais ont moins de problèmes avec le concret. [Le patient] Incapable de répéter des mots abstraits ou des pseudo-mots, il traduisait ainsi son incapacité: "moi les mots des choses je peux dire, les autres non"**

    Obs. 2: É importante notar que indivíduos pertencentes a culturas iletradas tendem a pensar de forma altamente contextualizada e aparentemente concreta, sem generalizar ou generalizando de forma diferente da nossa. Sua perspectiva é essencialmente holística, centrada nas circunstâncias e nas relações sociais.

---

* "Desde Aristóteles, os filósofos organizaram o nosso universo intelectual, particularmente segundo a dicotomia do concreto e do abstrato. As pesquisas dos anos 1970 e 1980 confirmaram a existência desta dicotomia: certos pacientes com lesões cerebrais são incapazes de evocar conhecimentos abstratos, mas têm menos problemas com o concreto. ...{O paciente} Incapaz de repetir palavras abstratas ou pseudopalavras, ele traduz, assim, a sua incapacidade: "as palavras das coisas eu posso dizer, as outras, não". Cardebat, Demonet & Puel: La Recherche, 1994 juillet-août. p. 267. v. 25. p. 267, v. 25.

Freud chamou o pensamento irracional – afetivo, não verbal, pictórico, onírico – de **processo primário**, e o pensamento racional – lógico, linear, verbal, categorial – de **processo secundário**. Como se vê, este correlaciona-se bem com as atividades mentais conduzidas pelo hemisfério esquerdo, enquanto aquele refere-se, principalmente, às funções presididas pelo hemisfério direito.

A possibilidade de uma permanente transição entre realidade e fantasia, entre racionalidade e irracionalidade, possibilita ao ser humano apreender diversos aspectos da realidade física e da realidade social, adaptando-os ao seu próprio momento interno e às suas circunstâncias vivenciais. A capacidade de imaginar, de fantasiar, é um valioso recurso da personalidade, demonstra a sanidade mental e não o contrário. Quanto mais imaginativa uma pessoa pode ser, mais saudável se mostra. Os psicóticos apresentam grande dificuldade em fantasiar, brincar e representar papéis, pois não contam com essa habilidade de intermediar e equilibrar realidade e fantasia. O mundo imaginário do esquizofrênico se confunde com o mundo simbólico (compartilhado) do ambiente cultural. Pessoas religiosas, por exemplo, creem falar com Deus quando rezam; pacientes esquizofrênicos muitas vezes não distinguem essas formas religiosas simbólicas dos seus próprios pensamentos particulares e passam a crer que eles mesmos são santos ou deuses.

ALTERAÇÕES DO PENSAMENTO

> *Hamlet:* ... there are many confines, wards and dungeons, Denmark being one o' the worst.
> *Rosencrantz:* We think not so, my lord.
> *Hamlet:* ... there is nothing either good or bad, but thinking makes it so: to me it is a prison.
>
> William Shakespeare

Como logo veremos, estas classificações não são rígidas nem indisputáveis:

Forma e Curso (Fluxo) do Pensamento

Forma refere-se à estrutura do pensamento, **curso** refere-se à sua sequência. Achei melhor juntar, aqui, forma e curso, pela observação de que, muitas vezes, a alteração de curso acaba alterando a forma e vice-versa. As alterações do **curso** incluem:

- *Taquipsiquismo* (do grego ταχυς [*tachys*]: veloz) refere-se à aceleração do pensamento, presente nos estados maníacos, geralmente acompanhada de logorreia. As ideias fluem com grande rapidez e abundância, em concomitância com o estado afetivo de grande exaltação.
- *Fuga de ideias:* é uma consequência direta da exacerbação do taquipsiquismo. Neste caso a celeridade do pensamento é de tal ordem que chega a ocorrer a perda do fio condutor da conversação. Note-se que esta perda se deve, exclusivamente, à aceleração, sem a presença de confusão mental, desconexão ou fragmentação do pensamento. Em certos casos, a aceleração é de tal ordem que pode dar a impressão superficial de desagregação; estados maníacos delirantes podem ser facilmente confundidos com esquizofrenia.
- *Bradipsiquismo* (do grego βραδυς [*bradys*]: lento): corresponde ao alenteamento do pensamento que ocorre nos estados depressivos. O discurso pode-se tornar tão lento que chega a parecer sem sentido, confundindo a avaliação. Temos exemplos de casos em que o paciente só conseguia responder à primeira pergunta quando o entrevistador já

estava fazendo a terceira, dando assim a impressão de que "não dizia coisa com coisa" e levando à falsa impressão de incoerência.
- *Inibição do pensamento:* pode-se seguir ao alenteamento, levando, por vezes, ao completo mutismo.

Os quadros mais propensos a incluir alterações da forma do pensamento são os esquizofrênicos, os epilépticos e os deficitários (oligofrênicos).

O Pensamento no Paciente Esquizofrênico

Caracteriza-se pela desconexão das ideias, pelo formalismo rígido, ou ainda pela concretude ou reificação, ou seja, a incapacidade de utilizar as abstrações de forma adequada ou coerente. Muitas vezes o paciente associa palavras por simples assonância, formando estranhos trocadilhos, que ele leva a sério e interpreta de forma delirante. Por exemplo, uma paciente escreveu: *"a kilo",* como *"aquilo".* As respostas esquizofrênicas às questões de interpretação de provérbios ou metáforas são frequentemente disparatadas ou incompreensíveis, enquanto as respostas dos oligofrênicos são sempre simplórias, diretas e pobres. O paciente esquizofrênico frequentemente confunde significante e significado, fazendo associações inteiramente inusitadas e dando um sentido completamente diferente à frase apresentada. Pode, por exemplo, ao se deparar com uma imagem religiosa, dizer que a pomba que representa o Espírito Santo é a Ave-Maria, porque é uma **ave**. Uma paciente dizia que sendo virgem e se chamando Maria, era, indubitavelmente, a **Virgem Maria**. Outro comentava: *"Sempre me senti meio esquisito, por isso dizem que sou esquisitofrênico".*

Um outro esquizofrênico disse-me, ao ser perguntado sobre a causa de seus problemas: "A culpa é de **Tiradentes**, de Minas Gerais, que **tirava os dentes** de crianças de 5 anos, ali na **Praça Tiradentes**, e por isso enforcaram ele". Qualquer entendimento que se possa fazer a partir de frases como esta, será sempre de natureza puramente interpretativa. Compare-se o exemplo acima com o descrito por Pelletier, citada por Jung: *"Je suis l'être, l'être ancien, le vieil Hêtre, que l'on peut écrire avec un H. Je suis universel, primordial, divine, catholique, Romaine, l'eusses-tu cru, l'être tout cru, suprumu, l'enfant Jésus".* O paciente associa, por sonoridade, *être* (ser) com *hêtre* (faia, um tipo de árvore), *cru* (crido, acreditado) com *cru* (cru, não cozido).*

Já vimos a confusão esquizofrênica entre os espaços interno e externo, mas temos também a confusão entre o subjetivo e objetivo e entre o lógico e o simbólico. Não é incomum que o paciente tenda a expandir, desproporcionalmente, um conceito ou associe um tema dado a questões amplas, completamente inadequadas, como, por exemplo, associar sua crise pessoal à crise econômica mundial. Pode tender, também, a usar mais os conceitos abstratos que as metáforas. Tratando de questões específicas, particulares, pode fazer comentários deslocados ou usar frases feitas e chavões sem clara relação com o tema. Em conversas triviais, faz generalizações ou alusões de conteúdo pretensamente filosófico que, absolutamente, não se aplicam ao assunto. Pacientes mais instruídos ou intelectualizados podem fazer amálgamas incoerentes sobre ciência, filosofia e religião, chegando a escrever artigos ou mesmo livros.

Deve-se distinguir a concretude esquizofrênica, que se relaciona com a desconexão e com a desagregação do pensamento (assim como da personalidade), podendo preservar

---

* O Prof. Portella Nunes descreveu o caso de um engenheiro esquizofrênico que enviou o projeto de um de seus "inventos" à General Electric e ao General Lott (importante figura pública na década de 1950), ambos generais.

a capacidade de raciocínio lógico e uma rica simbologia,* da pobreza concreta dos pensamentos oligofrênico e demencial.

Por exemplo, o conhecido provérbio popular *"água mole em pedra dura tanto bate até que fura"*, ao ser interpretado por um deficiente mental teve como resposta uma frase envolvendo algo tão óbvio e concreto como *"pia"*, *"bica"* ou *"torneira"*. Já quando apresentaram o mesmo adágio a um esquizofrênico, este respondeu *"bola"*, cuja relação com o tema nos é totalmente obscura, até percebermos que ele substituiu a *água mole* por uma *bola de água* e inverteu sujeito e objeto, fazendo com que aquele é que fosse *furado* pela pedra. Um outro paciente usou a palavra *jeová* como medida de grandeza, dizendo que algo tinha tantos *jeovás* de comprimento.

O pensamento esquizofrênico apresenta diversas formas de interrupção do curso associativo que conduzem-no, progressivamente, à desagregação, como:

- *Bloqueio:* o paciente sente o seu pensamento "bloqueado", interrompido, fechado (*"eu não consigo pensar por que a minha mente para de repente"*, queixa-se um paciente).
- *Fusão:* um pensamento "funde-se", amalgamando-se em outro (*"os pensamentos se misturam na minha cabeça, eu não entendo mais o que estou dizendo"*).
- *Substituição e descarrilamento:* um pensamento "sai dos trilhos" e é substituído por outro (*"eu estava pensando em uma coisa e de repente entrou outra ideia na minha mente"*).
- *Introdução forçada e imposição:* pensamentos "estranhos" penetram na mente do paciente e se impõem, contra a sua vontade (*"eu não controlo a minha mente, eu queria pensar em outra coisa, mas isso entrou na minha cabeça à força"*).
- *Interceptação e roubo do pensamento:* os pensamentos do paciente são "interceptados" ou "roubados" (uma paciente descreveu: *"as pessoas 'pegam' o meu pensamento"*).
- *Incoerência e desagregação:* as ideias se desconectam, perdem totalmente a coerência e pode-se chegar à completa perda dos nexos associativos e o discurso pode-se tornar completamente ininteligível. As associações de ideias vão sendo feitas por assonância ou por símbolos particulares, sem seguir qualquer direção nem permitir qualquer conclusão lógica. É possível, no entanto, interpretar em termos puramente afetivos essas associações, como nos sonhos, e assim aproximar-se indiretamente do que se passa com o paciente.

O examinador deve ter sempre em mente que um transtorno neurológico, como a afasia de Wernicke ou estado confusional, pode, eventualmente, ser confundido com o discurso desconexo ou desagregado do esquizofrênico. Certos quadros maniformes também podem aparentar desagregação; certa vez tive um paciente que me mostrava orgulhoso as páginas e mais páginas dos "estudos" sem pé nem cabeça que escrevia, tirados dos livros didáticos que pegava na biblioteca. Sua falta de instrução e de senso crítico, aliada ao seu desejo de se mostrar importante, criava uma falsa impressão de desconexão. Uma paciente supostamente esquizofrênica parecia inteiramente desagregada, mantendo-se inacessível ao diálogo por semanas a fio. Quando, finalmente, *desacelerou*, por força da medicação, a impressão de esquizofrenia desapareceu, confirmando um quadro maníaco, que a levava a falar sobre temas religiosos na velocidade de um locutor do jóquei e com intensa fuga de ideias.

---

* Quando se diz que o esquizofrênico não tem acesso ao simbólico, não se está negando sua capacidade de simbolizar, mas de compartilhá-la com outrem. Por esta razão ele tende a criar neologismos e uma linguagem própria, ininteligível.

Como já vimos, o pensamento humano está ligado *em essência* à afetividade e, assim, não existe racionalidade pura, estanque, desconectada da realidade interna, emocional. A fragilidade da estrutura esquizofrênica de personalidade impede o paciente de distinguir a si próprio, de formar e dar consistência à sua identidade afetiva. Dessa maneira, o seu pensamento sofre sérias e diversas alterações, sem que se possa realmente determinar um elemento primário ou fundamental nessas alterações.

A chamada *impenetrabilidade* do pensamento esquizofrênico encontra respaldo na escassa capacidade de comunicação do paciente, que tende a criar uma linguagem própria, indecifrável. Devemos, ainda, considerar que mesmo sendo intrínsecas ao problema, essas dificuldades não deixam de funcionar também como *escapes* ou *defesas* para o paciente que assim se furta a qualquer *definição* de suas relações pessoais. Dessa forma, inconscientemente, procura proteger-se dos paradoxos, contradições, conflitos e manipulações inerentes às relações familiares que lhe são impostos e com os quais não se vê em condições de lidar. O terrível preço que o paciente paga por essa *saída* é ver quase que totalmente canalizados para si – no triste papel de paciente com doença mental – todas as atitudes e sentimentos que a família – e a sociedade – tem dificuldade em exprimir, sendo como que *encarregado* de manifestá-los. Por este caminho constitui-se a função do louco na família e no grupo social. G. Bateson e os pesquisadores de Palo Alto, Califórnia, estudando a patologia da comunicação, destacaram as mensagens paradoxais e o *duplo vínculo* como conceitos importantes na psicopatologia da esquizofrenia (ver J. Haley, P. Watzlawick *et al.* e D. Liberman nas referências bibliográficas do Capítulo 13).

O Pensamento no Paciente Oligofrênico

Mostra-se pobre de conteúdo, repetitivo, pouco imaginativo, pouco criativo, concreto, amarrado ao óbvio, essencialmente pueril (do latim *puer*: criança), incapaz de adaptação. Quando delirante, o deficiente mental mostra sempre um delírio simplório, linear, pouco interessante.

Devemos notar, no entanto, que, por vezes, um paciente de inteligência limítrofe, mas que apresente um temperamento extrovertido e seja provido de certa habilidade verbal e boa memória, pode simular, facilmente, uma inteligência normal ou até elevada ao contato mais superficial. É quase inevitável que o entrevistador inexperiente considere todo paciente bem-falante como sendo necessariamente inteligente. Recordo-me sempre de um episódio que ocorreu quando eu ainda estava me especializando em psiquiatria. Um de meus pacientes era um desses oligofrênicos simpáticos e tagarelas – internado por alterações do comportamento social e pequenos atos de delinquência incompetente – que estabelecia vínculos afetivos com muita facilidade. Parecia tão esperto e vivaz que só fui me convencer da sua deficiência quando vi o "*bip*" de papelão que ele fabricara para prender na cintura, como me via fazer, achando que assim poderia identificar-se com o médico...

A ausência de senso crítico e a facilidade com que certos deficientes mentais se identificam com outras pessoas os tornam altamente influenciáveis e suscetíveis à manipulação e ao envolvimento em atividades inadequadas ou ilegais. São presos com muita frequência após serem envolvidos em delitos, como furtos e tráfico de drogas, sem compreender bem em que estão se metendo. Na vida institucional, muitas vezes se veem enredados em delírios de psicóticos ou em maquinações de psicopatas.

É muito comum que os pacientes oligofrênicos apreciem extraordinariamente distintivos, medalhas, crachás, uniformes, quepes ou bonés militares, ou quaisquer outros símbolos de poder. Um conhecido filme de David Lean, *A Filha de Ryan (Ryan's Daughter)*, cujo enredo se passa em uma pequena aldeia irlandesa, tem uma certa cena que ilustra com muita felicidade essa característica. Trata-se do momento em que o deficiente mental, interpretado por John Mills, apresenta-se à protagonista – por quem mostrava-se infantilmente apaixonado – trajando um tosco "uniforme" confeccionado por ele, repleto de tampinhas, conchas e latinhas à guisa de medalhas, fazendo, orgulhosamente, repetidas e desajeitadas continências. O episódio, presenciado por todo o povoado, teve o efeito involuntário de claramente denunciá-la perante seus compatriotas, expondo-a à execração pública, pois todos compreenderam que o coitado tentava imitar o novo comandante militar da zona, um jovem oficial britânico com quem ela vivia uma relação amorosa adúltera. Uma tal ligação era vista como uma atitude altamente impatriótica, além de imoral.

A compreensão das regras e rituais culturais por parte desses pacientes é muito precária, assim como a interpretação das contradições, dos paradoxos, das ambiguidades e das outras dificuldades do convívio social que exigem sutileza e "jogo de cintura". Por esta razão, os deficientes, quando infringem as normas, sempre o fazem de forma inábil e desastrada, e assim acabam sendo invariavelmente descobertos e punidos.

O Pensamento no Paciente Epiléptico (Lobo Temporal)

Alguns pacientes epilépticos, com lesões do lobo temporal, eventualmente podem apresentar um certo comprometimento cognitivo, em consequência dos distúrbios das estruturas cerebrais que ocasionaram a epilepsia. Podem ocorrer, em consequência disso, certas alterações na forma do pensamento, com tendências à prolixidade patológica, às explicações minuciosas, à repetitividade, à chamada *viscosidade* ou *gliscroidia* (do grego γλυσχρος (*glyschros*): viscoso, pegajoso), podendo mesmo chegar – nos casos que evoluem para estados demenciais – à perseveração. Esse quadro foi descrito por F. Minkowska na década de 1930 e depois por Geschwind, sendo, às vezes, referido como *síndrome de Geschwind*.

Antigamente, em função das dificuldades no diagnóstico etiológico das epilepsias, os déficits cognitivos e os distúrbios psicopatológicos eram considerados muito comuns nos epilépticos em geral. No romance "O Idiota", de Dostoievsky, o personagem-título se apresenta em sociedade como epiléptico e deficiente mental, mas logo se vê que ele nada tem de idiota. Naquela época a epilepsia era frequentemente associada à deficiência mental, porque raramente identificava-se o quadro subjacente. Também confundiam-se muitas vezes as epilepsias primariamente focais com as generalizadas; além disso, em razão da ausência de tratamento adequado, crises generalizadas frequentes também podiam, a longo prazo, induzir ou provocar certas lesões focais (a chamada "temporalização" das epilepsias). Mais tarde compreendeu-se que muitas formas de deficiência mental e de quadros demenciais podiam também cursar com crises convulsivas sem que existisse qualquer relação causal entre a deficiência e a crise convulsiva, mas entre ambas e o mesmo agente etiológico.

Chamamos *pernosticidade* ao chamado pensamento artificialmente "complicado", que busca demonstrar conhecimento, cultura, erudição e impressionar a plateia. Segundo a famosa frase do Cardeal de Retz: *"Rien ne persuade tant les gens qui ont peu de sens que ce qu'ils n'entendent pas."* (Nada persuade tanto as pessoas de pouco senso como aquilo que elas não entendem).

Prolixidade refere-se ao pensamento rebuscado, ao discurso incapaz de seguir uma linha de raciocínio clara, desviando-se e perdendo-se, constantemente, em detalhes irrelevantes e ramificações laterais intermináveis. Quando a prolixidade chega ao ponto de impedir ou prejudicar seriamente a comunicação, pode ser considerada patológica. *Per-*

severação é a frequente repetição das mesmas frases ou palavras, podendo ser observada em quadros esquizofrênicos cronificados, lesões cerebrais e estados demenciais.

CONTEÚDO DO PENSAMENTO

> *The young have aspirations that never come to pass, the old have reminiscences of what never happened.*
> H. H. Munro, escritor escocês (1870-1916)

Aqui estudamos os delírios (do latim *de*, prefixo de exclusão, + *liros*, significando o sulco do arado; em uma tradução livre, seria o mesmo que "fora dos trilhos"). O estudo desta questão traz uma outra controvérsia: seria o delírio realmente uma alteração do conteúdo ou da forma do pensamento? Na realidade, trata-se de um problema um tanto artificial, já que, a rigor, não há conteúdo "puro", isolado da forma. O problema clínico essencial é como distinguir o delírio da simples crença. Discutiremos essa questão no fim do capítulo.

Delírios

Apesar de haver forte tendência a atribuir qualquer forma de ideação delirante à esquizofrenia ou à paranoia, manifestações delirantes podem eventualmente surgir em inúmeras situações clínicas, de qualquer natureza, incluindo quadros maníacos, depressivos, dissociativos, obsessivos, orgânicos, tóxicos, deficitários, etc. A boa observação é essencial, porque as características fenomenológicas do delírio podem nos dar pistas claras da sua natureza.

Delírios Primários

Ou ideias delirantes primárias – representações, percepções e cognições delirantes. Apresentam-se como pensamentos afastados da realidade e formados por ideias incompreensíveis, ininfluenciáveis, inamovíveis, irredutíveis, incorrigíveis, impenetráveis e não relacionadas com fatores causais. Não podem ser **compreendidas**, mas apenas **explicadas** teoricamente ou ***interpretadas*** metaforicamente. Podem mostrar-se:

- *Sistematizados:* quando surgem organizados em uma estrutura coerente. A frase de Polonius em *Hamlet*, de Shakespeare: *"Though this be madness, yet there is method in it"* ["Apesar disto ser loucura, existe, no entanto, método nela"], ilustra bem o reconhecimento dessa característica. Geralmente desenvolvem-se ideias afastadas da realidade, mas organizadas de forma racional ou racionalizante, associadas a explicações pseudofilosóficas ou pseudocientíficas. Quadros paranoides estruturados são capazes de argumentar ininterruptamente e dependendo da inteligência e do preparo do paciente, podem fazer o entrevistador de bobo.* Além disso, esses quadros nem sempre respondem bem às medicações.
- *Não sistematizados:* quando se apresentam incoerentes, desconexos, desagregados, confusos, "sem pé nem cabeça".

As chamadas **intuições ou cognições delirantes** são as ideias delirantes que surgem como que a partir do nada, sem nenhuma relação com as informações perceptuais. Pode-

---

* Leuret (1840) menciona um caso em que o paciente, um jesuíta, achava que era cardeal. Ao ser entrevistado pelo provincial, que insistia em dissuadi-lo dessas ideias, despachou-o com o argumento de que ou bem ele o aceitava como cardeal e, nesse caso, aquele discurso não tinha sentido, ou o

mos ter, como exemplo, as seguintes afirmações: *"o diabo vai me pegar", "o senhor diz que é meu médico e que quer me ajudar, mas eu **sei** que também está com **eles**", "tenho certeza de que os marcianos pretendem acabar comigo"* ou *"sei que o mundo está para se findar"*.

Estas cognições delirantes são alterações específicas dos juízos e, portanto, distinguem-se do fenômeno que Karl Jaspers chama de **cognições vívidas** (erros de consciência), que são vivências imediatas da presença de um objeto ou pessoa sem que haja qualquer percepção (verdadeira ou falsa) nem qualquer juízo (verdadeiro ou falso).

As **percepções** ou **representações delirantes** abrangem as atribuições de significados delirantes às percepções ou representações normais. Por exemplo: um paciente relata que quando as pessoas olham para ele, significa que pensam que ele é homossexual: *"Sei por que eles [referindo-se aos seus colegas de trabalho] estão olhando para mim. Devem estar comentando: 'ele é bicha, ele é bicha, olha o jeitão dele'. Por isso não falo com eles e não gosto deles"*. Um outro exemplo: entrevistamos um paciente que fora preso por tentativa de homicídio – e posteriormente internado – após tentar matar sua mãe com uma pequena ferramenta caseira.* Ele declarou com grande convicção ao ser interrogado sobre o crime: *"Eu estava no meu quarto quando ouvi um apito de navio e também o som dos fogos de artifício; aí fiquei então sabendo que **tinha** que matar a minha mãe."* Acrescentou que ela seria "ressuscitada" e teriam então "uma nova vida". No decorrer da entrevista, observamos que, com a separação dos pais, ele passou a atribuir às tarefas domésticas um significado incestuoso de substituição do pai. Em uma personalidade sem estrutura interna suficiente para desenvolver defesas neuróticas eficazes, o delírio místico de sacrifício e ressurreição da mãe acabaram sendo uma saída possível. Observe-se que o delito se deu, subsequentemente, ao momento em que ele atribuiu significado delirante ao som dos fogos, sem qualquer planejamento nem condições para que ele tivesse ao menos o discernimento de procurar um instrumento mais adequado ao seu propósito, como uma faca ou tesoura.

- *Delírios interpretativos:* Ocorrem com preservação da organização e da lógica. Assim, não devem ser caracterizadas como percepções delirantes aquelas que poderiam ter algum relacionamento causal com a interpretação dada pelo paciente. Quando um paciente interpreta de forma autorreferente uma sirene, achando que a polícia vem prendê-lo, ou disparos de traficantes, certo de que pretendem matá-lo, estamos diante de um **delírio interpretativo**, já que são fenômenos logicamente correlatos do evento imaginado. Trata-se aqui do que Capgras e Sérieux descreveram como *"folies raisonnantes"*. À diferença das percepções delirantes, os delírios interpretativos podem, eventualmente, cursar com razoável integridade da personalidade e manutenção dos vínculos sociais e laborativos, como em muitos casos de paranoia.

Delírios Secundários

- *Ideias deliroides:* são aquelas ideias que, apesar de absurdas, surgem *em decorrência* de situações desencadeadoras compreensíveis, explicáveis e relacionadas com os fatores que as causaram (eventos traumáticos, depressão, mania etc.). Por exemplo: ideias de grandeza em pacientes maníacos; ideias de culpa, ruína ou perseguição em pacientes deprimidos; ideias persecutórias em prisioneiros, refugiados, vítimas de violência etc.

---

internava de vez no hospício. Pelo menos para esse jesuíta, a loucura não interferia com o raciocínio casuístico.

* Grande parte dos delitos violentos eventualmente cometidos por psicóticos se refere a agressões dentro da própria família, especialmente contra a mãe.

- *Delírios secundários de interpretação* (com *insight* parcial ou totalmente preservado): surgem em consequência de estados mentais primários que ensejam uma interpretação fantasiosa. Por exemplo, uma alucinação originada por um foco epiléptico pode induzir eventuais ideias delirantes interpretativas, explicando catatimicamente o fenômeno. Caso bem comum é o das interpretações dadas pelos pacientes demenciais às consequências de sua perda de memória; assim, quando perdem os óculos ou a dentadura, dizem que foram roubados, quando se sentem confusos, alegam estar sendo envenenados. Os delírios de todas as naturezas podem apresentar-se com conteúdos dos mais diversos cunhos:
    a) *Delírios persecutórios:* são os delírios em que predominam as ideias de perseguição e suspicácia, e o paciente mostra intensa desconfiança. Por exemplo, pode acreditar que a polícia está atrás dele, que pretendem envenená-lo, que está sendo vítima de alguma trama diabólica, que os vizinhos riem dele às escondidas, que todos os seus colegas de escritório suspeitam que ele é homossexual, ou então que o seu chefe acha que ele é ladrão e está sempre procurando testá-lo. Um dos meus pacientes passou vários dias preocupadíssimo porque, no escritório, vira-se obrigado a tirar do lugar uma bolsa para pegar uns papéis que estavam debaixo dela, e achava que "*se sumisse alguma coisa*", indubitavelmente diriam que fora ele o culpado. Também muito comuns são observações como: "*Este aparelho está gravando nossa conversa!*", referindo-se à secretária eletrônica do consultório, ou "*O que o senhor está escrevendo aí?*", quando o médico anota algo ou vai fazer uma prescrição. Alguns pacientes creem que são perseguidos por determinadas entidades sobrenaturais (demônios, espíritos, "encostos" etc.) ou por certas sociedades secretas ou grupos influentes (máfia, CIA, militares, terroristas, comunistas, fascistas, feiticeiros, seitas satânicas, evangélicos, católicos, sionistas, maçonaria etc.).
    b) *Delírios religiosos ou místicos:* o paciente acha que foi escolhido por Deus para salvar o mundo e proclama que recebe mensagens espirituais das divindades, que é o portador da Verdade Revelada por Deus, que é onisciente, que pode operar milagres, que está em luta contra o demônio etc. Às vezes essa arenga funciona, e o "profeta" acaba convencendo inúmeros seguidores e formando mais uma seita...
    c) *Delírio de grandeza:* o paciente diz ser riquíssimo, poderosíssimo, sapientíssimo; crê ser dono do mundo, considera-se irresistível, atraente e sedutor, acha-se capaz de todas as façanhas, proclama saber todas as artes, ciências e profissões e poder resolver todos os problemas e questões etc. Quando ocorre em quadros maniformes, inicia-se sob a forma de ideias sobrevaloradas e evolui para as ideias deliroides, geralmente em correlação e de aspecto proporcional à exaltação do humor. Em esquizofrênicos, já toma um aspecto desconexo, solipsista e absolutamente desvinculado da realidade. Observe-se que em adolescentes extremamente narcísicos e em personalidades muito imaturas, as fantasias de sucesso e realizações podem-se misturar de tal forma à realidade que venham a assumir um aspecto deliroide.
    d) *Delírio de ciúmes:* o paciente acredita estar sendo traído, mesmo sem nenhuma evidência, de tal forma que esta convicção se torna elemento essencial na sua vida psíquica. Neste ponto é bom nos lembrarmos da advertência de Jaspers, salientando que um delírio é delírio mesmo que o cônjuge realmente esteja sendo infiel. Ocorre com maior frequência em pacientes alcoólatras, dando origem aos conflitos e espancamentos tão comuns nas famílias desses pacientes. Sentimentos prévios de inferioridade e impotência geralmente estão presentes e, às vezes, basta

um pequeno estímulo para que situações de grande violência possam ser geradas, mesmo sem chegar propriamente ao delírio. A tragédia *Othello*, de Shakespeare, descreve com perfeição como as maquinações invejosas do venenoso Iago atingem fundo os sentimentos de rejeição e inferioridade do general mouro, em razão dos resíduos do preconceito racial (ou étnico). Na verdade, podemos constatar que ele não era por natureza um ciumento, o que fica muito claro quando chega mesmo a dizer que preferia que Desdêmona andasse com todo o seu exército, contanto que ele jamais viesse a saber. Uma outra situação de ciúmes muito diferente – que evidentemente, nem sempre chega ao delírio – ocorre quando o adultério é indiretamente induzido pelo próprio paciente, que mostra certa excitação implícita com a situação da traição. Tais casos costumam apresentar claros indícios de algum grau de homossexualismo latente. Leme Lopes analisou muito bem esse aspecto de *Dom Casmurro*, de Machado de Assis, que descreve com maestria essa situação. Por vezes, Bentinho parece mais interessado em Escobar do que em Capitu. Também a novela *O Eterno Marido*, de Dostoievsky, trata de tema semelhante, mas sob uma perspectiva totalmente diversa. Descobrir se foi ou está sendo traído torna-se uma questão fundamental no caso desses verdadeiros ciumentos, os paranoides, que tanto procuram que acabam achando...

e) *Delírio de ruína:* ocorre, com frequência, em estados depressivos. O paciente, mesmo dispondo de dinheiro ou bens, acha-se irremediavelmente arruinado, falido, desgraçado, à beira da miséria. Cada perda financeira é vivida como a perda de uma parte de si mesmo. Mesmo em desenvolvimentos depressivos essencialmente neuróticos, o esvaziamento do amor-próprio, a carência de autoestima e o investimento afetivo nos bens materiais podem chegar a um nível tal que o juízo da realidade se torne eficazmente comprometido. Em muitos casos, uma perda de pequena monta pode desencadear uma reação psíquica catastrófica, a ponto de conduzir ao suicídio.

f) *Delírio de influência:* o paciente acha que sua mente é manipulada ou influenciada por pessoas ou entidades sobrenaturais, frente às quais não pode resistir.

g) *Delírio de autorreferência:* o paciente acredita ser o centro das atenções, más intenções e conspirações, e de que as pessoas estão sempre voltadas para ele, observando-o, fiscalizando-o, falando mal dele, olhando para ele etc.

h) *Delírio reivindicatório ou querelante:* o paciente acredita estar sendo lesado ou prejudicado e exige os seus "direitos" e o cumprimento dos "compromissos" a ele devidos; está sempre fazendo denúncias, indo às delegacias, queixando-se de tudo e todos, alegando que não é tolo e que não vão enganá-lo. Ocorre, com certa frequência, em estados paranoides e, eventualmente, em quadros maniformes.

i) *Delírio compartilhado:* o paciente delirante induz ou "contagia" outra pessoa (parente, esposa, companheira) ao delírio. O parceiro geralmente se mostra altamente sugestionável. Foi descrito pela primeira vez em 1880, por Régis, com a denominação de *folie à deux* (loucura a dois). Corresponde ao *konforme Wahn* dos autores alemães. Fatores culturais, como crenças religiosas, podem facilitar o *contágio*.

j) *Delírio sexual:* certos quadros paranoides podem cursar com ideias de sedução, assédio, estupro ou incesto; são mais comuns, porém em quadros maníacos e surtos delirantes histéricos *(folies hystériques)*. Estados de alta sugestionabilidade, especialmente após situações traumáticas, também podem dar origem a esses quadros, geralmente sob a forma de recordações fantasiosas, como na *síndrome das memórias*

falsas. O romance *A Passage to India (Passagem para a Índia)*, de E.M. Forster – transformado em filme por David Lean em 1984 – ilustra bem um caso desses.
k) *Delírio de filiação:* o paciente nega a sua própria filiação, dizendo não ser filho de seus pais, mas de outras pessoas, geralmente de prestígio social, reais ou imaginárias. Muitas vezes afirma ter sido adotado. Pinel descreveu um caso, em 1809, em que a paciente reclamava o trono de Luís XVI, dizendo ser sua neta. Este tipo de quadro – de conteúdo edipiano – surge com alguma frequência com alterações do humor, como nos estados maníacos delirantes, além de surtos histeriformes e outros quadros agudos.

Outras Alterações
- ***Ideias sobrevaloradas:*** são aquelas em que a afetividade predomina sobre o raciocínio (**catatimia**), torcendo-o e aproximando-se do delírio. Por exemplo, os estados afetivos intensos, os "bloqueios" emocionais, as opiniões ideologicamente carregadas, as manifestações conflituosas sectárias religiosas e políticas, os julgamentos das mães sobre seus filhos, as avaliações dos torcedores sobre suas equipes de predileção, as opiniões nacionalistas, bairristas, racistas etc.
- ***Ideias obsessivas*** (que ocorrem com o *insight* preservado): são ideias que, apesar de reconhecidamente inadequadas, errôneas ou mesmo absurdas, não podem ser afastadas ou esquecidas pelo paciente. A própria **preservação da crítica** provoca o sofrimento do paciente que não consegue se livrar dos pensamentos obsessivos e *dos rituais que os acompanham*. Percepções, palavras, imagens ou ideias fixas, uma vez instaladas, podem criar *curtos-circuitos psíquicos* que impossibilitam o pensamento normal. O grande escritor argentino Jorge Luís Borges descreve em um de seus contos a tortura mental de um prisioneiro que não conseguia mais tirar de seu pensamento o mapa da Hungria. Distinguem-se, assim, das ideias fixas psicóticas que, sendo desprovidas de crítica, geralmente incorporam-se a um sistema delirante.
- ***Pseudologia fantástica:*** corresponde à *mitomania*, ao pensamento constantemente fantasioso que ocorre no indivíduo criador de histórias mirabolantes que despertem admiração nos outros, voltadas para o seu desejo de chamar a atenção, seduzir e ser valorizado. Surge com frequência em personalidades imaturas, histriônicas, teatrais.
- ***Heautoscopia:*** estado de despersonalização em que ocorre uma "percepção" ou "visão" externa de si próprio.
- ***Delírio de sósias:*** trata-se da situação em que o paciente atribui a outro – um sósia, um impostor – tudo o que faz ou lhe acontece. Dostoievsky faz uma descrição muito interessante desse delírio, em seu romance *O Sósia*. Quando o delírio de sósias se refere às outras pessoas, chama-se *síndrome de Capgras*.
- ***Síndrome de Capgras:*** refere-se ao estado em que o paciente perde o sentimento de familiaridade com as pessoas próximas – amigos, parentes – e passa a então a supor que essas pessoas devem ser sósias ou impostores que tomaram o lugar dos verdadeiros, acreditando que pretendem, assim, enganá-lo. O primeiro caso foi descrito por Joseph Capgras em 1923. Em 1990, Ellis e Young sugeriram uma desconexão entre os processos cerebrais de reconhecimento e de resposta emocional (existem duas vias de reconhecimento de rostos, uma consciente e outra não). Em 1997 Hirstein e Ramachandran discutiram um caso clínico da síndrome de Capgras em que havia uma lesão neurológica afetando a conexão entre a amígdala e o córtex temporal inferoposterior (área cortical relacionada com o reconhecimento de rostos). Como esta área achava-se

preservada, o paciente reconhecia bem os traços dos seus pais (não havia prosopagnosia, portanto); no entanto não sentia qualquer afeto ou familiaridade por eles. Tal situação paradoxal produzia uma interpretação paranoide secundária, totalmente psicogênica, em que ele supunha que aquelas pessoas só poderiam ser impostores, fingindo ser seus pais. As vozes dos familiares ao telefone continuavam sendo reconhecidas pelo paciente, pois as conexões das vias auditivas correspondentes não haviam sido afetadas. Os casos mais comuns de síndrome de Capgras, porém, envolvem quadros psicóticos agudos, muitas vezes de natureza esquizofrênica.

Obs.: Estas três últimas alterações estão claramente mais relacionadas com os distúrbios da *percepção* e da *consciência do eu* do que com os do pensamento propriamente dito, funcionando como interpretações delirantes secundárias a esses distúrbios.

Crença ou Delírio? Forma ou Conteúdo?

Inicialmente, para se bem distinguir o delírio de uma simples crença, deve-se considerar que esta última, sendo alógica, é contraintuitiva, como no paradoxo de Tertuliano: "*Credo quia absurdum est.**" Lembremos porém que o próprio pensamento lógico pode ser também contraintuitivo, como no caso, digamos, de se acreditar que o peso de um quilo de plumas seja o mesmo de um quilo de chumbo. Já o delírio pode eventualmente ser lógico, mas é sempre intuitivo. O problema é que essa intuição não é compartilhada com mais ninguém.

Disse Jaspers que o fenômeno psicopatológico do delírio não é uma alteração do conteúdo do pensamento, cuja constatação envolveria um julgamento. É uma alteração, falta ou ausência da capacidade de apreender a realidade em consonância com seus semelhantes. Isso nada tem a ver com a correção ou a justeza dessa concepção. Se por exemplo, um psicótico delirante diz ter sido abduzido por ETs, a constatação de seu delírio em nada depende da inexistência dos ETs. É a maneira pela qual ele chegou a essa conclusão e forma como ele constrói a sua realidade, desconectada e não compartilhada, vinculada de forma superficial ao meio social e à cultura, que define o seu estado mental.

O pensamento paranoide não é uma coisa, um sintoma ou uma doença. Deve ser entendido como uma forma inespecífica de tentar reorganizar a realidade em todas as situações em que a apreensão perceptiva, afetiva, intuitiva e lógica da realidade não se concertam. Parece uma forma um tanto precária do córtex frontal esquerdo tentar "explicar" por um mecanismo de causa e efeito tudo aquilo que não funciona ou não faz sentido no juízo de realidade. Mostra-se algo inteiramente inespecífico; tanto a esquizofrenia como a mania, a depressão, as lesões cerebrais, as drogas, as demências, etc. podem ocasionar quadros paranoides. Parece mesmo possível que a ideação delirante venha a ter algum efeito adaptativo ou protetivo em certas situações.

Kurt Schneider opina que a única alteração necessariamente patológica do pensamento é a **percepção delirante**, já que a simples *intuição delirante* não poderia ser claramente distinguida da crença. Por esta razão, há quem considere que o delírio – percepção delirante – seria, essencialmente, uma alteração da forma, e não do conteúdo do pensamento. Não penso exatamente assim, porque sabemos que na prática a intuição delirante pode ser distinguida sem dificuldade da crença. Mesmo que ambas tenham aspectos catatímicos ou originados do afeto, no caso da crença existe uma relação causal direta e apreensível entre os vínculos e conflitos emocionais e o seu conteúdo, que é diferente de uma apercepção puramente intuitiva.

---

* "Creio porque é absurdo." Tertuliano (155-222) foi o Padre da Igreja (teólogo fundador da igreja cristã primitiva) que defendeu – com perfeita lógica – uma teologia essencialmente irracionalista.

Não seria possível para um computador fazer a diferença entre uma ideia delirante e uma ideia sobrevalorada ou mesmo uma ideia comum que não seja comprovadamente falsa. É o aspecto intuitivo, e não o racional, que nos permite fazer essa distinção. As intuições delirantes não precisam ser ilógicas; basta terem aquela qualidade de estranheza que as separa do mundo da cultura. Aí é que se distingue o discurso do artista do louco. O primeiro pode até não mostrar racionalidade alguma, mas afeta a todos, enquanto o segundo pode ser perfeitamente lógico, mas não repercute em ninguém.

Uma observação sobre essa questão já havia sido feita em 1845, por Griesinger, ao notar que sintomas semelhantes – como crenças absurdas – podiam ser compartilhados por pessoas normais e por pacientes com doenças mentais graves. É o caso da distinção entre o esquizofrênico e o ufólogo, em que ambos creem em discos voadores; ou o caso do ciumento paranoico com relação ao personagem Otelo, de Shakespeare. Todo o público se sente em comunhão empática com o general mouro e sua paranoia, ao passo que nenhuma plateia jamais interessar-se-ia por um Otelo realmente louco, a menos que fosse composta exclusivamente de psiquiatras.

Por exemplo, eu já recebi inúmeros e-mails (spams) falando de coisas como "bases de naves interplanetárias, ocultas nos Andes, onde seria aplicada a mais pura ciência com os poderes criadores da mente, dos princípios da física quântica, a união das mentes dos espaciais e da grande fraternidade branca dos mundos internos com as mentes dos seus membros, produzindo forças descomunais sobre todos os terrestres e estabelecendo contatos mentais conscientes com os espaciais, a qualquer hora e em qualquer lugar em função de nossa sintonia vibratória, e as nossas reais identidades." Como distinguir um discurso como esse de um delírio?

Conheci muitas pessoas perfeitamente normais, inteligentes e razoáveis que acreditavam em coisas assim.

Poderíamos talvez convir que a percepção delirante seria uma alteração da forma e a intuição delirante seria uma real alteração do conteúdo. Nesta linha, W. Fulford considera que não se pode distinguir o delírio em termos estritamente cognitivos, pois o seu conteúdo pode ser factualmente verdadeiro, mas seus aspectos afetivos – incluída aí a falta de *insight* – não. Há nisso uma questão semântica importante: se consideramos ou não sob o rótulo de *conteúdo* apenas os aspectos estritamente cognitivos do pensamento. Da mesma forma que em nossa fala significante e significado se imbricam, forma e conteúdo constituem o nosso pensamento de maneira tão inextricável como se conjugam o afeto e a cognição em nossa produção mental. Acredito que J. Cutting tenha razão:

> "The nature of schizophrenia cannot be understood without a realization that there are two faculties to the mind: 1) intuition; 2) reason. Schizophrenia results from a problem in both of these: 1) a failure of intuition to invest, or to apprehend similarity in, the environing world; and 2) an exaggeration of reason in respect of re-presenting the world."
> [A natureza da esquizofrenia não pode ser entendida sem se compreender que existem duas faculdades da mente: 1) intuição; 2) razão. A esquizofrenia resulta de problemas em ambos: 1) falha no investimento, ou na apreensão de similaridade no ambiente e 2) exagero na racionalização da representação do mundo]

O delírio esquizofrênico assim se caracterizaria por uma alteração tanto de conteúdo (intuição idiossincrásica) e de forma (racionalização inadequada, "hiperracionalização"), sendo de difícil compartilhamento com os outros. Já as crenças – por mais bizarras que pareçam à primeira vista – tendem a ser produzidas em torno de conteúdos voltados para os objetivos comuns das religiões (explicação do mundo, cura dos males, previsão do destino, estabelecimento da ética e da ordem, união dos fiéis etc.) e funcionam em torno da vinculação e da comunhão. Os "profetas" que dão certo dificilmente são esquizofrênicos, cuja capacidade de persuasão, sugestão e sedução (carisma) tende a ser muito baixa. Certos indivíduos com transtornos de personalidade, ou mesmo alguns maníacos e epilépticos podem funcionar melhor no campo da conversão e do proselitismo.

Estudos neuropsicológicos em pacientes que sofreram secção do corpo caloso* demonstraram que o hemisfério direito apreende a realidade de forma direta, enquanto o esquerdo tende a racionalizar, ou seja, a produzir explicações aparentemente racionais para os eventos. Se o sujeito age com base em uma percepção ou informação que foi passada apenas ao hemisfério direito, o esquerdo logo se encarrega de *inventar* uma razão ou relação causal para o ato. Assim temos certa tendência natural para criar explicações para aquilo que não conhecemos, que se torna paranoide quando outras formas de apreensão da realidade se acham prejudicadas.

Na vida moderna e, particularmente, no pensamento científico, há uma certa inclinação a desprezar a **razão** (como equilíbrio entre raciocínio lógico e intuição) em detrimento do **método** (na filosofia, na sociologia, na antropologia e na ciência em geral), tendendo a se assemelhar neste aspecto ao pensamento esquizofrênico, que dissocia intuição e raciocínio. Como frisou Descartes em seu *Discours de la Méthode*: "...je ne fis autre chose que rouler çà et là dans le monde, tâchant d'y être spectateur plutôt qu'acteur en toutes les comédies qui s'y jouent;...", o estudioso se separa do objeto estudado e se coloca mais como espectador do que como ator no espetáculo.

Evidentemente, o pensamento esquizofrênico, sendo idiossincrático e não compartilhável, não se presta à ciência real, e o arquétipo do "cientista maluco" dos filmes e quadrinhos não passa de um estereótipo fantasioso.

Pensamento Coletivo ou Grupal

No estudo do conteúdo do pensamento somos forçados a concluir que o pensamento humano normal não pode ser inteiramente autônomo, e deve necessariamente ter aspectos compartilhados com um grupo social. O chamado "inconsciente coletivo" de Carl Gustav Jung era um conceito que procurava abranger os aspectos da memória coletiva vinculados à cultura. Além disso, temos que os aspectos potencialmente negativos da mentalidade coletiva – estudados desde o século XIX na psicopatologia das multidões – que são com bases em características importantes, necessárias e essencialmente adaptativas da mente humana, que se estruturam socialmente. Por essa razão, a aceitação e a aprovação sociais interferem de forma direta na capacidade de julgamento das pessoas.

A sugestionabilidade se mostra essencialmente associada à formação do pensamento religioso, ao fanatismo, aos movimentos sociais e à guerra, assim como ao *marketing* e à propaganda comercial. Estudos revelam que a influência do preço na apreciação de um produto – ou seja, do papel da sugestão na experiência do prazer – mostra-se vinculada à ativação de certas áreas corticais específicas (córtex orbitofrontal medial e cingulado rostral anterior).** Um produto mais caro parece realmente melhor.

O sentido depreciativo que as lembranças dos movimentos demagógicos – com as suas caças às bruxas, guerras santas, histerias coletivas, linchamentos etc. – nos deixam não deve impedir um estudo mais aprofundado dessa característica humana. Aqui vemos

---
* Separando assim o córtex em dois hemisférios estanques e paralelos.
** Plassmann H et al. Marketing actions can modulate neural representations of experienced pleasantness. *Proc Natl Acad Sci* 2008 Jan. 22;105:1050.

a situação oposta ao quadro psicótico, já que a crença – o pensamento "normal" do grupo – é que se baseia em ideias falsas, e os aspectos intuitivos sobrepujam os racionais.

Na realidade, vemos que a incapacidade de de ser empático, de compartilhar intuitivamente o mundo com as outras pessoas é que está relacionada com o solipsismo, com o ensimesmamento e com os solilóquios; tende assim à ideação paranoide. Ironicamente, é como se não restasse ao ser humano outra alternativa além destas duas: ser influenciável ou ser louco.

Estudos demonstram que até mesmo o desempenho cognitivo pode ser influenciado pela identificação e pela tendência imitativa.*

O pensamento coletivo não se esgota apenas no inconsciente coletivo ou na chamada "Psicologia das Massas", em que o afeto e a sugestão se sobrepõem de forma quase que hipnótica ao raciocínio, mas abrange também interessantes aspectos mais estritamente cognitivos.

Há um campo da inteligência artificial, chamado *swarm intelligence* ("inteligência de enxame"), que estuda o comportamento coletivo de sistemas descentralizados e auto-organizados, como sistemas robóticos celulares, onde interações locais levam à emergência de um comportamento global. Exemplos naturais são colônias de cupins, formigas e abelhas, que produzem estruturas físicas e comportamentos grupais complexos sem nenhuma "mente" central organizadora. Também nos cardumes e manadas vemos milhares de indivíduos que parecem agir como se fossem um só. Na vida social humana, uma decisão individual pode desencadear uma reação coletiva, como vaia, aclamação, linchamento ou consagração.

Na terapia de família, assim como na de grupo, o terapeuta mantem-se atento às tendências do grupo, e não às manifestações individuais. Na verdade, a própria essência da terapia consiste em perceber a emergência do evento grupal e identificar os movimentos dessa entidade virtual que é o grupo, um paciente múltiplo.

LEITURA ADICIONAL SUGERIDA

Bennett D. *Aleatoriedade*. São Paulo: Martins Fontes; 2003.
Binswanger L. *Três formas da existência malograda*. Rio de Janeiro: Zahar; 1977.
Bonabeau E, Dorigo M, Theraulaz G. *Swarm intelligence: from natural to artificial systems*. Oxford University Press; 1999.
Cutting, J. *Principles of psychopathology*. Oxford: Oxford University Press; 1997.
Festinger L. *Teoria da dissonância cognitiva*. Rio de Janeiro: Zahar; 1975.
Fisher L. *The perfect swarm*. New York: Basic Books; 2009.
Iacoboni M. *Mirroring people*. New York: Farrar, Straus & Giroux; 2009.
Jaspers K. *Escritos psicopatológicos*. Madrid: Gredos; 1977.
Jung CG. *Estudos psiquiátricos*. Petrópolis: Vozes; 1993.
Jung CG. *Psicogênese das doenças mentais*. Petrópolis: Vozes; 1986.
Lacan J. *Da psicose paranóica em suas relações com a personalidade*. Rio de Janeiro: Forense-Universitária; 1987.
LeBon G. *Psychologie des foules* (1895). Paris: PUF; 2003.
Leme Lopes J. *A psiquiatria de Machado de Assis*. Rio de Janeiro: Agir; 1981.
Leme Lopes J. *Delírio*. Rio de Janeiro: Atheneu; 1982.
Olivennes A. *Delírio e realidade* (trad. bras.). Rio de Janeiro: Civilização Brasileira; 1975.
Schneider K. *Psicopatologia clínica*, 3.ed. São Paulo: Mestre Jou; 1978.
Schweder RA. *Thinking through cultures*. Cambridge, MA: Harvard Univ Press; 1996.
Sérieux P & J. Capgras *Les Folies Raisonnantes*. Paris: Alcan; 1909 (disponível em fac-símile e na internet).
Vygotsky LS. *Pensamento e linguagem*. São Paulo: Martins Fontes; 1993.

---

* Dijksterhuis A. Apud Iacoboni, 2009.

Capítulo 10 Afetividade

Le coeur a ses raisons, que la raison ne connaît pas.

Blaise Pascal,
matemático e filósofo francês
do século XVII

O estudo da afetividade abrange as emoções, os sentimentos em geral, o humor ou estado de ânimo, e suas repercussões no psiquismo como um todo e também na vida fisiológica. Atenção, vontade, pensamento e memória dependem, essencialmente, da vida emocional. A observação do estado afetivo também inclui as repercussões fisiológicas mais evidentes (rubor, palidez, sudorese, secura da boca, dispneia etc.) das reações emocionais. Em certas situações especiais ou experimentais a avaliação mais precisa, instrumental, dessas reações pode apresentar utilidade. Por exemplo, a variação da condutividade da pele, que pode ser facilmente medida em um galvanômetro, correlaciona-se fortemente com os estados emocionais. Esta medida, juntamente com outras (pulsação, pressão arterial, eletrocardiograma, frequência respiratória etc.) que evidenciam a atividade do sistema nervoso autônomo em resposta aos estímulos afetivos, constitui aquilo que é registrado no chamado *polígrafo*, ou "detector de mentiras". Essa expressão fisiológica dos estados afetivos é mediada essencialmente pelo sistema nervoso autônomo.

As reações emocionais têm um aspecto cognitivo, funcionando basicamente em níveis subcorticais, primitivos e inconscientes, chegando, eventualmente, ao processamento consciente. Como frisa LeDoux, "sabemos" se algo é bom ou ruim antes mesmo de sabermos exatamente o que é. Um estímulo emocional é processado no tálamo sensorial e depois segue por duas vias: direto para o córtex e em seguida para a amígdala ou direto para a amígdala. Em decorrência desse *bypass* do córtex, a reação emocional tende a ser imediata e irracional. Nas situações de ameaça ou emergência, por razões evolutivas, há sempre uma tendência a se agir primeiro e pensar depois.

Em termos de desenvolvimento (tanto ontogenético como filogenético), podemos classificar, hierarquicamente, as emoções de acordo com sua complexidade:

Emoções primárias inatas e instintivas podem ser definidas como complexos psicofisiológicos que podem ser encontrados no recém-nato, assim como em animais jovens. Estão relacionadas com as estruturas diencefálicas.

- *Emoção de choque* (reação catastrófica, atitude regressiva): provoca reações fisiológicas moduladas, principalmente, pela substância neurotransmissora adrenalina (do latim *ad renalis*: acima do rim) ou epinefrina (do grego επι [*epi*]: acima; e νεφρος [*nephros*]: rim), que é secretada pelo sistema nervoso autônomo (SNA) simpático e também pela medula das glândulas suprarrenais.
- *Emoção de cólera* (reação agressiva): suas reações fisiológicas são intermediadas pela noradrenalina (norepinefrina), também secretada pelo SNA simpático e pela medula das suprarrenais.
- *Emoção de afeto* (reação de satisfação, relaxamento): relaciona-se, fisiologicamente, com o SNA parassimpático (intermediado pela acetilcolina).

Emoções secundárias ou derivadas (originadas do desenvolvimento das emoções primárias) já estão relacionadas com estruturas neurofisiológicas hierarquicamente mais elevadas (sistema límbico):

- *De choque:* espanto, susto, pânico, terror etc.
- *De cólera:* raiva, irritação, agressividade etc.
- *De afeto:* prazer, simpatia, autoestima etc.
- *De desprazer:* insatisfação, pesar, mal-estar, desgosto, asco, antipatia, frustração etc.

Sentimentos são como chamamos os estados afetivos mais profundos e duradouros e também mais complexos e elaborados, menos restritos à vida instintiva. Psicofisiologicamente, estão relacionados com as estruturas superiores do neocórtex:

- Apreensão, receio, insegurança, desconfiança, preocupação etc.
- Ódio, rancor, crueldade, vingança, inimizade etc.
- Amor, amizade, compaixão, alegria, felicidade etc.
- Tristeza, inveja, ciúme, repugnância, desprezo, infelicidade, culpa, desesperança etc.

Inclinações são disposições ou tendências afetivas da personalidade, latentes, duradouras.

Paixões são estados emocionais extraordinariamente intensos, que canalizam a energia afetiva em uma só direção, inibindo ou excluindo tudo o mais. Nos versos do famoso soneto de Camões:

> Amor é fogo que arde sem se ver,
> É ferida que dói e não se sente,
> É um contentamento descontente,
> É dor que desatina sem doer (...)

Ansiedade e angústia são estados de temor sem objeto determinado e sem motivação aparente, relacionados com situações conflitivas internas.

Empatia

A palavra deriva do grego εν (*en*, significando "junto a") e πάθος (*pathos*, "sentimento", "sofrimento"). Significa a capacidade de compreender, sentir e se relacionar com as outras pessoas, envolvendo tanto aspectos afetivos como cognitivos. Estudos de imagem cerebral mostram que aspectos afetivo-perceptivos da empatia se relacionam com ativação do giro frontal inferior, enquanto os aspectos cognitivos associam-se ao giro pré-frontal ventromedial.

A forma e a intensidade do contato interpessoal são elementos essenciais do exame psíquico adequado, mas sua avaliação nem sempre é simples. A ausência de empatia é um sintoma que consta na descrição de diversos quadros psiquiátricos, nem sempre indicando o mesmo fenômeno.

Autistas, por exemplo, tendem a mostrar-se especialmente indiferentes e avessos ao contato pessoal, que parece incomodá-los muito. Parece que lhes falta a chamada "teoria da mente", ou seja, a capacidade de se colocar no lugar do outro.

Esquizofrênicos mostram-se reclusos ou ausentes, mas isso tende a estar mais relacionado com sua incapacidade de definir os limites entre o eu e o outro, oscilando entre a invasividade e a hostilidade ou rejeição.

Psicopatas são descritos como pessoas sem empatia, mas aqui a questão reside muito mais na falta de afeto ou interesse do que de compreensão. Costumam avaliar mal as outras pessoas, mas não por falta de percepção, e sim de experiência emocional.

Pessoas com forte predominância de traços obsessivos de personalidade tendem a ser extremamente controladoras e a reprimir fortemente as emoções, mostrando, às vezes, um perfil aparentemente "frio" ou pouco empático. Isso é especialmente notório quando coexistem traços esquizoides no seu perfil.

As pessoas que não conseguem expressar bem seus sentimentos são denominadas *alexitímicas*, quadro descrito a seguir, no tema dos fenômenos psicossomáticos. Aspectos culturais influenciam no processo.

Cultura e Emoção

Já mencionamos a importância da cultura nas manifestações afetivas. Apesar de a expressão e o reconhecimento das emoções terem aspectos universais, ambos sofrem clara influência do meio cultural. Esquimós, por exemplo, não têm uma palavra que corresponda ao conceito de "raiva" e não expressam conscientemente esse sentimento, assim como ocorre, entre os taitianos, com o conceito de "tristeza". Nestes casos, a emoção evidentemente existe, mas não se manifesta explicitamente, e sim por um sentimento indefinido com sintomas somáticos ou projeções.

Hipocognição foi o termo criado por Robert I. Levy para os mecanismos psicológicos subjacentes a estes recursos culturais. Assim, pode ser extremamente difícil avaliar estados emocionais complexos em pessoas que pertençam a meios culturais muito diferentes. Por esta razão, não é incomum que aos visitantes estrangeiros os outros povos pareçam insensíveis ou, ao contrário, exageradamente emotivos, como tradicionalmente se lê em relatos de viagem. Para uma avaliação adequada, o ideal é que o examinador pertença ou conheça muito bem o ambiente social do examinando.

ESTRESSE E DOENÇAS PSICOSSOMÁTICAS

> *De quanto mais Paixão do que Razão não nos fez Júpiter?*
> *Além disso, confinou a Razão a um estreito canto do cérebro*
> *e deixou todo o resto do corpo às Paixões...*
>
> Erasmo de Roterdam: O Elogio da Loucura

O chamado *sistema límbico* associa o córtex cerebral ao *hipotálamo*, estrutura diencefálica que modula o sistema nervoso autônomo (simpático e parassimpático) e o metabolismo, por meio do controle hormonal hipofisário. Colore, emocionalmente, as experiências sensoriais e constitui-se em um intermediário entre a vida mental afetiva e a vida fisiológica. Na década de 1950, P. D. MacLean postulou o desenvolvimento cerebral humano em três componentes evolutivos: o reptiliano, o paleomamaliano (paleocórtex, sistema límbico) e o neomamaliano (neocórtex). Este último torna-se, no ser humano, não apenas o cérebro da linguagem, da matemática e do pensamento abstrato, mas também o cérebro das artes, da interação social e do *insight*. A Figura 2-6, mostrando a evolução cortical com relação ao sistema límbico nos mamíferos, ilustra bem o paralelo entre a tendência ao maior desenvolvimento do neocórtex e uma crescente complexidade e sofisticação das vidas afetiva e relacional. Um coelho poderia ser criado em isolamento sem maiores problemas; já um primata ficaria nas condições apresentadas na Figura 2-4. Um ser humano poderia definhar até morrer, como as crianças vítimas de *hospitalismo* descritas por René Spitz.

Estudos mais recentes mostram que a amígdala (ou corpo amigdaloide) tem importância crucial nas conexões entre o estímulo emocional, o tálamo, o córtex sensorial e o hipotálamo. A memória, a sensação de medo e a ansiedade e reações somáticas se relacionam com sua atividade. Sujeitos cuja pressão arterial tende a apresentar maior reatividade aos eventos estressores mostram maior ativação da amígdala, especialmente na parte dorsal, onde fica o núcleo central. Além disso, há menor volume de matéria cinzenta na amígdala e maior conectividade com a ponte, que é essencial ao controle da pressão, assim como com o córtex cingulado perigenual anterior.

No século XIX, Claude Bernard cunhou o termo **homeostase** para definir a tendência do organismo a manter constante o meio interno. Mais tarde, com o melhor entendimento dos processos de equilíbrio, surgiram os estudos dos processos de desequilíbrio, ou voltados à adaptação do organismo às situações externas potencialmente danosas, chamada de **alostase**.

As reações imediatas de **alarme** (estudadas por Cannon na década de 1920) são mediadas pelo sistema nervoso autônomo e pela medula adrenal (suprarrenal), que libera adrenalina e prepara o indivíduo para a luta ou para a fuga (aumento dos batimentos cardíacos e da pressão arterial, alteração do ritmo respiratório, inibição do peristaltismo etc.). Outras manifestações também ocorrem, comumente, em estados de medo ou emoção intensa: náusea, vômitos, tremores, suores frios, vertigens, micção ou evacuação involuntária etc.

Com o prosseguimento do fator de agressão, surge outra etapa, com reações fisiológicas de maior duração, chamada fase de **resistência**, na Síndrome de Adaptação Geral ao estresse, estudada por Hans Selye nos anos de 1930. Tais reações se dão mediadas pelo córtex das glândulas suprarrenais que, estimulado pelo hormônio adrenocorticotrófico (ACTH) secretado pela hipófise, libera os hormônios glicocorticoides, que agem sobre o metabolismo dos açúcares, inibem as respostas inflamatórias, as reações alérgicas e o muco que protege o estômago da sua própria acidez, provocando, indiretamente, lesões na mucosa gástrica. Ocorre, ainda, a interrupção dos processos biológicos de crescimento e reprodução, além da diminuição da resistência às infecções. Estudos recentes mostram que, além da deficiência hormonal, essas alterações podem contribuir para a perda óssea que ocorre após a menopausa.

Geralmente o processo não chega até a sua fase final, que é a de **exaustão** ou **esgotamento**, e se relaciona com o estado de inibição dos recursos orgânicos e psíquicos (emocionais e cognitivos), que caracteriza a depressão, no limite da sobrevivência.

O precursor bioquímico dos hormônios do estresse (cortisol etc.), assim como de todos os hormônios esteroides, é o colesterol, que é produzido pelo organismo, por síntese hepática, nas situações de necessidade. Por exemplo, uma experiência americana feita com estudantes adolescentes mostrou que o nível plasmático de colesterol elevava-se significativamente nas vésperas das provas finais. Além do controle hipotalâmico-hipofisário sobre as suprarrenais, o SNC interage com o sistema imunitário por meio das conexões simpáticas no baço, timo, linfonodos e medula óssea, e ainda existem receptores aos neurotransmissores na superfície dos linfócitos. Inicialmente, os corticoides em doses baixas estimulam as defesas do organismo. Estimulações repetidas podem estar relacionadas com as doenças autoimunes (artrite reumatoide, *lúpus*, doença de Graves, esclerose múltipla etc.). O estresse intenso ou prolongado leva à produção de doses maciças de corticoides, que inibem o sistema imunológico.

Alguns estudos, como o trabalho de Richter, realizado na década de 1950, com ratos, sugeriram que situações de completa desesperança (ausência de possibilidades de ação de fuga ou luta) podem provocar intensa descarga vagal (estimulação parassimpática, de mediação colinérgica), capaz de causar a morte súbita, mesmo em simples animais de laboratório. Ele postulou ser essa a provável causa das mortes ocorridas por sugestão intensa, observadas em seres humanos. Uma descarga vagal poderia ser a real explicação dos casos de morte por hipnose ou feitiçaria *(voodoo death)**, e não uma descarga simpática (de mediação adrenérgica) que decorre do estado de medo comum, como supôs Cannon. Essa hipótese, porém, ainda não foi comprovada, até mesmo pela raridade dos casos.

---

* É possível que certos casos de "morte vudu" envolvessem também envenenamento real, além de sugestão (ver "A Serpente e o Arco-Íris", de Wade Davis). No entanto, mecanismos sugestivos podem efetivamente produzir esse resultado.

Pesquisas mostram que estados ansiosos e depressivos estão associados a diversas alterações fisiológicas, incluindo a hiperativação adrenérgica, o aumento das citocinas inflamatórias e a hipercortisolemia. Assim como o interferon, citocinas pró-inflamatórias podem induzir depressão no ser humano, de forma análoga ao comportamento típico de doença nos animais.* O estresse induz, também, uma diminuição na atividade hipocampal, incluindo mesmo alterações nas conexões dendríticas dos seus neurônios. Já na amígdala ocorre incremento de atividade neuronal. Parece haver aí uma transição entre funções de memória explícita e implícita, proporcionando um aprendizado mais ligado ao condicionamento subcortical (implícito) do que ao conhecimento consciente cortical (explícito). Talvez este seja o caminho para o desvendamento neurofisiológico das neuroses traumáticas e das reações fóbicas e de pânico. A exacerbação da atividade da amígdala produz um aumento do sentimento de medo e reações condicionadas. Enquanto isso, a redução da atividade hipocampal e da memória explícita facilita o preenchimento dos vazios mnêmicos com registros falsos, fantasias ou sugestões.

Em muitos indivíduos, os estados dissociativos muitas vezes parecem funcionar como defesa eficaz contra a estimulação excessiva ocasionada pelos eventos traumáticos. Talvez por isso, nos ambientes em que as formas terapêuticas de dissociação (transe, hipnose, estados alterados de consciência etc.) são bem-aceitas, a chamada síndrome do estresse pós-traumático não seja tão comum, apesar da enorme quantidade de eventos potencialmente traumáticos.**

Nos animais, a reação de sobressalto tende a persistir indefinidamente enquanto se mantiver o estímulo. Nos primatas superiores, como o chimpanzé, pode ocorrer lentamente uma supressão do estado de alerta. Já no ser humano, rapidamente surge a adaptação, e assim este pode-se manter relaxado – com um padrão alfa no EEG e sem alterações autonômicas – mesmo em um ambiente tumultuado e ruidoso. Também é interessante notar que alguns indivíduos, após intenso treinamento, podem adquirir certo controle *indireto* sobre diversas funções do sistema nervoso autônomo, como o ritmo cardíaco, a pressão arterial ou os movimentos peristálticos do tubo digestório. As técnicas conhecidas como *biofeedback* utilizam recursos visuais ou auditivos para explicitar as funções autonômicas e, assim, possibilitar mecanismos de *condicionamento reflexo* destas.

ESTRESSE NÃO É TENSÃO

Ansiedade é uma reação natural, que visa a proteção do indivíduo. Um estudo recente feito com lagostins mostrou que a sua ansiedade é mediada pelo neurotransmissor serotonina e pode ser reduzida por ansiolíticos benzodiazepínicos. Ainda que separados de nós por centenas de milhões de anos de evolução, os mecanismos neurofisiológicos permanecem os mesmos.

No entanto, na natureza, a maioria dos animais não fica estressada, mesmo aqueles que vivem sob permanente ameaça. Esquilos, saguis, pequenos pássaros mostram-se continuamente tensos e agitados sem qualquer sinal de estresse clínico. Ao contrário, um

---

*   Ver, por exemplo, Danese A et al. Elevated inflammation levels in depressed adults with a history of childhood maltreatment. *Arch Gen Psychiatry* 2008 Apr.;65:409; ou, ainda, Padmos RC et al. A discriminating messenger RNA signature for bipolar disorder formed by an aberrant expression of inflammatory genes in monocytes. 0; *Arch Gen Psychiatry* 2008 Apr.;65(4):395-407. Dowlati Y *et al.* A meta-analysis of cytokines in major depression. *Biol Psychiatry* 2010 Mar. 1;67:446.
** Ver Bastos CL. Tempo e psicopatologia cultural das experiências traumáticas. *Rev Latinoam Psicopat Fund* 2008 June;11(2):195-207.

ambiente tedioso e rotineiro de zoológico pode ser altamente estressante. As ameaças naturais vêm e passam, sem deixar sequelas. No entanto, o estresse contínuo e persistente pode tornar-se cumulativo, constituindo o que se chama de **carga alostática**, que é causa de doença e morte comum em animais em cativeiro e no ser humano na vida civilizada. Um certo grau de tensão é estimulante e necessário à vida da maioria das pessoas; não é por outro motivo que vamos ao futebol, jogamos *videogames* e assistimos a filmes de ação, de terror, de guerra etc. Pessoas absolutamente tranquilas e cordatas podem passar uma bela tarde de domingo em um estádio pulando entusiasmadas, urrando em desespero, roendo as unhas e vociferando ofensas para o árbitro, para depois retornar para a sua pacata vida caseira. Alguns – os chamados *"viciados" em adrenalina* – precisam praticar artes marciais ou esportes radicais para esse fim.

O desenvolvimento tecnológico, econômico e social criou tamanhas facilidades logísticas que grande parte das sociedades humanas passou a viver em enormes aglomerações populacionais. Nesse ambiente não há mais tempo e espaço para o trabalho e o repouso, mas para a oscilação entre a rotina e a apreensão, entre o tédio e o pânico. Torna-se comum um permanente sentido de urgência, de antecipação de necessidades futuras ou imaginárias, e um sentimento real ou fantasioso de permanente ameaça e insegurança.

PENSÉE OPÉRATOIRE E ALEXITIMIA

Na década de 1960, na França, três pesquisadores de orientação psicanalítica, P. Marty, M. de M'Uzan e C. David, estudando especificamente pacientes psicossomáticos, observaram que estes diferenciavam-se de outros pacientes por apresentarem muita dificuldade em comunicar empaticamente seus sentimentos. Quase nunca expressavam o que sentiam, mas os fatos, as ocorrências "secas" e as suas consequências objetivas, simplesmente ignorando as circunstâncias afetivas. Os pacientes diziam *"fiz isso, não fiz aquilo"*, mas não *"senti-me assim ou assado"*. Marty e seus colegas chamaram a essa condição *pensée opératoire* ("pensamento operatório").

Paralelamente, nos Estados Unidos, Sperry, Gazzaniga e Bogen realizaram alguns estudos neuropsicológicos em pacientes que tiveram que ser submetidos à secção cirúrgica da comissura cerebral, também chamada de corpo caloso (a estrutura neural que une e promove a intercomunicação entre os dois hemisférios cerebrais). Tais pacientes eram epilépticos graves, que apresentavam crises convulsivas focais, que se generalizavam, passando de um hemisfério para outro por meio do corpo caloso; a cirurgia consistia em seccionar essa estrutura, separando os hemisférios. Trabalhos anteriores, da década de 1940, haviam falhado em demonstrar qualquer alteração significativa no funcionamento cerebral desse tipo de pacientes, chegando-se mesmo a cogitar da real serventia dessa estrutura, aparentemente sem nenhuma função relevante. As pesquisas posteriores, porém, já eram bem mais sofisticadas e puderam revelar que algumas alterações sutis – mas importantes – ocorreram nesses pacientes:

1. Eles não mais conseguiam integrar mentalmente o que era aprendido pelo hemisfério esquerdo – vinculado à linguagem falada e escrita, à memória verbal, ao pensamento lógico e ao chamado *processo secundário* de Freud – com o direito – onde predominam funções cognitivas espaciais, gestálticas, não verbais, afetivas e o chamado *processo primário* de Freud. Tal fato, diga-se de passagem, só pode ser observado por testes neurofisiológicos muito específicos, correlacionando a audição e a psicomotricidade laterais e os campos visuais isolados, direito e esquerdo.

2. Os pacientes haviam perdido por completo a capacidade de expressar verbalmente o conteúdo emocional das suas vivências. Apresentavam, portanto, dificuldades relativas à comunicação afetiva que se mostravam muito semelhantes às dos pacientes psicossomáticos. Alguns pesquisadores americanos interessados em psicoterapia e psicossomática (Sifneos, Serafetinides e outros), juntando essas observações, procuraram construir uma hipótese, especulando sobre os possíveis mecanismos psicofisiológicos das doenças psicossomáticas, atribuindo o pensamento operatório dos pacientes a alguma espécie de "bloqueio" funcional da comunicação inter-hemisférica.

Esse proposto bloqueio, impedindo a verbalização por meio da área de Broca (localizada no hemisfério esquerdo), acabaria por desviar o fluxo de atividade cortical relacionada com o estado afetivo do hemisfério direito para a única via liberada: o hipotálamo, as vias neuroendócrinas e o sistema nervoso autônomo, promovendo desequilíbrio das funções vegetativas e ocasionando os distúrbios fisiopatológicos que conduzem às chamadas doenças psicossomáticas. Denominaram essa condição de *alexitimia* (do grego αλεξι- [*alexi-*] prefixo de evitação, defesa + θυμος [*thymos*]: emoção). No entanto, na primeira metade do século o psicanalista húngaro, Sándor Ferenczi, havia observado que as reações conversivas tendiam a ocorrer no lado esquerdo do corpo (controlado pelo hemisfério direito) com maior frequência do que no lado direito (controlado pelo hemisfério esquerdo). Alguns estudos americanos mostraram que isso realmente parecia ocorrer. Podemos considerar que a ausência de funções linguísticas complexas no hemisfério direito possivelmente seja um importante determinante da sua tendência a mediar reações conversivas e sintomas psicossomáticos. A Figura 10-1 mostra, em essência e de forma diagramática, esses mecanismos básicos.

Talvez mesmo se possa fazer alguma correlação entre essas observações e os estudos de Babinski sobre a anosognosia (palavra composta do grego α + νοσος + γνοσις [*a + nosos + gnosis*]: literalmente, não tomar conhecimento da doença), intrigante fenômeno em que os pacientes com hemiplegia esquerda, por lesão do córtex motor do hemisfério

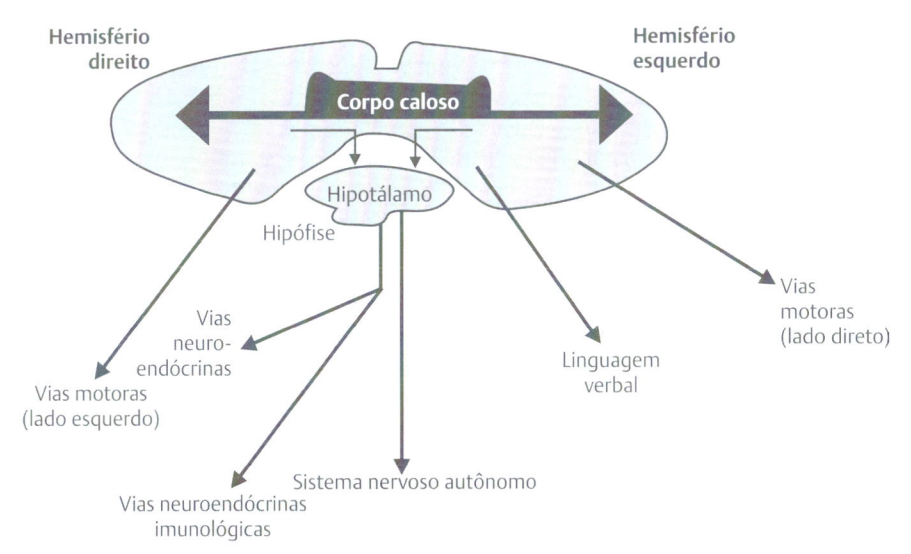

Fig. 10-1. Lateralidade cerebral, corpo caloso, comunicação inter-hemisférica e formas de expressão emocional.

direito, simplesmente negavam a paralisia.* É difícil imaginar como uma pessoa com metade do corpo paralisado pode desconhecer esse fato e achar que não há nada errado com ela, mas é o que acontece. Estudos recentes mostram que esses pacientes apresentam as mesmas dificuldades relacionadas com a vida afetiva e com o comportamento social que os pacientes com lesões do córtex pré-frontal ventromediano. Especula-se que essa região, juntamente com o córtex somestésico direito, os corpos amigdaloides e o córtex límbico (giro do cíngulo) formem um sistema cujas funções incluam conexões entre o raciocínio, as emoções, o autorreconhecimento e o processo de tomada de decisões.

Possivelmente, esses fatos se relacionam, de algum modo, com a constatação de que os pacientes histéricos, ao receber a atenção desejada para a sua "incapacidade", mostram-se singularmente despreocupados com o seu estado, no fenômeno que se chama de *la belle indifférence*. Poderíamos especular que nestes casos talvez aconteça de forma funcional algo que nos pacientes de Babinski ocorra em razão de lesões cerebrais. Em termos psicanalíticos, poder-se-ia explicar o fato pelo deslocamento do conflito para o físico e o decorrente alívio da ansiedade.

N.B.: Não se deve confundir **doenças psicossomáticas** com **sintomas conversivos**. Estes são conflitos psíquicos que se manifestam, simbolicamente, pela sensibilidade e da psicomotricidade do corpo – tais como dores, dispneia, disfagia ("bolo na garganta" ou *globus hystericus*), tremores, dormências, paralisias etc. – sem que haja qualquer substrato fisiopatológico para os sintomas. Já aquelas consistem em disfunções ou doenças reais, ocasionadas, facilitadas ou reforçadas por fatores emocionais, mediadas pelo eixo neuroendócrino e pelo sistema nervoso autônomo, de forma inespecífica e sem correspondências simbólicas – como *angina pectoris*, hipertensão arterial, infarto do miocárdio, asma brônquica, alergias diversas, gastrite, úlcera péptica, retocolite ulcerativa etc. Sabemos, no entanto, que é possível a influência das funções mentais superiores (conscientes ou não) na atividade autonômica, o que, certamente, abre algum espaço de intersecção entre o psicossomático e o conversivo.

Pacientes que costumam apresentar quadros sintomáticos conversivos – sejam histéricos ou não – tornam-se frequentadores assíduos de hospitais, ambulatórios e setores de emergência. A grande ansiedade desses pacientes, em geral muito maior que a dos verdadeiros pacientes orgânicos, faz com que – "furando" filas – consigam ser examinados incontáveis vezes, assim como fazer dúzias de exames, arranjar disputadas vagas etc. Nesse afã de descobrir *"o que é que eu tenho"* tendem acabar vindo a ser submetidos a desnecessárias internações e a sofrer inúmeras e exaustivas intervenções investigativas ou "terapêuticas", como exames – muitas vezes caros, invasivos e com risco cirúrgico – inúmeros medicamentos e até mesmo grandes cirurgias, especialmente laparotomias exploradoras em falsos quadros de abdome agudo.

Atualmente, com a maior sofisticação dos exames complementares e de recursos tecnológicos, principalmente em diagnóstico por imagens, o número de cirurgias como essas naturalmente decresceu, mas o custo dos exames subiu extraordinariamente. De qualquer forma, uma enorme quantidade de recursos continua sendo inutilmente despendida nesses casos, enquanto muitos outros que necessitam objetivamente deles têm de ficar aguardando. O gráfico apresentado a seguir (Fig. 10-2) mostra a grande importância desta constatação, em termos de saúde pública.

---

* Oliver Sacks descreve um caso em que o paciente sempre caía do leito à noite, porque, invariavelmente, atirava sua própria perna paralisada para fora, na certeza de que esta pertencia a algum cadáver e, naturalmente, vinha junto com ela ao chão.

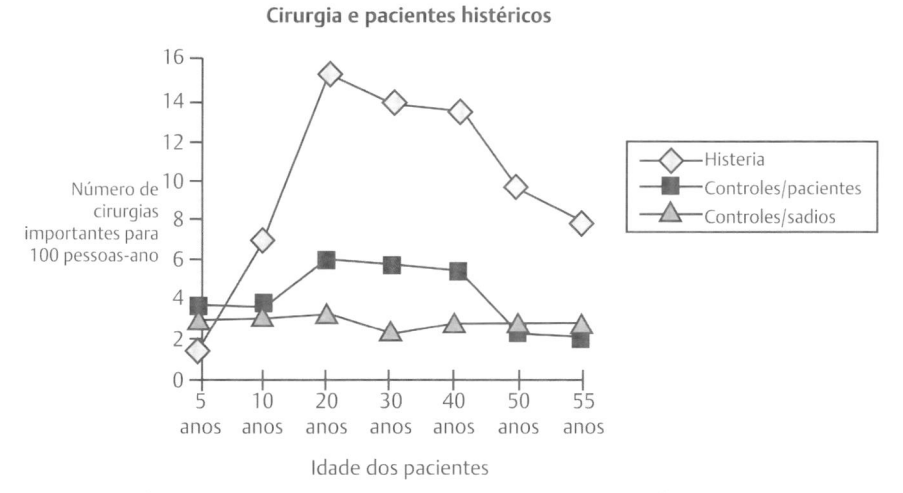

Fig. 10-2. Incidência de operações cirúrgicas importantes em pacientes histéricos, em comparação com sujeitos-controles normais e pacientes clínicos. (Adaptada de Cohen *et al. J Am Med Association* 1953;151:977-86).

Podemos mencionar, ainda, o antigo conceito de **neurastenia**, que se relaciona com a sintomatologia de fadiga nervosa e muscular que acompanha os estados de ansiedade, depressão e estresse, estando assim vinculado aos quadros psicossomáticos.

Além da diferença entre **conversão** e **doença psicossomática**, é preciso separar, conceitualmente, a **hipocondria**, a **doença factícia**, a **simulação** e as **lesões por esforço repetitivo** (**LER**), porque as abordagens terapêuticas devem ser completamente diferentes. Assim, discriminamos:

a) **Conversão:** sintomas sensitivos e motores, cuja origem é emocional, de motivação simbólica e inconsciente.
b) **Doença psicossomática:** alterações fisiológicas (neuroendócrinas, imunológicas e do SNA), de origem emocional.
c) **Doença factícia:** lesões ou sintomas fabricados, geralmente por necessidade de atenção.
d) **Simulação:** lesões ou sintomas fabricados por interesse, conscientemente e de má-fé.
e) **Hipocondria:** atenção exacerbada para sintomas corporais, por menores que sejam, vistos como prenúncios de doenças graves. A comédia de Molière *Le Malade Imaginaire (O Doente Imaginário)* ilustra um caso típico.
f) **Lesões por esforços repetitivos (LER)** ou **Doenças osteomusculares relacionadas com o trabalho (DORT):** à diferença dos quadros psicossomáticos, qualquer quadro neurótico, psicótico ou deficitário pode estar relacionado com uma lesão por esforço repetitivo, tanto uma neurose de angústia, como fóbica, obsessiva ou mesmo o simples empenho em manter um emprego. A via patológica se encontra na mesma ordem das lesões de joelho de jogadores de futebol e ginastas, assim como do "cotovelo de tenista", e muitas outras. A repetição e o esforço podem produzir inúmeras lesões no aparelho motor, de lesões musculares a tendinites, osteoartroses e até mesmo fraturas. Não existem aí quaisquer representações simbólicas, como na conversão, nem alterações fisiológicas gerais, como na síndrome do estresse, mas simples processos locais decorrentes de atividade motora direta.

MANIFESTAÇÕES CLÍNICAS

- **Medo** é um estado emocional básico, cujo propósito é a autopreservação e a sobrevivência do indivíduo e provoca reações proporcionais ao objeto e às circunstâncias. O medo é sempre dirigido ao objeto e destina-se a proteger o sujeito de alguma ameaça. Por exemplo, o medo de incêndios, naufrágios, terremotos, explosões, homens armados, animais perigosos etc. Como já vimos, a amígdala e o eixo hipotalâmico-hipofisário induzem as glândulas suprarrenais à secreção de adrenalina e, então, todo o organismo se estimula e se prepara para a luta ou a fuga. No cérebro, outros neurotransmissores, como as endorfinas, inibem a percepção da dor e proporcionam aquele estado subjetivo de excitação e bem-estar que se sente após as situações de risco, as competições, as disputas esportivas e as aventuras. Certos hormônios, como os esteroides androgênicos, podem reduzir a sentimento de medo e, assim, induzir a impulsividade e o comportamento de risco.
- **Ansiedade** é um estado de medo difuso ou sem objeto determinado. Na realidade, pode-se dizer que o objeto se encontra internalizado. Por esta razão, uma pessoa de grande coragem pessoal face aos perigos externos, como ameaças, lutas, guerras etc., pode, eventualmente, angustiar-se mortalmente ao falar em público, ao desagradar o seu grupo social ou ao descumprir normas culturais. A ansiedade se encontra presente de forma mais ou menos explícita no estresse e em *todos* os estados neuróticos.
- **Fobia** (do personagem mitológico grego Φοβος [*Fobos*], o Terror, escudeiro de *Ares*, o deus da guerra, conhecido como *Marte* na mitologia romana) corresponde a um estado de medo essencialmente vinculado aos estados patológicos, por:
   a) Não visar diretamente à preservação do indivíduo.
   b) Ser desproporcional ou sem relação direta com a periculosidade do objeto.

A reação fóbica tem por função direcionar a ansiedade para um objeto específico, que pode ser evitado. Esse "medo" focalizado e dirigido não conduz necessariamente ao estresse, ao contrário da ansiedade. A relação da fobia com o seu objeto é subjetiva, simbólica e inconsciente. Ninguém tem *fobia* a crocodilos, mas a lagartixas (ou outros animais inofensivos); de crocodilos (ou outros animais perigosos) o que se tem é *medo* real. O mesmo ocorre com relação a elevadores, aviões etc. Existe um enorme glossário para as mais diversas fobias, da claustrofobia (de lugares fechados) à agorafobia (de lugares abertos), passando pela acrofobia (de lugares altos) e pelas zoofobias (de animais).

O paciente de características predominantemente fóbicas se volta para a evitação, como principal mecanismo de defesa. Geralmente tende a sentir-se carente e abandonado, ressentindo-se da figura materna por desampará-lo e costuma mostrar-se inclinado às expectativas mágicas sobre o terapeuta e o tratamento. Os tabus* são manifestações culturais (socialmente compartilhadas) correspondentes a esses mecanismos.

O quadro fóbico tem sua especificidade psicopatológica e não convém usar a expressão "fobia" no sentido vulgar (fobia disso e daquilo, xenofobia, homofobia etc.). Hoje em dia fala-se muito de "fobia social", sem nenhum critério psicopatológico e com um forte viés cultural nessa conceituação, já que um mesmo traço pode ser categorizado como:

a) "timidez", um traço de personalidade (caráter);
b) "introversão", uma simples característica constitucional, de personalidade (temperamento);

---

* *Tabu* é uma palavra polinésia (ilhas Tonga, ilhas Fidji), que designa proibição ou restrição sagrada, referente a lugares, alimentos, objetos ou práticas.

c) "acanhamento", um defeito que pode acarretar desprestígio social;
d) "modéstia", reconhecida entre os japoneses, por exemplo, como uma virtude que desfruta de alto reconhecimento social;
e) "fobia social" propriamente dita, um quadro nosológico de natureza neurótica que mereceria tratamento farmacológico (em contextos mais inclinados à medicalização da vida afetiva);
f) "desconfiança", suspicácia persecutória, de natureza paranoide;
g) "isolamento" por desinteresse depressivo, de tom melancólico.

Certa vez vi alguém se referir a uma suposta alta frequência de "agorafobia" em idosos. O mais reles bom-senso nos diz que não se adquirem verdadeiras fobias na terceira idade, e nos leva à constatação de que os idosos receiam sair de casa pelo simples medo, causado pela fragilidade física, pela violência urbana e pelas ruas perigosas e esburacadas. Esta atitude pode ser mais ou menos adaptativa, e alguns tendem a recear mais do que outros. Evidentemente, esse receio é plenamente justificado, e nada tem a ver com fobias. Idosos saudáveis que vivem em lugares tranquilos e seguros não apresentam "agorafobia" alguma.

- **Pânico** (do grego πανικος [*panikos*], relativo ao deus *Pan*): reação descontrolada de medo ou ansiedade. Não é um quadro específico de alguma doença, mas pode ser desencadeada por:
    a) fatores objetivos, ainda que não racionais (ameaças, desastres, tumultos);
    b) fatores subjetivos (pensamentos, recordações traumáticas, conflitos inconscientes, delírio);
    c) fatores fisiológicos (drogas como lactato, estimulantes etc.);
    d) combinações complexas entre fatores.

    O estado de pânico só tem significado clínico quando faz parte de uma situação definida, como, por exemplo, um quadro fóbico. Em determinadas eventualidades, pode não significar nada. Como escreveu certa vez Eça de Queiroz: *"Os espanhóis dizem que quem, em certas ocasiões, não perde a cabeça é porque não tem cabeça para perder."*

- **Depressão** é um estado de esvaziamento afetivo, de perda da energia vital, do entusiasmo, da motivação, da disposição de viver. O luto normal, a tristeza pela perda, o desânimo circunstancial pelas frustrações não devem ser incluídos nesta categoria, muito menos medicados com antidepressivos ou estimulantes, como a propaganda diz. Podemos distinguir pelo menos três formas importantes de estados depressivos: os desenvolvimentos depressivos de personalidade, as reações depressivas e os processos depressivos:
    a) Personalidades que não conseguiram desenvolver uma autoestima adequada podem vir a constituir algumas fracas defesas neuróticas (hipocondríacas, histéricas, obsessivas etc.), mas estas nunca se mostram inteiramente suficientes, e os pacientes acabam tendendo, sistematicamente, à depressão. Tais situações ocorrem nas *personalidades depressivas ou melancólicas*. Nestes *desenvolvimentos* depressivos da personalidade em que há uma patente deficiência de amor-próprio, vemos que alguns se mostram emocionalmente esvaziados e, apesar de carentes, pouco exigem das outras pessoas; parecem querer passar pela vida despercebidos, como se não existissem. Outros, porém, não deixam barato o seu sofrimento, e o relacionamento com o terapeuta, apesar de mostrar tanta dependência e fragilidade como qualquer outra depressão, costuma revelar uma ambiguidade característica, passivo-agressiva. O paciente, à medida que tenta estabelecer um vínculo com o entrevistador,

colocando-se como vítima, agride-o sutilmente com sugestões depreciativas. O menosprezo e a desvalorização vêm sempre em insidiosas observações, aparentemente casuais. Virulentas observações nas entrelinhas permeiam sempre as suas lamuriosas queixas; um exemplo comum é dizer ao médico que o "seu" remédio não funcionou tão bem quanto o do Dr. Fulano, ao psicólogo que a terapia de Beltrano trazia mais resultados ou lamentar-se ao estagiário que o atende: *"Estou tão sem dinheiro que me vejo obrigado a me tratar com estagiários inexperientes"*. O entrevistador muitas vezes *foge* deste confronto desgastante, ignorando as agressões; especialmente, é claro, se se sentir realmente atingido. Se reagir ou abandonar o paciente, este retorna imediatamente à posição de vítima. Os aspectos contratransferenciais tornam a psicoterapia da depressão uma árdua tarefa, em que o investimento afetivo e a maturidade do terapeuta permanecem sempre em teste. Esta maliciosa e profunda destrutividade do caráter depressivo é um precioso elemento para o diagnóstico. Ninguém consegue sentir-se bem à sua volta, em decorrência da desagradável sensação de ter o seu sangue *sugado* pela atitude vampiresca do paciente, que parece obter a sua energia vital, *drenando-a* das outras pessoas. A família sente-se culpada, o médico sente-se impotente, o psicoterapeuta sente-se incompetente, todos se sentem incapazes de fazer algo para ajudar o *morto-vivo*. Quem convive com o paciente acaba, inevitavelmente, *contagiando-se* e tornando-se, também, um peso para os outros. Essas antigas lendas sobre os vampiros são uma expressiva e dramática metáfora mitológica desse terrível quadro clínico em que se constitui a personalidade depressiva, o verdadeiro *Nosferatu*, ou *não morto* (e não vivo).

b) Já as personalidades especificamente neuróticas (histéricas, fóbicas, obsessivas etc.) ou mesmo aquelas mais equilibradas, quando, por força das circunstâncias, veem esgotados todos os seus recursos defensivos, podem vir, eventualmente, a deprimir-se, constituindo aquilo que se chama *reações depressivas*. Certos momentos da vida, em que as gratificações parecem desaparecer e as frustrações se acumular, são excepcionalmente propícios para estas depressões. Tais situações vivenciais podem, ocasionalmente, se sobrepor, mas não têm qualquer relação direta (de causa nem de efeito) com as depressões cíclicas ou endógenas, de natureza *processual*, presentes na psicose maníaco-depressiva. Neste último caso, não se encontram nexos causais verdadeiramente compreensíveis.

c) Nas depressões endógenas* – pelo menos durante a crise depressiva – não existe a possibilidade de se estabelecerem vínculos terapêuticos adequados, pela ausência de investimentos afetivos. O paciente não tenta comover nem convencer o entrevistador de sua infelicidade e sofrimento; o vazio interno que apresenta fala por si mesmo. Pode sentir-se culpado ou perseguido, mas nunca tenta atingir as outras pessoas. Quando agride ou mata é a uma projeção de si mesmo que pretende atingir, como ocorre nos filicídios pós-parto ou nos suicídios familiares. Exemplo de carta de um filicida e suicida: *"Estou muito bem e minha decisão decorre de ponderada reflexão. Meu filho não veio ao mundo para sofrer. Preciso abreviar-lhe o sofrimento. De todas as alternativas, foi a que me restou. É a maior demonstração de amor de um pai pelo filho."* Note-se que não há impulsividade alguma, mas uma profunda

---

* Endógeno aqui tem uma conotação semelhante à dada por Tellenbach, referente ao *Endon*, elemento etiológico que não está na causalidade biológica nem psicológica, mas na totalidade complexa que se apresenta ao entrevistador.

convicção da identidade entre o seu próprio sofrimento e o dos familiares, assim como da total ausência de perspectivas.

Pode-se observar, ainda, que nas depressões neuróticas e reativas, a *ansiedade* é um elemento fundamental, sempre presente, enquanto nas depressões endógenas a *hipotimia* e a *inibição psicomotora* tendem a predominar. Depressões superficiais, de fundo pueril ou histérico, em razão de suas manifestações exuberantes, com profuso derramamento de lágrimas, podem impressionar o terapeuta muito mais do que graves depressões melancólicas.

De acordo com L. Binswanger, a angústia melancólica não se confunde, qualitativamente, com a angústia existencial, já que nada acrescenta à experiência humana, nem aprofunda a autenticidade do sujeito. A *melancolia* propriamente dita manifesta-se por um profundo desgosto, imotivado, em que o interesse, a disposição e a motivação desaparecem. O paciente não se interessa mais por nada, deixa de cuidar de si mesmo, fica sem tomar banho, sem se alimentar, sem sair de casa, do quarto, ou mesmo da cama. Pode haver um profundo sentimento de culpa e tentativas de suicídio.

Note-se que quadros depressivos paranoides, com ideação delirante persecutória, também são muito comuns, principalmente nas chamadas melancolias involutivas e nos pacientes com tendências à externalização da responsabilidade, por meio da extrojeção do elemento perseguidor (a *Nemesis* dos antigos gregos). Tais quadros ocorrem, incaracteristicamente, nos estados depressivos ou melancólicos de diversas etiologias.

Reiteramos que muitos casos de filicídio originam-se de estados depressivos, pois matar um filho corresponde simbolicamente a matar a si mesmo, relacionando-se muito mais com um ato de *auto* do que *heteroagressão*. As *psicoses puerperais*, em que um estado delirante pode induzir a mãe a matar o seu próprio recém-nato, muitas vezes são formas psicóticas de depressão reativa.

Os antigos já descreviam a melancolia, que relacionavam com a bile negra *(atrabilis)*. Cælius Aurelianus, consagrado médico romano do século V d.C., descreve:

A melancolia é uma enfermidade que afeta o pensamento, com tristeza e aversão pelas coisas mais queridas, sem febre... Os que estão afetados por ela estão cheios de angústia e mal-estar, além de mostrarem tristeza acompanhada de mutismo e ódio pelo que os cerca. Às vezes o paciente deseja morrer, outras deseja viver, e suspeita de que tramam contra ele.

Bem antes, o médico grego Aretæus da Capadócia já havia descrito a melancolia, associando-a à mania, reconhecendo claramente o quadro maníaco-depressivo, chamado hoje bipolar. Dizia Aretæus: *"Parece-me que a melancolia é começo e parte da mania"*, acrescentando ainda que nesta tanto a alegria como a ira se mostravam excessivas (ou seja, ele se referia à mania mesmo, não à loucura em geral).* A reprodução literal deste trecho tem o intuito de chamar a atenção de quem pensa que o famoso *transtorno bipolar* foi inventado agora, lembrando que essas palavras foram escritas no século II d.C., exatamente como estão aí. Aqui mesmo no Brasil, em pleno século XVII, o médico português, Simão Pinheiro Morão, também descreveu o quadro com precisão, assim como outros autores europeus.** Assim, vemos que a boa observação clínica é muitíssimo anterior às classificações modernas e mesmo à sistematização de Kraepelin.

---

* Texto original: δοκέει τε δέ μοι μανίης τε ἔμμεναι ἀρχή καί μέρος ἡ μελαγχολίη.
** Almeida AV. *Psychiatry on Line Brasil* 2008;13(11). Del Porto JA, Del Porto KO. *Revista de Psiquiatria Clínica* 2005;32:7-14.

Na avaliação da depressão em pessoas idosas é importante fazer o diagnóstico diferencial entre a tristeza normal pelas perdas e luto, a deterioração cognitiva, as alterações da atenção e da consciência (muitas vezes causadas por medicamentos) e as reações depressivas. Às vezes a labilidade afetiva nos estados demenciais pode ser confundida com depressão. Já mencionei o caso de uma senhora "deprimida" cujo problema real residia em uma alteração de consciência, ocasionada por hiponatremia iatrogênica. A astenia causada por distúrbios metabólicos – por exemplo, hipocalemia – pode ser erroneamente tomada por desânimo. Em casos assim, a observação cuidadosa do estado de consciência, da atenção, da sensopercepção, da cognição e – mais importante – do vínculo entre essas funções e a história clínica mostram-se imprescindíveis. A **qualidade** do exame é muito mais importante do que a quantidade de sintomas observados.

A avaliação de qualquer estado depressivo exige que se encontre uma relação de *sentido* no quadro sintomático. Para um diagnóstico eficaz é preciso que existam proporções e nexos adequados entre os sintomas afetivos, volitivos, psicomotores e cognitivos. No exemplo dado no Capítulo 2, o paciente com síndrome de Parkinson, apresentado como deprimido, mostrava grande inibição psicomotora, desproporcional à sua hipotimia. Podemos encontrar também pacientes que, mesmo permanecendo em depressão grave, conseguem sair do estado de hipocinesia e retornar ao nível habitual de atividade. Nesses casos, convém *abrir o olho*: não é incomum o redirecionamento das últimas energias afetivas para a autodestruição. São as tais situações em que o paciente se suicida *"justamente quando estava melhorando"*. É como se de repente surgisse uma solução para um problema intransponível, e a morte fosse a saída para uma existência insustentável. Pode ocorrer, então, uma perigosa mobilização interna na busca dessa solução.

A relação entre o desenvolvimento da personalidade do paciente, a história de sua vida, os eventos e circunstâncias, assim como a proporcionalidade entre as diversas alterações psicopatológicas e o relacionamento interpessoal, é que fornecerão os elementos para o diagnóstico diferencial. Não existem quaisquer elementos patognomônicos fora da subjetividade da relação terapêutica, nem determinações quantitativas que possam fazê-lo a despeito dos incansáveis esforços dos inúmeros elaboradores de questionários, inventários e tabelas.

O risco de suicídio também está presente nas depressões reativas e neuróticas, pois depende mais da impulsividade e da destrutividade do paciente do que do nível e da intensidade da depressão.

ALTERAÇÕES DO TONO AFETIVO
São intensidade e duração dos estados afetivos e respostas emocionais:

- *Apatia:* estado de indiferença ou esvaziamento afetivo que pode ocorrer nas depressões. **Obs.:** A apatia não deve ser confundida com a *abulia*, que é um distúrbio da vontade, nem com alterações ou estreitamentos da consciência, como o estupor emocional transitório das situações traumáticas (ver inibição transmarginal protetora de Pavlov).
- *Hipotimia* (do grego θυμος [*thymos*]: afeto, emoção) diminuição dos afetos e da excitabilidade.
- *Hipertimia:* emotividade e excitabilidade intensas, que podem ser ocasionadas por intoxicações exógenas (álcool, estimulantes) ou endógenas (hipertireoidismo), estados maníacos, histéricos.

Distimias ou Alterações do Humor

- **Distimia melancólica ou depressiva:** corresponde a um **desenvolvimento vivencial depressivo**, um permanente vazio vital, em que o desânimo, a ausência de prazer (anedonia), a astenia, as queixas somáticas difusas estão sempre presentes, sem chegar a constituir propriamente uma depressão clínica. Distingue-se dos **processos depressivos** e das **reações depressivas** por não promover uma súbita ruptura do equilíbrio afetivo, mas permanecer como um fundo vivencial. É usada muitas vezes como equivalente ao que se chama de neurose depressiva ou ainda à personalidade melancólica. Na primeira, observamos uma situação conflitiva que – pelo esgotamento das defesas psíquicas – acaba conduzindo ao esvaziamento da energia afetiva e à depressão. Na segunda, encontramos uma forma permanente de existência.

  Note-se que hoje, por influência americana, são indiscriminadamente chamadas de "distimias" todas as formas de depressão reativa possíveis e imagináveis, desde um simples amuo por briga de namorados à tristeza pela perda de alguém ou ao impacto do desemprego em uma perspectiva transcultural, podemos perceber que, em razão da profunda influência da moralidade calvinista, o culto ao trabalho faz com que os psiquiatras americanos geralmente tendam a ver qualquer manifestação de desmotivação, desânimo ou desinteresse pela atividade laborativa como um indício de algo necessariamente patológico. Daí a sofreguidão na busca de explicações neurofisiológicas e na construção de categorias, como a *síndrome da fadiga crônica* e de outras *culture-bound syndromes* parecidas. Aliás, pela aparente abundância de casos em que a doença de Lyme[*] entra como hipótese no diagnóstico diferencial, os Estados Unidos deveriam ser um país rural, com uma respeitável população de carrapatos...

- **Distimia expansiva:** corresponde a um *desenvolvimento* de permanente euforia, atividade ininterrupta, expansividade afetiva, entusiasmo constante. Equivale ao que se chama de personalidade *hipomaníaca*. Muitos desses indivíduos passam a vida inteira em um estado de permanente inquietude e taquipsiquismo, sem que jamais cheguem a ultrapassar a fronteira e chegar realmente a constituir um quadro maníaco. Certos hipomaníacos podem, eventualmente, dever boa parte do seu sucesso social ou profissional à excitação permanente em que vivem. Em alguns casos, pode até mesmo ser de interesse terapêutico a manutenção da medicação estabilizadora do humor em níveis relativamente baixos, com o objetivo de manter o paciente bipolar em um estado mais ou menos estável e socialmente funcional de hipomania.

No entanto, os estados propriamente maníacos *(processuais)* ou maniformes pressupõem entusiasmo patológico, euforia mórbida, exaltação dos sentimentos, em que a emotividade atinge seu máximo. Os pacientes exageram no cuidado pessoal, usando perfumes e maquiagem excessivas, seduzindo, passando *cantadas* etc. Suas expressões são sempre entusiasmadas, superlativas. Observe-se que não se trata de ausência ou mesmo diminuição da censura, mas um transbordamento afetivo – às vezes uma verdadeira inundação – em que os impulsos excedem em muito a capacidade normal de controle.

---

[*] Rara doença infecciosa – causada pelo espiroqueta *Borrelia burgdorgeri* e transmitida por carrapatos – complexa e multissistêmica, de curso incerto e com episódios de latência, que ocasiona encefalopatia e polineuropatia, com febre, astenia, irritabilidade, dificuldade de concentração etc. Ver, por exemplo, o comentário de Kraemer & Gostin (*JAMA* 2009 Feb. 11;301(6)) sobre a insistência em se medicar supostos casos de uma duvidosa forma crônica.

N. B.: Atualmente, com a popularização e o emprego abusivo da designação "bipolar", os critérios diagnósticos se tornaram perigosamente frouxos, mesmo entre os médicos, sendo muito comum se ouvir falar em pacientes "cicladores rápidos" – com muito mais frequência mulheres – que alternariam estados afetivos até em um mesmo dia. Sem entrar no mérito da questão – ou seja, na duvidosa validade do constructo – uma vez que este é apenas um texto básico, acho importante que o examinador fique alerta para os casos de afetividade lábil, especialmente em pacientes com traços histriônicos, que podem passar do mais dramático pranto ao riso mais teatral. Muitas *celebridades* e personagens *midiáticas* se dizem bipolares, quando, na verdade, são apenas instáveis, histriônicas ou pueris. Indivíduos imaturos mostram-se frequentemente inconstantes, com intensa labilidade afetiva, saindo das copiosas lágrimas do desespero para arroubos inconsequentes de alegria superficial. Isso pode ser erroneamente diagnosticado como mania, constituindo muitos dos casos chamados de "cicladores rápidos". Outras formas de personalidades psicopáticas (no sentido amplo, de K. Schneider) também podem oscilar entre manifestações extremadas de humor sem que haja nenhum elemento psicopatológico consistente para caracterizar essas variações como realmente maníacas ou depressivas.

Na mania *stricto sensu* a entrevista pode tornar-se uma experiência extraordinária, em que o profissional põe à prova a sua flexibilidade, os seus recursos de personalidade e, às vezes, até mesmo seu equilíbrio emocional. Chegar atrasado ao ambulatório tendo consulta marcada com um paciente maníaco é correr sério risco de ver alardeada para todo o hospital, sem nenhuma economia de decibéis, a sua imperdoável negligência. Depois, como uma espécie de compensação, vem uma constrangedora série de comentários encomiásticos, com elogios rasgados, confetes e mil lantejoulas verbais. Piadinhas e comentários sarcásticos sem a menor conveniência são mais regra que exceção. Quem não pode suportar referências claras e diretas à sua aparência física, *status* profissional ou social, idade, postura, linguagem, origem ou nacionalidade, preferência sexual, raça, etnia, religião, ou seja lá mais o que for, dificilmente vai longe na abordagem destes pacientes. Maníaco *politicamente correto* é quase uma impossibilidade lógica.

Uma intensa idealização transferencial da figura do terapeuta é também frequente nesses casos, como o de uma paciente que enviava anonimamente ao médico uma série de cartas, com declarações eróticas inscritas e uma fita cassete com declamações, versos e músicas, acompanhada de fotografias dela mesma "disfarçada", fantasiada de heroína de histórias em quadrinhos, vestida em cores berrantes, com expressões como *"Super-super-super-super"*. Passou meses nisso, até que um dia resolveu se apresentar e cobrar dele um posicionamento mais – digamos assim – *romântico*.

Tais casos costumam, muitas vezes, evoluir para quadros francamente delirantes – de dinâmica histérica – com ideias megalomaníacas, de telepatia, de sedução. Podemos lembrar também, como exemplo, o caso daquela paciente que, achando-se apaixonada por um certo indivíduo, deu para persegui-lo e, um dia, encontrando-se próxima ao escritório onde o desditoso cidadão trabalhava, passou rapidamente em um brechó, adquiriu um vestido de noiva, vestiu-o, incontinente, e foi assim, trajada a caráter, exigir – em público e em altos brados – o imediato cumprimento dos compromissos matrimoniais que atribuía à vítima.

Um outro ótimo exemplo é o interessante caso do famoso "Beijoqueiro", um motorista de táxi, português, que nos anos de 1970 e 1980 celebrizou-se por burlar os sistemas de segurança e tascar beijos nas bochechas de autoridades e pessoas famosas, como Frank Sinatra, Pelé e o Papa, entre outros, mesmo à custa de muita pancada. Nem a idade nem as sovas homéricas que levou dos agentes de segurança pelo Brasil afora foram capazes de demovê-lo da ideia de continuar perpetrando suas esfuziantes peripécias. Quando ainda estagiário, encontrei-o internado no Hospital Pinel, desfrutando de sua celebridade. Quando perguntaram ao enfermeiro de plantão se já havia sido beijado por ele, respondeu: *"Mas é claro! Se conseguiu beijar até o Papa, como eu escaparia?"*

Relatos de casos anedóticos de mirabolantes atuações de pacientes maníacos são, por vezes, inevitavelmente engraçados. Na realidade, porém, a maioria das situações criadas por eles é desagradável, podendo chegar a ser terrivelmente constrangedora para a família. É importante notarmos que a perda dos limites sociais que o paciente maníaco apresenta não se deve à sua incapacidade de compreender esses limites, como no caso do psicopata, do demente ou do oligofrênico, nem à sua interpretação errônea dos fatos, como no caso do esquizofrênico, mas à sua incontrolável exaltação de humor e impulsividade. O paciente simplesmente não consegue conter-se, mesmo quando demonstra estar consciente da inadequação da situação criada por seus atos.

- **Distimia colérica:** consiste em um estado de humor irritável, em uma permanente susceptibilidade a crises de fúria intensa ou explosividade agressiva, desproporcional, que pode ocorrer em certas personalidades psicopáticas. Também ocorrem estados semelhantes em determinados distúrbios de origem orgânica, como a epilepsia do lobo temporal,* em que um estado de humor caracterizado pela irritabilidade** constante pode, eventualmente, culminar em episódios extraordinariamente agressivos. Lesões cerebrais focais, em geral, além de irritabilidade, podem ocasionar episódios de explosividade agressiva. As antigas lendas sobre a licantropia (do grego λυκος[*lycos*]: lobo e ανθρωπος [*anthropos*]: ser humano), ou a transformação de um ser humano em lobisomem, criatura de enorme ferocidade, ilustram o potencial agressivo da liberação dos instintos humanos, configurada ainda hoje na expressão "virar bicho". Essas lendas, naturalmente, estão carregadas de uma simbologia que associa os instintos sexuais masculinos à agressividade, à violência e à ruptura das regras sociais.

    Obs.: Certos pacientes maníacos mostram-se altamente beligerantes e podem passar com facilidade da simples exaltação para a agitação agressiva, chegando mesmo à violência física. Como a experiência clínica demonstra, a agressividade tende a prejudicar a boa avaliação do estado psíquico do paciente, provocando geralmente no entrevistador uma certa inclinação a supervalorizar todas as manifestações psicopatológicas, descobrindo delírio primário, alterações da consciência do eu e alucinações onde existem apenas ideias deliroides de grandeza e ilusões. Assim, um paciente maníaco (ou mesmo histérico) mais furibundo tem muito mais probabilidades de ser tomado por esquizofrênico delirante do que outro menos agressivo.

OUTRAS ALTERAÇÕES AFETIVAS
- **Labilidade afetiva** é o estado de instabilidade emocional em que as emoções não se aprofundam e oscilam a todo momento, como acontece normalmente durante a infância, quando a criança se alegra e se irrita em seguida, chora e quase simultaneamente ri, ainda com lágrimas nos olhos. Pode ocorrer na idade adulta em pacientes histéricos,

---

* Deve-se observar que crises generalizadas frequentes podem gerar focos convulsivos temporais. É o que se chama de *temporalização* das epilepsias.

** É interessante notar que certos pacientes melhoram do humor após apresentarem crises convulsivas, chegando a haver alguns casos em que se preconiza a interrupção das drogas anticonvulsivantes (especialmente fenobarbital) para permitir o ressurgimento das crises.

personalidades psicopáticas instáveis e nos estados demenciais, quando, muitas vezes, é erroneamente identificada com os estados depressivos. Também não deve ser confundida com a inconstância de atitudes ou do caráter. Algo também diverso é a *volubilidade*, comum na adolescência e nas personalidades inseguras e imaturas. Esta característica é, às vezes, preconceituosamente atribuída às mulheres, como o faz o Duque de Mântua na ária *"La donna è mobile, qual piuma AL vento"** em uma postura cínica, justificando sua própria atitude libertina. Reiteramos que a labilidade afetiva, comum nas personalidades histriônicas, frequentemente é confundida com o humor cíclico – pelo público, pela imprensa e pelos profissionais desinformados – o que faz surgir uma multidão de pessoas que se dizem "bipolares", incluindo artistas e *socialites*.

- *Incontinência emocional*: perda da regulação emocional, ou incapacidade para o controle emocional.
- *Catatimia*: corresponde às alterações de outras funções psíquicas causadas ou influenciadas pelo estado emocional.
- *Ambitimia* (do latim *ambi*, por derivação do grego αμφι [*amphi*]: duplo): refere-se aos estados de simultaneidade de sentimentos opostos, conflituosos, sem cisão da personalidade, no entanto.
- *Puerilismo* (do latim *puer*: criança): estado de regressão ao comportamento infantil, que pode ocorrer em psicóticos (hebefrênicos), histéricos e estados demenciais, geralmente com labilidade afetiva e/ou incontinência emocional.
- *Mória* (do latim *moria*: loucura): estado de desinibição inadequada – loquacidade exagerada, pueril, comportamento inconveniente – causado por perda da repressão e do senso crítico, encontrado em certos estados demenciais, geralmente naqueles em que ocorrem lesões dos lobos frontais (demências frontotemporal, tumores, paralisia geral progressiva sifilítica).
- *Desrealização*: corresponde a um sentimento de estranheza com relação ao mundo, à realidade externa. Na já mencionada *síndrome de Capgras*, o paciente não sente familiaridade com relação aos parentes ou pessoas próximas, acreditando que são impostores. Sentimentos de estranheza e perplexidade, de não reconhecimento de si mesmo ou do mundo, participam da síndrome de *despersonalização*, que pode ocorrer em usuários de drogas ou marcar o início de um quadro esquizofrênico.
- *Paratimia* (do grego παρα [*para*]: ao lado): é a inadequação afetiva do esquizofrênico, apresentando reações emocionais incompreensíveis ou paradoxais.
- *Neotimia* (do grego νεος [*neos*]: novo) é o surgimento repentino de sentimentos novos, inusitados, que aparecem juntamente com a *despersonalização*.
- *Embotamento* ou *indiferença afetiva*: refere-se à ausência dos nexos afetivos que pode vir a ocorrer em certos casos de lesão cerebral, em quadros autísticos, e nos processos esquizofrênicos avançados, como uma perda progressiva.

No esquizofrênico, no entanto, o embotamento confunde-se com a *inadequação afetiva* e com a *incapacidade de expressão* emocional desses pacientes. Nem sempre se consegue delimitar bem onde começa uma e termina a outra. Por exemplo, um paciente esquizofrênico de área rural, internado em um manicômio judiciário por haver matado a sua própria mãe com grande violência, disse-me ao ser entrevistado: *"Quero receber a visita de meu irmão Fulano, porque preciso muito conversar com ele sobre a nossa criação de porcos."*

---

* "A mulher é volúvel, como uma pluma ao vento". Da célebre ópera Rigoletto, de Verdi.

Podemos comparar esta resposta com um caso de autismo citado por Gillberg, em que o paciente, ao ser perguntado sobre como se sentia após a morte da sua mãe, disse: *"Oh, estou muito bem. Veja, eu tenho a síndrome de Asperger,* que me faz menos vulnerável à perda dos entes queridos que a maioria das pessoas."*

É importante notarmos, no entanto, que certos aspectos socioculturais e educacionais podem facilmente confundir o observador. Já mencionamos, anteriormente, o conceito de hipocognição, introduzido por R. Levy. Qualquer um que tenha lido Graciliano Ramos sabe que a aspereza de pessoas habituadas ao sofrimento não pode ser confundida com indiferença. "Vidas Secas" não é apenas uma bela metáfora, mas uma dura realidade. Em certos ambientes culturais a expressão emocional exagerada não é bem vista; em outros, ocorre o contrário. Além disso, existem peculiaridades aparentemente contraditórias nas diversas formas de expressão. Lembro-me de uma crônica de Vinícius de Moraes que contava o caso de um sambista conhecido seu que, em lágrimas, no velório de seu próprio filho, pegou uma caixa de fósforos e batucou um sambinha que havia acabado de compor em homenagem à criança morta, rimando "coitadinho" com "esticadinho".

O uso indiscriminado de antidepressivos e estimulantes nos últimos anos tem produzido uma certa tendência ao nivelamento emocional, em que as pessoas vão passando de forma quase indiferente pelos eventos da vida. O processo psicoterápico, que depende do estabelecimento de vínculos afetivos, frequentemente se vê prejudicado por esse "aplainamento" das vivências emocionais.

- **Ambivalência afetiva**: situação de coexistência de estados emocionais incompatíveis, de forma cindida, desagregada, caracteristicamente esquizofrênica. Os paradoxos implícitos na relação familiar tendem a canalizar-se no paciente esquizofrênico, que os expressa de forma direta e concreta na sua comunicação e na sua atitude ambivalentes. Deve-se ter em mente que essas dificuldades não surgem primariamente na família, mas são o resultado de uma complexa interação pessoal. Podemos assegurar que a tão caluniada "mãe esquizofrenogênica" não passa de apenas mais um mito. Não obstante, não se pode negar o fato real de que as mães de pacientes esquizofrênicos apresentam um perfil ambivalente, com atitudes prestativas e solícitas, ao mesmo tempo frias e distantes. Só quando refletimos sobre o desenvolvimento normal da interação mãe-filho é que percebemos por que isto acontece. Na verdade, a única coisa que impede as mães ditas "normais" de absorverem inteiramente as vidas de seus filhos é a reação destes, na medida em que desejam crescer e lutam para se tornar independentes. Com indivíduos de personalidade frágil ou deficientes, isso não acontece, e estabelece-se, então, uma completa simbiose. Nos esquizofrênicos, a ausência de limites claros entre o indivíduo e o meio externo – similar ao chamado *narcisismo "primário"* – impede a definição da relação mãe-filho, que se dá entre permanentes avanços e recuos. A chamada *transferência maciça dos psicóticos*, que tanto assusta os candidatos a terapeuta, decorre da mesma dificuldade de identidade que, naturalmente, é ainda muito mais ameaçadora para as mães dos pacientes.

A afetividade esquizofrênica ou esquizoide parece dividir-se entre a absoluta frieza e a hipersensibilidade, como dizia Kretschmer, ou oscilar entre esses extremos. A dificuldade em distinguir o interno do externo, a intuição da razão e o pensamento da palavra induzem a essas alterações emocionais e a um contato interpessoal extremamente precário.

---

* Autismo "puro", sem *deficit* intelectual, como distinção do autismo de Kanner, em que oligofrenia, ausência de linguagem e sinais neurológicos são frequentes.

Esses são os verdadeiros elementos diagnósticos na esquizofrenia, e não as alterações do pensamento e da sensopercepção. Dar atenção exagerada aos chamados *sintomas produtivos* é uma das maiores fontes de erros diagnósticos em psiquiatria. A avaliação fenomenológico-existencial da vida afetiva é o único instrumento capaz de ultrapassar as armadilhas dos preconceitos e vieses étnicos, socioculturais e ideológicos, ao buscar aquilo que é fundamentalmente humano em cada vivência clínica.

LEITURA ADICIONAL SUGERIDA

Binswanger L. *Mélancolie et manie: études phénoménologiques*. Paris: Presses Universitaires de France; 1987.
Bowlby J. *Apego/Perda/Separacão*. São Paulo: Martins Fontes; 1984. v. 3
Damásio AR. *O erro de Descartes*. Lisboa: Europa-América; 1995.
Gillberg C, Coleman M. *The biology of the autistic syndromes*, 2nd ed. New York: Cambridge University Press; 1992.
Gray J. *A psicologia do medo e do stress*, 2.ed. Rio de Janeiro: Zahar; 1978.
LeDoux J. *Anxious*. New York: Viking; 2015.
LeDoux J. *The emotional brain*. New York: Simon & Schuster; 1998.
Marty P, De M'uzan M, David C. *L'Investigation psychosomatique*. Paris: Presses Universitaires de France; 1963.
Nesse MD, Randolph M. *Good Reasons for Bad Feelings: Insights from the Frontier of Evolutionary Psychiatry*. New York: Dutton; 2019.
Sapolsky R. *Why zebras don't get ulcers*. New York: WH Freeman; 1998.
Spitz RA. *O primeiro ano de vida*, 3.ed. São Paulo: Martins Fontes; 2004.
Stoker B. *Dracula*. New York: Grosset & Dunlap; 1897 (há traduções brasileiras, inclusive em e-book).

Capítulo 11 Vontade

*Estendeu a mão e tomou do
cutelo para sacrificar o
seu próprio filho.
Mas o Anjo de Javé chamou-o do céu,
dizendo: "Abraão! Abraão!"*

Gênesis, 22,10-11

*Those who restrain desire do so because
Theirs is weak enough to be restrained;
And the restrainer or reason usurps
its place and governs the unwilling.*

William Blake,
poeta místico inglês –
The Marriage of Heaven and Hell

A vontade ou o ***ato volitivo pleno*** (do latim *voluntas*: vontade) talvez seja o elemento mais adequado para a definição da essência da vida humana no que representa o livre-arbítrio, ou seja, a capacidade de cada indivíduo determinar-se, mesmo em desacordo com suas tendências instintivas ou seus hábitos. Relaciona-se com a Autoconsciência no que diz respeito à função de atividade ou autonomia do eu (autodeterminação).

ATIVIDADE VOLUNTÁRIA NORMAL

A ***atividade voluntária (ato volitivo)*** normal pode ser vista como composta das seguintes fases:

1ª – Desejo: etapa afetiva.
2ª – Intenção (propósito): etapa afetivo-cognitiva.
3ª – Deliberação (apreciação e opção): etapa cognitivo-afetiva.
4ª – Execução: etapa psicomotora.

Em termos estritamente neurofisiológicos, poderíamos dizer que a primeira etapa envolve, principalmente, estruturas límbicas subcorticais (amígdala, hipocampo) e corticais (giro do cíngulo, giro para-hipocampal), a segunda e a terceira envolvem conexões corticais temporais e frontais (córtex orbitofrontal) e a última envolve o córtex motor (giro pré-central) e as vias piramidais. Assim, esquematicamente, podemos supor alterações volitivas relativas, principalmente, à primeira etapa nos estados afetivos (depressão, mania), à segunda etapa, nos estados psicopáticos e nas perversões, à terceira, nas deficiências cognitivas e à quarta, em certos estados psicóticos e neurológicos. No entanto, inúmeras conexões e *feedbacks* vinculam as estruturas e vias que participam dessas etapas.

De acordo com algumas experiências, parece haver uma "balança" neurofisiológica entre o medo e o risco, ou entre a confiança e a desconfiança, na tomada de decisões, que envolve o neurotransmissor oxitocina. Enquanto a excitação da amígdala, rica em receptores de oxitocina, tende a despertar o receio e inibir a confiança, a atividade do núcleo caudado está relacionada com respostas de recompensa, tendendo a estimular a confiança. A oxitocina parece diminuir o medo, inibindo a atividade da amígdala, enquanto aumenta a tendência ao risco por meio do núcleo caudado.

Pragmatismo

Nil volitum nisi præcognitum
[Não há vontade sem conhecimento prévio]
Axioma escolástico

Chamamos **pragmatismo** (do grego πραγμα [*pragma*]: ação, feito, execução) à capacidade de exercer plenamente o ato volitivo. Estados psicóticos e certos déficits neurológicos podem promover uma dissociação dos laços entre a emoção e o raciocínio, ocasionando o que se denomina **hipo** ou **apragmatismo**. É exatamente por essa razão que os pacientes com doença mental raramente fogem dos hospitais psiquiátricos, nem costumam dar maiores consequências aos seus delírios. Quando o fazem, prescindem totalmente do planejamento e da premeditação cuidadosa e objetiva de que os criminosos eficientes não abrem mão.

Esta constatação clínica tem importantes considerações forenses. Aqueles fabulosos cientistas loucos e suas geniais mentes malignas, que materializam suas fantasias de poder em terríveis maquinações e inventos diabólicos, pertencem apenas à mitologia moderna das histórias em quadrinhos e aos filmes-pipoca. O psicótico real, por mais inteligente que seja, dificilmente consegue dar alguma consequência ao seu delírio, a não ser de forma impulsiva, desconexa e irrefletida.

Autodeterminação

> *... Ela desapareceu ia nua*
> *Desapareceu com quem?*
> *Procurem por toda a parte*
> *Digam que sou um homem sem orgulho*
> *Um homem que aceita tudo*
> *Que me importa?*
> *Eu quero a estrela da manhã!*
> Manuel Bandeira

Um problema extremamente complexo é o da capacidade real de autodeterminação do sujeito, sob a poderosa influência das normas culturais, das relações afetivas, das instituições, das pressões sociais etc. O poder da obediência à autoridade hierárquica e da diluição da responsabilidade levanta pontos muito difíceis para esta discussão. Sob o aspecto teórico, essas questões interessam à psicologia, à psicopatologia, à filosofia e às ciências sociais, e sob o aspecto prático, interessam fundamentalmente ao direito e à política.*

Além disso, em um nível causal mais profundo, certas abordagens filosóficas atuais – muitas vezes apoiadas por dados neurofisiológicos – negam ao ser humano qualquer livre-arbítrio real, fazendo do ato volitivo mero pêndulo entre o acaso e a necessidade.** Naturalmente isso implica nossa completa indeterminação, ou seja, que nem eu haja escrito estas palavras nem você as haja lido por decisão própria, mas por simples contingência.

Devemos aqui distinguir entre o ato volitivo no sentido empírico – que interessa à ciência em sua relação com o comportamento observável – e o ato da volição no sentido fenomenológico, que se refere à experiência individual de cada um expressar a sua vontade e se determinar. Para dar sentido à nossa atividade clínica e forense, não temos alternativa senão partir, obrigatoriamente, do princípio de que dispomos realmente de alguma capacidade de autodeterminação. De qualquer forma, em caso contrário, nenhuma outra questão teria qualquer importância ou sentido.

---

* Já em 1890, Jean-Gabriel de Tarde afirmava que mesmo o ato voluntário sofre influências sociais e que, como Ribot havia demonstrado, o eu se constituía de vários estados mentais – conscientes ou não – em dado momento: "*...Aussi ce qui est volontaire dans l'activité individuelle est-il seul susceptible de développements sociaux; car le propre de l'acte volontaire, Th. Ribot l'a fort bien montré (V. Revue philosophique, juillet 1882), c'est de n'être pas la simple transformation d'un état de conscience détaché, mais de supposer la participation de tout ce groupe d'états conscients ou subconscients qui constituent le moi à un moment donné*".

** Diversos estudos já levantaram a hipótese de que as nossas escolhas já podem estar decididas segundos antes de o cérebro tomar consciência delas; ou seja, talvez o nosso pretenso livre-arbítrio seja mais uma instância ilusória, como tantas outras, da nossa neurofisiologia. Para uma discussão aprofundada desse tema, ver Libet *et al.*, 2000.

Esta controvérsia foi amplamente discutida pelos filósofos gregos na Antiguidade e pelos escolásticos na Idade Média, desdobrando-se no debate entre Erasmo de Roterdam – que escreveu o seu *De Libero Arbitrio (Do Livre-Arbítrio)* em 1524 – e Martinho Lutero, que replicou com o seu *De Servo Arbitrio*, em 1525. Da ideia de predestinação, originada em Lutero e Calvino, surgiu toda a fundamentação do individualismo e do capitalismo. David Hume (1711-1776) sustentava que a razão era escrava das paixões *(slave of passions)* e, por si só, não poderia ser motivo de qualquer ato de vontade, nem se opor à paixão no direcionamento da vontade.

Voltando ao caso específico da influenciabilidade, podemos lembrar a célebre pesquisa sobre a obediência feita nos EUA, na década de 1960, por Stanley Milgram, de Yale. Ele colocou voluntários em um suposto experimento sobre aprendizado no qual deveriam dar choques elétricos punitivos em sujeitos sob teste, cada vez que eles errassem as respostas. Os choques eram falsos, assim como os gritos das "vítimas", mas os executores não sabiam disso, pois eles – os voluntários – é que eram os verdadeiros sujeitos do teste real; as tais "vítimas" eram falsos sujeitos atuando para fingir dor. Ao receberem ordens explícitas de aplicar os choques e de aumentar as voltagens, muitos chegaram aos limites máximos (até a aparente "morte" dos sujeitos), por mais veementes que fossem os pedidos das vítimas para interromper. Os aplicadores, ansiosos, frequentemente perguntavam ao experimentador-chefe se eram responsáveis pelo que faziam; ao serem informados que não, prosseguiam com mais facilidade.

O resultado foi o mesmo todas as vezes em que a experiência foi repetida em diversas universidades: mais de 60% dos aplicadores iam até o fim; ou seja, aceitavam sem problemas o papel de carrascos, contanto que a responsabilidade fosse assumida por outros. É interessante notar que quando – antes da experiência – os voluntários foram solicitados a predizer a sua *performance*, quase todos disseram que certamente não conseguiriam chegar até o fim. Os resultados, porém, foram muito diferentes das suas previsões. Há um filme francês da década de 1970, com Yves Montand, que repetiu nos mínimos detalhes essa experiência.* Tais observações experimentais permitem compreender melhor o que se passa nas guerras, massacres, campos de concentração etc. Se a maioria de indivíduos recrutados entre universitários – a elite intelectual, econômica e política de um país democrático – facilmente se revela carrascos potenciais, imagine-se o que acontece nos regimes totalitários.**

Uma outra questão importante é a da sugestionabilidade. Com a descoberta e o desenvolvimento da hipnose nos séculos XVIII e XIX por Mesmer, Braid, Liébault, Bernheim e outros, mostrou-se que o comportamento manifesto poderia ser influenciado por conteúdos inconscientes induzidos por sugestão hipnótica que, da mesma forma que as crises dissociativas histéricas, estava relacionada com registros mnêmicos separados da mente consciente. Pierre Janet (1889) os chamou de *"automatismes psychologiques"*. Ainda nes-

---

* Chama-se *"I ... comme Icare"*. Com base em uma outra experiência semelhante, de Philip Zimbardo, utilizando ambiente prisional, há o documentário *"Quiet Rage: Stanford Prison Experiment"*, de 1971, e também uma refilmagem alemã de 2001, chamada *"A Experiência" ("Das Experiment")*, que existe em DVD.

** Quando o carrasco nazista Adolf Eichmann foi preso na Argentina e levado para Israel, em 1961, disse aos seus captores que ele, pessoalmente, nunca tivera nada contra os judeus, mas sempre fizera questão de cumprir todas as suas ordens com o máximo rigor. A seu ver, sua responsabilidade restringia-se apenas ao bom cumprimento de suas obrigações, e nada tinha a ver com a natureza delas. Assim aconteceu – e continua acontecendo – com muitos outros. Vale a pena ver o filme *"The Man Who Captured Eichmann"*, de 1996, com Robert Duvall.

se período, Jean-Gabriel de Tarde (1843-1904) e Gustave Le Bon (1841-1931) mostraram a irracionalidade inconsciente que aflorava na formação das multidões. A descoberta da facilidade com que a mente humana poderia ser individual ou coletivamente influenciada ou manipulada foi alvo de um explosivo desenvolvimento da propaganda política, ideológica e comercial durante todo o século XX. O *marketing* e a propaganda vinculam-se, essencialmente, à enorme influência que a sugestão exerce sobre o discernimento da população em geral, sem exceções de grupos, extratos ou classes.

Observamos no dia a dia a facilidade com que nos emocionamos face a pessoas chorando, ou como o riso e o próprio ato de bocejar são altamente *contagiosos*. Programas humorísticos usam claques para induzir o riso mesmo em piadas sem graça, uma vez que se torna quase impossível não rir ao ouvir gargalhadas. É importante ter em mente que esses fenômenos pertencem ao repertório da mente normal e exibem importantes aspectos adaptativos, especialmente no que se refere à coesão grupal, um elemento essencial para uma espécie social como a nossa.

Chamamos **carisma** à capacidade que algumas pessoas parecem ter de envolver, liderar ou conduzir outras pessoas. A expressão vem das três Graças ou Cárites – Aglaia, Eufrosina e Tália – divindades gregas relacionadas com tudo o que é gracioso, agradável ou pelo qual se deve ser grato. A mesma origem tem a palavra *eucaristia*. O dom de fascinar sempre foi visto como uma qualidade divina, mágica. A palavra *encanto*, assim como *charme,* em francês, significa tanto feitiçaria como poder de sedução.

Hoje se pensa que esse talento para influenciar pode ser criado ou desenvolvido como uma série de técnicas ou recursos psicológicos, aprendidos nas escolas de propaganda. A sociedade de massas em que vivemos mostra que isto é, em boa parte, verdade. No entanto, algumas pessoas parecem ter um jeito especial para atrair e "catalisar" os sentimentos individuais e grupais e produzir uma expressão nova, ou ainda servir de tela de projeção desses afetos, seja no campo artístico, religioso ou político. Talvez não seja tão correto dizer que a pessoa carismática *influencia* os outros, como afirmar que o carisma consiste, de certa forma, em *se deixar influenciar* inconscientemente pelos outros, vivenciando como seu o desejo coletivo e se tornando, assim, uma forma de expressão deste.

Enquanto, na psicopatologia clínica, o ato volitivo se estende em ampla rede causal, na psicopatologia forense essa complexidade se deve submeter ao leito de Procusto das dicotomias legais. Para a justiça, em princípio, todo ser humano deve ser considerado capaz de autodeterminação, com exceções específicas e bem delimitadas.* É justamente aí que entra a avaliação pericial. Assim, em um laudo de sanidade mental o perito deve dirigir especial atenção aos aspectos volitivos do exame, redigindo-o de tal forma que esses elementos fiquem bem claros. Além disso precisa utilizar critérios precisos e uniformes, mesmo que um tanto rígidos. Para esse fim específico, convenções, classificações e escalas, como as do CID e do DSM, podem ser úteis, apesar de serem periodicamente alteradas.

---

* Esse rigor é maior nos sistemas legais de origem anglo-saxônica, onde a perspectiva individualista torna a ideia de *ausência de autodeterminação* quase impossível de ser aceita. Indivíduos considerados culpados, apesar de deficientes ou doentes *("guilty, but insane"),* têm que cumprir a pena, mesmo em caso de recuperação após tratamento psiquiátrico. Certos estados americanos chegam até mesmo a condenar à pena capital indivíduos reconhecidamente oligofrênicos ou psicóticos, mas considerados culpados apesar disso. Em alguns estados, nem mesmo existe a *insanity defense.*

ATIVIDADE INVOLUNTÁRIA NORMAL

1. Reflexos ou automatismos inatos, chamados instintos.
2. Reflexos ou automatismos adquiridos, denominados hábitos.

Alterações da Vontade (Conação), dos Instintos e dos Hábitos

> *My reason, the physician to my love,*
> *Angry that his prescriptions are not kept,*
> *Hath left me, and I desperately now approve,*
> *Desire is death, which physic did except.*
>
> William Shakespeare, Sonnet CXLVII

Alterações Quantitativas (Hipobulia)

Hipobulia (do grego βουλη [*boule*]: vontade): corresponde à diminuição da capacidade de atividade espontânea, à perda da iniciativa e da disposição voluntária (*abulia* significa total ausência da vontade). Não deve ser confundida com a *apatia*, que significa indiferença emocional, é um distúrbio primariamente afetivo. Nos estados de alta sugestionabilidade, a iniciativa individual e a capacidade decisória não desaparecem, mas são transferidas para outra pessoa, para uma entidade simbólica ou para o grupo social. Ocorre aqui uma suscetibilidade aumentada à doutrinação ou à sugestão, que atinge o seu máximo na hipnose, nos estados de transe, nas crises histéricas (Fig. 11-1). Como foi visto no Capítulo 6, nas situações de trauma ou choque emocional pode ocorrer um significativo aumento da sugestionabilidade. Por essa razão, muitos processos de iniciação ritual mostram-se um

Fig. 11-1. Paciente de Charcot em estado cataléptico induzido por transe hipnótico.

tanto agressivos com o iniciando (daí a expressão "*fazer a cabeça*", derivada de ritos afro-brasileiros). Da mesma forma, certos "tratamentos de choque," tais como as duchas frias nos chamados "tratamentos morais" do século XIX e ritos de humilhação e a desmoralização, também podem fazer o mesmo papel.

Em decorrência de estados hipobúlicos, temos:

a) **Apragmatismo:** corresponde à incapacidade de dar consequência aos pensamentos, de agir de acordo com o que se pretende.
b) **Automatismos:** consistem em atos automáticos, impensados, inconscientes.
c) **Negativismo:** refere-se à recusa, ativa ou passiva, à interação, ao diálogo ou à cooperação com o entrevistador; note-se que não se trata aqui de uma atitude ou postura consciente, voluntariosa ou rebelde, porque neste caso o paciente, apragmático, nada faz de objetivo para aliviar ou melhorar a sua situação.
d) **Dependência:** fragilidade da personalidade que leva à incapacidade de suportar as frustrações, de agir com autonomia, de cumprir com as suas próprias determinações.
   N. B.: Com relação à dependência de drogas, torna-se importante distinguirmos alguns conceitos básicos:
   - **Uso:** corresponde apenas à utilização de alguma substância psicoativa para fins específicos e autolimitados, como, por exemplo, tomar café, chá, mate ou chocolate para o despertar matinal, tomar bebida alcoólica em reuniões sociais para relaxar ou desinibir, utilizar psicodislépticos (Cannabis, mescal, cogumelos etc.) para rituais místicos ou religiosos (Fig. 11-2), utilizar estimulantes (anfetaminas, coca) para tarefas que exijam grandes *performances* como *shows* e apresentações esportivas etc.

Fig. 11-2. (**a**) Estatueta mexicana de um cogumelo alucinógeno divinizado. (**b**) O "deus das flores" Xochipilli, em postura de êxtase místico.

- **Abuso** (do prefixo latino *ab*: além de): implica uma desproporção entre as necessidades específicas, o controle social e a sua utilização. Como critérios para esta proporção temos os prejuízos à saúde, a incapacitação profissional e a perda de vínculos familiares e sociais; deve-se levar ainda em conta o grau de aceitação cultural e social da droga em questão. Este consumo abusivo costuma ser chamado de *uso nocivo* nos meios forenses. O abuso frequentemente corresponde a uma necessidade psíquica compensatória, face a situações externas (perdas, traumas, fatalidades) ou internas (conflitos) extremamente angustiantes. Equivale ao que, às vezes, se chama de dependência secundária ou sintomática. Personalidades do *show business* e dos esportes, com enormes e ininterruptas exigências quanto à *performance*, com egos infladíssimos, narcisismo à flor da pele e sem uma identidade própria estruturada, frequentemente são vítimas de *overdoses* de drogas estimulantes.
- ***Dependência psíquica:*** significa uma impossibilidade de vida na ausência de alguma forma de suporte psíquico, seja farmacológico, pessoal ou institucional. A personalidade *dependente* está sempre em demanda, em uma solicitação constante sem nada dar em troca a não ser a sua própria dependência. É precisamente este tipo de relação de eterna dependência que muitas pessoas – mães, esposas etc. – buscam no alcoólatra e em viciados semelhantes. Um dependente pode ser uma pessoa egoísta, imprestável, inútil, agressiva ou mais lá o que for, porém, sempre volta para casa. Rouba as economias da mãe, gasta o dinheiro do leite das crianças em seu vício, espanca a mulher e os filhos, mas retorna. Depender é a sua própria maneira de viver, e ele volta nem que seja para pedir mais dinheiro. Para pessoas profundamente carentes de afeto, como costumam ser aqueles que convivem com tais dependentes, essa certeza do retorno garantido vale qualquer sacrifício. Em razão dessas características de personalidade do dependente e da interação viciosa familiar, as únicas terapias que funcionam relativamente bem para quaisquer dependentes são as terapias familiares – que trabalham as relações codependentes – e as terapias institucionais, que trabalham exclusivamente com o reforço de defesas do ego (sejam de características obsessivas, fóbicas ou dissociativas). Grupos religiosos costumam ter bons resultados nessas áreas, justificando bem a frase de William James, ainda no século XIX: *"The only radical remedy for dipsomania is religiomania."* ["O único remédio radical para a dipsomania {alcoolismo} é a religiomania."] Os dependentes do jogo, do risco ou do perigo também agem por mecanismos psíquicos muito semelhantes. A diferença está apenas no fato fisiológico de que uns agem diretamente, introduzindo-se drogas externas (como o álcool, a cocaína, a morfina), enquanto outros agem indiretamente, provocando a liberação de "drogas" internas (como as endorfinas).
- ***Tolerância:*** significa uma adaptação do organismo à ação dos fármacos, o que exige doses cada vez maiores de uma mesma substância para produzir o mesmo efeito. É necessário frisar que o desenvolvimento de tolerância não implica, necessariamente, um aumento proporcional da resistência do organismo a todos os efeitos tóxicos da droga. Por esta razão ocorrem as frequentes mortes por *overdose*.
- ***Dependência física***: corresponde à propriedade que têm diversas substâncias psicoativas – especialmente o álcool e a morfina – de criarem um hábito fisiológico de tal ordem que a sua retirada brusca pode desencadear um quadro clínico específico, a chamada *síndrome de abstinência*. Apesar da gravidade do quadro clínico, já que o *delirium tremens* pode levar à morte, assim como, também, a abstinência dos opiáceos, não há relação direta entre a dependência física e a psíquica. Uma pesquisa do governo

americano* relata que da boa parte dos soldados americanos que retornaram do Vietnã como usuários de heroína, morfina ou outros opiáceos, a maioria abandonou espontaneamente o hábito, mesmo sem qualquer apoio terapêutico, apesar de toda a potencial gravidade das reações orgânicas à abstinência. Isto ocorreu porque a grande maioria dos soldados tornou-se viciada apenas naquele contexto específico circunstancial da guerra, sem que as suas personalidades fossem realmente dependentes.
N. B.: Neste ponto a perspectiva forense pode-se tornar bem diferente da visão clínica, por estar mais intensamente envolvida com os elementos culturais, os preconceitos sociais, as doutrinas vigentes e as circunstâncias políticas do momento. O conceito de dependência psíquica sem dependência física se torna mais difícil de admitir quando se consideram as questões criminais, por exemplo. Há uma certa tendência social a aceitar a ideia de dependência quando se trata de drogas como a cocaína, a heroína etc. Já o alcoolismo, apesar de poder ser causa de grave dependência física e psíquica, tende a não ser considerado "droga" da mesma forma que outras substâncias, pela forte inserção que o uso do álcool tem em nossa cultura e nossa história. Ninguém discute que estar sob influência alcoólica não retira a responsabilidade individual, já que o ato de beber pressupõe as suas consequências. Seguindo este raciocínio, o mesmo deveria ocorrer com outras drogas, a menos que o próprio ato de usá-las tenha sido involuntário.

Alterações Qualitativas (Parabulias)
Disfunções, Alterações ou Perversões Instintivas

I can resist everything except temptation.

Oscar Wilde

O conceito de *perversão* está indissoluvelmente ligado às convenções, regras e hábitos culturais, não podendo, portanto, jamais ser encarado sob um aspecto absoluto. Como bem nos adverte Lantéri-Laura: mesmo que os conhecimentos que expliquem esses problemas não sejam de natureza sociológica em si mesmos (como a psicologia, a neurologia, a endocrinologia etc.), *"...os fundamentos empíricos desse saber decorreram de uma amostragem realizada por motivos culturais."* Neste campo, nenhuma alteração pode ser valorizada sem ser antes devidamente relativizada e contextualizada.

Da Nutrição
A nutrição está no nível mais básico dos instintos e das mais primitivas formas de prazer. De acordo com Freud, a fase oral é a primeira etapa do desenvolvimento afetivo, quando não existem ainda quaisquer restrições internas à busca da satisfação.

1. Alterações quantitativas:
    a) Bulimia (do grego βους + λιμος [*bous* + *limos*]: literalmente "fome de boi", de onde βουλιμια [*boulimia*]: fome insaciável): refere-se ao comer patológico, ao empanturrar-se desbragadamente, de forma impulsiva, sem qualquer prazer gastronômico. Muitas vezes esse comer descontrolado é seguido por vômitos.

---

* Robin, L. The Vietnam Drug User Returns : Final Report, Sept. 1973. Special Action Office Monograph Ser. A N° 2. U.S. Gov. Print. Office, Washington, D.C., 1974. Cit. por Jaffe, JH – Drug Addiction and Drug Abuse, in Gilman AG, Rall TW, Nies AS *et al. Goodman & Gilman's the pharmacological basis of therapeutics*, 8th ed. New York: MacMillan, 1990.

Deve-se distinguir a bulimia da hiperfagia (do grego υπερ [*hyper*]: acima, e φαγος [*fagos*]: comer), aumento desmedido do apetite, que é comum durante o uso de certos medicamentos, especialmente os que agem inibindo as ações histaminérgica e dopaminérgica; pode ocorrer ainda em lesões hipotalâmicas; doenças neurológicas, como tumores cerebrais, síndromes de Kluver-Bucy (agnosia visual, morder e lamber compulsivos, placidez, hipersexualidade e hiperfagia) ou Kleine-Levin (hipersonia periódica de até 3 semanas e hiperfagia), raramente podem exigir diagnóstico diferencial.

b) **Anorexia** (do grego αν + ορεκτος [*an + orektos*]: ausência de apetite): refere-se à perda do apetite. Pode ocorrer nos estados depressivos, psicóticos, além das doenças orgânicas, é claro. A causa mais comum de hipofagia (do grego υπο [*hypo*]: abaixo, e φαγος [*fagos*]: comer) é o uso de estimulantes do tipo da cocaína e das anfetaminas, assim como seus derivados.

Obs.: A expressão *anorexia nervosa* refere-se a um certo distúrbio, predominante em mulheres jovens, em que a imagem corporal parece encontrar-se de alguma forma distorcida, e a paciente considera-se muito gorda, insistindo em perder peso e recusando a alimentação ou vomitando-a, por mais magra que já esteja. Não é uma doença comum, mas apresenta considerável gravidade (Fig. 11-3). Cursa com um emagrecimento extremado, surgindo um sério quadro consumptivo, sempre acompanhado de amenorreia, que evolui para a caquexia, acarretando, finalmente, a morte por inanição. Mesmo com tratamento, a mortalidade chega aos 10 ou 15%. Ainda não se conseguiu associar esse distúrbio a nenhum outro quadro psiquiátrico mais abrangente, o que leva a crer que possa se tratar de uma síndrome ligada à cultura da sociedade em que vivemos (*culture-bound syndrome*), ainda que – em outro nível patológico – eventualmente existam certos componentes idiossincráticos no quadro, possivelmente de natureza genética.

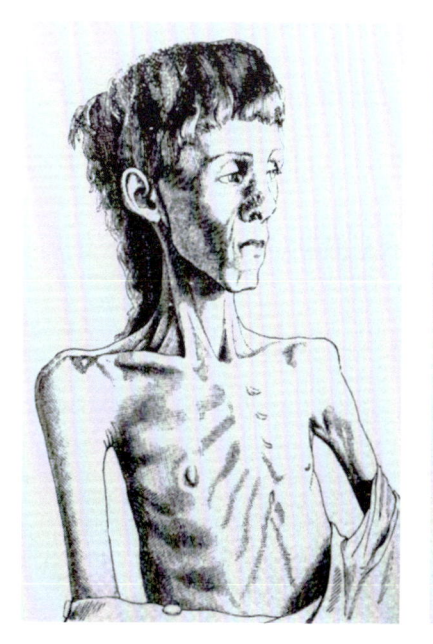

Fig. 11-3. Caso de anorexia nervosa em ilustração do *Lancet* de 17 de março de 1888.

É possível que este quadro esteja relacionado com aqueles ambientes familiares em que a alimentação e seus rituais mostrem-se profundamente identificados com seus vínculos afetivos, suas normas e suas manifestações emocionais. A recusa à alimentação pode assumir um aspecto pueril de rebeldia, que, paradoxalmente, tende a perpetuar a infância. Por outro lado, a magreza e as dietas tendem a ser identificadas com a beleza, a feminilidade, o poder de sedução, a liberdade adolescente e o desejo de autonomia. Podemos, assim, notar uma certa relação entre a moderna dissociação entre os papéis femininos de mulher (sensualidade, sedução, autonomia) e de mãe (procriação, amamentação, domesticidade) e este quadro clínico, uma vez que nas sociedades tradicionais a gordura – não a esbelteza – tende a ser um atributo de beleza feminina (Fig. 11-4). É muito importante distinguir a *anorexia nervosa* das outras formas de recusa da alimentação:

- Os pacientes gravemente *deprimidos*, desmotivados, frequentemente tornam-se inapetentes; por isso, o surgimento do *estupor depressivo* envolve sério risco de vida.
- Também nos sujeitos *paranoides* é comum a recusa à alimentação, pela suspeita de que a comida esteja envenenada. Evidentemente, daí à inanição é apenas um passo. Atenção especial merece os pacientes idosos com quadros paranoides em decorrência de estados demenciais (doença de Alzheimer, quadros vasculares cerebrais etc.).
- Certos *esquizofrênicos catatônicos* (Fig. 11-5) podem recusar alimento e água até a morte por desidratação ou inanição. Conhecemos um caso relativamente

Fig. 11-4. A famosa *vênus* de Willendorf, símbolo sexual esculpido há cerca de 30 mil anos, a *top model* do paleolítico.

Fig. 11-5. Paciente esquizofrênica catatônica.

recente de um catatônico internado, para o qual o médico assistente havia indicado eletroconvulsoterapia em razão do sério risco de vida que a sua condição acarretava. Na época, no entanto, o hospital estava sob um regime de pretensa inspiração *basagliana* (ou algo vagamente semelhante) e, assim, enquanto uma inexperiente *equipe multidisciplinar* descompromissadamente questionava e discutia a conduta terapêutica, o paciente simplesmente morreu por inanição.*

- c) **Sitiofobia** (do grego σιτιον [*sition*]: alimento): significa rejeição à alimentação, sem que exista qualquer problema ou impedimento de natureza anatômica ou fisiológica.
- d) **Polidipsia** (do grego διψος [*dipsos*]: sede): sede desmedida, exagerada. Na maioria das vezes não tem qualquer significado psicopatológico, ocorrendo como consequência de distúrbios metabólicos, como *diabetes insipidus*, efeitos colaterais de certos medicamentos (como, por exemplo, o lítio) etc.

2. Qualitativas:
   - a) **Malacia** (do grego μαλακια [*malakia*]: doentio) ou alotriofagia (do grego αλλοτριος [*allotrios*]: estranho e φαγος [*fagos*]: comer) ou ainda, em latim, *pica* (de pega: certa ave – uma espécie de gralha – que recolhe objetos inusitados): desejo de comer coisas estranhas, impróprias à alimentação.
   - b) **Geofagia** (do prefixo grego γηω- [*geo-*]: terra): hábito de comer terra; esta aparente perversão do apetite pode, muitas vezes, ter um componente fisiológico, natural, sendo comum em animais, como pássaros, macacos etc. A argila tem propriedades adsorventes e pode evitar intoxicações alimentares. O caulim, um tipo de argila, tem uso farmacêutico até hoje como antidiarreico. Esse hábito também é comum em diversas áreas rurais no Brasil, especialmente onde o solo é rico em ferro e existem muitas crianças com anemia ferropriva. Esta forma de anemia microcítica se deve às verminoses que provocam hemorragias intestinais *(Ancylostoma, Necator).* A geofagia aqui também tem um aspecto fisiologicamente defensivo, recuperando o ferro perdido.

     Obs.: A carência crônica de sais minerais, que faz o gado roer as paredes dos currais e as crianças malnutridas mordiscar pedaços de tinta ou reboco, pode levar à intoxicação crônica por metais pesados, especialmente o chumbo de certas tintas.
   - c) **Coprofagia** (do grego κοπρος [*copros*]: fezes): desejo ou hábito de comer excrementos. Ocorre apenas em estados de extrema regressão psicótica, deficiência mental ou demência graves.

Do Controle dos Esfíncteres

Enurese, encoprese, retenção fecal. São distúrbios predominantemente infantis, considerados como perversões instintivas apenas na ausência de etiologia orgânica, caso em que seriam, então, denominadas, respectivamente, incontinência urinária, fecal e constipação.

A fase anal ou do controle dos esfíncteres, segundo Freud, segue-se à fase oral, com a necessidade de disciplinar a satisfação das necessidades orgânicas e adequá-la às exigên-

---

* Não cremos, de maneira alguma, que a eletroconvulsoterapia seja a única alternativa terapêutica para todos estes casos; mas as outras possibilidades certamente só poderão ser oferecidas por profissionais experientes, muito bem preparados e comprometidos com a responsabilidade clínica. Em equipe, a responsabilidade de cada um deve aumentar e não diminuir, já que passa a haver um compromisso com os colegas, além daquele que já existe com o paciente. Infelizmente, em casos como esse o que vemos é um bando acéfalo de palpiteiros, pomposa e eufemisticamente chamado de *equipe multidisciplinar*.

cias sociais. As fases fálica e genital, que completam o desenvolvimento, envolvem, respectivamente, o poder (e a autodeterminação) e a escolha do objeto sexual.

Da Sexualidade
1. Quantitativas (disfunções sexuais):
   - Impotência *(impotentia cœundi)* no homem e frigidez na mulher.
   - Ejaculação precoce.
   - Vaginismo (intensa contração vaginal, impedindo a relação sexual).
   - Dispareunia (dor nas relações sexuais).
   - Satirismo (do grego σατυρος [*satyros*], referindo-se aos sátiros, divindades masculinas da mitologia grega ligadas aos bosques, aos animais e que simbolizavam a fertilidade e a atividade sexual, representadas por criaturas meio-homens, meio-bodes; equivalentes aos *faunos* romanos): atividade sexual desmedida, incontrolável. Enormes variações individuais e diferenças culturais tornam a validade desse sintoma muito discutível.
   - **Ninfomania** (do grego νυμφα [*nympha*], referindo-se às ninfas, divindades femininas da natureza, sempre provocando e sendo perseguidas pelos sátiros): hiperatividade sexual em mulheres. Como o papel sexual das mulheres na maioria das sociedades está mais ligado à procriação, à repressão social quanto à sexualidade feminina geralmente é muito mais intensa do que quanto à masculina. Nas sociedades tradicionais, a mulher não pode se dissociar do papel maternal. Em muitos países islâmicos e em diversas regiões da África a prática ritualizada da extirpação cirúrgica do clitóris ou da infibulação nas adolescentes é uma rotina culturalmente estabelecida e bem-aceita como um *rito de passagem*. Assim, este conceito de *hiperatividade* sexual mostra-se muito relativo e de difícil conceituação. Deve-se levar em conta ainda que o comportamento sexual aparentemente *liberado*, em muitas mulheres, funciona, frequentemente, mais como uma expressão de sedução, poder e liberdade do que, propriamente, de exacerbação libidinosa.

Obs. 1: A repressão social intensa à sexualidade é muitas vezes contrabalançada por rituais culturais de libertinagem programada e consentida, como as festas pagãs de fertilidade, as saturnais, as bacanais* ou o nosso carnaval.** A tragédia grega *As Bacantes*, de Eurípides, frisa a importância psicológica e social dos rituais de Dionisos e descreve como Penteu, rei de Tebas, foi ferozmente castigado por desrespeitá-los, tendo sido morto pelas participantes do culto, as *mênades*, entre as quais se encontrava sua própria mãe.

Obs. 2: Frequentemente é atribuída aos retardados mentais a pecha de portadores de uma suposta "exacerbação sexual", sem que haja qualquer fundamento clínico real para isso. Dessa ideia distorcida vem o hábito de se chamar "tarados" (ou seja, "carregados" de más influências hereditárias) aos estupradores, remanescente de algumas ideias eugênicas e lombrosianas do século XIX. O que realmente ocorre no caso dos deficientes é que a socialização, ou seja, o processo de internalização das regras sociais, se dá de forma muito mais lenta e difícil entre eles, especialmente quando são marginalizados e afastados do convívio com o meio social e até mesmo com a própria família. Dessa maneira, as atividades sexuais autoeróticas comuns entre adolescentes, como a manipulação da genitália

---
* Festas de Saturno e Baco, deuses romanos equivalentes aos deuses gregos Κρονος [*Kronos*] e Διονυσος [*Dionysos*].
** Do latim *carnem levare:* levar a carne, pelo italiano *carnevale*.

e a masturbação, são frequentemente feitas pelos oligofrênicos, em público, sem nenhuma vergonha ou censura interna, o que provoca intensas reações de reprovação por parte da família e da sociedade. Essa intolerância faz com que a sexualidade do deficiente seja contida por reclusão domiciliar ou institucional, da prescrição de medicações sedativas inibidoras da libido, ou de ambas, pelo receio de seus riscos: gravidez, doenças venéreas e, atualmente, AIDS.

2. Qualitativas (parafilias):
    - Voyeurismo: visão de outras pessoas em atividade sexual como forma exclusiva de satisfação sexual (do francês *voyeur*).
    - Exibicionismo: prazer sexual com a exibição dos órgãos ou da atividade sexual. Complementa o *voyeurismo*.
    - Algolagnia (do grego αλγος [*algos*]: dor + λαγνεια [*lagneia*]: libertinagem) ou sadismo e masoquismo* sexuais: perversão em que ocorre a necessidade de causar e/ou sujeitar-se ao sofrimento físico para obter prazer.
    - **Fetichismo:** necessidade patológica de objetos intermediários como forma exclusiva de obtenção de prazer sexual (do francês *fétiche*, derivado do português *feitiço*).
    - **Coprofilia:** atividade sexual relacionada com excrementos (do grego κοπρος [*copros*]: fezes e φιλος [*philos*]: amigo).
    - **Zoofilia:** também chamada *bestialidade*, corresponde ao relacionamento sexual com animais (de ζωον [*zoon*]: animal). Podemos notar que já era retratada pelos gregos antigos, e que a sua punição era prevista nos preceitos hebraicos: *"O homem que tiver relações com um animal será condenado à morte e matareis o animal"* (Levítico 20, 15). A sua avaliação sempre deve ser contextualizada. Em certas circunstâncias especiais, como nos ambientes rurais, em que ocorre um certo isolamento social, a moralidade sexual é mais rígida, e o contato com animais domésticos faz parte da vida diária, a zoofilia pode ser um fenômeno muito comum. Nesses casos, como é evidente, nem sempre pode ser considerada propriamente como patológica.
    - **Pederastia** (do grego παιδος [*paidos*]: criança e εραστης [*erastes*]: amante): refere-se ao interesse sexual do adulto por menores impúberes do mesmo sexo. Os homossexuais pedófilos, ou pederastas propriamente ditos, costumam apresentar características narcísicas (secundárias) preponderantes em suas personalidades, procurando em meninos bonitos uma imagem idealizada de si mesmos.

        Obs.: Na Grécia antiga, a chamada *pederastia* era uma prática cultural que consistia no envolvimento amoroso e sexual de um adolescente com um homem mais velho, relacionamento esse que tinha certo aspecto afetivo-pedagógico e restringia-se, exclusivamente, a essas circunstâncias específicas, culturalmente codificadas e prescritas. Em certa tribo na Nova Guiné, os Sambia, a prática da felação faz parte dos ritos de passagem do adolescente. No entanto, a homossexualidade como tal – fora da situação ritual – não é bem-aceita por lá (ver Herdt, 1987). Deve-se notar que o conceito de perversão é sempre relativo às normas sociais vigentes, e que nenhuma sociedade permite todas as práticas eróticas possíveis, assim como também nenhuma reprime todas elas.
    - **Pedofilia:** consiste no interesse sexual por crianças ou menores impúberes do sexo oposto ou do mesmo sexo. Os indivíduos heterossexuais que procuram satisfação sexual em crianças geralmente o fazem por uma tendência a associar o prazer à

---
* Do Marquês de Sade, escritor francês, e de Sacher-Masoch, escritor alemão, respectivamente.

superioridade, a dominação e o poder, seja por dificuldades emocionais pessoais, como imaturidade, insegurança e carência de autoestima, seja por fatores socioculturais. É importante notar que nem sempre há um interesse específico em crianças – realmente pedofílico no senso estrito – mas uma simples tendência a atacar ou dominar o mais fraco; no caso, uma criança. E isso nem sempre ocorre com psicopatas; a prática mostra que uma alta proporção dos perpetradores desses atos violentos é de deficientes mentais, o que é confirmado por pesquisas.*

Obs.: Atualmente, a cultura do consumismo narcísico e desenfreado em que vivemos imersos, no afã de produzir mais e mais consumidores, parece procurar a todo custo transformar a criança em um ridículo pseudoadulto, ao mesmo tempo em que se esforça por tornar o adulto um estranho tipo de criança grande. Neste, apenas estimula, mas já naquela, conduz à demanda consumista mais diretamente. Os apresentadores de TV, a publicidade, as revistas, as músicas, todos dedicam-se a empurrar a criança para uma desajeitada e artificial sensualidade adulta, sem sequer passar pela puberdade. A própria adolescência vê-se estereotipada de tal forma que perde ou tem esvaziadas as suas características naturais de rebeldia e mudança. É como se as crianças houvessem perdido o direito de ter uma vida infantil, estando obrigadas a arremedar os adultos como se fossem uma espécie de anões. Não é à toa que chegavam a ser chamadas de "baixinhos" em programas infantis, permanentemente instados a consumir desbragadamente, muito mais do que se fossem apenas crianças. Meninas mal saídas das fraldas, ainda em uso de mamadeiras, já se lambuzam com estojos de *maquillage* infantil. Há alguns anos, um trabalho da falecida antropóloga Ruth Cardoso já havia chamado a atenção para esse fato. A *mídia* chegou a dar alguma atenção ao artigo, certamente muito mais pelo fato de a autora ser mulher do então presidente da República do que por qualquer outra coisa.

Os conflitos intrapsíquicos proporcionados ou facilitados por esse artificialismo mercadólatra da cultura moderna se somam às necessidades da projeção sexual de poder e dominação e aos problemas emocionais dos que se frustram na competição interminável: os fracassados, os *losers*, e podem chegar a extremos surpreendentes.

O jornalista Gilberto Dimenstein, em 1992, reuniu num livro impressionantes reportagens em que revelava as enormes proporções da prostituição infantil no Brasil, especialmente no Norte e no Nordeste, relatando coisas terríveis como a venda – por suas próprias famílias – de meninas de 8 anos para *coronéis* do interior, tornam difícil caracterizar a pedofilia como uma aberração** sexual, em uma sociedade com tanta miséria e em uma cultura paternalista como a nossa. Devemos notar que o amplo crescimento do chamado *turismo sexual*, geralmente envolvendo adolescentes e crianças, em países como a Tailândia e aqui nas cidades litorâneas do Nordeste, mostra que este é um fenômeno social que atinge dimensões mundiais.

Pedofilia incestuosa: as relações de poder dentro da vida familiar – que eventualmente se confundem com os vínculos afetivos – podem proporcionar condições que facilitam as relações incestuosas. A questão do tabu do incesto envolve aspectos múltiplos:

a) Biológicos: geralmente existe uma tendência natural nos animais a evitar o acasalamento com parceiros geneticamente próximos, a menos que não existam outros.

---

* Moller A, Bier-Weiss I. The pedophilic offender–an attempt at perpetrator typology. *Psychiatr Prax* 1995;22.
** No sentido psicopatológico, não no sentido moral, evidentemente.

b) **Psicológicos:** tende a haver uma tendência aversiva, quanto à atividade sexual, entre pessoas que vivem muito próximas, mesmo que não tenham vínculo de parentesco. Isto foi observado em 1891 por Westermarck, e amplamente confirmado por estudos feitos em Israel, na China e em outros países. Experiências com animais mostram esse efeito, chamado pelos etologistas de *sexual imprinting*.
c) **Sociais:** praticamente todas as culturas tendem a proscrever o incesto; as exceções geralmente se restringem a figuras divinizadas, como os faraós e à realeza. É importante notar que afora as personalidades psicopáticas, quadros psicopatológicos nem sempre fazem parte das situações incestuosas, seja como causa, seja como consequência. O psiquiatra e psicanalista Boris Cyrulnik, discutindo as situações de *inceste heureux* ou *inceste réussi*, considera que a sociedade tende a negá-los porque, além do tabu do incesto, existe um tabu de simplesmente falar sobre ele. Nos Estados Unidos, porém, as estatísticas parecem demonstrar certo aumento de práticas pedofílicas e incestuosas, o que vem se transformando, já há algum tempo, em uma enorme preocupação da opinião pública, chegando mesmo, por vezes, a uma verdadeira "caça às bruxas", com relação a pretensos incestos e atos libidinosos praticados com crianças. É possível que a redução dos mecanismos repressivos tradicionais na sociedade atual tenha algum papel causal tanto nos próprios eventos em si como também na sua percepção social. Aqui no Brasil aos poucos vêm surgindo problemas semelhantes. Um colega mostrou-me certa vez uma foto de publicidade que mostrava uma menina de seus 6 anos de idade anunciando *lingerie*; a foto veio em um encarte na mesma edição do Jornal do Brasil em que, na primeira página, havia a notícia do reimplante cirúrgico do pênis de um certo indivíduo, evangélico fervoroso, que se automutilara em uma desvairada tentativa de *"aplacar o desejo por sua sobrinha de 5 anos de idade"*. É difícil imaginar desespero mais completo que o desse infeliz.
- **Gerontofilia:** refere-se ao desejo sexual por pessoas idosas (do grego γεροντος [*gerontos*]: idoso). Na maioria das vezes, trata-se, evidentemente, de situações de projeção claramente edípicas, em que a mulher escolhe um parceiro idoso que lhe dê a segurança da figura paterna ou em que o homem procura uma mulher mais velha por suas características maternais. Naturalmente não se incluem aqui os outros interesses intervenientes, geralmente pecuniários.
- **Necrofilia:** atração sexual por cadáveres (do grego νεκρος [*nekros*]: cadáver); usa-se mais comumente para designar a prática daqueles estupradores que matam as suas vítimas *antes* do ato sexual, consumando a violação, portanto, após a morte delas.
- **Transvestismo:** trata-se aqui do caso em que o indivíduo pervertido sente prazer sexual apenas quando pode satisfazer uma necessidade patológica de vestir-se com roupas do outro sexo.
- **Transexualidade:** refere-se, especificamente, ao distúrbio em que a *identidade sexual* psíquica apresenta-se como que trocada, e o paciente não consegue aceitar sua imagem corporal, no que tange à sexualidade. São os casos em que se pode cogitar da mudança de sexo cirúrgica, por meio de procedimentos como castração, amputação, reconstrução, aplicação de próteses e farmacoterapia hormonal de substituição. É sempre necessária uma profunda avaliação da personalidade antes de se indicar cirurgias como essas. No meu entender, tratamentos hormonais e

cirúrgicos em jovens cuja personalidade se mostra ainda imatura, com um senso de identidade insuficientemente estabelecido, são muito discutíveis.
- **Intersexualidade:** refere-se às situações em que os órgãos sexuais não se desenvolvem ou não se definem adequadamente de acordo com o sexo gonadal e cromossômico. Note-se que podemos definir vários níveis de sexualidade: a) o sexo anatômico; b) o sexo gonadal; c) o sexo hormonal; d) o sexo cromossômico; e) o sexo psicológico, que envolve a inclinação sexual particular, que é um elemento pessoal, os traços de personalidade presentes nas manifestações sexuais e, ainda, a influência dos elementos familiares e sociais (de *criação*). O atendimento a esses casos é de grande complexidade e pleno de controvérsias. Para quem tem interesse no tema, recomendamos o texto sugerido no fim do capítulo.

N. B.: A denominação **hermafroditismo** corresponde, rigorosamente, apenas aos raríssimos casos em que o indivíduo apresenta, verdadeiramente, uma genitália ambígua. O nome é derivado de um personagem mitológico grego, chamado *Hermafroditos*, filho dos deuses *Hermes* e *Afrodite,* entidades correspondentes aos deuses romanos, *Mercúrio* e *Vênus*. Reza a lenda que uma formosa ninfa, perdidamente enamorada da beleza sem par do jovem, uniu-se a ele com uma paixão de tal intensidade, que se amalgamaram, tornando-se, assim, uma só criatura. O mito helênico refere-se à bissexualidade da natureza humana, à complementaridade dos sexos e à eterna insatisfação do ser humano, pela sua incompletude. Lamentavelmente, porém, ao contrário da lenda, o desditoso hermafrodita real não vivencia senão indefinição, inadequação e frustração física e mental.

Muito mais comuns do que o verdadeiro hermafroditismo são os casos de ***pseudo-hermafroditismo*** em que problemas nas glândulas produtoras dos esteroides sexuais (ovários, testículos, suprarrenais) ou o uso inadequado desses hormônios ou de seus derivados sintéticos (como em tratamentos ginecológicos, contraceptivos, anabolizantes etc.) durante a gestação ou a primeira infância vêm acarretar certos distúrbios na morfogênese embriológica genital que podem alterar radicalmente a genitália. Existem, mesmo, casos em que os órgãos genitais externos mostram-se completamente característicos de um sexo, mas o sexo genético original é outro. Nessas situações pode até ocorrer que a pessoa só venha a descobrir o problema quando se veja instada a fazer um exame para investigação de infertilidade.

Deve-se ter em mente que as conexões neuroendócrinas relativas à sexualidade são complexas e ainda pouco entendidas. Experimentos sugerem que mesmo nos mamíferos adultos, os níveis circulantes de testosterona – hormônio sexual masculino – são responsáveis por diferenças estruturais nos cérebros masculino e feminino. Já se observou que em ratos, a implantação de cápsulas de testosterona nas fêmeas induzia o aumento da amígdala* medial até o tamanho típico da dos machos. Já a castração produzia a redução desta área cerebral nos machos.

A ***homossexualidade,*** ou seja, a orientação sexual trocada, atualmente não é mais necessariamente considerada como uma perversão, tendo perdido o seu significado patológico uma vez que seja egossintônica. Por essa razão, talvez apenas a transexualidade possa ser considerada como tal. Assim, considera-se que o comportamento homossexual seja uma variante sexual – presente até mesmo

---

* A amígdala ou corpo amigdaloide é uma estrutura subcortical ligada ao comportamento sexual, à vida afetiva, às memórias implícitas e ao aprendizado emocional, especialmente ao medo e à fobia.

nos animais – tão natural como o heterossexual. O fato de que não conduza à reprodução em nada altera este fato, já que a natureza não tem preocupações teleológicas.

É possível, ainda, como alguns estudos parecem demonstrar, que certos genes vinculados ao homossexualismo possam proporcionar maior fertilidade feminina ao mesmo tempo em que a diminuam no homem, pelo comportamento homossexual. Além disso, nos primatas, a atividade sexual tem outras funções, além da reprodutiva. Os chimpanzés bonobos frequentemente usam o sexo por razões sociais, como estudos de primatologistas, como Frans de Waal, demonstram.

Ainda assim, sob o aspecto clínico, é de grande importância a distinção entre o genuíno homossexualismo – como orientação sexual específica – em suas diversas formas e o comportamento homossexual secundário ou sintomático, como ocorre, por exemplo:

a) Na adolescência, em que a identidade sexual ainda está imatura e o autoerotismo e o homoerotismo podem manifestar-se (transitoriamente, em uma forma dita *"secundária"* de narcisismo, em que ocorreria um retorno ao *Ego* da libido investida nos objetos).

b) Na esquizofrenia, em que a personalidade como um todo encontra-se fragmentada, o paciente não delimita sua libido, e a identidade sexual pode mostrar-se também indefinida ou dividida (em um narcisismo dito *"primário"*, pré-objetal ou indiferenciado).

c) Em determinados contextos culturais em que certas práticas homossexuais específicas como a citada *pederastia* dos antigos gregos ou a *fellatio* ritualizada de certas tribos – que *não significam* liberação sexual – têm suas funções sociais bem definidas, cumprem um papel ritual específico, não ultrapassam jamais os limites socialmente estabelecidos, nem substituem, de forma alguma, a prática heterossexual.

d) Em ambientes fechados, isolados e promíscuos, como prisões, hospícios, quartéis e outras *instituições totais*, em que não há qualquer possibilidade de relacionamento heterossexual, e a carência *afetiva* é muito grande, talvez maior mesmo que a sexual.*

Em 9 de abril de 1935, Sigmund Freud escreveu a seguinte carta a uma mãe americana, respondendo às suas preocupações quanto à vida sexual de seu filho:

> I gather from your letter that your son is a homosexual. I am most impressed by the fact that you do not mention this term yourself in your information about him. May I question you why you avoid it? Homosexuality is assuredly no advantage, but it is nothing to be ashamed of, no vice, no degradation; it cannot be classified as an illness; we consider it to be a variation of the sexual function, produced by a certain arrest of sexual development. Many highly respectable individuals of ancient and modern times have been homosexuals, several of the greatest men among them. (Plato, Michelangelo, Leonardo da Vinci etc.) It is a great injustice to persecute homosexuality as a crime – and a cruelty; too. If you do not believe me, read the books of Havelock Ellis. By asking me if I can help, you mean, I suppose, if I can abolish homosexuality and

---

* O Dr. C. Salvitti, médico com longa experiência na prática clínica em prisões e manicômios judiciários, relatou-me que certa vez perguntou a um paciente porque permitia que um outro, notório assediador sexual, tivesse relações com ele. O paciente prontamente respondeu que isso acontecia por que logo após o ato, o outro sempre cobria-o com o lençol, beijava-o e lhe desejava boa-noite.

> make normal heterosexuality take its place. The answer is, in a general way we cannot promise to achieve it. In a certain number of cases we succeed in developing the blighted germs of heterosexual tendencies, which are present in every homosexual; in the majority of cases it is no more possible. It is a question of the quality and age of the individual. The result of treatment cannot be predicted. What analysis can do for your son runs in a different line. If he is unhappy, neurotic, torn by conflicts, inhibited in his social life, analysis may bring him harmony, peace of mind, full efficiency, whether he remains homosexual or gets changed...*

Impulsos Patológicos

Consistem em atos impensados, de natureza automática, que se apresentam de forma súbita e que se mostram incoercíveis. O que caracteriza o impulso não é a sua inadequação, estranheza ou periculosidade, mas a ausência de qualquer intermediação entre o afeto e o ato. Assim, por exemplo, um indivíduo que foi humilhado por seu chefe e reage ofendendo um subordinado, chutando o cachorro ou quebrando a louça não está sendo realmente impulsivo, porque ainda exerce o controle sobre a sua emoção por meio do uso de um objeto intermediário para a sua raiva. Já um sujeito que agride o próprio chefe ou tenta o suicídio tende a revelar uma verdadeira perda do controle.

Deficientes mentais e psicóticos, assim como indivíduos de nível educacional baixo ou de outros ambientes culturais podem, por vezes, reagir de maneira aparentemente impulsiva. Isto pode **não** ocorrer pela perda do controle, mas pelo significado que imputam ao evento que ocasionou a reação impulsiva. Eventualmente, um ato inocente pode ser visto como altamente ofensivo por quem não compartilhe dos mesmos códigos de conduta, ou não os compreenda.

- **Impulsos agressivos-destrutivos:** por exemplo, frangofilia (rasgar as roupas, pôr-se em frangalhos), piromania (impulsos incendiários), furor epiléptico, furor catatônico, autoagressão, tentativa de suicídio, tentativa de homicídio etc. Alguns indivíduos apresentam maior tendência à impulsividade e, assim, um limiar mais baixo para distúrbios de comportamento e maior risco de violência e destrutividade. Um quadro depressivo pode envolver maior risco de suicídio em um indivíduo impulsivo, assim como um episódio psicótico pode, ocasionalmente, resultar em violência se ocorrer em uma pessoa

---

* "Percebo pela sua carta que o seu filho é um homossexual. Estou mais impressionado pelo fato de a senhora não mencionar o termo em sua informação sobre ele. Posso perguntar porque o evita? A homossexualidade certamente não é uma vantagem, mas também não é algo de que se deva envergonhar, nenhum vício, nenhuma degradação; não pode ser definida como uma doença; consideramo-la uma variação da função sexual, produzida por uma retenção do desenvolvimento sexual. Muitos indivíduos altamente respeitáveis dos tempos antigos e modernos foram homossexuais, vários dos maiores homens entre eles (Platão, Michelangelo, Leonardo da Vinci etc.). É uma grande injustiça perseguir a homossexualidade como um crime – e uma crueldade, também. Se a senhora não acreditar em mim, leia os livros de Havelock Ellis. Ao perguntar-me se posso ajudar, a senhora quer dizer, eu suponho, se posso abolir a homossexualidade e instituir a heterossexualidade normal em seu lugar. A resposta é, em geral não podemos prometer consegui-lo. Em um certo número de casos temos sucesso em desenvolver os germes das tendências heterossexuais, que estão presentes em todo homossexual; na maioria dos casos isso não é mais possível. É uma questão de qualidade e idade do indivíduo. O resultado do tratamento não pode ser previsto. Já o que a análise pode fazer pelo seu filho é uma questão diferente. Se ele é infeliz, neurótico, vítima de conflitos, inibido em sua vida social, a análise pode trazer-lhe harmonia, paz de espírito, eficiência completa, permaneça ele homossexual ou não. ..."

com baixa tolerância à frustração. Há, também, uma forte influência hormonal na impulsividade e na agressividade, e o sexo masculino responde pela maior parte dos crimes violentos, à semelhança da maioria dos primatas e dos mamíferos em geral.
- **Autoagressividade e automutilação:** são sintomas primitivos que podem ocorrer sem que exista qualquer intenção de autoextermínio, estando relacionados com o alívio de situações angustiantes ou insuportáveis. São reações comportamentais bastante primitivas, que podem ser observadas em animais domésticos como cães, gatos e papagaios, sob condições de isolamento, ansiedade e estresse. A provocação de dor possivelmente estimula o sistema nervoso ou reduz o sofrimento por *feedback*. Em níveis mais elaborados de motivação, pode haver autopunição e alívio de sentimento de culpa. Podemos encontrar com alguma frequência esse comportamento no autismo, no retardo mental e em quadros demenciais, mas ocorre, também, de forma inespecífica, em inúmeros outros quadros, neuróticos e psicóticos. Nem sempre há um vínculo de sentido entre a automutilação e a tentativa de suicídio, apesar de haver relação estatística significativa entre ambas.

É necessário notar que lesões autoprovocadas – perfurações, escarificações etc. – nem sempre têm caráter patológico, fazendo parte de inúmeros rituais culturalmente condicionados. Nas tatuagens, *piercings* etc. o sofrimento não se constitui em um propósito intrínseco do procedimento, mas as marcas resultantes. Já em certos rituais – de penitência, de passagem, de propiciação etc. – o sacrifício, o derramamento de sangue e a tolerância à dor são elementos simbólicos essenciais, proporcionando a afirmação da coragem, a expiação dos pecados, acalmando a fúria divina e evitando as suas manifestações punitivas (doenças, castigos, desastres etc.).

O suicídio, apesar de ser um evento de máxima gravidade, não implica, necessariamente, nenhum quadro psicopatológico definido. Depressão e esquizofrenia, entre outros quadros, estão relacionados com índices elevados de suicídio, mas não há relação direta entre patologia e ato. Pode até, eventualmente, ser uma decisão perfeitamente consciente e equilibrada. No entanto, estudos confirmam que pacientes psicóticos, com tentativas anteriores e que usam métodos violentos (enforcar-se, jogar-se, usar arma de fogo etc.) estão sob maior risco (p. ex., Runeson *et al.* BMJ 2010;340:c3222). Sob o aspecto preventivo, a impulsividade representa, sem dúvida alguma, um elemento agravante no estabelecimento do risco de suicídio, seja qual o quadro.

> ...To die, to sleep,
> No more; and by a sleep to say we end
> The heartache, and the thousand natural shocks
> That flesh is heir to, 'tis a consummation
> Devoutly to be wish'd. To die, to sleep;
> To sleep! perchance to dream: ay, there's the rub;*
>
> Hamlet

- **Impulsos deambulatórios:** "fugas" sem propósito determinado, também chamadas de poriomania ou dromomania.

---

* "Morrer... dormir... nada mais... E dizer que o sono dá fim aos sofrimentos do coração e aos infinitos golpes que constituem a natural herança da carne, eis uma solução desejável. Morrer..., dormir... dormir! Talvez sonhar... Está aí o ponto."

- **Cleptomania** (do grego κλεπτω [*klepto*]: furtar): furto impulsivo, irracional, pueril, sem quaisquer propósitos materiais, incompreensível e explicável apenas por motivações inconscientes.
- **Dipsomania** (do grego διψος [*dipsos*]: sede): embriaguez periódica, de caráter impulsivo, intercalada por longos períodos de abstinência; por vezes mostra-se cíclica, periódica; antigamente usava-se esta expressão como sinônimo de alcoolismo; não confundir com *polidipsia* (beber *água* em excesso).
- **Toxicomania:** abuso de drogas também de caráter impulsivo, intercalado por períodos longos de abstinência.

Observa-se que o conteúdo emocional dos impulsos – sua motivação afetiva – é da mesma natureza em todas as pessoas, por mais violento ou repulsivo que venha a ser. O que difere é a forma de lidar com ele. Aquilo que os chamados *pervertidos* impulsivamente realizam é, em essência, o mesmo que os outros reprimem, deslocam ou sublimam.

Tendências eventuais à impulsividade podem surgir em diversas formas de distúrbios psicopatológicos. Nos quadros maníacos ou maniformes, a exaltação do humor faz com que os impulsos rompam com frequência as barreiras da censura. Nos psicopatas e nos chamados *perversos*, a incapacidade de estabelecer vínculos afetivos, de empatia e de compreensão das normas e simbolismos sociais, assim como a ausência de culpa produzem constantes episódios de comportamento impulsivo. Nos esquizofrênicos catatônicos, a impulsividade se mostra desproporcionada, desorganizada, desagregada. Já nos oligofrênicos, a atividade impulsiva pode dever-se apenas à incompreensão das regras sociais mais complexas. Em certos quadros orgânicos (neurológicos), como a síndrome de Gilles de la Tourette, pode haver uma dificuldade constante na modulação afetiva e psicomotora. As demências e lesões dos lobos frontais podem ocasionar impulsividade. O abuso de anabolizantes tende a elevar a competitividade e a impulsividade, já que além de sua ação na resposta muscular e metabólica os androgênios têm efeito na modulação da atividade neurotransmissora.

Atos Compulsivos

Consistem em impulsos que se mostram atenuados em sua realização psicomotora, sendo inconscientemente evitados e deslocados por meio de rituais simbólicos. São a consequência volitiva e psicomotora dos pensamentos obsessivos que ocorrem na neurose obsessiva compulsiva, hoje conhecida como transtorno obsessivo-compulsivo ou pela sigla TOC. Diferentemente do impulsivo, o compulsivo evita o ato ao deslocá-lo simbolicamente e ritualizá-lo. O caráter obsessivo, na concepção psicanalítica, forma-se pela fixação do desenvolvimento afetivo na fase anal, etapa em que a criança inicia sua aprendizagem da autodisciplina, por meio do controle dos seus esfíncteres.

As tentativas de controlar impulsos cujo fim é, justamente, obter o controle, tendem a transformar-se em um movimento circular. Como em todas as situações ansiosas de natureza neurótica, esses atos ritualísticos buscam, de certa forma, aliviar a ansiedade, e não causá-la. Por isso, muitas abordagens terapêuticas acabam se assemelhando, também, a quadros neuróticos, aos quais substituem. Quadros obsessivo-compulsivos podem surgir em muitas situações clínicas diferentes – não apenas em personalidades predispostas, ditas anancásticas – inclusive em transtornos psicóticos e demenciais.

O colecionismo e a compra compulsiva, assim como o acúmulo de bugigangas e mesmo de lixo – por vezes chamado de siligomania (de συλλεγω [*syllego*]: juntar, amontoar) ou ainda de "síndrome de Diógenes* – são formas relativamente comuns de tendências obsessivo-compulsivas. Os casos mais graves podem estar associados a outros estados mentais, especialmente quadros psicóticos e demenciais, geralmente na terceira idade. Em alguns casos de acúmulo continuado de detritos, chega a ser necessária a intervenção do poder público, a bem da saúde coletiva. Certa vez fiz a avaliação pericial de um caso em que foram retiradas várias toneladas de lixo de uma residência. Existem relatos de pessoas que foram soterradas em sua própria casa pelo desabamento de pilhas de lixo.

LEITURA ADICIONAL SUGERIDA
Cirulnik B. *La naissance du sens*. Paris: Hachette; 1995.
Colapinto, J. *Sexo trocado: a história real do menino criado como menina*. Rio de Janeiro: Ediouro; 2001.
deWaal F. *Bonobo: the forgotten ape*. Berkeley: University of California Press; 1997.
deWaal F. *Chimpanzee politics: power and sex among apes*. Baltimore: Johns Hopkins University Press; 2000.
Dostoievski FM. *O jogador*. Existem várias traduções brasileiras.
Gazzaniga MS. *Human*. New York: HarperCollins; 2008.
Hart J, Richardson D (Eds.). *Teoria e prática da homossexualidade*. Rio de Janeiro: Zahar; 1983.
Herdt G. *The Sambia – Ritual and gender in New Guinea*. Fort Worth: Harcourt; 1987.
Héritier F, Cirulnik B, Naouri A. *De l'inceste*. Paris: Odile Jacob; 1994.
Jesus LE, Bastos CL. *Pseudohermafroditismo e estados intersexuais: evolução histórica e impasses do tratamento médico*. Psychiatry On-line Brazil (9) Maio 2004 (disponível na internet).
Krafft-Ebing R. *Psychopatia sexualis*. Paris: Payot; 1950.
Lantéri-Laura G. *Leitura das perversões*. Rio de Janeiro: Zahar; 1994.
Libet B, Freeman A, Sutherland K (Eds.). *The volitional brain*. Exeter: Imprint Academic; 2000.
Sade M. *Oeuvres Complètes*. tome 3: *La philosophie dans le boudoir*. (Há uma tradução brasileira: "A Filosofia na Alcova").
Sapolsky R. *Behave*. London: Vintage; 2018.
Tannahill R. *O sexo na história*. Rio de Janeiro: Francisco Alves; 1983.
Vatsyayana Mallanaga. *Kama sutra* (existem inúmeras traduções desta notável obra da sexologia hindu, geralmente baseadas na famosa tradução inglesa do século XIX, feita pelo célebre explorador e erudito *Sir* Richard Burton, diretamente do sânscrito).
Wegner DM. *The illusion of conscious will*. Cambridge, MA: The MIT Press; 2002.
Yudofsky SC, Hales RE. Compêndio de neuropsiquiatria (tradução brasileira do *Synopsis of neuropsychiatry*, da American Psychiatric Association). Porto Alegre: Artes Médicas; 1996.

---

* Epônimo inadequado, com base em um filósofo grego da escola Cínica, que supostamente vivia em um barril.

Capítulo 12 Psicomotricidade

*Sapo não pula por boniteza,
mas porém por percisão.*

Provérbio capiau,
citado por Guimarães Rosa em Sagarana.

A psicomotricidade se encontra diretamente relacionada com a etapa final do ato volitivo, ou seja, com sua *execução*. As áreas motoras do córtex cerebral — o giro pré-central e áreas frontais posteriores — dão origem a toda a atividade voluntária, necessitando, porém, de outras regiões do cérebro para a coordenação e a mecanização dessa atividade (Fig. 12-1).

Os núcleos da base – que se conectam com o córtex, o tálamo e o tronco cerebral – e o cerebelo também se acham envolvidos com a motricidade, mais especificamente com seus aspectos automatizados e a programação dos movimentos. É interessante notar que as atividades sincronizadas (palmas, batidas, pisadas, balanço) e o ritmo desempenham importante papel no desenvolvimento psicomotor do indivíduo, evoluindo para a música e a dança que são também essenciais na integração grupal e no fortalecimento dos vínculos sociais.

DISTÚRBIOS MOTORES DE ORIGEM FUNDAMENTALMENTE ORGÂNICA (NEUROLÓGICOS)

Compreendem as alterações de natureza essencialmente neuropatológica (piramidais, extrapiramidais, cerebelares e medulares), localizáveis nas estruturas encefálicas, sem maior relação direta com o psiquismo. Evidentemente, como também ocorre com as alterações da sensopercepção, as perdas psicomotoras podem modificar profundamente as vivências correspondentes à imagem corporal e, assim, afetar, indireta, mas significativamente, a vida psíquica (Fig. 8-4). O neurologista britânico Oliver Sacks descreve com talento vários desses quadros.

Os distúrbios neurológicos, chamados *extrapiramidais*, são aqueles que se devem a alterações nas estruturas cerebrais situadas em níveis infracorticais. Denominam-se assim porque essas fibras nervosas não passam pela região neuroanatômica chamada decussa-

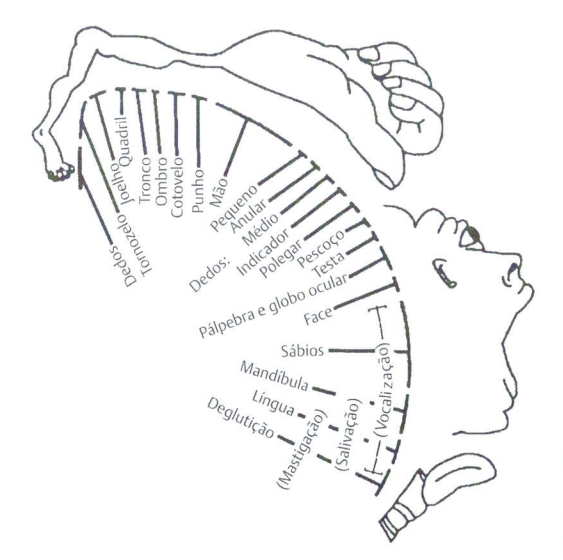

Fig. 12-1. Homúnculo motor de Penfield, situado no giro pré-central do córtex cerebral (área 4 de Brodmann). Observe o tamanho da representação das mãos.

ção das pirâmides, onde a inervação motora voluntária proveniente do córtex se cruza, invertendo o controle motor (assim, o córtex motor esquerdo controla a motricidade do lado direito, e vice-versa). A síndrome de Parkinson, assim como a acatisia, as distonias e as discinesias, causadas pela medicação neuroléptica, são exemplos de distúrbios *extrapiramidais*.

- **Acinesias** (do grego κινεσις [*kinesis*]: movimento) e também *hipocinesias, hipercinesias, discinesias*: correspondem aos distúrbios do movimento (respectivamente: ausência, diminuição, aumento e distorção dos movimentos).
- **Ataxias** ou distúrbios da coordenação (do grego ταξις [*taxis*]: coordenação) psicomotora.
- **Apraxias** ou distúrbios da execução psicomotora (do grego πραξις [*praxis*]: ação, realização).

DISTÚRBIOS MOTORES DE ORIGEM FUNDAMENTALMENTE PSÍQUICA
Agitação Psicomotora

A simples agitação nunca deve ser considerada *per se*, face às suas inúmeras possibilidades de origem e à sua completa inespecificidade. No entanto é, de longe, o principal motivo de solicitações de intervenção psiquiátrica, em razão da enorme apreensão que desperta nos familiares e no público em geral. Além disso, a ansiedade causada no terapeuta pela atitude do paciente tende a tornar o diagnóstico bem menos confiável; um paciente tende a ser rotulado de psicótico com muito mais facilidade se estiver agitado ou agressivo.

A Figura 1-1, uma antiquíssima pintura grega representando a crise de **agitação psicomotora** do herói Héracles (o Hércules dos romanos) quando tomado pela loucura, sugere que essa preocupação era a mesma há 2.400 anos. O rei Cambises da Pérsia (Fig. 12-2) também era conhecido por suas crises de grande violência, assim como Alexandre, o Grande, da Macedônia, que matou seu amigo Cleitus num arroubo etílico.

Fig. 12-2. Gravura do século XIX representando o rei Cambises, da Pérsia, que viveu no século VI a.C. e era famoso por seus episódios de agitação psicomotora e rompantes de violência desmedida.

As principais causas de agitação psicomotora são, geralmente:

- **Agitação maníaca:** está sempre relacionada direta e proporcionalmente com a excitação, com a hipertimia e com a aceleração mental (taquipsiquismo). Cursa com grande exaltação de ânimo, inquietação intensa, logorreia, quebra das barreiras e limites sociais com atitudes frequentemente inadequadas ou inconvenientes. Eventualmente, pode apresentar-se de forma irritável, beligerante ou mesmo francamente agressiva e violenta. O famoso médico grego Cláudio Galeno, de Pérgamo, que viveu em Roma no século II, descrevia três tipos de mania: alegre, irritada e homicida. Este caso é um exemplo desta última forma:

  > Em Roma, um paciente que foi deixado em casa apenas com um escravo, levantou-se do leito, chegou à janela e perguntou aos transeuntes se queriam que lhes jogasse seus vasos de vidro. Os passantes, rindo-se, responderam que sim e o aplaudiram. Ele então foi atirando todos os seus vasos pela janela, entre os risos e os aplausos do público. Aí perguntou se queriam que atirasse também o escravo. Disseram que sim, e ele imediatamente o atirou. Nesse momento pararam de rir e acudiram correndo o escravo que fora atirado pela janela e cujo corpo estava despedaçado.

- **Agitação histérica:** ocorre sempre em presença de público, de forma histriônica, teatral, sexualizada (pseudoerótica), buscando mobilizar a assistência e obter atenção. Geralmente [ilegível], sempre de forma espetacular, ou então mostra-se desafiador e agressivo.

- **Agitação ansiosa:** estados de ansiedade extremamente intensa podem ocasionar eventuais crises de agitação psicomotora.

  Obs.: Apesar de ser o estado de ansiedade o fator que ocasiona a agitação, o relaxamento psicomotor pode, por vias neurais alternativas, indiretas, invertendo causa e efeito, facilitar a tranquilização emocional. Em circunstâncias normais seria totalmente inútil dizer-se a uma pessoa ansiosa: "Acalme-se!" ou *"Relaxe!"* No entanto, um intenso treinamento pessoal pode modificar essa sequência e promover a tranquilização indiretamente, por meio da indução de uma forma de inibição psicomotora que age sobre a emoção. Com base neste fato desenvolveram-se as diversas técnicas de relaxamento, a ioga, o *tai-chi-chuan* etc. Tais formas de controle emocional funcionam de forma análoga às técnicas de treinamento em *biofeedback*.

- **Agitação tóxica:** relacionada com o uso ou abuso de substâncias químicas, pode relacionar-se com quatro causas diversas:
  a) A pura excitação psíquica, no caso do abuso de drogas primariamente estimulantes (anfetaminas, cocaína), assemelhando-se, por vezes, em alguns aspectos, aos estados maníacos.
  b) A inibição do controle cortical, com consequente desinibição comportamental e perda da censura interna, no caso do abuso etílico (donde o conhecido aforismo: *o superego é a parte da personalidade que é solúvel em álcool*), do efeito "paradoxal" de drogas sedativas ou ainda da combinação de ambos.
  c) A alteração do estado de consciência, no caso do *delirium* tóxico (p. ex., *delirium* causado por substâncias anticolinérgicas, como antiespasmódicos ou cogumelos tóxicos), com confusão mental e alucinações; neste caso a agitação se deve mais ao estado confusional e à perda das referências.
  d) A acatisia, sintoma extrapiramidal muito frequente nos usuários de medicamentos neurolépticos, antidepressivos e outros. A acatisia (do grego α- (*a-*): sem + καθισις

(kathisis): permanecer sentado) consiste numa inquietude intensa, em que o paciente não consegue ficar parado no lugar, levantando-se a todo momento. Note-se que esta forma de inquietude não é efeito da ansiedade, mas pode ser causa desta. Já atendi muitos casos de "ansiedade" que não passavam de crises de acatisia mal avaliada e pior medicada.

e) O uso de esteroides anabolizantes, muito frequente em atletas, praticantes de lutas, "marombeiros" etc. Além da sua ação hormonal, os esteroides apresentam atividade neurotransmissora e estão ligados a circuitos cerebrais específicos. Os androgênios, em geral, tendem a aumentar ou a facilitar as características agressivas de comportamento, elevando a impulsividade e a competitividade, reduzindo o medo e tornando o indivíduo mais resistente ao combate e ao estresse agudo. Nos animais grupais, o macho em posição *alfa* tende a elevar o seu nível plasmático de testosterona; assim, fisiologicamente, o poder parece ser mesmo afrodisíaco... Por outro lado, a posição baixa na hierarquia grupal reduz o nível de esteroides, que diminui a combatividade e tende a tornar o indivíduo mais passivo, porém, mais resistente aos problemas a longo prazo e ao estresse crônico (com menor carga alostática). Todos os tipos constitucionais têm o seu valor adaptativo, que é maior ou menor de acordo com as circunstâncias ambientais. Os hormônios sexuais (estradiol, progesterona, testosterona) são quase idênticos aos hormônios suprarrenais, vinculados ao estresse (cortisona, aldosterona etc.) e compartilham várias de suas propriedades metabólicas.

- **Agitação catatônica:** ocorre de forma estereotipada, desagregada, incompreensível, como que expressando o caos interno do paciente; encontra-se relacionada diretamente com a desintegração esquizofrênica da personalidade e com a ansiedade psicótica.
- **Agitação delirante:** ocasionada pela alteração do pensamento (p. ex., causada por ideias delirantes persecutórias, acompanhadas ou não de alucinações). Pode ser perigosa, principalmente nos casos dos delírios de perseguição, em que o paciente acredita estar sendo seriamente ameaçado e tenta reagir atacando os "inimigos". Em tais situações o acesso facilitado a armas de fogo é um fator de risco significativo, como o provam as estatísticas americanas.

  Obs.: Especialmente em pacientes psicóticos, é de importância fundamental não confundir agitação psicomotora com acatisia. Este sintoma não costuma apresentar boa resposta aos anticolinérgicos, mas à retirada ou à redução das doses dos neurolépticos ou antidepressivos. A observação inacurada do quadro e o consequente erro diagnóstico podem levar ao aumento da dose e a uma série de equívocos terapêuticos que, infelizmente, são muito comuns.
- **Agitação oligofrênica:** o paciente oligofrênico, em razão de suas dificuldades em compreender questões mais sutis entre as complexas normas sociais, muitas vezes se vê em situações com as quais não sabe lidar e entra em desespero. Pode reagir, então, fugindo, gritando ou chegando, por vezes, a mostrar-se auto ou heteroagressivo. Um simples atendimento com um mínimo de bom senso, apoio e simpatia geralmente resolve esse tipo de "crise" em poucos minutos. Naturalmente, esta observação nem sempre se aplica aos casos dos pacientes mais seriamente comprometidos, institucionalizados ou àqueles em que essas reações de agitação já se cristalizaram como única via de escape.
- **Agitação irritável, explosiva ou agressiva:** irritabilidade constante e episódios agressivos ocorrem frequentemente em pacientes que apresentam certas lesões cerebrais circunscritas, com ou sem epilepsia. Alguns pacientes mostram uma irritabilidade constante,

com baixo limiar de autocontrole. Surgem acessos de raiva por motivos irrelevantes, sem que coexistam ideação paranoide nem estados maniformes. Surtos ocasionais de destrutividade são, às vezes, chamados de crises clásticas (do grego κλασις [*klasis*]: ato de quebrar, destruir). A baixa tolerância à frustração, muitas vezes ligada à imaturidade emocional, pode proporcionar atos de extrema violência. Nesses casos, concorre para isso um somatório de elementos, como, por exemplo, ausência de estrutura familiar, vinculação a grupos de artes marciais, uso de estimulantes, uso de anabolizantes, capacidade cognitiva limitada etc. Certa vez examinei um rapaz, sem nenhum quadro psicopatológico específico, a não ser uma personalidade imatura e uma inteligência limitada (mas sem deficiência), que havia mutilado seriamente a ex-namorada com um sabre japonês, numa crise de ciúmes. Ele praticava as chamadas "artes" marciais e me disse: *"Um samurai não aceita traição".* Não havia aí nenhum traço de delírio, mas apenas uma identificação pueril, que aflorava em momentos de angústia e desvalorização; talvez fosse tudo o que lhe restasse, nessas horas.

Agressividade

Este não é um elemento simples, que se possa avaliar de maneira sistemática e uniforme. Nem mesmo nos animais a agressividade pode ser completamente prevista ou entendida. Nos cães, por exemplo, encontramos pelo menos **treze** tipos diferentes de agressão, de acordo com o Manual Merck de Veterinária; a saber: agressão por dominância, por medo, por comida, por dor, idiopática, maternal, entre animais, possessiva, por brincadeira, predatória, protetora, redirigida e territorial.

No ser humano, devemos levar em conta fatores constitucionais; fatores ligados ao desenvolvimento do caráter; fatores neuropsicológicos, como a irritabilidade, o estresse, o nível de controle dos impulsos e a capacidade cognitiva; fatores neurofisiológicos e hormonais; fatores socioculturais, como a competição, a repressão, os papéis sociais e o nível de tolerância; além disso, é preciso considerar os simples fatores circunstanciais que proporcionam a chamada passagem ao ato agressivo. As diferentes abordagens teóricas, no entanto, tentam dar conta do problema concentrando-se em alguns aspectos mais restritos. Autores, como o psicanalista britânico, Anthony Storr, concordaram com a concepção do etologista (estudioso do comportamento animal) austríaco, Konrad Lorenz, de que a agressividade era um comportamento inato, um instinto. Pensavam que a única forma de evitar que se tornasse destrutiva seria desviá-la ou canalizá-la para outras atividades que consumam a sua energia psicomotora, como o esporte, por exemplo. Já o antropólogo inglês Ashley Montagu contestou essa ideia da agressividade como uma espécie de "pecado original", sustentando que o comportamento agressivo se desenvolve culturalmente; argumentou ainda que as sociedades mais agressivas são, justamente, as que apresentam também as práticas desportivas mais violentas e vice-versa.

É possível que ambos tenham razão em parte, e que a agressividade, sendo um comportamento complexo, tenha diversas vertentes; assim as sociedades mais violentas podem necessitar, também, de "descargas" agressivas mais intensas que os grupos sociais mais pacíficos. Podemos constatar também que muitos povos tendem a apresentar uma agressividade superficial mais intensa, mas de poucas consequências reais, enquanto outros mostram uma agressividade *latente* muito maior, que tende a desembocar em grandes explosões de violência, quando se rompem as suas contenções. Os grandes processos de mudanças sociais, em que diversos segmentos da população se veem sem ordem, entregues ao caos, são muito propícios à violência disseminada.

Uma discussão similar se refere à violência presente nos jogos infantojuvenis, na televisão, nos filmes etc. Estimular a destrutividade, evidentemente, não é boa prática em nenhuma circunstância. No entanto, algum grau de violência precisa existir nas fantasias infantis, como sempre existiu nas narrativas folclóricas, nas lendas, nos contos da carochinha e nas histórias para dormir. A construção imaginária de situações simbólicas envolvendo a violência pode permitir sua contextualização e seu melhor controle. Ritualizar a morte e a violência em brincadeiras é essencial para que a criança possa incorporar tais realidades sem participar delas e de modo seguro, crescendo de forma realista e sadia.

Por outro lado, existe uma tendência imitativa inata que, em alguns indivíduos, pode conduzir à reprodução de atos violentos. Assim, suprimir totalmente qualquer forma de representação de violência não é desejável – nem possível – mas estimulá-la também não é uma opção sensata.

Periculosidade

É preciso ter-se em conta que a periculosidade não é uma questão psicopatológica *per se*, mas um conceito extremamente complexo, de natureza social, cultural e jurídica. Sua avaliação nunca deve ser restrita à simples avaliação diagnóstica e terapêutica, já que não há relação direta e necessária entre a recuperação psiquiátrica e a recuperação social e jurídica. A própria "melhora" do quadro, proporcionando maior coerência e pragmatismo, pode eventualmente ocasionar um episódio de agressividade. Há muitos casos em que o paciente só cometeu o crime após ser tratado e apresentar melhora. Não se deve esquecer ainda que a adaptação à vida institucional também é um péssimo critério de saúde mental. A periculosidade estritamente psiquiátrica é apenas aquela diretamente ligada à doença mental, como, por exemplo, durante um surto psicótico. Outras formas de periculosidade podem ocorrer em pacientes com doença mental sem relação direta com o quadro patológico.

Obs.: Conceitos como *"violência"*, *"perversão"* ou *"crime"*, vistos como elementos a serem combatidos, não podem ser estudados *per se*, de forma científica, já que consistem em entidades virtuais, vinculados aos contextos social e histórico, com forte conotação moral e profundo enraizamento cultural.

O termo "violência" costuma ser usado na mídia como se fosse uma coisa, uma entidade maligna que surge como uma doença e que pode ser combatida. Mas a evidência mostra que não existe nenhum instinto específico de morte, assim como não há uma "cultura" específica da violência. São exatamente os mesmos instintos de coesão grupal e os mesmos constructos culturais que nos levam à união, ao companheirismo e à fraternidade que também nos conduzem ao sectarismo, à guerra, ao fanatismo, às *jihads*, aos massacres, às inquisições. A substância oxitocina, no cérebro, está relacionada com a cooperação, com o vínculo emocional e com a confiança (foi chamada pela mídia de "*hormônio do amor*"). No entanto, é interessante notar que a oxitocina não inibe o comportamento instintivo de retaliação, que está ligado ao vínculo familiar e social. O ato de identificar nossos irmãos, nossos amigos, nossos correligionários é o mesmo ato de discriminar os estranhos, reconhecer nossos inimigos e puni-los. O amor da torcida ao clube é o mesmo que pode conduzir à violência dos *hooligans*, assim como o amor a Deus eventualmente conduz aos conflitos religiosos.

Essa constatação não implica na inevitabilidade da violência, mas apenas revela que a tendência para a exclusão e a segregação – e com elas a potencial escalada para a violência – está sempre presente. Jamais pode ser eliminada, mas apenas controlada, disciplinada, administrada. A agressividade não é uma "coisa" que deva ou possa ser extirpada, mas uma tendência natural e extremamente necessária à nossa sobrevivência. Aliada à socialização intensa da mente humana, num *feedback* positivo, a agressividade eventualmente pode desaguar numa espiral catastrófica de violência e destruição. Assim, toda a violência deve se contextualizada e compreendida, antes de ser combatida.*

Autoagressividade e Automutilação

São reações comportamentais bastante primitivas, que podem ser observadas em animais domésticos, como cães, gatos e papagaios, sob condições de isolamento, ansiedade e estresse. A provocação de dor possivelmente estimula o sistema nervoso ou reduz o sofrimento por *feedback*. Em níveis mais elaborados de motivação, pode haver autopunição e alívio de sentimentos de culpa. Podemos encontrar com alguma frequência esse comportamento no autismo, no retardo mental e em quadros demenciais, mas ocorre também, de forma inespecífica, em inúmeros outros quadros, neuróticos e psicóticos. Nem sempre há um vínculo de sentido entre a automutilação e a tentativa de suicídio, apesar de haver relação estatística entre ambas.

É necessário notar que lesões autoprovocadas – perfurações, escarificações etc. – não mostram necessariamente um caráter patológico, podendo fazer parte de rituais culturalmente condicionados. Nas tatuagens, *piercings* etc. o sofrimento não se constitui num propósito intrínseco do procedimento, constituindo-se mais num efeito colateral do procedimento estético. Já em certos rituais – de penitência, de passagem, de propiciação etc. – o sacrifício, o derramamento de sangue e a tolerância à dor são elementos simbólicos essenciais, proporcionando a submissão à autoridade e às tradições, a expiação dos pecados, acalmando a fúria divina e evitando as suas manifestações punitivas (doenças, castigos, desastres etc.).

Inibição Psicomotora e Estupor

Aqui, referimo-nos apenas aos estados não responsivos de origem exclusivamente psíquica, sem alteração real do estado de consciência:

- **Inibição psicomotora:** ocorre predominantemente em estados depressivos, especialmente nos ditos *endógenos*. É importante ressaltar que esse sintoma só ocorre em quadros depressivos mais graves; nas situações reativas e neuróticas, não há inibição importante. Assim, deve-se observar cuidadosamente a concordância da inibição com o humor, o estado de consciência e a capacidade cognitiva, para o diagnóstico diferencial com as depressões reativas, as demências, os estados confusionais e também com a síndrome de Parkinson. Já mencionamos os estados astênicos de natureza metabólica, como a hipocalemia, muitas vezes de origem iatrogênica.

---

* Quando se medica a agressividade,
a) em um esquizofrenico, visa-se o descontrole, uma consequência primária da desorganização;
b) em um paranóide, a consequência secundária da ideia de perseguição;
d) em um deficiente, a reatividade pueril. consequência secundária da incapacidade;
e) em um epiléptico, a irritabilidade, consequência primária da lesão cerebral;
f) em um maníaco, a impulsividade, uma consequência primária da excitação e secundária da imaturidade emocional;
Assim, a questão fundamental não é qual a medicação, mas qual o problema a ser tratado.

- **Estupor depressivo:** ocorre em consequência da profunda desmotivação e da inibição psicomotora, encontradas nos estados melancólicos; Hipócrates de Cós, no século V a.C., relata um de seus casos clínicos:

  > Parmeniscos também antes sofria de episódios de desânimo, com desejos de tirar sua própria vida. Depois voltava novamente ao estado normal. Certo dia em Olinto, encontrava-se deitado de boca para cima, sem falar, mantendo-se imóvel e tentando pronunciar algo que apenas conseguia começar a enunciar. E se dizia algo, logo voltava a ficar bem calado... padecia também de insônia, agitação inquieta e silenciosa.

- **Estupor histérico:** ocorre comumente em público, de forma bem teatral, mobilizadora e manipulativa, exigindo imediata atenção, geralmente em consequência de situações claramente ansiogênicas. As crises costumam ocorrer sempre em locais de movimento, como corredores, saguões, filas ou áreas de passagem.
- **Estupor catatônico:** ocorre nos esquizofrênicos catatônicos como um mecanismo psíquico ativo de autoinibição, de autocontenção; parece estar diretamente relacionado com o profundo antagonismo interno esquizofrênico (num aparente paradoxo, a administração intravenosa de uma droga sedativa de ação rápida, como o pentobarbital, pode desfazer momentaneamente o quadro).

    Obs.: Catatonia corresponde aos estados acinéticos, ou às vezes hipercinéticos, que expressam através da psicomotricidade as contradições da cisão e desagregação psíquicas esquizofrênicas. A cada pensamento surge o seu contrário, a cada esforço corresponde um contraesforço, bloqueando a vontade. Podem ser sintomas catatônicos: inibição psicomotora, catalepsia e *pseudoflexibilitas cerea* (distúrbio psicomotor semelhante à *flexibilitas cerea*, quadro neurológico em que o paciente apresenta uma rigidez plástica como que "de cera", encontrada em certas lesões cerebrais, especialmente nas vítimas da encefalite letárgica epidêmica de von Economo*), estupor, negativismo, reações de último instante, estereotipias motoras, maneirismos, ecopraxias, automatismos, agressividade, agitação intensa. Devemos ainda lembrar que, face à sua elevada gravidade e risco de vida, o estupor catatônico e também o estupor depressivo** são as duas únicas indicações formais de eletroconvulsoterapia (ECT).

DISTÚRBIOS MOTORES DE ORIGEM NEUROLÓGICA COM ASPECTOS PSÍQUICOS

- **Tiques:** são gestos, movimentos ou contrações de certos grupos musculares que ocorrem de forma repetitiva, impulsiva, estereotipada e semiconsciente. Aparecem em alguns distúrbios neurológicos, mas também encontram-se relacionados com estados psíquicos, como as neuroses. Podem estar relacionados com a ansiedade ou representar impulsos inconscientes reprimidos modificados ou frustros.

---

* Oliver Sacks descreve maravilhosamente sua descoberta dos sobreviventes da epidemia da década de 1920 e suas tentativas de tratamento com L-Dopa em seu livro "*Awakenings*" ("Despertando"). Os livros de psiquiatria e neurologia das décadas de 1930 e 1940 apresentam bons relatos clínicos dessa epidemia viral.

** Existe, atualmente, certa tendência a se utilizar a expressão "catatonia" para todos os estados de inibição, indiscriminadamente, sejam estes de natureza esquizofrênica, depressiva ou neurológica. Para isso já existe a expressão "estupor". Diversos autores, como H. Akiskal, já se posicionaram contra essa generalização descabida, que é fruto da má observação, da superficialidade diagnóstica e da simples ignorância psicopatológica.

Obs.: A síndrome de Gilles de la Tourette *(maladie des tics)* consiste em um distúrbio bastante frequente, em que o paciente apresenta uma forma específica de alteração hipercinética, com tiques frequentes, tendência à impulsividade, fala abrupta e autocontrole precário. Ocorre como que uma espécie de "liberação" de níveis mentais e comportamentos mais primitivos. Em outras épocas, quando a repressão social restringia fortemente o vocabulário, era também muito comum entre os sintomas desta doença o uso abusivo de palavrões, a chamada linguagem "suja" ou *coprolalia* (do grego κοπρος [*kopros*]: excremento, sujeira + λαλος [*lalos*]: falar). Hoje em dia este sintoma é raro, já que não se reprimem mais as palavras ditas "pesadas".

- **Agressividade epiléptica:** alguns quadros de epilepsia temporal podem cursar com extrema irritabilidade, podendo eventualmente levar a episódios de violência quase paroxística. Como já mencionamos, o controle das crises pode exacerbar as crises. Como as drogas anticonvulsivantes mais usadas atualmente – à diferença do velho fenobarbital e da fenitoína – tendem a estabilizar o humor, este quadro parece ser menos comum atualmente.

LEITURA ADICIONAL SUGERIDA

Hersen M, Ammerman RT, Sisson LA. *Handbook of agressive and destrutive behavior in psychiatric patients.* New York: Plenum Press; 1994.
Johnson RN. *A agressão no homem e nos animais.* Rio de Janeiro: Interamericana; 1979.
Landure M. *Le malade mental dangereux.* Whoeures. Hospitalières, 1990.
Lorenz KA. *Agressão.* Santos: Martins Fontes; 1973.
Millaud F. *Le passage à l'acte.* Paris: Masson; 2009.
Montagu AA. *Natureza da agressividade humana.* Rio de Janeiro: Zahar; 1978.
Sacks O. *Despertando.* Também: *Uma perna para se apoiar.* Rio de Janeiro: Imago; 1988.
Sapolsky R. *Behave.* London: Vintage; 2018.
Senninger JL, Fontaa V. *Psychopathologie des malades dangereux.* Paris: Dunod; 1996.
Storr A. *Agressão humana.* Rio de Janeiro: Zahar; 1970.

Capítulo 13 — Linguagem e Expressão

No princípio era o Verbo.

João, 1:1

*Formou Javé do solo todos os animais do
campo e aves do céu.
Conduziu-os à presença do homem,
para ver que nome lhes daria:
todo ser teria o nome que o
homem lhe desse.*

Gênesis, 2, 19

*Vivere post obitum vates vis nosse viator?
Quod legis ecce loquor,
vox tua nempe mea est.
(Sabias, ó viajante,
que os poetas vivem após a morte?
Nas palavras que leste, eu falo!
Tua voz é a minha!)*

Possidius, Epitaphium Poetæ,
in Vita Augustini

CAPÍTULO 13 • LINGUAGEM E EXPRESSÃO

Se os animais têm a sua linguagem, e até mesmo algumas palavras, a palavra humana não apenas designa objetos empíricos, mas introduz um mundo conceitual, construindo um universo mental compartilhado por outras mentes, capaz de criar toda a civilização. Daí a noção de palavra mágica que, uma vez pronunciada, tem o poder de alterar a realidade concreta, desde o impronunciável Nome de Deus dos hebreus ao *Abracadabra!* dos contos de fadas e ao *Shazam!* das histórias em quadrinhos.

Vinculando cada indivíduo com os outros, mas também com os seus próprios pensamentos, emoções e fantasias, a linguagem participa da própria formação da identidade individual. Toda comunicação possui forma e conteúdo; na linguagem, usamos as expressões significante e significado, criadas pelo linguista Ferdinand de Saussure (1857-1913). O conteúdo, porém, também tem dois propósitos essenciais: a) expressar ideias, narrar eventos etc.; b) definir relações sociais. Quando damos bom-dia ou perguntamos "Como vai?" estamos estabelecendo vínculos e não trocando ideias. A maneira pela qual fazemos isso, com um sorriso ou estendendo a mão, é sempre complementada por palavras convencionais. Esta forma complexa de comunicação frequentemente é mal compreendida ou mal utilizada em diversos quadros patológicos.*

A palavra, a afetividade e o pensamento estão ligados de forma praticamente indissolúvel. Não obstante, a expressão dos sentimentos e pensamentos pode-se dar por diversas vias; em linhas gerais, temos:

- Expressão orgânica, psicossomática (via sistema límbico, hipotálamo, hipófise, sistema nervoso autônomo): indireta, inteiramente involuntária, assimbólica.
- Expressão corporal (gestos, mímica, sons não verbais): direta, em parte voluntária, assimbólica.
- Comunicação verbal (fala, escrita): direta, voluntária, de *forma* simbólica, cujo controle e interpretação são estabelecidos por áreas localizadas no hemisfério esquerdo.
- Expressão artística, verbal (literatura, teatro, poesia etc.) ou não verbal (artes plásticas, música, dança etc.): indireta, voluntária, podendo ser tanto a *forma* como o *conteúdo* de natureza *simbólica*.

Os modos não verbais de expressão têm seu processamento ligado a estruturas localizadas no hemisfério direito. As concepções visuoespaciais das formas e cores precisam ser levadas ao hemisfério esquerdo para que se tornem conscientes e sejam processadas pela sua estrutura de pensamento de tendência lógico-categorial, intimamente ligada à verbalização. Levando em consideração este fato, certas técnicas pedagógicas de desenho artístico procuram *ludibriar* o hemisfério esquerdo – impedindo o reconhecimento e a classificação dos objetos em categorias – para facilitar a livre expressão e o desenvolvimento dos recursos do hemisfério direito.

Alguns teóricos da evolução da mente supõem que a linguagem evoluiu de uma forma de comunicação estritamente social para uma forma generalizada, capaz de abranger todas as áreas especializadas da inteligência. No entanto, esta origem social permanece

---

* Entre as formas primordiais de comunicação, temos, em ordem evolutiva:
a) Rítmicas: música, dança, canto, com características holísticas, integrativas;
b) Onomatopéicas, que reproduzem sons naturais;
c) Sinestésicas, envolvendo mais de um sentido;
d) Verbais (específicas, simbólicas).

presente na necessidade que temos de fofocas e de sempre falar sobre fatos sociais, além de antropomorfizar os objetos e a natureza. Dizemos: *"O leite ferveu e derramou", "O parafuso escapou", "O carro não pegou", "A chave não quer abrir"*, emprestando intencionalidade e até mesmo vontade própria aos objetos.

Nos primatas superiores, a comunicação se dá muito mais pelos gestos do que pelo som. A área equivalente à de Broca, nos chimpanzés, está vinculada ao controle gestual, não à vocalização. Na evolução humana, a linguagem surgiu a partir do ritmo e do canto, desenvolvendo as funções vocais e, a partir desses recursos, a capacidade simbólica e narrativa. A capacidade de fala é uma característica humana típica, de modo que aprendemos a falar sem esforço, apenas ouvindo. Já a escrita, não. Foi inventada há poucos milhares de anos e exige um esforço concentrado em seu aprendizado. Utiliza áreas diversas do cérebro, começando pelas regiões de reconhecimento de figuras, em seguida pela vinculação destas aos sons e depois pela formação de palavras; por último surgem as instâncias semânticas. Uma vez estabelecido o sistema, o processamento do sentido passa a correr em paralelo com o reconhecimento fonético, de forma complexa e interativa. Por isso, a rapidez de processamento é essencial na compreensão da escrita, que deve seguir a velocidade da palavra falada para fazer sentido.

Quem lê de forma lenta, como os disléxicos, tende a perder o ritmo das frases e a ter dificuldade em compreender os textos. A instância do grafema ao fonema é essencial nas fases iniciais do aprendizado, depois surgem a construção gramatical e a semântica.

No estudo da semiótica, vemos que a linguagem é composta de signos, que Charles Peirce dividiu em três tipos:

1) Ícones (semelhança): por exemplo, o desenho de um círculo com raios representa o sol; um uivo representa um lobo; um mugido representa um boi;
2) Sinais (índices): a fumaça indica fogo; uma caveira representa veneno; um grito indica alarme;
3) Símbolos (arbitrados apenas por convenção): a palavra "*lápis*" significa o objeto lápis, mas nada tem em comum com ele; a letra "P" representa o fonema /p/.

Muitas linguagens escritas evoluíram seguindo linha semelhante: de figuras a ideogramas e daí a formas silábicas e aos alfabetos.

O desenvolvimento da linguagem permitiu aos ancestrais humanos estabelecer relações sociais mais complexas. Foi possível, então, criar narrativas, estendendo os conceitos mentais de Tempo e Espaço. Toda narrativa pressupõe causalidade e se refere a uma sequência temporal de eventos e a lugares espacialmente definidos, conceitos que vão além do alcance dos cérebros de qualquer animal, mesmo dos primatas. Experiências mostram que primatas conseguem aprender dezenas ou centenas de símbolos, mas nunca chegam a formar frases; comunicam apenas o desejo, mas não narram nada.

A linguagem nos permite ainda alcançar diversos níveis de intencionalidade (Dunbar, 2004). Na primeira ordem de intencionalidade, temos por exemplo, "*Eu quero mocotó*". Na segunda, "*Maria sabe que eu quero mocotó.*" Na terceira, "*João acha que Maria sabe que eu quero mocotó*", e assim por diante. Assim, se um chimpanzé chega à segunda ordem de intencionalidade, nosso cérebro nos permite chegar à quinta ordem. Isso nos possibilita construir um intrincado mundo mental, uma concepção social de realidade e organizar uma complexa vida familiar, social, cultural e política. Além disso, nossos recursos empáticos nos permitem desenvolver desde a infância uma *intencionalidade compartilhada* (Tomasello, 2010), com objetivos conscientes comuns, fora do horizonte de qualquer outro ser vivo.

Esta intencionalidade compartilhada depende da empatia, que depende da identificação do outro como semelhante que, por sua vez, depende da autoimagem. Tal fenômeno traz como repercussão cognitiva o crescimento progressivo do conhecimento compartilhado, ao contrário do conhecimento individual, que é autolimitado.

PSICOPATOLOGIA E COMUNICAÇÃO VERBAL

Esta é a principal forma de expressão do pensamento, e estudá-la em separado nem sempre é tarefa fácil, como veremos a seguir. Veremos que no estudo da linguagem interseccionam-se os campos da neuropsicologia, da antropologia, da psicanálise, da linguística e da filosofia. A linguagem, portanto, é muito mais que um simples instrumento do pensamento. Segundo A. R. Luria, a cooperação social e a linguagem é que criaram a própria racionalidade humana. Em suas palavras:

> ...sem o trabalho e a linguagem, não se teria formado no homem o pensamento abstrato categorial... as origens do pensamento abstrato ...que provocam o salto do sensorial ao racional devem ser encontradas não dentro da consciência nem dentro do cérebro, mas sim fora, nas formas sociais da existência histórica do homem ... abordaremos a questão da consciência e do pensamento abstrato, unindo-a com a da linguagem, e buscaremos as raízes destes complexos processos ... na realidade viva daquela linguagem que permite individualizar as características dos objetos, codificá-las e generalizá-las. Nisto consiste a especificidade da linguagem que ... no princípio estava ligada à prática imediata, fundida com ela, e que, progressivamente começou a transformar-se em um sistema que resultou suficiente por si próprio para formular qualquer relação abstrata, qualquer ideia...a "linguagem" das abelhas, dos golfinhos etc. refletem apenas estados afetivos e nunca se constituem em códigos objetivos... Tudo isto diferencia radicalmente a linguagem do homem (como sistema de códigos objetivos...que designa coisas, ações, propriedades e relações, ou seja, categorias) da linguagem dos animais...a "decodificação" [dessa linguagem é] a inclusão de outros animais na correspondente convivência... Desse modo, o homem se diferencia pela presença da linguagem como sistema de códigos, por meio dos quais designam-se os objetos e suas relações; com a ajuda desses códigos incluem-se os objetos em determinados sistemas de categorias. À luz de tudo isto, examinaremos o problema da consciência e do pensamento abstrato em sua relação estreita com o problema da linguagem.

Dentro dessas abordagens psicofisiológicas que veem o psiquismo como resultado das formas sociais da atividade humana, Luria menciona estudos do desenvolvimento da criança que demonstram que a palavra tem uma função *pragmática* ou *reguladora da conduta*, além das funções *comunicativa* e *cognitiva*. Talvez por esta razão a *regra do silêncio* a que certos religiosos, como os monges trapistas – se submetem tenha como consequência neuropsicológica um desligamento mental do universo objetivo, racional e materialista, e assim permita maior compreensão contemplativa, intuitiva ou mística. Evitando o discurso, os trapistas restringem as atividades vinculadas ao hemisfério esquerdo, estimulando as funções cognitivas relacionadas com o hemisfério direito.

A linguagem não é apenas um conjunto de elementos simbólicos a serem decodificados. De Saussure a concebia como um sistema de sinais que se definem por meio de suas relações (significantes) mais que por seus significados. O antropólogo Claude Lévi-Strauss, estendendo os conceitos estruturalistas saussurianos, considerou toda a cultura como um conjunto de sistemas simbólicos, incluindo a linguagem, a religião, o parentesco, as relações econômicas, a arte e a ciência. O psicanalista Jacques Lacan procurou mostrar como o indivíduo se insere nessa ordem simbólica, aproximando as estruturas do inconsciente psicanalítico, da linguagem e da cultura. Na verdade, essa ideia da precedência do significante sobre o significado vem das concepções neoplatônicas de Santo Agostinho. Nas palavras de L. A. Garcia-Roza,

> O acesso ao simbólico é, portanto, a condição necessária para a constituição do inconsciente e, evidentemente, também do consciente. Inconsciente e consciente se formam por efeito de um mesmo ato e não o segundo como um epifenômeno do primeiro. É a aquisição da linguagem que permite o acesso ao simbólico e à consequente clivagem da subjetividade. No entanto, a linguagem é instrumento do consciente e não do inconsciente [grifo meu]. Este é constituído, sobretudo, de representações imagéticas, ficando a linguagem restrita ao campo do pré-consciente-consciente. ...O que a linguagem vai permitir é um afastamento do indivíduo em relação à vivência, o que lhe possibilita não apenas certa autonomia com respeito à realidade, mas também o nomear-se a si próprio como um Eu.

Hoje aceitamos, porém, que animais superiores – como chimpanzés e golfinhos – reconhecem a sua própria imagem, são capazes de uma "teoria da mente" (pensar sobre o que o outro está pensando), produzem certas formas de cultura e ainda podem compartilhar alguns elementos de nossa própria cultura.

Por meio de estudos sobre os neurônios-espelho, a neurociência nos mostra que as funções imitativas, de reconhecimento e de identificação que, no primata comum, servem para prever os atos do outro e antecipar eventos, no homem atingem uma nova dimensão, ao proporcionar a capacidade de representar, simbolizar e, finalmente, de adquirir uma linguagem (ver Iacoboni, 2009). A percepção, a motricidade, o pensamento e a linguagem se integram, aqui, na própria base neurofisiológica, cuja intencionalidade só é atingida pela compreensão fenomenológica.*

Na linguagem dos animais vemos claramente essa predominância dos significantes sobre o significado, construindo e compartilhando um mundo próprio. Pesquisadores ou tratadores que lidam com animais conseguem se comunicar muito bem com eles, mas não são capazes de ensinar esse "idioma" assimbólico para outras pessoas. Na "conversa" com nossos animais domésticos vemos que a entonação e os elementos contextuais são bem mais importantes que a palavra em si.

Em criaturas predominantemente sonoras, como os papagaios, vemos que atividades sociais, como afeto, reconhecimento, atração, dominação, agressão expressam-se por sons, equivalendo ao papel dos feromônios no cão, por exemplo. No ser humano o tom de voz pode produzir sedução, sugestão, carisma, irritação etc., independente do significado das palavras. A linguagem falada não é tão explícita, como a escrita, e deve ser interpretada, e não apenas reconhecida. O cérebro constrói a interpretação a partir não apenas do som, mas da imagem e do contexto.

---

* Os neurocientistas Rizzolatti, Gallese e colegas da Universidade de Parma só descobriram os neurônios-espelho graças à sua compreensão fenomenológica de que a sensopercepção e o ato volitivo constituem-se num só evento cerebral, por meio de fatos neurofisiológicos que já haviam sido observados inúmeras vezes, mas passaram despercebidos (e incompreendidos).

A combinação de imagem e poesia é comum nas gravuras japonesas, e os *haikais* mostram possibilidades de linguagem que vão além da simples informação.

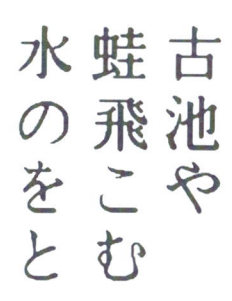

古池や
蛙飛こむ
水のをと

Este é um famoso haikai de Bashô, composto em 1686; em japonês, teríamos: *furuike ya/kawazu tobikomu/mizu no oto*, ou literalmente, *Um velho tanque/Uma rã salta/Barulho de água.*" Veja-se esta interpretação, de H. R. Blyth: *"O tanque é velho, em um velho jardim. As árvores são velhas de outras eras e seus troncos esverdeados pelo mesmo musgo que cobre as pedras. O grande silêncio remonta a eras anteriores ao homem e seus ruídos. Uma rã salta. O jardim inteiro, o universo inteiro contido em um simples chape – som que está além do som e do silêncio, e ainda assim é o som da água do velho tanque".*

A matemática simbólica, formalizada, também é uma forma de linguagem e depende das estruturas corticais frontais (especialmente área dorsolateral esquerda). Já o cálculo "natural", dependente da prática informal do dia a dia, vincula-se à percepção espacial de numerosidade, vinculada às áreas inferiores dos lobos parietais. De certa forma, pode-se dizer que o raciocínio matemático é analógico e o conceito de número, digital. A régua de cálculo, usada há poucas décadas, era um instrumento analógico, de representação espacial dos números. A calculadora digital veio separar ainda mais as duas coisas.

A música, a métrica e a rima têm um especial espaço no cérebro humano, que faz com que produzam registros próprios, naturais, de muito mais fácil memorização que a simples fala, nem sempre vinculados ao significado. Por isso, as técnicas de alfabetização sempre incluem rimas e cantigas para as letras e palavras aprendidas. Como as crianças, para recordarmos uma palavra específica de um verso, frequentemente temos que recitar toda a estrofe ou todo o poema, já que ela perde a sua referência e só pode ser encontrada como parte de uma sequência. Por serem processadas, preferencialmente, pelas estruturas corticais do hemisfério direito, músicas tradicionais, trechos de canções ou mesmo frases entonadas são utilizados na reabilitação de pacientes afásicos.

Não foi por acaso que os textos sagrados como a Torah (o Pentateuco, os cinco primeiros livros do Antigo Testamento), o Corão ou os Vedas foram escritos em versos, assim como os grandes épicos, como a Ilíada, a Odisseia ou o Mahabharata. Na verdade, as suas primeiras versões eram de tradição puramente oral, sendo recitadas de memória para as novas gerações. Essa técnica ajudava a memorizar e a manter íntegro o conteúdo, já que qualquer mudança teria que obedecer à métrica original.

Mensagens rimadas e metrificadas continuam tendo, atualmente, um impacto afetivo tão intenso quanto na Antiguidade, como os coros das torcidas nos estádios, as mensagens publicitárias, os *jingles*, o *funk*, o *rap* e o *hip-hop* demonstram.

---

* Blyth RH. *Haiku* (em inglês). Tokio, The Hokuseido Press, 1981 – trad. e cit. por Franchetti P. *Haikai*. Campinas: Unicamp, 1990.

De acordo com os teóricos da comunicação (ou *semiótica*), são três os axiomas da comunicação: a) *não é possível não se comunicar*, ou seja, mesmo a ausência ou o silêncio são formas de comunicação; b) há sempre uma *metacomunicação*, ou seja, um aspecto relacional que classifica o conteúdo da mensagem; c) ao observador externo, o intercâmbio de mensagens pode ser concebido como uma sequência ininterrupta de complementaridades e simetrias, ou seja, para cada atitude há uma correspondência complementar ou de semelhança.

Distúrbios Essencialmente Orgânicos (Neurológicos ou do Aparelho Fonador) da Fala

A linguagem e a fala são funções de tal complexidade que exigem a integração de diversas funções e regiões cerebrais. No entanto, uma área específica no hemisfério esquerdo de cerca de 96% dos indivíduos destros e de 65% dos canhotos, o opérculo frontal, entre os lobos frontal e temporal, está estreitamente relacionada com a representação psíquica da comunicação verbal. Chama-se área de Broca, em homenagem a Paul Broca, o neurologista francês que a descobriu, ainda na primeira metade do século XIX. Nesta mesma época, o neurologista alemão Carl Wernicke encontrou uma outra área neuroanatômica, na junção temporoparietal esquerda, que associou à compreensão da palavra. No entanto, inúmeras outras áreas corticais relacionam-se, também, com a linguagem. Além disso, lesões precoces esquerdas podem induzir a estruturação das áreas da linguagem no hemisfério direito.*

- *Afasias motoras* (expressivas ou de Broca, pela lesão nessa área), em que a capacidade psicomotora para a linguagem (fala, escrita, expressão verbal em geral) encontra-se prejudicada. Ocorre a perda da capacidade sintática, e a fala se torna agramatical *("telegráfica")*. É interessante notar que mesmo pacientes com a fala seriamente prejudicada podem cantar com perfeição. Quando a lesão se dá na área correspondente do hemisfério direito, ocorre a *aprosódia expressiva*, onde o que se perde é a modulação afetiva da fala, que neste caso se torna mecânica, monótona, desinteressante. A área de Broca está ligada também à interpretação da fala e à linguagem de gestos
- *Afasias sensitivas* (receptivas ou de Wernicke, pela lesão nessa área): quando se perde a capacidade para a compreensão da palavra, entre outras alterações. Nestes casos o indivíduo não tem nenhum *insight* do problema, e, às vezes, o quadro é confundido com um estado psicótico, já que o discurso se torna confuso, com palavras inadequadas. Certa vez vi uma paciente que estava há meses em tratamento psiquiátrico com um quadro típico de afasia de Wernicke, diagnosticada erroneamente, como esquizofrenia. Quando ocorre no hemisfério direito, uma lesão na área correspondente pode não produzir afasia, mas acarretar um prejuízo ao processamento da informação musical e ao reconhecimento das vozes familiares.
- *Afasias associativas* (anartria, parafasia, anomia, agrafia, alexia, agnosia auditiva).
- *Dislexia* (transtorno do aprendizado da linguagem escrita; dificuldade para aprender a ler e escrever).
- *Disfemias* (problemas clônicos ou intermitentes na emissão das palavras: gagueira etc.).

---

* É interessante a especulação de que as línguas de escrita ideográfica, como o chinês, podem estruturar-se de forma diferente no cérebro, ocorrendo maior envolvimento do hemisfério direito no processo. Também na linguagem chinesa falada pode suceder algo assim, já que esta língua depende essencialmente da prosódia, exigindo uma inflexão muito clara das palavras – todas monossilábicas – para o entendimento.

- **Disartrias** (problemas locais da articulação da fala, que é lenta, dificultosa).
- **Dislalias** (problemas da pronúncia – omissão, modificação ou omissão de fonemas).
- **Disfonias** (problemas vocais – respiratórios, das cordas vocais etc.).

Distúrbios Psicopatológicos da Fala

- **Mutismo:** a palavra *mutismo* implica, necessariamente, a impossibilidade psíquica, mas não física, de expressão oral. Deve-se falar em *mudez*, não em *mutismo* quando ocorrem surdez (surdo-mudez) ou problemas do aparelho fonador (mudez por afonia). O mutismo pode estar relacionado com o negativismo psicótico (p. ex., catatônico) ou com a paranoia; o paciente pode recusar-se ao diálogo por estar desconfiado do entrevistador ou ainda por acreditar que o seu pensamento já está sendo divulgado por telepatia ou pela televisão. Pode ser um aspecto da inibição melancólica, nas depressões graves. Pode, ainda, surgir pela intensa repressão neurótica dos pensamentos, em crises histéricas. Além disso, o mutismo pode estar presente nas alterações do estado de consciência, demências, oligofrenias e lesões neurológicas (afasias).
- **Logorreia:** refere-se à compulsão verbal patológica, sem propósito real de comunicação, que ocorre frequentemente nos estados maníacos, com taquipsiquismo e fuga de ideias. Pode ocorrer, também, de formas peculiares, em estados ansiosos, em esquizofrênicos, em quadros demenciais e afásicos. Note-se que na logorreia, o pensamento muito acelerado e a inintelegibilidade da fala podem produzir uma impressão errônea de desagregação: quando o paciente "desacelera", a fala volta a ser compreensível.

    Obs.: O sinônimo "verborragia" geralmente se refere mais à falação pernóstica e prolixa de quem tem o propósito de impressionar, marcar presença ou ser o centro das atenções. Quando nos referimos a estados patológicos, sem prolixidade, e na presença de taquipsiquismo, devemos usar a expressão logorreia.
- **Pernosticismo ou pedantismo:** consiste no emprego desnecessário ou inadequado de palavras rebuscadas, eruditas ou incomuns, com o propósito de demonstrar conhecimento intelectual. Geralmente mescla-se a um certo grau de *prolixidade intencional* e ao uso abusivo de jargões acadêmicos ou profissionais (p. ex., os *idiomas* "economês", "sociologuês", "psicanalês" etc.). Em certos ambientes culturais, faz parte inseparável do estilo. Na literatura acadêmica, por exemplo, podemos observar que os ingleses apreciam a sutileza e a sobriedade, tendendo ao conservadorismo. Os americanos valorizam a objetividade e a concisão, mesmo à custa da profundidade, aceitando, no entanto, textos extensos quando vêm carregados de informações. Os alemães estendem-se em minúcias e na discriminação das diferenças e especificidades. Os franceses inclinam-se à sofisticação da forma do texto em si e às frases de efeito, ainda que com o sacrifício do assunto, criando expressões e maneirismos nem sempre necessários e alguns neologismos inúteis. No Brasil, a tradição escravagista tendia à desvalorização do trabalho e à valorização da vida ociosa, prestigiando os afazeres que não exigiam produtividade ou atividade física, mas uma *inteligência* verborrágica, bem-falante e pretensiosa. Temos exemplos excelentes de pernosticismo e prolixidade como recursos estilísticos, muito apreciados na sua época, em quaisquer textos de Rui Barbosa ou Coelho Neto. Considerados grandes escritores em sua época, hoje ninguém mais os consegue ler. Em tudo o que escreviam sobrepunham rebuscados adjetivos, acrescentavam inúmeras e eruditas metáforas, intermináveis lantejoulas verbosas, compondo textos pesados, de difícil leitura. Em sua literatura, o conteúdo se esvaziava em detrimento dos recursos estilísticos e das figuras de linguagem, que passavam a ser fins em si mesmos, e não técnicas para

escrever com mais alcance, precisão ou sutileza. Desta última forma escrevia Machado de Assis, que ao contrário dos citados, é lido, traduzido e apreciado até hoje.

O ex-presidente Jânio Quadros – a quem são atribuídas inúmeras joias do pernosticismo pátrio – além do célebre "*Filo porque qui-lo*", brindou-nos com essa olímpica declaração de desprezo ocasionada por críticas à sua pessoa: "*Ser-me-ia lícito, quiçá, passar ao largo da atoarda. Ignorá-la por pêca. Desdenhá-la, por inconsistente.*"

Um exemplo de prolixidade estilística semelhante, porém menos folclórica e mais ao gosto atual, é o trecho a seguir, um despacho burocrático do então Presidente da República e sociólogo Fernando Henrique Cardoso; a *pérola* foi colhida pelo jornalista Elio Gaspari, em sua coluna do "O Globo":

> *...Dada a amplitude e pelo elevado número de concessões, os aludidos procedimentos concernentes, especialmente, aos levantamentos e avaliações a serem procedidos, evidente se torna, particularmente pela experiência haurida em situações análogas, a impossibilidade de se estabelecer adrede, a expectativa desse prazo-limite para se levar a termo esses encargos, o que poderia, eventualmente ocorrido o seu implemento, acarretar a extinção abrupta de concessões que se enquadram nas situações descritas com graves repercussões aos usuários desses serviços, o que recomenda seja o preceito em foco vetado na sua totalidade, por ser contrário ao interesse público.*

Um outro exemplo, este do famoso psicanalista Jacques Lacan, um profundo e interessante pensador, mas não quando aplicando a terrível *logologia* francesa:

> "*...O que é produzido na articulação desse novo discurso que emerge como discurso da análise, é que o ponto de partida é tomado sobre a função do significante, bem longe de admitir, pelo vivido do próprio fato, o que o significante carregue por seus efeitos de significado*".

Ou ainda:

> *...O significante é signo de um sujeito. Enquanto suporte formal, o significante atinge um outro que não aquele que ele é cruamente, ele como significante, um outro que ele afeta e que dele é feito sujeito, ou pelo menos que passa por sê-lo. É nisto que o sujeito se acha ser, e somente para o ser falante, um ente cujo ser está alhures, como mostra o predicado. O sujeito não é jamais senão pontual e evanescente, pois ele só é sujeito por um significante, e para um significante.*

Proferidas pela autoridade certa, para o público adequado, no momento propício, qualquer bobagem pode adquirir o peso das Sagradas Escrituras, mesmo que não faça qualquer sentido. Algumas *abobrinhas* pronunciadas corretamente, com abundantes firulas verbais, repetições e redundâncias são suficientes para levar as plateias à comunhão com seus mestres, como se estivessem cantando *mantras*. Os exemplos anteriores ilustram com muita propriedade aquilo que o grande poeta, prosador, pensador e cientista alemão, Johann Wolfgang von Goethe, tinha em mente quando fez o personagem *Mefistófeles* dizer, em seu *Fausto*: "*Na escassez das ideias, as palavras vêm bem a propósito.*"

O discurso inebriante e hipnótico dos profetas e dos políticos,* assim como a poesia, mostra o enorme poder das palavras sobre as mentes humanas. O conteúdo da fala pode

---

* No que se refere à liderança, a determinação e a autoconfiança são muito mais importantes que a inteligência. Paradoxalmente, pessoas inteligentes tendem a despertar desconfiança nos outros, ameaçados pela dificuldade de prever o seu comportamento. Por esse motivo, a inteligência dos políticos raramente excede a mediana, o que os torna mais "confiáveis "para o eleitor. São especialistas em

não ter qualquer importância: um orador de talento consegue falar por horas a fio sem que ninguém se lembre ou sequer se dê conta do assunto tratado. Em outras palavras, temos aí uma clara primazia do significante sobre o significado. De acordo com G. Miller, o aspecto sedutor da fala – seja no sentido do discurso político seja no da simples *"cantada"* – tem um inegável valor evolutivo, o que explicaria a nossa incurável tendência a valorizar o *blablablá* em detrimento do conteúdo informativo.

O pernosticismo prolixo – ou a prolixidade pedante – pode, eventualmente, encontrar-se associado a outros distúrbios, mas por si só não tem qualquer significado clínico específico. É natural que muitos pacientes procurem fazer uso de uma linguagem que não dominam para impressionar favoravelmente os entrevistadores. O uso – nem sempre adequado – de termos técnicos e jargões profissionais também é comum. Nestes casos, a prolixidade é funcional, ou seja, tem um objetivo específico, e frequentemente obtém bons resultados.

- **Prolixidade patológica:** trata-se da ramificação do pensamento numa minuciosidade irrelevante, perdendo-se do tema principal num detalhismo interminável, tautológico, decorrente da incapacidade de síntese. Deve-se reparar que não há aí, necessariamente, a intenção de impressionar. Pode ter significado clínico, como em certos casos de lesões cerebrais, *deficit* cognitivo limítrofe e epilepsia do lobo temporal. Eventualmente, também pode associar-se ao pernosticismo ou mesmo à perseveração.

Em certos casos, como no exemplo a seguir, a prolixidade chega aos limites da desconexão ou incoerência, tornando-se praticamente ininteligível a quem não conhece previamente a situação a que se refere:

> ... Converge-se a lide travestindo-se em mérito exclusivo questionamentos pessoais, incompreensivelmente.... Perplexo conheceu da matéria extra petita que extravasa sua essência individual. Tal ignomínia tem refração natural até pelo seu prontuário médico... Ao que se tenta consubstanciar desconexamente, sobrepõe-se, justificando no viabilizar do seu conceito pessoal ser homem de idoneidade moral transparente, racional com atitudes perenes, ambiguidade em suas certezas e incertezas, reflexivo, detalhista, perfeccionista apesar de erros, estruturado em valores positivos.... Dirimi, assim acredita, quaisquer dúvidas que pairem sobre si. Ainda nesse diapasão, no descortínio da materialidade condensada insubsistentemente, seu perfil ora embasado em atitudes fortuitas e involuntárias por indução malévola em seu desazo e imaturidade, recebeu e recebe censuras excessivas - salamaleques, haja vista a retaliação trifásica de seu envolvimento respectivamente, descrédito, aviltamento funcionais e no momento, o constrangimento que o tenta desonrar, onerosos e irreais, declaradas conjeturas abjetas que distam da sua real individualidade, fazendo-se necessária a reversão desse desígnio exaurido. Da lavra do atual acórdão da maioria mínima, depreende-se manutenção da frágil e estrita sustentação com simplismo descabido e prolegômenos postergados... De resto, "permissa máxima vênia" digníssimo relator, abstracismos... Por tudo o que se disse é precípua a crença de sua credibilidade rota se assim lhe aprouver o colendo conselho, quando então efetivará sua plenipotencial justiça, de sua factual narrativa... (E por aí vai...)

---

discursos verbosos e vazios, recheados de palavras de ordem e frases feitas, que sempre funcionam muito melhor do que o raciocínio claro e as ideias lógicas.

Na *prolixidade,* a perda do fio condutor das ideias ocorre em decorrência do desdobramento interminável destas, da dificuldade de síntese e da incapacidade de se manter a concentração na ideia principal. Não deve nunca ser confundida com:

a) A *logorreia,* que está sempre presente na *fuga de ideias,* onde esta perda se deve, especificamente, à aceleração descontrolada do pensamento (taquipsiquismo), à superposição de ideias e à inconstância da atenção.

b) A *esquizofasia* ou expressão incoerente ou desconexa do pensamento esquizofrênico, que evolui para os *descarrilamentos* e as *desagregações,* onde não só o pensamento, mas a personalidade como um todo se desintegra. Tende-se a usar esta expressão quando os distúrbios da linguagem ultrapassam os outros em frequência e gravidade. Nos exemplos a seguir, à parte a precariedade da ortografia, também podemos observar a forma estereotipada de escrita de um paciente esquizofrênico:

> ... Tou pagando s'énpre âo médigo méu. O pasândo um mál. – Desgôvérno de espirito, com tôdos de pôdéris em mim. Seu sintô de espirito – mal. Pâsando dôr de cabéça figuiça [fixa] constânté... êu bagunça demônio môvendo por dentrô. Cigurança na lei é propio... eu [nome do paciente] peço isso ao altôridade quera fôrmá ese cértô, a mim [nome do paciente] um paciente... para não dar dôr de cabéça e tônda espirito em mim... Pubricâ palavrâ etérna de bem de Deús amôr Agradeçô sagrado. Livre tudo em eterno no mundô ó Deus bem filho Eden... Jesus Rei Bribia [Bíblia] sórte páz justiça ão sêr vivo a lei... Dízimô bem pago. Grato...

c) A *perseveração,* que consiste no aprisionamento repetitivo do discurso ao mesmo tema. Há uma restrição do pensamento e, consequentemente, da conversação, ao mesmo tema. Ocorre em pacientes demenciados – pelo *deficit* cognitivo – e nos esquizofrênicos cronificados, quando o paciente repete sempre certos temas ou frases. São também formas de perseveração (mais restritas) a verbigeração, a palilalia, a palinfrasia (do grego παλιν [*palin*]: de novo, outra vez). O grau de comprometimento se demonstra na limitação do vocabulário expresso e dos elementos repetidos. Enquanto alguns pacientes tendem a repetir uma mesma temática, recheada de provérbios e frases feitas ou estereotipadas, mas sem perder a capacidade de comunicação, outros restringem-se a apenas uma frase ou palavra, automaticamente pronunciada.

Principais Distúrbios Esquizofrênicos da Linguagem

As alterações formais do pensamento esquizofrênico podem produzir distúrbios de linguagem secundários, que, à primeira vista, podem ser confundidos com certas alterações afásicas. Uma observação atenta, porém, mostra que o pensamento esquizofrênico tende a se tornar um sistema fechado, produzindo uma linguagem cheia de expressões inadequadas, literal, com um uso impróprio de palavras abstratas e poucas metáforas.

- *Esquizofasia:* alterações intensas da linguagem, sem suficiente correspondência – portanto, desproporcionais – aos distúrbios do pensamento (o que é discutível).
- *Logoclonia:* repetição automática, brusca, em série, de palavras ou frases curtas, de formas abrupta e mecânica.
- *Ecolalia:* repetição em eco, maquinal, à guisa de resposta.
- *Parafasias:* deformação ou substituição de palavras.
- *Neologismos patológicos:* criação de palavras novas, inexistentes, mas sempre despropositadas, sem nexo, desprovidas de sentido comum.

- **Jargonofasia:** fala incompreensível, incoerente; jargão ou linguagem privada, autística, ininteligível, indecifrável.

    Obs.: Por vezes chama-se *glossolalia* (do grego γλωσσα [*glossa*]: língua + λαλος [*lalos*]: falar) ao caso anterior, mas a palavra melhor se aplica ao "falar em línguas estrangeiras", desconhecidas pelo paciente. O fenômeno é descrito no Novo Testamento e nos relatos de casos de possessão diabólica e estados de transe. Nos casos histéricos e psicóticos, geralmente encontramos falsas línguas estrangeiras, formadas inconscientemente por deformação das línguas que o paciente conhece. Em outros casos, podemos observar um fenômeno de criptomnésia (Capítulo 16), quando o idioma aparentemente desconhecido pelo paciente é real.

- **Pararrespostas:** respostas desconexas, inadequadas, sem qualquer relacionamento lógico com a pergunta. Note-se que em pacientes melancólicos, a inibição psicomotora pode ser de tal ordem e retardar as respostas de tal forma que lhes dê a aparência de desconexas, por se acharem defasadas das perguntas.

- **Estereotipia verbal:** repetições intercaladas de certos fonemas, letras ou palavras; também certos maneirismos e peculiaridades constantes da fala e da escrita, com o uso idiossincrático de símbolos e figuras; são suscetíveis a interpretações, mas não à compreensão; bons exemplos de estereotipia escrita são aquelas *poesias* grafitadas por um conhecido "profeta", já falecido, em paredes, muros e viadutos do Rio: * AMORRR * GERA * GENTILEZA * AMORRRR * e outras coisas assim. Inúmeros artistas e profetas psicóticos mostram essas características em seus escritos.

- **Mussitação:** consiste num murmúrio ininteligível, frequente em psicóticos cronificados.

- **Verbigeração:** é a repetição contínua, interminável, de determinadas palavras ou frases; ocorre em estados demenciais e psicoses cronificadas.

    Obs.: Tais distúrbios da linguagem podem-se apresentar, também, em certos quadros orgânicos, como, por exemplo, na afasia perceptiva de Wernicke, ocasionada por lesões oclusivas (tromboembólicas) ou hemorrágicas da artéria cerebral mediana esquerda, atingindo o lobo temporal. Nesse quadro, ocorre uma perda da compreensão da comunicação verbal, e a linguagem se torna confusa. O paciente não se dá conta de seu problema, e sua fala possui forma e curso adequados, mas seu conteúdo é ininteligível. Eventualmente, poderia chegar a confundir-se com quadro esquizofrênico, até porque a falta de *insight* poderia fazer com o que o paciente interpretasse a sua deficiência de compreensão verbal, como consequência de uma trama, em que todos estivessem conspirando contra ele, usando algum código secreto. Toda comunicação esquizofrênica mostra-se dificultosa, dissociada, ambígua, por vezes impenetrável. Alguns pacientes acabam criando para si mesmos quase que um idioma próprio, que se fundamenta – de forma contrária às línguas reais – na incomunicabilidade, na indecifrabilidade, na negação da linguagem. Na sua enorme dificuldade em delimitar entre o eu e um outro, entre a realidade e uma fantasia, entre o consciente e o inconsciente, entre um objeto e seu símbolo, entre uma frase direta e uma metáfora, o paciente acaba *escapando* pela inacessibilidade ou pelo delírio.

As relações dos pacientes com seus familiares mostram-se sempre contaminadas de *mensagens duplas*, em que quaisquer definições são sistematicamente negadas. O repositório dos conflitos e das contradições familiares acaba sendo naturalmente o paciente, em decorrência da sua enorme dificuldade em lidar com o simbólico e com o implícito. No estabelecimento da relação terapêutica, toda essa duplicidade de comunicação é logo revelada: o terapeuta vai sendo *mordido* e *assoprado* desde que inicia o tratamento. Cada afago vem acompanhado de uma velada crítica; a cada demonstração de confiança acompanha uma de desconfiança. Só que ao contrário do que pensavam os pesquisadores de Palo Alto – que aplicaram a teoria dos sistemas à psiquiatria – esse jogo duplo não é *a causa* do problema, mas uma defesa psíquica como outra qualquer; só desmanchar a trama não resolve o problema, nem muda o fato de que se relacionar com um esquizofrênico pode ser tarefa muito difícil para qualquer família.

Os psiquiatras lacanianos sustentam que os esquizofrênicos, não tendo acesso ao simbólico, não podem jamais alcançar uma completa integração nem à família nem à cultura e a ordem social. Isto dar-se-ia pela rejeição ou supressão (*forclusion* em francês, ou *verwerfung* em alemão) do que chamou "nome-do-pai" *(nom du père)*, representação da ordem simbólica. Algo muito diferente ocorreria nas chamadas "psicoses" histéricas *(folies hystériques)*, de conteúdo edipiano, quando os elementos inaceitáveis seriam recalcados de forma simbólica no inconsciente.

ALTERAÇÕES DA EXPRESSÃO FACIAL E CORPORAL (MÍMICA)

Chamamos mímica à expressividade facial e corporal, que são dos primeiros itens de avaliação numa entrevista, e eventualmente podem vir a ser elementos de valor para o diagnóstico. A capacidade de reconhecer rostos e os estados afetivos que eles expressam é uma habilidade humana essencial. A prosopagnosia, assim como as situações em que ocorre perda de expressividade facial ou da sua interpretação podem causar sérios prejuízos à vida social.

Na comunicação por telefone ou internet frequentemente corremos o risco de nos aborrecer ou nos desentender por não estarmos face a face com o interlocutor. Os pequenos rostos representados pelos sinais ☺ ☹ nos ajudam a evitar alguns desses transtornos.

A expressão corporal sofre pressões constantes ocasionadas pelas contingências do meio social ou cultural. Os japoneses, por exemplo, tendem a ser vistos como inexpressivos ou enigmáticos pelos americanos e europeus, porque em sua tradição não é conveniente mostrar emoções pessoais em público. No Japão existem, hoje, até cursos de expressão facial, para que aqueles que se dedicam às vendas para o estrangeiro aprendam a sorrir e a se mostrar mais efusivos.

- **Hipermimia:** o exagero expressivo, ou a excessiva intensidade na expressão – como se vê nos atores canastrões, no teatro infantil ou em certos teatros folclóricos – pode ocorrer em certos pacientes histéricos, em alguns estados demenciais, em oligofrênicos. No primeiro caso ocorre pelo propósito inconsciente de mobilizar afetivamente a "plateia"; nos dois últimos, pela incapacidade de modulação e controle afetivo e psicomotor.
- **Hipomimia e amimia:** a diminuição ou ausência de expressividade facial e gestual frequentemente ocorrem em estados esquizofrênicos. Surgem também em alguns distúrbios neurológicos, como na doença de Parkinson, em razão da hipocinesia da musculatura facial, e também nos casos de lesão do opérculo frontal direito, em decorrência da perda da capacidade de modulação afetiva da comunicação verbal (aprosódia expressiva) e não verbal, e de lesões nas áreas mediais superiores dos lobos frontais (mutismo acinético). Nesses casos, a sintomatologia neurológica evidente dificilmente permite qualquer confusão diagnóstica.
- **Paramimia:** a expressão inadequada da afetividade frequentemente ocorre nos estados esquizofrênicos, em que tanto a expressão verbal como a não verbal podem mostrar-se dissociadas do pensamento e do estado afetivo. Esta ocorrência tende a criar um contato interpessoal muito estranho, porque aquilo que o paciente diz não se coaduna de forma alguma com o que a sua expressão facial revela, sem que se perceba nenhuma falsidade

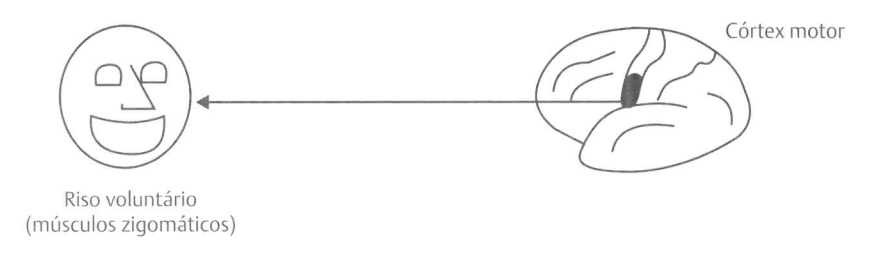

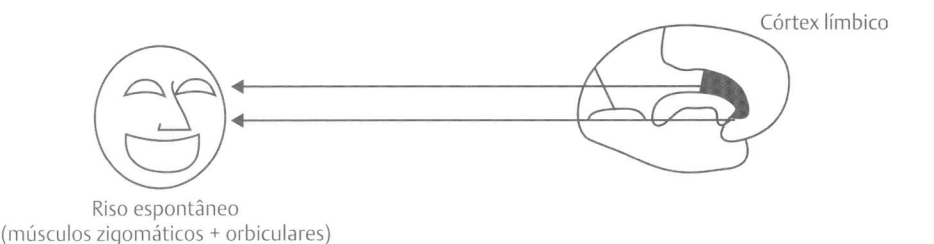

Fig. 13-1. O riso e o controle neuropsicológico da expressão facial. A musculatura zigomática sofre ambos os controles voluntário (córtex motor) e involuntário (córtex límbico, via gânglios basais), enquanto a musculatura orbicular obedece apenas à regulação emocional (límbica–) (adaptado de Damásio, 1995).

nisso, mas apenas incongruência, estranheza, falta de nexo.* A expressão facial sincera, verdadeira, não é de fácil imitação. Os bons atores, realmente, não *representam* as emoções dos personagens, mas conseguem recriar em si mesmos os estados emocionais que interpretam. Quem *representa*, na verdade, são os chamados canastrões, assim como, na vida real, os *hipócritas* (do grego υποκριτης *(hypocrites):* ator ou farsante).

No entanto, no século passado, Guillaume-Benjamin Duchenne, notável neurologista e pesquisador francês, havia descoberto que a expressão verdadeira do sorriso envolvia não apenas a musculatura zigomática (da boca) como também a orbicular (dos olhos), e que esta última não era controlável voluntariamente. O grande naturalista inglês Charles Darwin, criador da teoria da evolução – cujo eclético interesse científico abrangia da geologia à etologia –, escreveu um livro em 1872, *A Expressão das Emoções no Homem e nos Animais*, em que destacou as razões neuroanatômicas dessa notória diferença entre o riso forçado e o natural. Estamos acostumados a fazer, inconscientemente, a todo momento, inúmeras distinções sutis de expressão facial, como essa. Tal capacidade nos permite, ou pelo menos nos facilita a interação nos complexos rituais da vida social e nos ajuda a desemaranhar as suas intermináveis dificuldades, além de, simplesmente, distinguir no teatro os bons dos maus atores. A Figura 13.1 ilustra, de forma muito es-

---

* Já mencionamos a chamada *prosopagnosia* afetiva dos esquizofrênicos e dos autistas, que se refere à dificuldade em reconhecer nos outros os estados emocionais.

quemática, as vias neurais que condicionam a expressão facial do riso espontâneo e a do riso voluntário (forçado).

Estudos feitos com nativos da Nova Guiné,* que jamais haviam experimentado qualquer contato com o mundo externo às suas aldeias, mostraram que as emoções básicas, tanto em sua expressão facial como em sua interpretação visual, apresentam aspectos claramente universais. O controle dessa expressão dentro do meio social, porém, varia de forma significativa entre as culturas.

Expressão Artística

> ...And as imagination bodies forth
> The form of things unknown, the poet's pen
> Turns them to shapes, and give to airy nothing
> A local habitation and a name
>
> W. Shakespeare, A Midsummer Night's Dream, (Act V, i, 14)

A arte canaliza para uma forma estilizada os sentimentos mais profundos, possuindo um poder de comunicação ainda maior que a própria expressão verdadeira da emoção. Por este motivo, as pessoas se sensibilizam mais com uma ópera, uma peça de teatro, um filme ou mesmo uma novela de televisão do que com os próprios fatos da vida cotidiana, geralmente muito mais *dramáticos*. Nada mais ilustrativo que a cena cinematográfica clássica do impiedoso chefão da máfia, desmilinguindo-se em copiosas lágrimas, enquanto ouve a ária *Vesti la giubba*, da ópera *I Pagliacci*. Comovidíssimo com a tragédia do personagem, ao mesmo tempo se mostra de uma insensibilidade pétrea com relação às pessoas que o cercam. Assistindo ao noticiário da televisão, após um filme ou uma novela, podemos facilmente observar que um bom ator nos consegue mobilizar emocionalmente muito mais do que um indivíduo real, vivendo um drama verdadeiro, como um assassinato, um sequestro ou um desastre. Mesmo com o mais sincero dos propósitos, para bem expressar os sentimentos é necessário saber lhes dar uma forma *artística*, que realmente atinja as pessoas. Os conhecidíssimos versos de Fernando Pessoa descrevem esse paradoxo:

> O poeta é um fingidor
> Finge tão completamente,
> Que chega a fingir que é dor,
> A dor que deveras sente.

O sofista grego Górgias, no século V a.C., falando sobre o teatro, dizia: "A tragédia, através de lendas e emoções, cria uma mentira em que o falso é mais honesto que o verdadeiro e o que foi enganado, mais sábio que o que não foi." Este poder da arte faz com que esta constitua-se uma via terapêutica importante para muitos indivíduos. Nela o narcisismo e a vaidade podem ser expandidos sem maiores conflitos com o meio social, e assim compensar as brechas na autoestima. O artista pode atingir níveis de presunção e egocentrismo que seriam totalmente inaceitáveis ou ridículos em outras pessoas. Para o artista, no entanto, essa postura narcísica frequentemente é um elemento importante para a própria criação artística.

---

* Ekman P, Friesen W. Constants across cultures in the face and emotion. *Journal of Personality and Social Psychology* 1971;17(2):124-9.

Num mundo individualista, porém, o narcisismo pode acabar por se tornar mais essencial que a própria arte, e produzir "celebridades" em série (os tais 15 minutos de fama mencionados por Andy Warhol), como ilustram atualmente os *reality shows*. Essa ânsia de fama e o narcisismo massificado estimulado pela mídia gera também a busca frenética por uma "criatividade" geral e irrestrita que, longe de universalizar a arte, simplesmente a esvazia e banaliza.*

A música, como outras formas de arte, jamais pode ser um produto inteiramente individualizado ou "original", pois tem por fim integrar o grupo social. O som sincronizado e o movimento rítmico são elementos que promovem coesão em todas as sociedades humanas, das mais primitivas às mais sofisticadas. Os grupos humanos podem ser muito maiores que os grupos primatas, chegando a rivalizar em tamanho com as sociedades de insetos (formigas, abelhas, cupins), exatamente por terem poderosos mecanismos estimuladores dos vínculos e da comunhão afetiva, como o canto e a dança. O *Zeitgeist* do século XX – tendente ao individualismo e ao anarquismo – produziu uma arte pretensamente desvinculada e "criativa" que logo se esgotou ou se adequou ao mercado, padronizando-se para evitar a desagregação. O talento e a criatividade real só podem-se manifestar a partir das dimensões humanas, não fora delas.

Arte, cultura e fisiologia fazem parte da mesma estrutura complexa; cantar juntos, por exemplo, libera oxitocina, um neurotransmissor relacionado com o vínculo emocional de confiança.** Além disso, facilita as sincronias interacionais que favorecem a comunicação. Em sua essência, todos os fenômenos psíquicos têm algum sentido funcional ou adaptativo; sob este prisma, a ideia de *arte pela arte* parece um tanto ingênua.

Em termos neuropsicológicos, os sons da música e as imagens das artes plásticas são processadas, predominantemente, pelo hemisfério direito. No entanto, o hemisfério esquerdo tende a *administrar* de forma classificatória e verbal essas informações. Assim, tendemos a lembrar das músicas a partir das letras, e a desenhar figuras a partir da imagem preconcebida que temos do objeto conceitual. Já os indivíduos de talento artístico conseguem explorar melhor essas habilidades do córtex direito sem precisar submetê-las ao crivo linguístico e categorial do esquerdo.

Psicopatologia e Artes

Nenhuma forma de arte – música, pintura, poesia – é capaz de causar nem de curar qualquer doença mental. Eventualmente, porém, pode suceder que a arte venha a tornar-se *a única* forma de expressão do indivíduo, que vai se fechando cada vez mais em si mesmo até quase desaparecer como ser humano e ter existência quase que apenas como artista. Alcoolismo e abuso de drogas entre tais personalidades (ou personagens?) costumam ser muito mais comuns do que entre a população em geral. No caso de muitos artistas famosos, o próprio sucesso pode, ainda, proporcionar sérios conflitos intrapsíquicos ao criar-lhes uma nova identidade externa, artificial – exclusivamente ligada à imagem pública – que os leva a rejeitar sua própria identidade interna, autêntica e, assim, conduzi-los

---

* Ser criativo, evidentemente, não consiste num mero ato de vontade. No entanto, hoje existe uma enorme pressão social para que as pessoas, desde crianças, sejam *criativas*, mesmo que não tenham nenhuma vocação para isto. Daí a enorme proliferação de "artistas" que não se preocupam em saber compor, pintar, escrever ou atuar, mas apenas em mostrar a sua suposta originalidade. Parece brincadeira, mas na área de RH já existem cursos para se aprender a pensar com criatividade...
** Kosfeld M *et al*. Oxytocin increases trust in humans. *Nature* 2005;435:673-6.

paulatinamente à autodestruição. Ser o depositário dos desejos, projeções e fantasias de milhares de pessoas não é uma carga leve.

Entre pacientes esquizofrênicos, a pintura pode, por vezes, adquirir um papel comunicativo relevante. É também uma forma muito interessante de se investigar a psicopatologia da esquizofrenia. Nem todos os pacientes têm talento, é claro, mas frequentemente vale a pena observar as suas obras plásticas. Os esquizofrênicos tendem ao desenho e ao reforço dos contornos, mesmo quando pintam a óleo ou aquarela. A delimitação forte, marcada, as margens claramente definidas, as cores pesadas e as figuras simétricas são muito comuns em suas iconografias. O formalismo e a rigidez são também bastante característicos. As *mandalas* hindus, segundo o psicanalista suíço Carl Gustav Jung, em muito se assemelham a essas figuras e compartilham desse propósito de organizar e delimitar a compreensão da realidade, protegendo o pensamento fugidio e evitando a confusão mental. O Museu do Inconsciente, criado pela psiquiatra junguiana Nise da Silveira, no Hospital Psiquiátrico D. Pedro II, no Engenho de Dentro, é uma excelente fonte de informação pictórica a respeito das representações esquizofrênicas do universo.

Alguns exemplos bem conhecidos de processos artísticos de reconstrução ou mapeamento psicótico do mundo podem ser vistos em obras, como as de Arthur Bispo do Rosário, no Rio de Janeiro, Howard Finster, da Geórgia, nos Estados Unidos, em residências como a *Casa da Flor* – em São Pedro D'Aldeia – ou a *Junkerhaus*, criada por Karl Junker na cidade de Lemgo, na Alemanha. Na Espanha, um ex-monge construiu sozinho uma catedral inteira de forma artesanal e precária, mas grandiosa.*

Uma situação bem diferente é a de Vincent van Gogh, artista de indiscutível gênio e de não menos indiscutível loucura. Por esta razão, incontáveis estudos psicopatológicos e psicanalíticos foram escritos sobre a sua controvertida personalidade, desde o de Karl Jaspers, no início do século até os mais recentes. Inúmeras hipóteses diagnósticas – esquizofrenia, transtorno bipolar, sífilis, alcoolismo, epilepsia etc. – e as mais diversas interpretações psicodinâmicas foram feitas sobre ele, o que reforça a ideia de que nenhuma delas, mesmo que verdadeira, tem qualquer relação com o seu talento de pintor. Não há nada mais diverso das rígidas pinturas esquizofrênicas que os ciprestes flamejantes, os trigais dourados movendo-se com o vento e as montanhas ondulantes como o mar, pintados por esse homem que comeu suas tintas, cortou a própria orelha, foi internado várias vezes no hospício e lá matou-se com um tiro, aos 37 anos. Não se tem talento *por* ser louco, mas *apesar* de sê-lo.

Da mesma maneira pela qual a loucura, em si mesma, não leva à arte, a arte não leva à loucura. A ideia de que os grandes artistas e os gênios são loucos, excêntricos ou, no mínimo, "esquisitos" – quando não são depravados ou pervertidos – é um estereótipo sem qualquer fundamento. Os grandes gênios nem ao menos são necessariamente pessoas interessantes. Fora de sua área de atuação específica podem ser – e muitos são – simplesmente, uns chatos. Aliás, em seu "Além do Bem e do Mal", Nietzsche já observara:

Em nossas relações com os cientistas e os artistas enganamo-nos frequentemente: num douto que parece digno de estudo, descobre-se não raramente um homem medíocre, e num artista medíocre – um homem muito interessante.

---

* Imagens de todas podem ser encontradas na *internet*, sem dificuldade.

ALEXITIMIA
Como já foi anteriormente mencionado, corresponde à dificuldade ou incapacidade de certos pacientes de expressar verbalmente as suas emoções. Isto torna extremamente trabalhosa e pouco produtiva a abordagem psicoterápica dinâmica e tende a favorecer a expressão orgânica ou visceral das suas vidas afetivas, proporcionando o surgimento de frequentes distúrbios clínicos ou cirúrgicos de origem psicossomática.

LEITURA ADICIONAL SUGERIDA
Bateson G. *Steps to an ecology of mind*. Chicago: University of Chicago Press, 2000.
Benoit JC. *Vínculos duplos*. Rio de Janeiro: Zahar, 1982.
Boyer P. *Distúrbios da linguagem em psiquiatria*. Rio de Janeiro: Zahar, 1982.
Cocteau J, Schmidt G, Steck H *et al*. *Insania pingens*. Basel: CIBA, 1961.
Cohen L. *L'Homme Thermomètre*. Paris: Odile Jacob, 2008.
Damásio AR. *O erro de descartes*. Lisboa: Europa-América, 1995.
Dehaene S. *Reading in the Brain*. New York: Penguin, 2010.
Dunbar RIM. *The Human Story: A New History of Mankind's Evolution*. London: Faber and Faber, 2004.
Haley J. *Strategies of psychotherapy*. New York: Grune & Stratton, 1972.
Iacoboni M. *Mirroring people*. New York: Farrar, Straus & Giroux, 2009.
Jourdain R. *Music, the brain, and ecstasy*. New York: HarperCollins, 1997.
Lestel D. *Les origines animales de la culture*. Paris: Flammarion, 2001.
Liberman D. *Psicopatologia* (*Comunicación y Psicoanálisis*). Rio de Janeiro: Campus, 1982.
Luria AR. *Pensamento e linguagem*. Porto Alegre: Artes Médicas, 1987.
Miller G. *The mating mind*. New York: Doubleday, 2000.
Pedrosa M. (Eds.). *Museu de imagens do inconsciente*. Rio de Janeiro: Funarte, 1980.
Pinker S. *The language instinct*. New York: Harper, 1995.
Sacks O. *Musicophilia*. New York: Knopf, 2007.
Sommer IEC. *Language lateralization and psychosis*. Cambridge Medicine, 2009.
Tomasello M. *Origins of Human Communication*. Cambridge, MA: MIT Press, 2010.
von Uexkull J. *Mondes animaux et monde humain*. Paris: Denoël, 1984.
Watzlawick P, Beavin JH, Jackson DD. *Pragmática da comunicação humana*. São Paulo: Cultrix, 1973.

Capítulo 14 Autoconsciência, Consciência do "Eu" ou Orientação Autopsíquica

*O God, I could be bounded in a nutshell
and count myself a King of infinite space.*

William Shakespeare:
Hamlet, act II, scene 2

O estado de consciência (ou estado de alerta, ou consciência do meio externo – em inglês, *awareness*) que vimos no Capítulo 4 é uma função mental que o ser humano compartilha com outros animais, assim como a imagem e o esquema corporais, que incluímos no estudo da sensopercepção. A consciência interna subjetiva (em inglês, *consciousness* ou *self-consciousness*), porém, é uma característica exclusiva humana. Podemos incluir aí tanto a subjetividade em geral como a autoconsciência propriamente dita, que envolve:

a) os aspectos pré-reflexivos, ou seja, vinculados às vivências imediatas, anteriores mesmo a qualquer processo de introspecção e diferindo, portanto, do *Cogito, ergo sum* (*Penso, logo existo*), de Descartes;
b) as instâncias superiores. Em certos quadros neurológicos (como no mutismo acinético) pode existir a primeira sem a segunda. Na realidade, a autoconsciência não é uma entidade única, mas um processo complexo, em vários níveis superpostos.

Assim, a autoconsciência não é um mero epifenômeno, mas um elemento cognitivo essencial na construção da mente, sendo composta por um conjunto de funções integradas. Essa constatação já havia sido feita pela prática psicopatológica, muito antes da experimentação neurocientífica, ao observar que a falha ou ausência de algum dos elementos componentes da consciência trazia uma consequência patológica observada na clínica.

Como ressalta Henri Ey, o campo da consciência – sendo uma instância atual – é condição necessária, mas não o suficiente para a formação do Eu. Tomar conhecimento de si próprio é inerente à própria definição da condição humana, e essa autoconsciência se manifesta numa temporalidade inatual, em que toda a sua história se faz presente a cada instante. Na expressão de Husserl, a intencionalidade temporal se manifesta a cada momento em três instâncias simultâneas no fluxo de consciência: na projeção do futuro, *protentio*, na presença, *praesentatio* e na memória, *retentio*. De acordo com S. Gallagher, neste conceito husserliano de *protentio* pode estar o elemento temporal essencial da psicopatologia esquizofrênica, tanto no aspecto da autonomia (ser o agente de seus pensamentos e atos) como da unidade e identidade (propriedade de seus pensamentos e atos).

A formação constante de registros mnêmicos constitui esse Eu histórico com a sua identidade, vinculando-a às demais funções e à imagem corporal. Pesquisas neuropsicológicas mostram que certas lesões em áreas integrativas do córtex cerebral podem levar o paciente ao não reconhecimento de partes e funções do próprio corpo, e certas outras ao não reconhecimento da ausência de partes ou funções (ver capítulo Sensopercepção). As já anteriormente mencionadas experiências de Sperry com pacientes que sofreram transecção do corpo caloso pareciam demonstrar que neles, apenas o hemisfério supostamente dominante – geralmente o esquerdo, que controla a fala e a linguagem em geral – teria acesso direto à consciência própria. O lado direito não, apesar de continuar sendo capaz de funções altamente elaboradas, inclusive raciocínio, compreensão e resolução de problemas complexos. Apenas a sua atividade deixaria de ser reportada à consciência, e o indivíduo ficaria sem tomar qualquer conhecimento daquilo que está acontecendo "lá do outro lado".

Outros trabalhos corrigiram e complementaram essa visão, mostrando que, na realidade, a **intencionalidade** e a **vontade** pareciam estar relacionadas com as funções do hemisfério direito, enquanto o hemisfério esquerdo parecia observar e interpretar as determinações do direito, racionalizando e verbalizando (constituindo-se no *verbal self* de Gazzaniga e LeDoux). Ambos os lados, porém, são capazes de reconhecer o próprio sujeito. Os neurônios-espelho parecem estar envolvidos nessa ponte entre o reconhecimento do outro e a autoconsciência. Assim, nossa autoconsciência nos observa e regula o nosso comportamento de acordo com o insight que fazemos dos eventos e das relações emocionais. Como mostrou Gazzaniga, o hemisfério esquerdo elabora, explica, verbaliza e racionaliza o que o direito já havia feito inconscientemente, mantendo a sensação de uma personalidade coesa e integrada, no que se pode chamar de "inteligência emocional".

A pesquisa etológica nos mostra que alguns animais de inteligência superior (certos mamíferos, como primatas, elefantes, cetáceos, certas aves como corvídeos) podem ser capazes de autorreconhecimento, ao identificarem suas imagens refletidas em espelhos; isso não significa, porém, que tenham consciência de si mesmos da mesma forma que nós.

Fenomenologicamente, podemos distinguir certas propriedades nesta consciência do eu, a saber: a atividade, a unidade, a identidade e a oposição ao exterior. Tais propriedades formam o que se pode chamar de personalização. Quando esse conjunto enfraquece como um todo, temos a *despersonalização*, que corresponde ao sentimento de estranheza com relação a si mesmo, juntamente com sentimentos de irrealidade, alteração, metamorfose e ilusões ou alucinações cenestésicas. Episódios de despersonalização e desrealização (estranhamento da realidade externa) podem surgir após o uso de drogas psicoativas. A *desorientação autopsíquica*, como vimos, jamais surge em decorrência de alterações cognitivas, exceto em casos terminais de demência. É uma característica dos distúrbios da consciência do eu, assim como a *falsa orientação autopsíquica*.

As observações psicopatológicas demonstram que a autoconsciência (a subjetividade, o Eu, o *Ego*, o *self* e outras denominações polissêmicas) não é uma função única, mas também não é um epifenômeno, uma simples virtualidade, um subproduto ou um mero reflexo da linguagem.* Poderíamos, talvez, tentar delimitar este estudo, chamando de "subjetividade" os aspectos da consciência de si mesmo que se constituíssem em relação à externalidade (a linguagem, o outro, a sociedade, o mundo, a temporalidade)** e de "autoconsciência" aqueles que lhe fossem imanentes. Em termos neuropsicológicos, as funções mais ligadas ao hemisfério esquerdo parecem ser mais bem representadas pelo primeiro conceito, as relacionadas com o hemisfério direito, ao segundo. É evidente, porém, que só pode existir uma mente completa ou sadia na vigência harmônica de todas essas funções.

Compreendendo a consciência de si mesmo como a função primordial da existência humana, muitos autores destacaram a relação com o *Outro* como o fundamento dessa consciência. Para Hegel, além do desejo pelo objeto a autoconsciência pressupunha o desejo do desejo, ou seja o desejo do reconhecimento pelo outro. Bin Kimura utiliza a palavra japonesa *aida* para expressar aquilo que existe no espaço *entre* as pessoas que se relacionam, e que é um elemento *constituinte* da subjetividade, e não apenas uma consequência desta.

---

* Segundo David Hume (1711-1776), *"the self is a fiction"*. Não era o primeiro a pensar assim; alguns pré-socráticos, no quinto século a. C., eram dessa opinião também, assim como os budistas. Os reflexologistas e behavioristas também não creem numa autoconsciência real. Quando adeptos da neossofística à la Deleuze ou Lacan, insistem em dizer que *"le Moi est une illusion"*, não estão sendo tão originais assim, mas parecem ter uma visão "hemisferectomizada" do Eu (aparentemente, apenas algumas funções do hemisfério esquerdo lhes interessam, ou lhes são claramente observáveis). A realidade verbalizada lhes parece a única possível, talvez porque a retórica e o verbalismo sejam partes predominantes em suas próprias personalidades. Discussões interessantes do tema se acham em Wegner (2002), em Kircher (2003) e em Metzinger (2003).

** Não confundir com a mera consciência externa (orientação alopsíquica).

Não apenas definimos a *aida*, mas somos definidos por ela, como os campos gravitacionais que definem as trajetórias e todo o espaço-tempo em torno dos corpos celestes. Kimura considera que a esquizofrenia seria uma doença da *aida* por excelência.

Em nosso ponto de vista, a própria essência do exame psíquico, o *leitmotiv* da psicopatologia e de todo este livro, é a apreensão desta *aida*, do fenômeno ímpar que se dá no momento da entrevista. Não pretendemos ser telepatas e adivinhar o que se passa na mente de outrem, mas a impressão que cada um produz e sente na *aida* permanece ali, e mostra-se apreensível como um velho negativo fotográfico, esperando para ser revelado.

O conceito de existência humana, de estar no mundo – o *Dasein* de Heidegger – porém, vai além dessa consciência interacional, cuja ausência cria o isolamento psicótico. A autoconsciência é um fenômeno emergente e complexo, e a fenomenologia dos quadros psicopatológicos demonstra isso.

Assim, vemos na realidade clínica que o autista carece absolutamente dessa relação com o outro, mas não se confunde com o esquizofrênico. A interação também se vê prejudicada na melancolia, assim como nos quadros neurológicos, na psicopatia, nos deficientes sensoriais e cognitivos, nos sujeitos criados em isolamento etc. No entanto, todos esses casos se mostram diversos na sua experiência interna e na sua expressão fenomenológica.

Dessa forma, temos que concluir que estamos lidando com coisas diferentes que, de alguma forma, interagem harmonicamente para produzir a autoconsciência. Estudamos o sujeito da linguagem, do pensamento, da cultura, da relação interpessoal e social, da imagem e do esquema corporal, sem ter uma clara ideia de como tudo isso se organiza e se constitui num único ser. Considerando-se que não seria lógico que um sistema pudesse conter a si mesmo, talvez a compreensão real de nossa própria existência esteja realmente muito além do nosso alcance.

O INCONSCIENTE

> *Who is it that can tell me who I am?*
>
> W. Shakespeare: King Lear, act I, scene IV

Desde o século XVIII, com o problema das manifestações hipnóticas – como o "magnetismo animal" de Mesmer – a psiquiatria se defronta com as manifestações inconscientes da mente. A partir do século XIX inúmeros autores procuraram descrevê-las. Braid, Bernheim, Liébault e outros descreveram os fenômenos hipnóticos. John Hughlings Jackson desenvolveu a ideia de hierarquia das funções mentais, enquanto Pierre Janet (1889) – que estudou os fenômenos inconscientes históricos – foi o primeiro a dar um aspecto funcional aos estados não conscientes. Tendo compartilhado com Freud os estudos de Charcot na Salpêtrière, Janet queixou-se de que Freud

> "... primeiramente modificou os termos de que eu me utilizava: chamou psicanálise ao que eu havia denominado análise psicológica, nomeou complexo ao que eu havia nomeado de sistema psicológico... considerou como recalque ao que eu me referia como retraimento da consciência, batizou de catarse ao que eu dei o nome de dissociação psicológica... Mas sobretudo transformou uma observação clínica e um procedimento terapêutico com indicações precisas e limitadas em um enorme sistema de filosofia médica."

Sigmund Freud havia elaborado efetivamente logo depois uma teoria bem mais ousada, que dava às instâncias inconscientes uma autonomia que chegava a torná-la filosoficamente paradoxal. O filósofo francês, Jean-Paul Sartre, cujo interesse pela psicanálise o levou a escrever uma biografia de Freud, questionou duramente este ponto. Argumentou, em seu famoso "*L'Être et le Néant*" ("O Ser e o Nada"), que a ideia de repressão, necessariamente, implicava uma forma de consciência.

Refletindo sobre esta espinhosa questão, a ideia de um inconsciente realmente autônomo, apesar de toda a imensa massa da literatura psicanalítica, talvez tenha sido mais bem ilustrada por Walt Disney, em seus desenhos animados, que traduzem uma visão extremamente individualista da realidade, característica da cultura em que foi produzida. Lembremos que todas as vezes que o Pato Donald está prestes a cometer um ato discutível, surgem em seus ombros duas criaturinhas, feitas à sua semelhança, uma com chifrinhos e outra com uma auréola e asinhas. Elas, então, discutem e aquela que vence induz o indeciso Donald à ação: assim o *Id* e o *Superego* (ou o desejo e a repressão) decidem pelo sujeito a passagem do discurso ao ato.

Como sustenta o filósofo John Searle podemos ter diversas formas de manifestações inconscientes, nenhuma delas, porém, realmente autônoma.* A ideia da autonomia do inconsciente acabaria levando à absoluta negação da própria consciência, que é o que sempre defenderam, em última instância, os behavioristas e os reflexologistas. Já vimos que alguns estudos defendem a ideia de que o nosso pretenso ato volitivo já se possa achar fisiologicamente estabelecido antes que tenhamos consciência de nossas escolhas, e que assim o livre-arbítrio seja apenas uma impressão *a posteriori* (ver Wegner, 2002).

O que se pode compreender é a ideia de uma instância inconsciente como fenômeno complementar de uma consciência virtual, que se constitui ao se confrontar com o seu desejo. Essa virtualidade do inconsciente só permite a sua existência em suas manifestações, assim como os elementos da memória, que não são registros fixos, como os de um computador, mas se reconstroem novamente a cada instante de recordação. O "inconsciente" como substantivo – um "lugar" ou "força" – e não como adjetivo, é uma metáfora, a espacialização de uma instância temporal.

J. Cutting supõe que a duplicidade dos hemisférios cerebrais produziria o fenômeno autoconsciente: a mente observaria a si mesma, e a inteligência e a vontade seriam entidades separadas fisicamente, nos hemisférios. Como vimos, os experimentos feitos pelos neurofisiologistas, Gazzaniga e LeDoux, mostraram que a mente verbal (dominada pelo hemisfério esquerdo) teria esta função de *observar* a ação intencional (dominada pelo hemisfério direito) e assim interpretar a realidade.

Deixando as especulações de lado, voltamos à realidade clínica – prosseguindo em nossa visão fenomenológica – em que Jaspers distinguiu as seguintes propriedades da autoconsciência:

a) Atividade (autonomia).
b) Unidade (ipseidade).
c) Identidade (continuidade).
d) Delimitação (oposição).

A primeira refere-se à consciência vinculada à ação e à volição, enquanto as outras se referem às concepções do tempo (identidade) e do espaço interno (unidade) e externo (delimitação). A psicopatologia dos quadros clínicos psiquiátricos e neurológicos – ob-

---

* Como uma inconsciência situacional (apenas não consciente), acessível prontamente, ou uma inconsciência organizada não racionalmente, mas acessível simbolicamente, ou ainda uma inconsciência instintiva, animal, não intencional, "computadorizável".

servando novas funções e desdobramentos de funções – nos permite ir além da filosofia, observando e procurando compreender situações e perspectivas de si mesmo e do mundo a que nenhum filósofo teve acesso.* O estudo dos universos complexos do autista, do esquizofrênico, do lesionado cerebral constitui novos campos e levanta novos problemas.

ATIVIDADE OU AUTONOMIA
Este conceito refere-se à consciência do livre-arbítrio, correspondendo à capacidade de autodeterminação, vinculada à volição e à tomada de decisões, conceito de importância central na psicopatologia forense. Pode apresentar as seguintes alterações ou deficiências:

Paralisia do Eu
Refere-se aos sentimentos de influência e imposição dos pensamentos presentes na esquizofrenia, em que a personalidade sente-se inteiramente imobilizada, impotente para resistir a forças que lhe são estranhas.

Segundo o relato em carta de uma paciente: "Não sou eu quem escreve tudo isso. Pessoas vêm dentro de mim para escrever. Minha cabeça está vazia, parece que não tenho cérebro. Outros pensam por mim." Um outro paciente dizia, tentando explicar seus atos impulsivos: "Fui tomado pelo demônio. Forças estranhas me 'puxam' e não posso fazer nada".

Sob o aspecto pericial, devemos notar que, como fenômeno psicótico, esse eu paralisado, impotente e fragmentado pode tornar o sujeito incapaz de se determinar, e portanto, inimputável.

Possessão
Corresponde aos estados em que o indivíduo entende que se acha possuído por uma outra pessoa (ou entidade sobrenatural) que então passa a dominar as suas ações. Quando estes estados ocorrem nos estados dissociativos de origem cultural, dentro dos rituais específicos, como no candomblé e outros cultos afro-brasileiros, não têm nenhum significado patológico, já que fazem parte de um contexto mágico-religioso. Note-se que nos exames periciais forenses esses fenômenos não caracterizam inimputabilidade.

Neste caso, podem atingir um propósito integrador e mesmo terapêutico, proporcionando descargas catárticas e aliviando conflitos inconscientes, interpretando-os simbolicamente por meio das divindades com as quais o *cavalo de santo* se identifica. As entidades sobrenaturais invocadas pelo *pai* ou *mãe de santo* tendem a apresentar uma certa *complementaridade* com as dificuldades emocionais dos pacientes, proporcionando efeitos nas defesas egoicas, numa abordagem psicanalítica, ou uma reinterpretação simbólica dos conflitos, de acordo com a mitologia específica do grupo, numa abordagem estruturalista. Estes efeitos tanto podem funcionar como reforços de defesas, quanto como elementos compensatórios na economia psíquica.

As possessões demoníacas eram muito comuns durante a Idade Média, diminuindo em frequência posteriormente. Os antigos deuses bárbaros ou greco-romanos, com seus mitos e seus cultos (ritos de fertilidade, festas, orgias) eram identificados com o diabo e sofriam violenta repressão por parte da Igreja. O mesmo fenômeno ocorreu com os cultos aborígenes nas Américas, na Polinésia e em outras partes do mundo.

---
* As novas tecnologias – como as de neuroimagem, entre outras – podem vir a ser de inestimável valor na investigação em psicopatologia, mas apenas quando subordinadas a esta. Ninguém pode achar algo se não souber o que está procurando.

No entanto, ainda hoje são vistos "endemoninhados" sofrendo exorcismos até mesmo na televisão, em programas de divulgação de certos cultos evangélicos. Em todos esses casos podemos observar a ocorrência dos mesmos fenômenos de invasão cultural em que as entidades sobrenaturais de um determinado culto – os *orixás* do candomblé – são identificadas com entidades de um outro culto – os demônios do Cristianismo – que apresentam claras conotações malignas, o que acarreta, subsequentemente, que seus ritos sejam combatidos, e seja preconizada sua destruição.

Podemos, ainda, mencionar as chamadas *zooantropias* ou pessoas que acreditam terem sido transformadas em animais e passam a agir como tais. No Antigo Testamento há o relato de que Nabucodosor, rei da Babilônia,

> Foi expulso do convívio dos homens, sua mente ficou como a das bestas e sua habitação era com os asnos selvagens. Deram-lhe capim para comer, como aos bois, e seu corpo ficou molhado com o orvalho do céu, até reconhecer que o Altíssimo tem poder sobre a realeza humana e a entrega a quem lhe apraz. (Daniel, 5,21)

A lenda mais antiga é a da *licantropia* (transformação em lobo) de Licaon, rei da Arcádia, cerca de 1200 a.C., assim castigado por haver oferecido uma criança em um banquete para Zeus. Aos distúrbios em que o paciente julgava-se um lobo e atacava as pessoas, os médicos latinos chamavam *rabia lupina*, correspondendo às lendas do lobisomem (*loup--garou* em francês, ou *werewolf* em inglês). Oestreich opina que, apesar de relativamente frequentes, as zooantropias na maior parte dos casos não se assemelham às possessões demoníacas, por não serem tão transitórias como estas. Talvez em boa parte dos casos as características zooantrópicas correspondam às chamadas *culture-bound syndromes*. É também possível que alguns dos casos assim chamados relacionem-se com quadros de extrema irritabilidade e agressividade, associados a deficiências ou perdas cognitivas e subsequentes a distúrbios cerebrais focais.

UNIDADE

> *Man is least himself when he talks in his own person.*
> *Give him a mask, and he will tell you the truth.*
>
> Oscar Wilde

Corresponde à ipseidade (do latim *ipse*: próprio) ou seja, a consciência que cada um tem de sua existência particular, a certeza que cada indivíduo tem de ser uma só pessoa. Suas alterações consistem na **cisão, dissociação ou desdobramento do eu:**

Dissociação Histérica

Na dissociação completa, surgem personalidades duplas ou múltiplas, geralmente de caráter psicodinamicamente **complementar**. Assim, a dissociação permite que cada personalidade complemente a outra, separando os aspectos incompatíveis e aliviando o conflito interno. Se uma é tímida, a outra é atrevida, se uma é recatada, a outra é despudorada, se uma é afável, a outra é agressiva. Ocorre, predominantemente, em personalidades com tendências histeriformes e em relação direta com episódios traumáticos durante a infância, como violência, estupro, incesto e outros abusos sexuais.

Muitos personagens de filmes e novelas mostram essa dicotomia. O famoso livro de Robert Louis Stevenson, *The Strange Case of Dr. Jekyll and Mr. Hyde*, ou *O Médico e o Monstro*, escrito em 1885, deu origem a inúmeras adaptações para o cinema, o teatro e a televisão. Nele o bondoso Dr. Jekyll inventava uma droga que o transformava no tenebroso Mr. Hyde, nas caladas da noite. Já uma história real serviu de base para o filme *The Three Faces of Eve (As Três Faces de Eva)* que, com base no livro de Thigpen e Cleckley, descrevia um célebre caso psiquiátrico da década de 1950. Uma de minhas pacientes escreveu em seu diário: *"Eu sou ruim, a Outra é boa. Eu sou feia, a Outra é bonita. Eu sou uma puta, a Outra é uma santa."*

Com o desprestígio científico sofrido pela hipnose no início do século XX, associada pelos meios médicos ao charlatanismo, o diagnóstico de personalidade múltipla praticamente desapareceu. Valorizava-se muito mais a esquizofrenia e a epilepsia temporal, como hipóteses diagnósticas, frente a esses casos. Como destaca o antropólogo americano David Hess: "... *the diagnosis of schizophrenia made it possible for patients to receive insurance, whereas a diagnosis of multiple personality was less likely to be accepted.*"* Mais recentemente essa categoria diagnóstica foi reabilitada nos Estados Unidos face ao grande destaque que vem sendo dado ultimamente ao abuso infantil e às suas consequências psicopatológicas. Em decorrência desse interesse, foi criada em 1984 a International Society for the Study of Multiple Personality and Dissociation.

Esse quadro se tornou mais uma *culture-bound syndrome* americana, graças à forte influência da moralidade calvinista e ao culto à verdade, que não permitem quaisquer ambiguidades na vida mental de ninguém.** É como se a duplicidade implícita se visse obrigada a se manifestar explicitamente. Assim, vemos que a personalidade múltipla, a recente *síndrome das memórias falsas* (sugestões implantadas na mente dos pacientes por certos terapeutas), a narcoanálise com pentotal (o chamado "soro da verdade") e o polígrafo (o célebre "detector de mentiras") são peculiaridades psiquiátricas só encontradas nos Estados Unidos e em mais nenhum outro lugar do mundo.

Uma outra forma dissociativa é a *fuga histérica*, em que o paciente "perde a memória" – de forma *seletiva*, é bom lembrar – podendo desaparecer do contato com os familiares por uns tempos. São os casos em que o indivíduo diz não saber mais quem é ele mesmo ou quem é a sua família.

Muito menos espetaculares e muito mais comuns, no entanto, são outros sintomas que têm a mesma origem: pequenas amnésias seletivas, mudanças bruscas de humor, medo de "enlouquecer", medo de certas entidades de macumba, simples crises de identidade etc. Podem ocorrer com esses pacientes também alucinações e delírio secundário *(bouffées délirantes)*, que nas interpretações psicanalíticas geralmente são relacionados com intensos conflitos edipianos, com conteúdo de filiação (negação da figura paterna, idealização transferencial); costumam ser encontrados em personalidades histéricas (com predomínio de manifestações teatrais, histriônicas, sedutoras), muitas vezes com um histórico de violência ou abuso sexual – não fantasiosos apenas, mas reais – na infância. São os quadros pseudoesquizofrênicos, chamados de "psicoses" histéricas *(folies hystériques)*. Tais características psicodinâmicas histéricas aparecem com frequência nos delírios maníacos ou maniformes, por alguns chamados de psicoses "esquizoafetivas".

A imagem depreciativa que essas personalidades têm inconscientemente de si mesmas e o pequeno investimento afetivo que fazem nas relações interpessoais, promovem uma superficialização das emoções com uma intensificação de suas manifestações apa-

---
* Hess DJ. *Science and Technology in a Multicultural World.* New York: Columbia University Press; 1995.
** Um dos principais mitos fundadores da sociedade americana é a famosa história de George Washington e a cerejeira, em que é glorificado o compromisso com a verdade acima de tudo.

rentes, como um *fogo de palha*, que se apresenta com enormes proporções, mas que pouco dura. A *labilidade afetiva* é o ponto inicial dessas psicoses histéricas e de outros quadros dissociativos. A partir desse exagerado *mise-en-scène* da vida emocional, sem nenhum enraizamento, dada a pouca profundidade dos investimentos afetivos, é que se iniciam as tendências dissociativas da personalidade.

Pierre Janet, há mais de 100 anos, identificou a dissociação como um mecanismo ou recurso da mente para se proteger de si mesma, ou de recordações provocadoras de estresse. De acordo com as doutrinas com base nos conceitos de Jackson, na vigência de uma dissolução da atividade consciente, superior, os fenômenos inconscientes, ou automatismos, se manifestavam. Assim ocorriam com o transe a hipnose, a histeria etc.

Dissociação Possessiva e Terapêutica

A possessão apresenta aspectos e mecanismos semelhantes aos histéricos, porém, sempre **ritualizados e inseridos no ambiente cultural** (condição *sine qua non*), onde cumprem um papel, complementando as lacunas, suprindo as perdas, dando vazão ao reprimido e reinterpretando as questões individuais dentro do contexto mitológico, o que lhes empresta uma característica social estabilizadora, reguladora e mesmo terapêutica para os conflitos pessoais. Como já frisamos, a sugestionabilidade não deixa de ser também um elemento adaptativo, proporcionando coesão social, interação e cooperação grupal.

O que num lugar é a doença, no outro pode ser o tratamento. Quadros pós-traumáticos, por exemplo, podem mostrar satisfatória resposta a terapêuticas dissociativas. Em ambientes onde esses mecanismos não fazem parte dos recursos culturais, o quadro dissociativo pode-se tornar um evento patológico. Assim, enquanto a chamada "personalidade múltipla" pode ser um transtorno nos Estados Unidos, em países como o Brasil pode ser uma solução de muitos problemas neuróticos, por meio da dissociação ritualizada terapêutica.*

A transferência, o transe e a interpretação se relacionam com os eixos vertical (profundidade) e horizontal (conteúdos culturais) da hipnose e de toda e qualquer relação terapêutica. Não há entrevista neutra; qualquer entrevista já envolve transferência e vínculo terapêuticos, que assim como o transe, a hipnose e a sugestão são aspectos de um mesmo conjunto de fenômenos grupais. Da mesma forma, não há terapia neutra ou não sugestiva; o *setting* e a presença do terapeuta sempre exercem uma poderosa influência sobre o paciente.

O transe influencia, terapeuticamente, tanto o sujeito como aqueles que o cercam. Assim como os consulentes do oráculo de Delfos** ficavam satisfeitos com as profecias e vaticínios, por mais obscuros e dúbios que fossem, conselhos de *cavalos* dos espíritos são

---

* Bastos, CL. Tempo e psicopatologia cultural das experiências traumáticas. *Rev Latinoam Psicopat Fund* 2008 Jun. 11(2):195-207. Ver também Câmara FP. A função reguladora do transe e possessão ritual nos cultos espiritistas brasileiros. *Rev Latinoam Psicopat Fund* 2005 Dez.;4(8):617-28.

** Em Delfos, cidade sagrada da antiga Grécia, a sacerdotisa do templo de Apolo profetizava após entrar num agitado transe dissociativo. Era chamada a Pítia, por referência ao cognome Apolo Pítio do deus clarividente, que matara a mitológica serpente Píton. Alguns autores afirmam que, por analogia com os estados de transe, o neurologista francês Joseph Babinski denominou pitiatismo às crises dissociativas ou conversivas de origem histérica. Esta etimologia, porém, é discutível, e muitos atribuem a origem dessa palavra ao verbo grego πειθω [*peitho*]: persuadir, sugestionar. Na mitologia, esse era o nome de uma divindade que acompanhava Afrodite. De qualquer forma, entre nós a palavra viu-se reduzida ao termo *"piti"*, significando crise nervosa, que se originou no meio médico e se espalhou popularmente.

muito valorizados. Um amigo psiquiatra* nos conta o seguinte caso: *"Certa vez, num posto em que trabalhava, nós tínhamos um médico idoso que era o mais procurado do posto; havia filas na frente do consultório dele. Observamos que o velhinho, que literalmente pegava no sono durante as consultas, acordava subitamente e prescrevia. Como a fila aumentava, resolvemos interrogar os pacientes do porquê da preferência por tal colega. Uma senhora foi muito clara: 'Doutor, ele "incorpora" durante as consultas, e os remédios que dá são muito eficazes'."*

O transe neurofisiológico em si mesmo não trata, especificamente, dos conflitos emocionais internos, mas o seu conteúdo culturalmente contextualizado pode fazê-lo, e assim ajudar na sua administração ou no seu controle. Por exemplo, "receber" *Oxóssi* não é a mesma coisa que receber a *Pombagira*; e apesar do fenômeno fisiológico ser o mesmo, os eventos atendem a questões diferentes. Mesmo um transe hipnótico não é descontextualizado, e tem a sua mitologia específica, que assim como qualquer psicoterapia – da TCC à psicanálise – também não deixa de ter a sua.

Dissociação Induzida

Não podemos nos esquecer que o homem não existe fora da vida social. Os fenômenos grupais, a sugestionabilidade e a identificação coletiva fazem parte da vida normal em qualquer sociedade. Em muitas situações a separação entre a vida individual, pessoal e os papéis representados socialmente podem atingir proporções patológicas. Grupos totalizantes, rígidos ou rigorosos frequentemente procuram "apagar" a identidade anterior do indivíduo para impor uma nova, totalmente vinculada ao grupo. Como isso nem sempre é possível, situações dissociativas emergem. Muitos indivíduos que se veem incluídos na categoria de "celebridades" podem sofrer sérias crises emocionais ao tentar conviver com a sua figura idealizada. Não é incomum ver tais pessoas referirem-se a si mesmas na terceira pessoa.

Um exemplo clínico radical, mas profundamente ilustrativo, é o caso de um menino de rua que foi adotado aos 8 anos, por um casal de outra cidade. Apesar do histórico de maus-tratos e de problemas de comportamento que a criança apresentava, após brevíssimo período levaram-no em guarda provisória para adoção. Pensando em começar a partir do *zero*, mudaram o seu nome de Paulo para Tiago**, procuraram educá-lo e disciplina-lo e o colocaram em um programa de ensino intensivo, num *tour de force* para nivelá-lo aos outros meninos de seu novo estrato social. Todo o seu projeto dependia do sucesso desta transformação; não havia nenhuma perspectiva nem tolerância para o fracasso.

No entanto, próximo à época de ter assinada a sua guarda pelo casal de forma definitiva, o menino tornou-se episodicamente muito agressivo, e eles procuraram ajuda médica, de cujo sucesso dependeria a adoção. Produziram-se assim, artificialmente, duas pseudoidentidades alternantes: um Tiago dócil, comportado, sedutor, e um Paulo da rua, indisciplinado e violento, que surgia repentinamente, como um pequeno Mr. Hyde. O psiquiatra medicou corretamente o paciente para reduzir-lhe a impulsividade, mas, ansioso, trouxe o caso à supervisão. Qual a sua verdadeira função terapêutica? Essa *armadilha* em que o profissional se via enredado o fazia arcar com a responsabilidade de preservar a todo custo esse Tiago idealizado no lugar do Paulo transgressor; absorvia assim para si todo o peso da decisão dos "pais". Em sua angustiada fantasia, caso fracassasse nesta sua missão *apostólica*, o garoto acabaria voltando para a sarjeta, por culpa da sua incompetência.

---

* O Dr. Walmor Piccinini, do Rio Grande do Sul, notável historiador da psiquiatria brasileira.
** Nomes fictícios, naturalmente.

Também os casos de intersexualidade, como aquele já sugerido como leitura no Capítulo 11 – especialmente quando há necessidade de intervenção cirúrgica precoce –, podem levantar questões terapêuticas muito semelhantes, de grande complexidade e difícil solução. Assim como a personalidade não pode ser tornada uma *tábula rasa* sob o aspecto psicossocial nem cultural, também não podem ser descartados os elementos constitucionais e neuroendócrinos intrínsecos de cada caso.

Há algum tempo vem sendo levantada a questão da construção das existências virtuais, produzidas pela *internet* e pelos *videogames*. Existem jovens que passam boa parte de suas vidas em *LAN houses* e quase só se expressam por seus *blogs* ou por seus *avatares* computadorizados. Na clínica, vemos casos em que a vida social – e mesmo a sexual – vai sendo relegada a um segundo plano.

Dissociação Esquizofrênica

O que se observa, na verdade, é muito mais uma fragmentação em pseudopersonalidades desagregadas, desestruturadas, muitas vezes acompanhadas de alucinações e delírio primário (aspectos narcísicos também primários, indiferenciados). No sentido hegeliano já mencionado, o que faltaria aí seria o desejo da consciência de si.

Segundo a concepção de Jacques Lacan, à diferença do que acontece nas dissociações ou *psicoses histéricas*, não ocorreria aí uma simples repressão ou recalcamento dos significantes rejeitados, mas uma completa eliminação destes, no processo chamado *forclusion* (a *Verwerfung*, de Freud, em alemão), que assim não seriam integrados no inconsciente, de uma forma simbólica. O comportamento do paciente não se mostra, então, complementar, mas autístico, desconexo, apragmático, incoerente.

De acordo com J. Cutting, ocorre aí uma separação entre o pensamento intuitivo e o pensamento racional, de onde surgem os sintomas a que Bleuler se referia ao cunhar a expressão *esquizo-frenia*. Diferenciar essas formas essenciais de dissociação é essencial no diagnóstico dos quadros psicóticos.

Outras Formas de Dissociação

Já nos referimos, anteriormente, à *heautoscopia*, em que o paciente se percebe externamente, como se fosse outra pessoa, à *síndrome de Capgras*, em que o paciente não reconhece as pessoas familiares, acreditando serem impostores, e ao *delírio do sósia*, em que o paciente atribui a um sósia os infortúnios que lhe acontecem. Uma conhecida peça teatral de Plauto, *Anfitrião*, relata como Zeus transformou-se na imagem do personagem-título para dormir com sua esposa Alcmena. Dessa união surgiu o semideus Héracles. O deus-mensageiro Hermes participou da trama, tomando a forma do criado *Sósia*. Bennett Simon[*] lembra que Eurípides já havia utilizado a imagem do duplo em diversas das suas obras teatrais, destacando, especialmente, as peças *Alceste* e *Helena*. Dostoievsky também escreveu uma novela sobre este tema, chamada *O Duplo* (ou *O Sósia*, o nome varia de acordo com a tradução).

IDENTIDADE

Corresponde à consciência de permanecer sempre o mesmo, no suceder do tempo. Nem sempre as alterações da identidade têm um alcance patológico. Por exemplo, nos ritos de iniciação de sociedades fechadas – seitas, ordens religiosas, máfias etc. – pode haver um

---

[*] Simon B. *Mind and madness in ancient greece: the classical roots of modern psychiatry*. Ithaca, NY: Cornell University Press, 1978.

processo de eliminação da identidade anterior por meio da purgação dos pecados, da confissão, da humilhação e, após a superação das provações, da aquisição de um novo nome (uma nova identidade).

Também a identificação socialmente induzida com uma imagem pública ou um personagem pode se mostrar tão entranhada que a sua perda ou destruição pode, eventualmente, levar ao conflito ou mesmo à catástrofe. Uma jovem atriz britânica suicidou-se pouco após o término de seu seriado de televisão, que fizera parte de sua vida dos 15 aos 22 anos. O caso lembra o filme *"The Truman Show"*, em que Jim Carrey representa um personagem cuja vida seguia um *script* e que jamais havia vivido fora do ambiente televisivo. O ator Marlon Brando, ao filmar *"Mutiny on the Bounty"**, em 1962, liderou uma revolta contra o diretor do filme, substituindo-o por outro; após o seu motim particular, casou-se com a taitiana que representava a companheira de seu personagem e resolveu ficar morando no Taiti.

Nas situações propriamente patológicas – ou seja, naquelas isoladas ou não compartilhadas – vemos essas alterações ocorrer nos estados psicóticos, especialmente nos esquizofrênicos. Não é incomum que o paciente afirme haver-se tornado uma outra pessoa qualquer ou uma personalidade representativa ou poderosa, como, por exemplo, um milionário (poder monetário), um presidente (poder político), um general, Napoleão ou Gengis Khan (poder militar), Jesus Cristo (poder espiritual), Deus (onipotência), atrizes de TV ou cinema (fama, beleza, sedução) e figuras ambivalentes como Michael Jackson (popularidade, ambiguidade, transformação física).

Por vezes, o paciente acredita ter mudado de identidade sexual – tal é a sua confusão interna, sua ambivalência, – sem que se possa falar de verdadeira homossexualidade, porque não existe aí uma personalidade estruturada que faz uma escolha de objeto sexual.

Existem casos em que o paciente se despersonaliza, ou perde de tal forma a noção de identidade própria, que chegue a crer que está realmente morto, sentindo-se assim como uma espécie de fantasma. Um paciente esquizofrênico, funcionário público com um salário muito baixo, sem bens, moradia própria ou qualquer patrimônio, deu uma estranha prioridade ao seu pequeno capital, assim que conseguiu juntar algum: entrou em um plano de financiamento para comprar para si mesmo um jazigo funerário... É como se ele sentisse que seus nexos internos eram tão frágeis que ele pudesse ser "desmontado" a qualquer momento. Recordo-me também de um outro paciente, esquizofrênico institucionalizado há anos, que disse: *"Eu morri, mas preciso muito saber quem foi que me matou."* Depois relatou que já sabia quem havia sido o responsável por sua "morte" e que isso o fazia sentir-se mais calmo. Situação semelhante pode ocorrer também em depressões muito profundas, como na *síndrome de Cotard*, mas é ocasionada, nesse caso, pelo completo esvaziamento afetivo. Neste caso, os aspectos melancólicos são evidentes, ao contrário da esquizofrenia, em que observamos uma permanente confusão e perplexidade, sem depressão real.

Os delírios de filiação também guardam alguma relação de semelhança com a alteração da identidade. Dizer *"eu não sou filho de fulano, mas de beltrano"* precede a conclusão: *"na verdade eu sou sicrano"*. Nesta perspectiva, a origem determina o destino, e as mitologias estão repletas de histórias de heróis e príncipes que, por força das circunstâncias, eram adotados por outras pessoas e acabavam recobrando o seu *status* real (como Édipo). À diferença dos quadros esquizofrênicos, em que as características indiferenciadas (nar-

---

* Filme de 1962, sobre o mais famoso motim da história naval inglesa, ocorrido no final do século XVIII, em que o imediato e parte da tripulação tomaram o navio e se exilaram numa ilha do Pacífico.

císicas) predominam, os traços edipianos constantes nesses delírios relacionam-nos com os quadros psicóticos agudos *(bouffées délirantes),* maníacos, histéricos etc.

Recordo-me de um caso clínico em que ficava evidente uma situação intermediária entre o delírio de filiação e a fragilidade da identidade: Era uma paciente adolescente, adotada ainda pequena pela avó; com a morte desta, havia ficado com uma tia. Quando quis visitar seus verdadeiros pais, sofreu um choque ao ver a precária condição social deles; para culminar, o pai, alcoólatra, tentou estuprá-la. Algum tempo depois ela abriu um quadro psicótico, com alterações do humor, apresentando um delírio em que seres extraterrestres (ETs) a perseguiam. Dizia que os tais ETs misturavam-se na Terra com as pessoas normais. Afirmava que seus pais eram ETs, mas a tia, não. Tinha dúvidas se ela própria seria também um deles ou não. Evidentemente, ela não conseguia construir uma identidade própria consistente, tendo uma origem (biológica, mas também simbólica e afetiva) assim tão fortemente negativa.

Já falamos sobre os processos iniciáticos de doutrinação e mudança de atitude que se instalam após um evento traumático (do tipo "síndrome de Estocolmo"), um ritual algo chocante (do tipo "fazer a cabeça"), ou alguma cerimônia de desmoralização e humilhação (grupos militares ou religiosos fechados ou secretos). Novos vínculos afetivos são estabelecidos e uma nova identidade etc. Uma nova identidade ou um novo nome são adquiridos para marcar essa passagem. Nas situações traumáticas a experiência dissociativa pode funcionar, terapeuticamente, como uma forma de proteção contra o impasse e o conflito.

OPOSIÇÃO

Corresponde à **delimitação** entre o indivíduo e o exterior, nas fronteiras entre o eu e o mundo. Suas alterações ocorrem, principalmente, nos estados esquizofrênicos, em que o paciente não consegue separar-se do meio externo: confunde-se com as outras pessoas, acredita que seus pensamentos são publicados ou divulgados pela televisão, acha que todos sabem o que ele pensa, ou que se comunica por telepatia.

Tais fenômenos são relacionados pela psicanálise com o que às vezes se chama de *narcisismo "primário".* Essa expressão deriva do personagem mitológico helênico, chamado Narciso. Reza a lenda que Narciso, jovem de uma beleza extraordinária, que jamais havia visto o próprio rosto, apaixonou-se por si mesmo ao ver sua imagem refletida num lago, e, sem poder distingui-la da realidade, acabou por afogar-se nela. O narcisismo corresponde, portanto, ao que ocorre no início da vida infantil, quando a criança não consegue ainda diferenciar o mundo externo de si mesma, ou seja, não há ainda *objeto.* Ressalte-se que isto não é a mesma coisa que o narcisismo do ego, ou "secundário", como o que ocorre na homossexualidade – ou, às vezes, transitoriamente na adolescência – em que há uma *escolha narcísica* de objeto sexual.

Levando em consideração estes fatos, podemos compreender por que às vezes o paciente inicialmente cooperativo de repente se mostra emudecido ou negativista: ele não se comunica com o entrevistador nem responde às suas perguntas simplesmente por achar desnecessário, já que acredita que seu pensamento é público. Crê que todos sabem imediatamente o que ele pensa ou sente. Nesse caso, falar para quê?

Reiteramos que quando está trabalhando com pacientes psicóticos, o entrevistador deve ter sempre em mente a grande importância da sua capacidade de *compreender* e não apenas de observar. Assim poderá se dar conta de que para certos pacientes, um breve sorriso, um simples gesto ou um piscar de olho podem significar "sinais" de entendimento telepático, carregados de absoluta certeza. Alguns pacientes acreditam que podem seduzir ou ser seduzidos por telepatia.

Kimura propõe o conceito expresso pela palavra japonesa *"aida"* – o espaço entre as pessoas que estabelece a subjetividade – como elemento fundamental na psicopatologia da esquizofrenia, como vemos no exemplo a seguir. Um paciente esquizofrênico, após uma internação psiquiátrica, começou a dedicar-se à música, tocando clarinete. Sem jamais ter trabalhado, dependendo totalmente dos recursos da família, mas imaginando-se um grande artista, gravou suas músicas no intuito de vendê-las. Depois de impingi-las a todos os parentes e amigos, passou a andar na rua com os discos tentando empurrá-los aos vizinhos, aos lojistas do bairro e aos passantes. Como se pode imaginar, logo acabou envolvendo-se em conflitos e sendo hostilizado. Após esses reveses, foi perdendo o interesse em sair e passou a ficar trancado em casa, com medo dos vizinhos. Chegava a manter-se afastado das janelas, acreditando que os traficantes de um morro longínquo pretendiam atirar nele. Seu espaço expandido e invasivo de antes foi rapidamente substituído por um espaço retraído e sempre ameaçado de ser invadido. Com a presença de uma equipe de atendimento terapêutico que o visitava em casa quase que diariamente, passou a aceitar pequenas saídas de casa, totalmente vinculadas à presença dos acompanhantes, a cujo espaço ele se *incorporou* e, finalmente, acabou aceitando o tratamento no centro de convivência diária.

Essa absoluta falta de intermediação, essa ausência de espaço de transição entre a realidade interna e a externa, ilustra a proposição de Kimura de que a esquizofrenia seria essencialmente uma patologia da *"aida"*.

Consciência Individual *vs.* Coletiva

No ser humano, a coesão social não se dá através da ausência de identidade, como ocorre nos animais sociais, mas, paradoxalmente, através da individualidade. A identidade individual se associa à identidade grupal através do fenômeno chamado intencionalidade compartilhada, que é exclusivamente humano (ver Tomasello, 2018). A intencionalidade compartilhada envolve a identificação do outro como semelhante, e depende da autoimagem e da empatia afetiva e cognitiva. O conhecimento compartilhado cresce progressivamente, ao contrário do conhecimento individual, que é autolimitado. Assim pode ser produzida a cultura, que sempre envolve uma série de narrativas, que coordenam os eventos e formam a história do indivíduo e do grupo. Na formação da memória dos eventos, a percepção de tempo se associa à de espaço para construir as noções de recordação, interpretação, explicação, causalidade e, finalmente ao aspecto prospectivo da cognição: a projeção, a previsão, o planejamento e a perspectiva.

Estados Alterados de Consciência

Nos estados de meditação ou nos êxtases místicos ocorre com frequência uma alteração nas delimitações entre o indivíduo e o mundo, de tal forma que toda a realidade é vista de uma nova maneira. Trata-se aí de uma forma de despersonalização ou desrealização consciente e contextualizada que, ao contrário dos estados patológicos, – carregados de angústia e confusão – traz uma nova compreensão da realidade, e o indivíduo sente-se extraordinariamente bem e em paz consigo mesmo e o mundo. Todos os místicos, de todas as religiões, de todas as épocas, de todas as nacionalidades, sejam cristãos, muçulmanos, budistas ou judeus, descrevem experiências semelhantes. Os seguintes versos do poeta místico sufi Jalal-Uddin Rumi referem-se exatamente à perda da delimitação individual:

> Um homem dirigiu-se à porta da Amada e bateu.
> Uma voz perguntou: Quem está aí?
> Ele respondeu: Sou eu.
> Disse a voz: Não há lugar para mim e para ti.
> Fechou-se a porta.
> Após um ano de solidão e privações ele voltou e bateu.
> Uma voz perguntou: Quem está aí?
> Ele disse: És tu. A porta abriu-se.

Os jejuns a que muitos ascetas se submetem criam episódios de hipoglicemia que incapacitam, momentaneamente, o córtex de controlar a vida mental e permitem o afloramento de outros estados mentais. O voto de silêncio dos monges trapistas reduz a atividade lógica, verbal e categorial do hemisfério esquerdo, permitindo que o hemisfério direito desenvolva a contemplação mística. Não apenas as técnicas de meditação podem levar a essa forma de compreensão, mas também certas drogas psicoativas nas circunstâncias e no *setting* adequados. O livro do célebre escritor inglês, Aldous Huxley, intitulado *As Portas da Percepção*, e os do antropólogo, Carlos Castañeda *(Uma Estranha Realidade, Viagem a Ixtlán etc.)*, muito em moda na década de 1970, descrevem as suas próprias experiências pessoais com a mescalina e a psilocibina.

Como já mencionamos no Capítulo 2, certas raras formas de epilepsia podem também produzir episódios de êxtase semelhantes aos estados místicos, como os que Dostoievsky descreveu:

> ...nas alturas da harmonia e beleza, dando um nunca ouvido nem sonhado sentimento de completude, de proporção, de reconciliação, como uma união extática, como que numa oração, com a mais elevada síntese da vida.

Solipsismo

Esta expressão pode ter pelo menos três significados: 1) Uma abordagem filosófica, em que o indivíduo considera que a única existência real é a sua própria; 2) Um estado mental primário na autoconsciência esquizofrênica; 3) Um estado mental induzido (p.ex. ambientes artificiais). A primeira não tem interesse psicopatológico, a segunda já foi vista e a terceira pode nos trazer considerações interessantes sob o aspecto da psicopatologia cultural.

Como seria possível induzir uma perspectiva solipsista em pessoas normais? Esta questão foi seriamente abordada pela agência espacial americana, tendo em vista os longos períodos de confinamento em viagens e estações espaciais (ver na internet NASA: *Space Settlements: A Design Study*). Estudos mostram que a automatização e o isolamento podem ocasionar sentimentos de solipsismo e onipotência, e que essa é uma questão séria a tratar.

O virtualismo consumista da vida contemporânea (*smartphones*, *videogames*, redes sociais, *photoshop*, cirurgias estéticas, abuso de estimulantes), vem adquirindo fortes características narcísicas e tende a produzir um puerilismo com aspectos solipsistas, em que realidade e fantasia se misturam num mundo autocentrado.

Também é interessante notar como o universo fantasioso das histórias em quadrinhos e *games* pode ser absorvido por crianças e adolescentes de tendências autísticas (Asperger, autistas funcionais) na produção de um mundo próprio, às vezes semelhante ao psicótico.

Só que não chega a ser um mundo realmente construído internamente, mas uma interpretação focalizada do mundo externo usando instrumentos externos, fornecidos pela cultura.

Consciência

Assim, a autoconsciência não é um epifenômeno, mas um elemento cognitivo essencial na construção da mente, sendo composta por um conjunto de funções integradas. Essa constatação já havia sido feita pela prática psicopatológica, muito antes da experimentação neurocientífica, ao observar que a falha ou ausência de algum dos elementos componentes da consciência trazia uma consequência patológica observada na clínica.

A atenção concentrada depende da existência da estimulação interna, enquanto no primata depende sempre da estimulação externa

LEITURA ADICIONAL SUGERIDA

Dostoievsky FM. *O sósia (ou o duplo e o idiota)*. Existem diversas traduções, brasileiras e portuguesas, dos originais russos e também de versões em francês.
Eurípides H. *Tragédias: Alceste, Helena, As Bacantes, Hipólito, Electra, Ifigênia, Héracles*. Existem várias traduções em português, algumas diretamente do original grego.
Ey H. *La conscience*, 3ème éd. Paris: Desclée de Brouwer; 1983.
Gallagher S. *How the body shapes the mind*. Oxford University Press; 2005.
Gazzaniga MS. *Human*. New York: HarperCollins; 2008.
Iacoboni M. *Mirroring people*. New York: Farrar, Straus & Giroux; 2009.
Janet P. *L'automatisme psychologique*. Paris: Odile Jacob; 1998.
Kimura B. *Écrits de psychopathologie phénoménologique*. Paris: Presses Universitaires de France; 1992.
Kircher T, David A (Eds.). *The self in neuroscience and psychiatry*. Cambridge University Press; 2003.
Metzinger T. *Being no one: the self-model theory of subjectivity*. Boston: MIT Press; 2003.
Oesterreich TK. *Possession: demoniacal & other*. New York: Causeway; 1974.
Sass L. *The paradoxes of delusion*. Ithaca: Cornell University Press; 1994.
Tomasello M. *A Natural History of Human Thinking*. Cambridge: Harvard Univ Press; 2018.
Thigpen CH, Cleckley HM. *As três faces de Eva*. São Paulo: Ibrasa; 1958.
Wegner DM. *The illusion of conscious will*. Cambridge, MA: The MIT Press; 2002.

Capítulo 15 Inteligência

*L'intelligence est la faculté
à l'aide de laquelle nous
comprenons finalement que tout
est incompréhensible.*

Maurice Maeterlinck:
La Vie des Termites

*L'intelligence est caractérisée par une
incompréhension naturelle de la vie.*

Henri Bergson:
L'évolution créatrice

Este é um daqueles conceitos que todos acreditam conhecer, mas têm grande dificuldade em definir. Assim, admitem-se inúmeras definições, nenhuma delas satisfatória. No âmbito clínico, para fins práticos, podemos descrever a inteligência simplesmente como a capacidade de **resolver** problemas, de qualquer natureza. No entanto, para avaliar os intelectos acima da média e tendo em vista outros objetivos, a capacidade de **formular** problemas pode ser bem mais interessante.

Um elemento geralmente muito valorizado nas concepções de inteligência é a capacidade de abstração ou de utilizar o raciocínio abstrato, de descobrir princípios e regras gerais, de compreender símbolos, metáforas e parábolas. Erros comuns do leigo e do examinador inexperiente são confundir um vocabulário rebuscado ou prolixo com um discurso inteligente e, inversamente, tomar a linguagem rude por estupidez.

Outro erro comum é tomar a loquacidade, o desembaraço e a proatividade por capacidade intelectual. No que se refere à liderança, a intuição social, a determinação e a autoconfiança são muito mais importantes que a inteligência. Paradoxalmente, certas pessoas inteligentes tendem a despertar desconfiança nos outros, ameaçados pela dificuldade em prever o seu comportamento. Por esse motivo, a inteligência dos políticos, profetas e *gurus* raramente excede a mediana, o que os torna mais "confiáveis" para o eleitor e o fiel. São especialistas em discursos mobilizadores, verbosos e vazios, recheados de palavras de ordem e frases feitas. Estas sempre funcionam muito melhor do que o raciocínio claro e as ideias lógicas, que criam dúvidas constantes. Não é preciso ser muito inteligente para liderar ninguém; na verdade, isso até atrapalha.

Na rotina do atendimento médico e psicológico, perguntas simples sobre o cotidiano, como quanto custou a passagem de ônibus e quanto foi recebido de troco podem ser muito esclarecedoras. Naturalmente, o teor das perguntas deve ser adequado à idade, ao ambiente social e ao nível educacional do examinando.

A inteligência pode ser avaliada simplesmente *en passant*, durante o curso da entrevista, por meio da proposição de provérbios, jogos verbais, piadas ou ironias, de perguntas sobre "a moral da história", assim como da formulação de pequenos cálculos ou problemas. Pode, também, ser observada de forma mais rigorosa e precisa, nos casos em que o diagnóstico diferencial mostra-se necessário. Nessas ocasiões, devem ser aplicados testes de inteligência (cuja aplicação, uma atribuição específica dos psicólogos, frequentemente é negligenciada).

É importante ressaltarmos, no entanto, que os pensamentos ou atos irracionais fazem parte da natureza humana e ocorrem em todos os indivíduos, por mais brilhantes que sejam. A inteligência humana está estreitamente ligada à vida afetiva, e os rendimentos intelectuais dela dependem. Levando em conta que professoras e pedagogas estão entre as maiores fontes de encaminhamento de crianças aos ambulatórios de neurologia, psiquiatria e psicologia infantil, em razão das queixas de baixo rendimento escolar, devemos ressaltar que o *diagnóstico preciso da inteligência é da maior relevância* na avaliação de crianças, tanto pelas dificuldades que pode apresentar como pela importância prognóstica, nessa fase da vida. Também se deve notar que, embora os problemas de aprendizado estejam entre as mais frequentes queixas maternas, outros sintomas – como isolamento, ansiedade, agressividade etc. – podem mascarar um quadro deficitário. Sempre que exista qualquer sombra de dúvida quanto à capacidade cognitiva da criança, *os testes apropriados devem ser aplicados.*

Tendo em mente que nenhum teste substitui o conhecimento, a experiência e o bom-senso, o profissional que os aplica deve ter larga prática e amplo domínio dos diversos métodos, além de um sólido conhecimento de psicopatologia. Apesar de padronizados, nem a sua escolha, nem a sua aplicação e muito menos sua interpretação, devem ser feitos burocraticamente, mas sempre obedecendo a critérios clínicos. Em certos quadros psiquiátricos, assim como nos casos em que há pouca cooperação ou motivação, a avaliação correta da capacidade cognitiva pode-se tornar bastante difícil.

A inteligência pode ser decomposta em diversas funções com um certo grau de autonomia: lógico-matemática, linguística, espacial, musical (Fig. 15-1); também a capacidade de domínio corporal ou execução psicomotora pode, às vezes, ser chamada de inteligência corporal-cinestésica. Estas funções, ou *inteligências*, se distribuem e harmonizam de forma característica em cada personalidade.

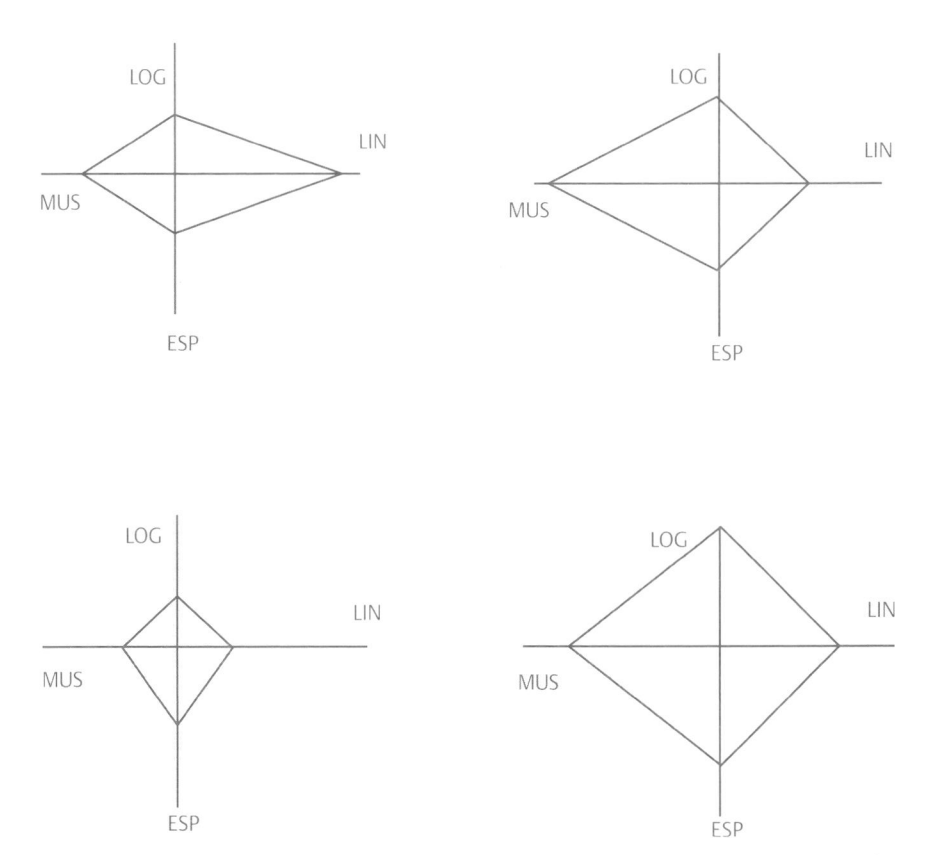

Fig. 15-1. Na ilustração acima, representamos graficamente quatro exemplos de diferentes tipos de inteligência. O primeiro caso demonstra grande predominância das funções linguísticas (LIN), enquanto o segundo apresenta maior índice global (área total) e melhor *performance* no domínio musical (MUS), mas capacidade verbal inferior ao primeiro. O terceiro e o quarto representam índices globais mais homogêneos, um baixo e o outro alto.

Guilford, discípulo de Titchener, dividiu a inteligência em três dimensões: operação (processamento), conteúdo (informação) e produção (resultados). De acordo com ele, a produção intelectual pode tender a dois tipos básicos de pensamento:

- **Convergente** (analítico, dedutivo), diretivo, inferencial, que busca respostas.
- **Divergente** (sintético), fluido, que transita por vários campos do conhecimento e formula novas perguntas.

Na evolução humana, a inteligência parece ter-se desenvolvido de forma mais ou menos independente, até muito recentemente. O homem de Neanderthal, apesar de já ter um cérebro até mesmo maior do que o do homem moderno, apresentava poucas evidências de produção cultural ou progresso material; parece ter possuído uma inteligência setorizada, estanque, com uma linguagem restrita à interação social básica. Supõe-se que a permeabilidade entre os setores pode ter ocorrido pela formação de uma linguagem generalizada, permitindo uma certa fluidez entre os diversos processos cognitivos (Mithen, 1996). Dessa forma, pode ter ocorrido o enorme florescimento linguístico e cultural do homem moderno (Cro-Magnon e similares).

Povos iletrados e culturas primitivas costumam mostrar um raciocínio altamente contextualizado e restrito, com escassa capacidade de abstração e generalização. Em muitas tribos a contagem dos números não passa de três (um, dois, muitos). Um estudo de 2008 (E. Gibson et al., do MIT), em uma tribo de Rondônia, mostrou que eles não tinham palavras para designar número algum, nem mesmo "um". Aparentemente, o ponto de corte entre a percepção intuitiva de quantidade e o conceito numérico surge a partir do número quatro.

Experiências mostram que o conceito de número está presente em animais inteligentes como chimpanzés e papagaios e que permite cálculos aproximados de forma inferior, porém similar à do ser humano. A diferença real surge ao se criar a representação simbólica dos números. Desconectando a quantidade concreta da simbólica se tem acesso ao raciocínio matemático não intuitivo (quando 5 objetos reais passam a ser o algarismo 5, equivalente aos 5 objetos).

Estudos sobre a chamada matemática prática ou "de rua" mostram a universalidade do raciocínio aritmético, baseado em abordagens heurísticas ou aproximações. Estas funções estão relacionadas com a resolução de problemas reais, o raciocínio espacial e vinculam-se aos lobos parietais. Já a matemática escolar soluciona questões abstratas, dependentes da linguagem e da formalização simbólica da matemática "natural", por meio de algoritmos que envolvem a utilização do lobo frontal esquerdo.

Na falta de uma interação dinâmica entre uma abordagem e outra, encontra-se a maior parte dos problemas do ensino de matemática. Nem sempre as pessoas conseguem aplicar na vida prática aquilo que aprendem na escola, e permanecem utilizando regras intuitivas e métodos heurísticos, mesmo em situações em que as técnicas formais e os algoritmos fornecem a melhor solução.

Assim, fazer um simples troco é uma atividade que mesmo pessoas sem instrução costumam realizar sem maior dificuldade, e se constitui um excelente e rápido elemento de avaliação cognitiva durante a entrevista. Já realizar operações aritméticas formais exige escolaridade.*

---

* Nunca esquecer que, em nosso sistema escolar, pessoas com o quinto ou o sexto ano (ou mesmo acima) podem ser completamente analfabetas e ignorar as quatro operações. Muita gente chega ao 3º grau sem conseguir escrever duas frases conexas. Lembro-me do caso de uma pessoa que já cursava uma faculdade, mas não sabia fazer um troco nem ver as horas em um relógio analógico. Dizia pretender viajar para o exterior e, para tal, contava com as moedas que juntava num cofre-porquinho de cerâmica.

As deficiências cognitivas (do latim *cognoscere*: conhecer, aprender) podem ocorrer por **falta** (desenvolvimento psicopatológico), quando são chamadas oligofrenias, ou por **perda** da capacidade anteriormente existente (processo psicopatológico), quando são chamadas demências.

TESTES COGNITIVOS E QI

Os testes cognitivos são instrumentos para ajudar a determinar o nível geral de inteligência e os setores que predominam. Os primeiros testes foram criados para o governo francês em 1905 por Alfred Binet e Théodore Simon, tendo em vista os alunos que precisavam de educação especial. O termo Quociente de Inteligência, ou QI, corresponde à "Idade Mental" dividida pela idade cronológica vezes 100, que corresponde à norma na população. Se um menino de 8 anos atinge um resultado correspondente a um de 12 anos, ele tem um QI de 120 (12 dividido por 8, vezes 100). Já se o seu resultado correspondesse a apenas 6 anos, seu QI seria de 75 (6 dividido por 8, vezes 100).

Com adultos o método de cálculo é outro, evidentemente. Usa-se o percentil, que revela como cada um se insere na média da população. Por exemplo um indivíduo com QI de 130, correspondente a um percentil 98, coloca-se entre os 2% mais inteligentes da população. Note-se que os números absolutos de QI **não são** os mesmos para percentis semelhantes entre os diversos testes (Wechsler, Raven, Cattell etc.), porque usam desvios-padrão diferentes.

Os testes de QI procuram medir separadamente os elementos verbais – mais vinculados ao conhecimento, à cultura e à instrução – separando-os daqueles mais independentes, como os visuoespaciais. No entanto, devemos levar em conta que o desenvolvimento da própria capacidade de raciocínio abstrato também está vinculado ao meio cultural, como demonstra o chamado "efeito Flynn": o aumento do QI médio no mundo desenvolvido durante os últimos 50 anos, sob a influência da tecnologia e da educação.

A avaliação da inteligência pode ser mais difícil em populações iletradas, porque suas culturas não favorecem a abstração. Assim, tendem a dividir os objetos em funções (enfoque *concreto*, de uso prático), em vez de categorias (enfoque *abstrato*). Por exemplo, leões e gatos pertencem à categoria "felinos", enquanto lobos e cães pertencem à categoria "caninos". No entanto, em sociedades iletradas, é mais comum que cães e gatos pertençam à função "domésticos", enquanto lobos e leões à função "selvagens". Testes de inteligência consideram esse enfoque como menos inteligente, automaticamente, tendendo, assim, a desprezar as formas de inteligência prática, ou "esperteza" natural.

OLIGOFRENIAS OU DEFICIÊNCIAS MENTAIS

(De ολιγος **[*oligos*]: Pouco, Escasso; e** φρενος **[*phrenos*]: Mente, Espírito)**
São os estados em que não ocorre o desenvolvimento adequado ou normal da inteligência. Seu grau varia desde os estados limítrofes com a normalidade até a completa incapacidade. Diversas classificações existem, variando de autor para autor, pois são todas arbitrárias. A frequência é grande (em qualquer país), atingindo cerca de 5% da população. Cerca de 1% de todas as crianças em idade escolar são ineducáveis em decorrência da deficiência mental. De acordo com a gravidade crescente das suas deficiências, os retardados (deficientes) mentais ou oligofrênicos podem ser classificados em:

1. **Deficientes mentais leves** ou **educáveis** (anteriormente chamados *débeis mentais*) são aqueles que podem trabalhar e conviver em sociedade, fracassando apenas em

tarefas que exigem capacidade de abstração, raciocínio matemático ou pensamento analógico. Podem, no entanto, substituir tais capacidades por boa memória, esforço, persistência, disciplina e treinamento. São os que apresentam a maior frequência, constituindo a fração imediatamente inferior da curva de distribuição de inteligência na população, muitas vezes sem qualquer patologia específica como fator etiológico.
2. **Deficientes mentais moderados** ou **treináveis** (anteriormente chamados *imbecis*) são os que não podem dispensar assistência constante, estando capacitados apenas para tarefas simples, quando adequadamente adestrados. Geralmente apresentam *etiopatogenia definida* (paralisia cerebral, síndrome de Down etc.).
3. **Deficientes mentais graves** ou **não treináveis** (anteriormente chamados *idiotas*) são os que se mostram incapazes de cuidar de si próprios e de executar mesmo as menores tarefas. Geralmente necessitam de cuidados institucionais especializados. Apresentam sempre afecções, lesões ou malformações cerebrais graves e, em consequência, uma expectativa de sobrevida muito diminuída.

As denominações *debilidade mental*, *imbecilidade* e *idiotia*, por sua inevitável conotação pejorativa, caíram em desuso na linguagem técnica, assim como também a expressão *cretinismo*, que designa, mais especificamente, a deficiência mental causada pela falta dos hormônios da glândula tireoide, ocasionada por deficiência de iodo na alimentação ou por outra causa qualquer de hipotireoidismo.

Questões Diagnósticas e Etiológicas

A causa mais comum de oligofrenia verdadeira é a constitucional (hereditária ou oriunda da variação genética da população)* principalmente na categoria dos *oligofrênicos leves e casos limítrofes*, sem outras deficiências nem sinais neurológicos. No entanto, são justamente esses cuja classificação como "doentes" ou "deficientes" é mais discutível, com base em avaliações e testes cujos parâmetros são estabelecidos com alto grau de arbitrariedade e conceitos estatísticos. São os indivíduos que pertencem à rampa inicial da curva de Gauss que representa a distribuição de inteligência na população, constituindo-se meramente numa variação quantitativa contínua, assim como a altura ou o peso. Evidentemente, o ponto de corte é sempre arbitrário. O gráfico apresentado na Figura 15-2 ilustra esse conceito, podendo-se observar que a maior parte dos deficientes ou indivíduos de inteligência abaixo da média encontra-se na faixa limítrofe ou na faixa imediatamente abaixo. As outras oligofrenias apresentam alterações qualitativas, com lesões ou malformações cerebrais específicas e correspondem a uma fração muito menor da população, *esticando* o gráfico para a esquerda e tornando a distribuição ligeiramente assimétrica.

Podem, também, dar origem à deficiência mental os partos traumáticos, prematuros ou com hipóxia fetal, as encefalites fetais por infecções maternas (sífilis, toxoplasmose,

---

* Ao se falar em inteligência e genética deve-se sempre levar em conta que: a) inteligência não é um fator único, isolado, mas todo um conjunto de capacidades; b) nesses casos, a interação genótipo-fenótipo é altamente complexa; c) em genética, hereditariedade não é a mesma coisa que heritabilidade. Sabe-se que mesmo um caráter de heritabilidade elevada (próxima de 1) pode não se expressar como tal na prole. O *pedigree* não é tudo: um cavalo de corrida, puro-sangue, filho de pais campeões, não será necessariamente bom ainda que a capacidade de correr seja altamente correlacionada com a genética. Da mesma forma, um cereal de alta produtividade genética, se não for corretamente adubado, irrigado ou não estiver no clima adequado, produzirá ainda menos que um cereal comum. Assim, por exemplo, num meio extremamente adverso, a rusticidade (ou resiliência) pode-se revelar mais produtiva que a própria "produtividade". Num meio favorável, porém, a expressão genética será alta, e o material melhorado predominará.

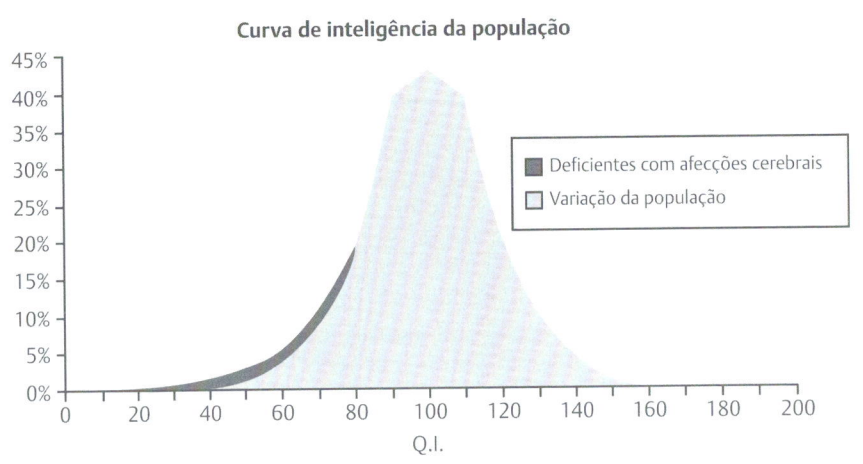

Fig. 15-2. Distribuição aproximada dos quocientes de inteligência (QI) numa população. Observe que a faixa dos subnormais (à esquerda) se estende um pouco mais que a dos superdotados (à direita). Esta assimetria na curva de Gauss se deve à contribuição das afecções cerebrais (infecções, intoxicações, alterações cromossômicas e genéticas etc.), representada pela faixa cinza-escuro, à esquerda do gráfico.

rubéola, citomegalovirose, listeriose), as intoxicações crônicas maternas (álcool, drogas, poluentes), as doenças metabólicas, hereditárias ou não (fenilcetonúria, galactosemia, hipotireoidismo ou *cretinismo* etc.), as anormalidades cromossômicas (síndromes de Down, Turner, Klinefelter etc.), as encefalites da primeira infância (bacterianas como a meningocócica, a pneumocócica, a tuberculosa, ou viróticas, como a do sarampo e outras), as intoxicações infantis (como pelo chumbo das tintas, da descarga de automóveis), entre inúmeras outras causas, muitas vezes acompanhadas de outras deficiências e sequelas neurológicas.

As estatísticas indicam que, no Ocidente, o *alcoolismo* materno é a maior causa congênita de deficiência mental. Ao contrário do que se costuma pensar, a desnutrição por si só dificilmente chega a prejudicar significativamente a inteligência, a menos que seja de extrema duração e gravidade, a ponto de comprometer seriamente a própria sobrevivência do indivíduo. Nas desnutrições proteicas e vitamínicas graves e prolongadas, como nas secas e guerras em populações já normalmente malnutridas (p. ex., Biafra, Etiópia etc.), podem ocorrer lesões ao sistema nervoso. Nesses casos, porém, o comprometimento geral da saúde já é tão grande que nem mesmo o tratamento especializado consegue sempre ter bons resultados, e a mortalidade é altíssima. Assim ocorre porque o organismo tende a sacrificar quaisquer outros órgãos em favor do sistema nervoso. Nas situações de carência, o desenvolvimento ósseo, muscular e visceral sofre muito mais do que o cérebro. Por esta razão, é comum observarmos, em pessoas que sofreram prolongada desnutrição durante a infância, um desenvolvimento corporal bastante prejudicado, sem que haja, no entanto, praticamente nenhum comprometimento da capacidade intelectual. A baixa estatura de populações tradicionalmente malnutridas no passado recente (nordestinos, japoneses, chineses e outros povos asiáticos etc.) frequentemente contrasta com a elevada capacidade intelectual dos indivíduos. Constata-se que os descendentes dos orientais que emigraram para os Estados Unidos e mesmo para o Brasil, pela melhor alimentação, tornam-se bem mais altos do que os seus ascendentes ou que seus parentes que continuaram vivendo na sua terra de origem, mas estes nem por isso mostram-se menos inteligentes.

As causas de deficiência cognitiva em populações de baixa renda parecem estar mais ligadas à falta de assistência médica e social na gestação (tentativas frustras de aborto, prematuridade, infecções, alcoolismo) e na infância (carência de afeto, indiferenciação, promiscuidade, abandono, desagregação familiar, violência, espancamentos, traumatismos, infecções, intoxicações, institucionalização etc.), assim como à ausência de estimulação intelectual.*

A detecção precoce, o cuidado e a assistência pedagógica aos deficientes – especialmente os deficientes leves e os limítrofes – são de importância capital, porque a perda da autoestima, a desinserção social, o desemprego e a marginalidade são muito mais comuns entre os mentalmente deficitários.**

O diagnóstico cognitivo precoce nas dificuldades de aprendizado permite uma intervenção adequada, evitando os tratamentos inúteis e mesmo prejudiciais. A confusão das manifestações comportamentais da deficiência com outros problemas (quadro bipolar, psicose, déficit de atenção, ansiedade, depressão, dependência química, transtorno de personalidade, etc.) é muito comum.

A avaliação adequada é essencial para que a inclusão social possa ter sucesso; tanto o isolamento como a criação de expectativas exageradas podem levar à frustração e ao fracasso. É essencial o equilíbrio e a boa fundamentação para a formulação de um prognóstico. Tanto o otimismo como o pessimismo podem levar a resultados desastrosos a longo prazo. A diferença entre um deficiente funcional e um disfuncional pode depender da qualidade da avaliação.

Apesar de uma minoria de deficientes alcançar uma vida produtiva, não podemos nos esquecer que entre os deficientes limítrofes ou fronteiriços (*borderline*), um grande número acaba por levar uma vida isolada, excluída ou marginal (população de rua, pequenos traficantes, autores de pequenos delitos, etc.). Muitos desses casos nunca chegaram a ser avaliados como deficientes, e boa parte acabam classificados como "dependentes químicos". Não surpreende que as estatísticas americanas, britânicas e escandinavas mostram que as populações de presídios tendem a ter curvas de QI com médias inferiores às da população geral. As deficiências cognitivas (especialmente as limítrofes, ou subclínicas) têm uma importância imensamente subestimada nas questões relativas ao delito, ao desemprego e à marginalidade social. Quanto ao processo de inclusão, destacamos que a verdadeira importância da educação dos deficientes não é impedir ou reverter a deficiencia cognitiva *per se*, mas evitar que se estabeleça um ciclo vicioso, produzido através da seqüencia rejeição/exclusão/frustração/desinteresse, que faz com que o rendimento do deficiente fique preso num nível muito aquém do seu verdadeiro potencial.

Oligofrenia Relativa

Esta expressão refere-se a uma incapacidade mental parcial, restrita a uma determinada área específica do desempenho intelectual. Por exemplo, a dificuldade para o aprendizado da leitura (dislexia, logastenia), a dificuldade para o cálculo (discalculia) entre outras. O desenvolvimento de outras habilidades eventualmente funciona de forma compensatória, evitando, assim, o fracasso laboratório e social. Não se descarta, porém, a possibilidade de

---

* Nelson CA *et al.* Cognitive recovery in socially deprived young children: the Bucharest Early Intervention Project. *Science* 2007 Dec. 21;318(5858):1937-40.
** Ver, por exemplo, Binder A. Juvenile Delinquency. *Annual Review of Psychology,* 1988;39:253-82 ou Quay HC. *Handbook of Juvenile Delinquency.* New York: Wiley, 1987. p. 106-17, ou Diamond, B *et al.* Individual and group IQ predict inmate violence. *Intelligence* 2012 Mar.-Apr.;40(2):115–22.

que um trabalho pedagógico dirigido especificamente para a dificuldade de aprendizagem possa trazer bons resultados.

Existem casos de indivíduos que apresentam talentos extraordinários em uma área específica (cálculo, memória para textos, música, sons ou imagens, desenho etc.) ao lado de sérias deficiências na área cognitiva geral (oligofrenia) ou na área afetiva (autismo). São tradicionalmente chamados de *idiots-savants* (idiotas-sábios, em francês).

O recentemente falecido neurologista inglês Oliver Sacks, já citado, descreveu com estilo, talento literário e sutil compreensão alguns casos muito intrigantes e de profundo interesse humano. Ele comentava ainda que a frequência de deficientes entre os indivíduos com essas habilidades fora do comum era bem mais elevada do que entre pessoas normais. Nos EUA, o eufemismo *savant* (retirando a parte pejorativa *idiot-*) é muito usado como denominação politicamente correta para o quadro.

Estados Limítrofes *(Borderline States)*

Compreendem aqueles indivíduos situados na faixa limítrofe da curva de inteligência da população, entre a faixa normal inferior e os deficientes mentais propriamente ditos. Uma parte consegue ganhar, a duras penas, a sua sobrevivência e conviver razoavelmente em sociedade, sempre executando tarefas simples e repetitivas ou trabalhos braçais. Muitos, no entanto, vão constituir parte da população desempregada e marginalizada.

Nunca me esqueço do caso de um paciente, irmão de um médico e um engenheiro, cujo pai, extremamente intolerante à ideia de ter um filho incapaz, surrava-o constantemente durante toda a infância por suas notas baixas. Quando o examinei, já adulto, relatou-me haver conseguido bons empregos – em seu nível, é claro – por seu rendimento satisfatório e seu comportamento adequado na instituição onde se instruíra, que procurava encaminhá-lo para boas empresas. No entanto, jamais conseguia se adaptar ao trabalho, que sempre acabava abandonando. Sentia-se frustrado e estava sempre almejando ser engenheiro ou médico como os seus irmãos, condição *sine qua non* para obter a aprovação e o afeto negados pelo pai. O seu problema clínico não envolvia nenhuma questão cognitiva, pedagógica ou social, mas apenas a aceitação de sua própria deficiência.

Como já vimos, a nossa mente é muito suscetível de ser seduzida pela linguagem, e alguns indivíduos deficitários podem ser dotados de razoável fluência verbal (muitas vezes imitativa), memória extensa (até mesmo por falta de seletividade) e fácil relacionamento social (inclusive por ausência de senso crítico). Em razão dessa fluência, podem, ocasionalmente, passar por pessoas de inteligência normal ou até mesmo acima da média, especialmente em ambientes culturais em que a verbosidade é muito valorizada, como o nosso. Nas palavras de Victor Hugo, *"Quand on n'est pas intelligible, c'est qu'on n'est pas intelligent."* A fala prolixa e pernóstica pode revelar tanto a incapacidade de síntese, como o intenso desejo de impressionar favoravelmente.

A enorme resistência que as famílias opõem à simples ideia de que um de seus filhos tenha uma capacidade intelectiva abaixo da média favorece todo o tipo de manobra para evitar o confronto com a realidade. A falta de seriedade com que é encarada a qualidade do ensino em nosso país chega a permitir que certos casos *borderline* e mesmo alguns deficientes patentes sejam admitidos em faculdades e prossigam nos cursos, com grande esforço, decorando frases e conceitos que não compreendem e passando nas provas de qualquer maneira. Naturalmente, essa é apenas uma forma que a família encontra de adiar o problema, já que nenhum diploma vai garantir o emprego de uma pessoa que não dispõe das competências necessárias ao exercício do seu ofício. O pior de tudo, porém, é que enquanto se desperdiçam tempo e dinheiro com estudos inúteis, o paciente perde a oportunidade de aprender um ofício de verdade, realmente ao seu alcance e que lhe possa permitir ganhar o próprio sustento, ser útil e usufruir de uma vida digna e produtiva.

Dessa forma, cria-se um sentimento de inadequação social que provoca uma ansiedade persistente, muitas vezes confundida com alguma neurose. Muitos deficientes leves ou limítrofes abusam de álcool ou drogas por sentirem-se deslocados ou desvalorizados. Alguns acabam envolvendo-se com atividades ilegais, sem conseguirem compreender bem no que estão metidos, sendo naturalmente – por sua falta de esperteza e malícia – manipulados ou influenciados com relativa facilidade pelos marginais. Também costumam cometer delitos sexuais, pela mesma ausência de discernimento. As prisões e os manicômios judiciários estão repletos de pacientes como esses.

Como exemplo, vejamos o caso de A., um paciente de hospital psiquiátrico penal que foi preso várias vezes usando – indevida e ilegalmente – vestimentas militares. Os dados de anamnese revelavam que seu pai e seu tio, assim como diversos outros parentes, eram militares ou policiais. O paciente relatava, ainda, haver sofrido severos castigos durante a infância, sem, no entanto, manifestar qualquer palavra de censura quanto à rigidez da figura paterna. Ao contrário, demonstrava sempre admiração e desejo de imitar o pai. Chegou a tentar entrar para o exército, imaginando que logo seria "capitão ou coronel". Naturalmente, nem sequer o admitiram mesmo para simples praça; sentiu, então, amarga revolta por mais essa injustiça. Como não poderia seguir uma carreira ligada às forças armadas, por seu baixo rendimento escolar e sua incapacidade intelectiva insuficiente, nem teria a alternativa de alcançar qualquer outra profissão de prestígio, substituía essa intenção à sua maneira pueril, roubando uniformes e fantasiando-se de militar. Esse hábito era habilmente explorado por companheiros de vida marginal mais dotados de intelecto, efetuando assaltos com a sua participação. O resultado dessa influenciabilidade e total ausência de crítica foi um enorme prontuário jurídico e longos anos de confinamento – talvez mesmo pela vida toda – para uma criatura inacreditavelmente tola e inofensiva.

Todo profissional deve ter em mente que a maior dificuldade de inserção do deficiente ou do *borderline* não está no aprendizado de algum ofício, já que muitas atividades simples podem ser exercidas por eles sem maiores problemas. O grande empecilho reside na adaptação e na aceitação social, uma vez que a sua falta de discernimento os deixa vulneráveis a inúmeros contratempos. Socializar pode ser ainda mais importante do que educar, nestes casos. O processo de socialização, porém, está longe de ser fácil ou simples, e a chamada *inclusão* do deficiente não funciona a toque de caixa, como certos burocratas parecem pensar.

Falsas Oligofrenias

São aqueles quadros em que, apesar da existência de recursos cerebrais potenciais para uma *performance* intelectual normal, ocorre um déficit cognitivo, causado por outros fatores que não uma real incapacidade mental. Correspondem a casos como o de *Kaspar Hauser*, ilustrado no belo filme de Werner Herzog. François Truffaut filmou *L'Enfant Sauvage*, baseado no relato de Jean Itard, médico francês do século XIX que recolheu uma criança que vivia no bosque, isolada da sociedade.* Em casos como esses, em que ocorre um isolamento absoluto, precoce e prolongado, a deficiência pode permanecer definitivamente.

---

* Ambos os filmes devem ser vistos, e podem ser encontrados comercialmente, em DVD.

Filhos de deficientes ou pacientes com doença mental, criados dentro de instituições, muitas vezes tornam-se pseudo-oligofrênicos. Lembro-me de um filme americano feito para a TV que mostrou um caso também real, recentemente descoberto – por mero acaso – numa instituição, por meio de uma avaliação cognitiva para fins de pesquisa. Com o propósito de encaminhar bem tais casos, que são muito mais comuns do que se pensa, é que se deve avaliar cuidadosa e adequadamente todas as crianças com baixo rendimento escolar.

Podem ser causas de falsas oligofrenias:

- *Sociais:* grave privação cultural, ambiente relacional restrito, estimulação sensorial e cognitiva insuficiente etc. Certos ambientes culturais favorecem apenas o raciocínio contextualizado, centrado nas relações sociais e nas circunstâncias, restringindo muito o raciocínio abstrato.
- *Emocionais:* depressão, ansiedade intensa, privação afetiva, violência familiar, timidez, retraimento, neuroses graves etc.
- *Por deficiências sensoriais:* deficiências auditivas (desde as mais leves até a completa surdo-mudez), deficiências visuais (desde a miopia em fase inicial, a catarata, o tracoma, as retinoses e outras doenças oftalmológicas até a completa cegueira).
- *Por maturação tardia:* a lentidão do desenvolvimento natural em certos indivíduos pode simular retardo mental definitivo.
- *Psicóticas:* autismo infantil (síndromes de Kanner e de Asperger), esquizofrenia hebefrênica.

Todas estas hipóteses devem ser consideradas e descartadas antes de se firmar o diagnóstico. Existe ainda a possibilidade de concomitância de mais de um diagnóstico – privação social e autismo, deficiência visual e cognitiva, retardo e esquizofrenia etc. – o que torna muito difícil a avaliação cognitiva isolada.

DEMÊNCIAS OU ESTADOS DEMENCIAIS (DO LATIM *DEMENTIA*: *DE* (AUSÊNCIA) + *MENS* (MENTE)

São os estados em que ocorre deterioração ou perda da capacidade intelectual (e da memória), de origem orgânica, por disfunção ou destruição cortical. Reiteramos que o paciente dificilmente se queixa do *deficit* cognitivo, por não se aperceber dele. Em consequência de não poder estar claramente consciente dessa perda, frequentemente o paciente apresenta manifestações clínicas depressivas (chora a todo momento ou permanece apático) ou paranoides (acha que está sendo envenenado, enganado, roubado ou traído). É de fundamental importância observar que esta sintomatologia é sempre **secundária** ao *deficit* cognitivo, e como tal deve ser tratada. Algumas formas de demência são reversíveis (totalmente ou em parte), enquanto outras levam a uma deterioração cognitiva inexorável.

Em determinados casos, como as demências frontotemporais, podem ocorrer algumas alterações mais específicas no comportamento ocasionadas pela deterioração de certas áreas cerebrais. Por exemplo, as disfunções do lobo frontal podem originar o quadro antigamente chamado *moria* – em que se observa perda do senso crítico e desinibição – ocasionando distúrbios do comportamento, atitudes socialmente inadequadas, perda da repressão sexual etc. Em ambientes moralistas e repressivos, não são bem tolerados, correspondendo aos conhecidos casos do "velhote safado", "sem-vergonha" ou "inconveniente", expressões mais ou menos correspondentes ao epíteto "*dirty old man*" tão frequente nos filmes americanos.

Estes sintomas relacionados com o *insight* e com as relações sociais surgem, especialmente, nas demências em que predominam as lesões das estruturas corticais localizadas nos lobos frontais. Isto pode se dar em qualquer tipo de demência, seja degenerativa, como na doença de Pick, ou infecciosa, como na sífilis cerebral. Estes quadros ocorriam com frequência mais elevada nas épocas pré-penicilínicas, quando a demência sifilítica era muito mais comum.*

As demências são ocasionadas por lesões generalizadas das estruturas corticais e subcorticais, como nas doenças:

- **Degenerativas** (p. ex., doença de Alzheimer).
- **Vasculares** (p. ex., multi-infartos ou aterosclerose cerebral).
- **Anóxicas ou hipóxicas** (p. ex., paradas respiratória ou cardíaca, afogamento etc.)
- **Infecciosas** (p. ex., sífilis cerebral, AIDS).
- **Metabólicas** (p. ex., uremia).
- **Tóxicas** (p. ex., encefalopatias por chumbo ou mercúrio).
- **Nutricionais** (p. ex., carências vitamínicas, especialmente B12).
- **Genéticas** (p. ex., coreia de Huntington).
- **Neoplásicas** (tumores cerebrais).
- **Traumáticas** (lesões extensivas do córtex).

Certas formas de demência, chamadas **subcorticais**, podem ocasionar o quadro demencial pela chamada **bradifrenia**, uma lentidão dos processos mentais que deve ser diferenciada da depressão. A desproporção entre a inibição cognitiva e psicomotora e a inibição do humor é o elemento-chave no diagnóstico diferencial. Assim ocorre nas demências ocasionadas pela doença de Parkinson, pela Coreia de Huntington e, especialmente, na demência causada pela Síndrome da Imunodeficiência Adquirida (SIDA ou *AIDS*).

É da maior importância que o examinador faça a correta distinção entre o quadro demencial, a depressão e as alterações de consciência comuns ao idoso (iatrogênicas, medicamentosas, tóxicas etc.), que cursam com inatenção e confusão mental. Os psicofármacos são causa direta e indireta de confusão mental, principalmente por descuidos com os aspectos farmacocinéticos da prescrição. A hiponatremia induzida por medicamentos também é um problema mais frequente do que se pensa.

No alcoolismo, a deficiência de tiamina (vitamina B1) ocasiona lesões do sistema nervoso periférico (polineuropatia alcoólica) e também central (neuropatia retrobulbar, degeneração cerebelar, encefalopatia de Wernicke e síndrome de Korsakoff). A fase aguda da síndrome de Wernicke ocasiona confusão mental, distúrbios oculares e ataxia. Pode progredir para a cronificação com a *psicose ou síndrome de Korsakoff*, que cursa com amnésia anterógrada (de fixação) e eventuais confabulações (preenchimento de vazios da memória com fantasias). A deficiência de vitamina B12 (anemia megaloblástica, anemia perniciosa) também é uma importante causa de demência; a endoscopia, o hemograma e a dosagem de cianocobalamina são essenciais na avaliação dos idosos com perda cognitiva.

Muitas vezes ocorre que os processos generalizados se iniciam ou apresentam, também, secundariamente, lesões focais, ocasionando sintomatologia neurológica localizada ou ainda quadros psiquiátricos diversos, como irritabilidade constante, depressão, moria, alucinose etc.

---

* O atual Hospital Psiquiátrico Dr. Philippe Pinel, no Rio de Janeiro, situa-se onde era o antigo Hospital de Neurossífilis, criado em 1937 como Instituto de Neurossífilis, renomeado em 1944 e transformado em emergência psiquiátrica em 1965, com o nome de Hospital Pinel.

A expressão **senescência ou senectude** (do latim *senex*, velho) corresponde ao estado de envelhecimento normal, em que pode ocorrer alguma perda da capacidade de adquirir novos conhecimentos, sem, no entanto, haver prejuízo significativo do rendimento global. As eventuais perdas cognitivas vão sendo compensadas pelo acúmulo da experiência. Já a palavra **senilidade** tem outra conotação, significando, mais especificamente, o estado de decadência física e mental e incapacitação generalizada (incluindo aí a demência) ocasionado pela idade avançada. Esse conceito antigo se torna importante na avaliação dos *deficits* de memória em idosos, já que o declínio mnêmico na pessoa saudável pode estar relacionado com o declínio genérico na velocidade e na eficiência do processamento cerebral, mas a hipomnésia específica da demência tem características etiológicas próprias.

Falsas Demências

São estados de deficiência dos rendimentos cognitivos, ocasionada por outros estados psicopatológicos, como as depressões, podendo se assemelhar, eventualmente, a quadros demenciais e, assim, ocasionar sérios erros diagnósticos, especialmente em pacientes idosos e abandonados. A recíproca também é verdadeira, sendo muito comuns os casos de demência tratados como se fossem depressões. Uma boa e cuidadosa anamnese e um exame psíquico atento geralmente evitam tais enganos. Note-se que o conceito de "falsas demências" é diferente do conceito de "demências reversíveis", que são aquelas passíveis de recuperação das funções cognitivas quando a doença que as causou é tratada.

Falsas demências podem ocorrer, por exemplo, em:

- Pacientes com depressão grave, com inibição psicomotora acentuada, desmotivação, mutismo, apatia.
- Pacientes de baixa renda apresentando *"hospitalismo"*, isolamento social, abandono familiar, baixo nível educacional, desajuste cultural etc.
- Pacientes idosos já previamente portadores de deficiência mental.
- Pacientes esquizofrênicos cronificados, desagregados ou com embotamento afetivo.
- Pacientes apresentando mutismo ou amnésia, em quadros dissociativos histéricos.
- Pacientes com alterações de consciência (hiponatremia, desidratação, hipoglicemia etc.).
- Pacientes com deficiências auditivas e/ou visuais graves, muito comuns em idosos.

LEITURA ADICIONAL SUGERIDA

Anastasi A. *Differential psychology*. New York: MacMillan, 1957.
Eysenck HJ. *A desigualdade do homem*. Rio de Janeiro: Zahar, 1976.
Gardner H. *Frames of the mind*. New York: BasicBooks, 1993.
Gould SJ. *A falsa medida do homem*. São Paulo: Martins Fontes, 1991.
Guilford JP. *The nature of human intelligence*. New York: McGraw-Hill, 1967.
Mithen S. *The prehistory of the mind*. London: Thames & Hudson, 1996.
Petersen RC (Ed.) *Mild cognitive impairment*. New York: Oxford University Press, 2003.
Telford CW, Sawrey JM. *O indivíduo excepcional*, 4.ed. Rio de Janeiro: Zahar, 1983.

Capítulo 16 Memória

A memória é aquilo que nos separa do caos.

S. Korsakoff,
neurologista russo do século XIX

... je n'ai de l'esprit que dans mes souvenirs.

Jean-Jacques Rousseau

O que chamamos memória não é uma função simples e discreta, mas uma ampla rede de funções em vários níveis cognitivos, servindo de suporte para a inteligência. É possível se ter memória sem inteligência, mas não é possível se ter inteligência sem memória. A afetividade é outro conjunto de funções que se vincula fortemente à capacidade mnêmica. A palavra recordar, assim como decorar, vem do latim *cor*, *cord*-, referente ao coração. Lembramo-nos daquilo que nos interessa, que nos afeta. É representada na mitologia grega pela divindade Mnemosyne (Μνημοσύνη), que se uniu a Zeus para gerar as nove Musas inspiradoras das artes. Delas deriva-se a palavra *museu*.

A variação individual na capacidade mnêmica é muito grande, seja nos aspectos qualitativos funcionais (memória para palavras, imagens, sons, reconhecimento de rostos etc.), seja nos aspectos quantitativos gerais. Podemos observar, no entanto, que as memórias muito extensas não se encontram diretamente relacionadas com o rendimento intelectual. Talvez por que a capacidade de síntese não seja favorecida pelos recursos mnêmicos muito maiores que os normais. Ou seja, para pensar, talvez seja preciso poder *esquecer*, tanto quanto recordar.

Com a idade e o acúmulo de experiência, há uma tendência ao sentimento de onisciência, e a perda da capacidade de se surpreender. De acordo com Platão, Sócrates acreditava que o conhecimento já estava previamente na mente, bastava reavivá-lo. Para provar isto, no diálogo *Menon*, Sócrates faz um escravo sem instrução resolver problemas geométricos apenas fazendo perguntas, sem nada informar. Na frase de Francis Bacon (*The Essays*, 1601), *"Salomon saith: There is no new thing upon the earth. So that Plato had an imagination, that all knowledge was but remembrance; so Salomon giveth his sentence, that all novelty is but oblivion"*. Aludia ao Eclesiastes, onde Salomão dizia não haver nada de novo sob o sol. Voltamos aqui ao tema cultural do tempo cíclico, já que este não seria compatível com um conhecimento progressivo, mas sim com um saber eterno a ser infinitamente relembrado.

Na mitologia grega, as almas bebiam do rio Lethes e esqueciam-se das vidas anteriores, antes de retornarem. Sob um ponto de vista dialeticamente complementar, ou aristotélico, o esquecimento é que se torna a fonte do conhecimento, já que esquecer é selecionar; um cérebro que registrasse tudo, nada saberia. Dessa forma, a capacidade de espantar-se com as novidades e fazer novas observações e reflexões é que permite o desenvolvimento da ciência e a dinâmica da cultura.

O esquecimento patológico, porém, não segue esse caminho, e o resultado é a perda dos recursos cognitivos. Nunca é demais ressaltar que a memória não é alguma "coisa" como um arquivo que se localiza em algum lugar, mas sim uma função complexa, uma infinita rede de vínculos e relações de sentido que se comunica incessantemente por todo o cérebro. As classificações espelham essa complexidade.

Existem diversos processos na memória, que incluem a formação, o registro, a avaliação, a codificação, a consolidação e o armazenamento. No exame, testamos a memória imediata, a recente e a remota, e procuramos avaliar a fixação, a retenção e a recuperação (compreendendo o reconhecimento e também a evocação) dos registros mnêmicos.

ESTRUTURAS E FUNÇÕES

A memória imediata inclui três fases: a chamada memória sensorial (como a memória ecoica, um "eco" perceptual de 5 segundos), a memória de curta duração (manutenção passiva) e a memória de trabalho (manutenção ativa), ambas durando de segundos a minutos. A memória de trabalho está vinculada à atenção e à sobrevivência, sendo limitada, mas expansível por agrupamento de elementos e por relações de sentido.* Os gânglios basais e o córtex pré-frontal fazem o *filtro* que determina o acesso à memória de trabalho.

As memórias implícita e explícita podem durar de minutos a anos. A memória explícita (declarativa) pode ser **semântica** (referente a dados e conceitos) ou ***episódica*** (referente a fatos e eventos). Saber que Recife é a capital de Pernambuco, por exemplo, é um registro semântico; já recordar uma viagem a Recife é um registro episódico, que envolve a recomposição – pelo hipocampo – de uma rede composta por inúmeros outros registros espalhados pelo córtex, associando os eventos ao seu devido contexto (tempo e espaço).

Isso torna a memória episódica uma entidade virtual, que está sempre em construção; os seus registros não são como trechos de vídeo num computador, mas sim um caleidoscópio de fragmentos subjetivos em permanente remanejamento. Daí a pouca confiabilidade dos testemunhos, que podem ser influenciados ou inconscientemente falsificados com grande facilidade. Em termos evolutivos, talvez essa plasticidade da memória tenha por fim organizar os registros em possíveis nexos causais e possibilitar a previsão de eventos que possam vir a se repetir. A favor dessa hipótese temos o fato de que as estruturas cerebrais que participam da composição da memória episódica são as mesmas que antecipam ou imaginam o futuro. O vínculo com a autoconsciência e a cognição se estabelece quando a memória dos eventos envolve uma história, uma narrativa que coordena esses eventos; o tempo toma o lugar do espaço e dá lugar à rememoração, à interpretação, à explicação, à causalidade, e finalmente, ao aspecto prospectivo da memória: a previsão, o planejamento, projeção, a perspectiva.

A memória implícita ou de procedimentos está vinculada à atividade da amígdala e envolve o aprendizado emocional, as atividades automatizadas e os reflexos condicionados.

ALTERAÇÕES DA MEMÓRIA

Amnésias e Hipomnesias (*do grego* μνησις [*mnesis*]: *Memória, Recordação*)

Seja nos ambulatórios psiquiátricos, nos serviços psicoterápicos ou nos consultórios particulares, podemos sempre verificar que referências à "perda da memória" constituem queixas das mais comuns nas entrevistas. Donas de casa na menopausa frequentemente dizem que esquecem o feijão no fogo, a roupa no tanque e de outras tarefas caseiras. Adolescentes em crise esquecem-se dos compromissos, dos estudos etc. Indivíduos desempregados ou recém-aposentados reclamam de que não conseguem se lembrar de nada; tudo o que se lhes diz: *"entra por um ouvido e sai pelo outro".* No entanto, trata-se de um sintoma que – no que se refere à memória em si mesma – geralmente não tem maior importância clínica. Isto acontece nestes casos porque esta suposta perda mnêmica encontra-se sempre diretamente relacionada com a incapacidade de concentração da atenção, que se deve à desmotivação, à apatia, e à ansiedade que ocorrem no quadros depressivos-ansiosos e nas depressões reativas e neuróticas. Portanto, as dificuldades de registro mnêmico que ocorrem em tais casos referem-se apenas a disfunções da *atenção (tenacidade, foco* ou *concentração),* secundárias às alterações da *afetividade,* sem que haja nenhuma deficiência verdadeira da capacidade real da memória. Alterações leves do *estado de consciência* podem também ocasionar um *deficit* de atenção capaz de comprometer os registros imediatos.

---

* Um trabalho com jovens chimpanzés mostrou uma memória de trabalho com capacidade extraordinária de recuperação numérica, bem melhor do que a de seres humanos. Inoue & Matsuzawa. Primate Research Institute, Kyoto University. *Current Biology* 2007 Dec. 04;17:R1004-R1005.

Após a percepção e seu registro transitório (memória imediata), que dependem da atenção, dá-se o registro da memória recente, através de estruturas diencefálicas e da sua consolidação, através do hipocampo. Memórias não tem registros discretos ou específicos, como os "endereços" das memórias de computador. São conexões neuronais construídas e reconstruídas na hora em que são evocadas. Cada vez que relembramos algo, o fazemos de forma um pouco diferente.

Os *lobos temporais* relacionam-se especialmente com as funções mnêmicas, e possuem estreitas conexões com o chamado *sistema límbico*, que também conecta as vivências emocionais à vida vegetativa através do hipotálamo. Dessa forma, o registro mnêmico sempre está sujeito à permanente influência do estado emocional. É precisamente por esta razão que o aluno consegue recordar-se muito bem dos conceitos relacionados com os pacientes de cuja observação participou pessoalmente, com os quais está afetivamente envolvido, enquanto esquece-se por completo daquilo que apenas ouviu ou leu. O relacionamento interpessoal é importante não apenas para o tratamento, mas para também para o diagnóstico e mesmo para o simples aprendizado. Devemos ter sempre em mente que a afetividade permeia todas as atividades mentais, influenciando-as.

As informações registradas pela memória imediata são escolhidas e fixadas pela memória a curto prazo e armazenadas via *diencéfalo* para serem posteriormente gravadas como na memória a longo prazo como registros definitivos, via *hipocampo*, caso sejam selecionadas e reforçadas. O sistema hipocampal esquerdo encarrega-se do material mnêmico verbal, enquanto o direito ocupa-se do não verbal. As habilidades perceptomotoras, correspondentes à memória de procedimentos, não declarativa ou implícita, *não são* processadas através do sistema hipocampal (ver o exemplo de Claparède, a seguir).

As situações de relevância emocional, que ativam a amígdala, produzem registros implícitos de memória, um mecanismo primitivo e inconsciente de sobrevivência, para agir primeiro e fazer perguntas depois. Daí podem surgir medos inconscientes, fobias, comportamentos estereotipados etc. À diferença dos processos normais de esquecimento, os mecanismos de extinção de reflexos condicionados são processos ativos. No entanto, como as conexões da amígdala para o córtex pré-frontal são muito maiores do que as do córtex para a amígdala, esses processos – como os vinculados à psicoterapia – podem ser bastante lentos (ver McEwen, 2004).

Podemos ainda diferençar entre a memória de imagens, a memória factual (ou episódica) e a conceitual (ou semântica). Santo Agostinho (354-430 d.C.) já havia feito a distinção precisa entre estes tipos de memória, A observação dessas diferenças expressa-se na frase em suas *Confissões*: *"Como posso dizer que a imagem do esquecimento está retida em minha memória, mas não o esquecimento em si mesmo, quando o relembro?"*

Testes de repetição de palavras ou números servem para avaliar a memória imediata. Após alguns minutos, pode-se avaliar a memória a curto prazo, verificando-se se o paciente se lembra de alguns objetos ou palavras. A memória a médio e longo prazos pode ser avaliada com perguntas sobre ocorrências recentes, eventos importantes de sua vida pessoal e familiar e fatos públicos notórios.

Amnésias Anterógradas (de Fixação)

São aquelas em que ocorre o impedimento orgânico do registro de novos dados. São de origem neurológica, podem ocorrer em lesões cerebrais agudas ou crônicas. A função dos sistemas mnêmicos hipocampais do lobo temporal, que promovem a armazenagem e preservação dos dados, geralmente está afetada.

Obs.: O *déficit* de *atenção* que ocorre nos estados de fadiga, depressão ou leve obnubilação pode ocasionar uma diminuição da capacidade mnêmica de registro sensorial imediato, mas isto nada tem a ver com a fixação. As queixas comuns de "falta de memória" geralmente estão vinculadas à desatenção depressivo-ansiosa.

Amnésias Retrógradas (de Evocação e/ou Reconhecimento)

Raramente surgem sem perda concomitante da memória de fixação (amnésia **retroanterógrada**). Há perda dos dados já registrados progredindo do mais recente para o mais antigo. Podem ser massivas ou lacunares. Devem obrigatoriamente ser distinguidas das amnésias psicogênicas, como as amnésias massivas histéricas (dissociativas) e as amnésias seletivas.

Amnésias Retroanterógradas

São aquelas que geralmente encontramos nos estados demenciais e nas lesões cerebrais. A memória pós-imediata ou de fixação é a primeira a ser afetada, seguida pela memória recente, caminhando retroativamente até o passado remoto, nos processos demenciais. Tal ordem é chamada de regra da *regressão mnêmica,* estabelecida por T. Ribot em 1881.

Na prática clínica, porém, constatamos que muitos pacientes amnésicos anterógrados ou demenciados (retroanterógrados) conseguem, de um modo ou de outro, ajustar-se lentamente e adquirir algumas informações, mesmo que muito vagarosamente e de uma forma descontextualizada. Nos asilos e instituições geriátricas vemos muitos pacientes com demência grave conseguirem algum tipo de adaptação, reconhecendo funcionários, localizações e rotinas, o que implica necessariamente alguma forma de aprendizado. Certos fenômenos neuropsicológicos podem explicar essa constatação:

a) Nas amnésias de fixação em geral, ocorre uma perda da capacidade de transferir os registros imediatos para a memória de longa duração. Numa analogia com um computador, seria algo como uma dificuldade no processo de passar os dados da memória eletrônica (evanescente) para a magnética ou óptica (fixada em discos). No entanto, observamos que, em certas amnésias anterógradas, como em certas lesões de lobo temporal e de áreas pré-frontais, muito daquilo que se perde é principalmente a construção mnêmica da continuidade temporal, permitindo, assim, a fixação de registros imediatos entre outros mais antigos. Dessa forma, os pacientes podem, às vezes, registrar fatos presentes como já tendo acontecido num remoto passado. Lesões da região medial inferior do lobo frontal podem ocasionar uma amnésia dissociativa, com separação dos diversos aspectos dos registros mnêmicos (não confundir com amnésia psicogênica dissociativa). Nestes casos ocorrem também confabulações, mas sem aquele aspecto de *preenchimento* de *lacunas* que ocorre na amnésia de Korsakoff.

b) Os pacientes podem associar fatos e pessoas presentes, atuais, a outros dos quais se lembram. Conheci uma paciente que dependia totalmente da filha, e já se encontrava num estado de demência tão profundo que os seus registros mnêmicos sobre a própria filha já se haviam perdido no processo de deterioração mental. No entanto ainda mostrava uma intensa ligação afetiva com ela, e sempre esperava sua volta da rua com grande ansiedade. A explicação deste aparente paradoxo está na associação que ela fez da identidade da filha à da sua própria mãe. Efetivamente, a paciente chamava com frequência a sua própria filha de "*mamãe*", fenômeno que não é incomum nesses quadros.

c) A retenção da memória *implícita*, ou seja a preservação da capacidade de familiarização e habituação nas demências, foi demonstrada pelo neurologista francês Édouard Claparède, em 1912. Ele apertou a mão de um paciente amnésico com um objeto pontiagudo, espetando-o e provocando um reflexo de retirada. Depois dessa experiência, o paciente não mais aceitava apertos de mão, apesar de não ter nenhuma ideia do porquê dessa recusa, ou seja, não apresentar nenhuma lembrança *explícita* do fato. A memória implícita, de procedimentos, ou não declarativa, parece ter sua ativação realizada através da amígdala, e não do hipocampo, e certamente utiliza níveis mais primitivos de atividade cerebral, assim como o aprendizado psicomotor, os reflexos e hábitos.

d) Certos aspectos da memória musical e afetiva também podem ser eventualmente preservados, certamente por também utilizarem outras vias neurais e outros mecanismos neuropsicológicos.

Amnésias Seletivas

Referem-se, especificamente, a determinados fatos, lugares, ocorrências ou pessoas, demonstrando suas origens psicológicas, com motivações inconscientes. O paciente não registra ou esquece aquilo que inconscientemente não deseja ou não suporta tomar conhecimento ou recordar. Os casos de esquecimento da própria identidade e dos dados pessoais são comuns nos estados dissociativos histéricos; tais amnésias podem também ser provocadas por estados de transe e por indução hipnótica. As amnésias psicogênicas podem ocorrer através de interferências catatímicas em todas as etapas da memória, seja na atenção, no registro, na consolidação ou na evocação.

MANIFESTAÇÕES CLÍNICAS

As estruturas cerebrais associadas à atenção e à memória imediata (sistema reticular ativador), assim como também as estruturas ligadas à formação de memória a curto e longo prazos (especialmente o hipocampo, no lobo temporal) relacionam-se também com o *sistema límbico*, ligado à vida emocional e à motivação. Dessa forma, estados afetivos como a ansiedade e a depressão podem impedir o registro mnêmico normal. O estresse, como já vimos, tende a inibir a função do hipocampo e mesmo a reduzir o seu volume.

Os pacientes que apresentam quadros reais de amnésia geralmente não se queixam disso (exceto em fases muito iniciais), por não se aperceberem claramente da perda. Podem eventualmente desenvolver quadros reativos depressivos ou paranoides em função dessa deficiência, sentindo-se incapacitados, prejudicados, envenenados ou roubados.

Na *psicose ou síndrome de Korsakoff* (uma síndrome amnéstica geralmente causada pelo alcoolismo), a amnésia anterógrada predomina – sem demência – e é muitas vezes acompanhada de *fabulações*, ou tentativas de preencher as lacunas mnêmicas com dados fantasiosos improvisados. Encontramos aí também uma certa apatia, com perda da iniciativa, do *insight*, da capacidade de deslocar a atenção de uma tarefa para outra, assim como da capacidade de formar conceitos e categorias. Mesmo mantendo-se a noção do fluxo do tempo, perde-se o sentido da localização temporal dos eventos (isolamento contextual). Quando tenho elementos para suspeitar desse quadro, eu costumo perguntar logo na primeira entrevista se o paciente me conhece; nesses casos, ele geralmente diz que sim e me atribui um nome qualquer: "*Dr. Fulano*", assim como dá um nome errado para o hospital, errando também a data e o dia da semana. Ocorrem aí lesões diencefálicas (núcleos talâmicos dorsomedianos), que ocasionam diminuição da capacidade de registro ou codificação da informação. Dados experimentais demonstraram que, nesses casos, o registro é que se torna lento, mas uma vez ocorrido, o processo de esquecimento é normal. Já nos casos de lesões hipocampais o que ocorre é uma perda da consolidação dos registros iniciais, com um rápido esquecimento.

A autoconsciência está estreitamente relacionada com a memória episódica autobiográfica, que dá continuidade, sentido e coerência à identidade própria. Quando aquela se deteriora, esta também se perde. No entanto, a perda real das referências básicas de identidade (auto-orientação) só costuma ocorrer nos estágios terminais das demências (quando o indivíduo se encontra em um estado mental profundamente regredido, quase vegetativo) ou nos estados psicóticos, geralmente por uma *falsa orientação* autopsíquica (Capítulo 14). Para uma pessoa esquecer realmente quem é, seria necessária a perda retrógrada de todos os registros mentais até uma idade de menos de 2 anos.* Neste caso esqueceria também a linguagem e todas as informações adquiridas posteriormente, ou seja, apresentaria um quadro demencial profundo. Aquelas histórias em que o sujeito leva uma pancada na cabeça e logo depois acorda perguntando *"quem sou eu?"* só acontecem nos filmes classe "B". Por essa razão, os casos em que o paciente perde a auto-orientação, mas permanece agindo e falando normalmente, são sempre casos de amnésia *psicogênica*, dissociativa.

Nas lesões cerebrais agudas, como nos traumatismos craniencefálicos e acidentes vasculares encefálicos, pode ocorrer perda da memória de fixação (com eventual recuperação posterior) e perda definitiva dos registros dos eventos imediatamente anteriores ao momento da lesão. Lesões circunscritas normalmente permitem alguma forma de preservação mnêmica, ao contrário de lesões generalizadas, como na demência de Alzheimer.

N. B.: Naturalmente, a avaliação adequada das funções mnêmicas só pode ser feita com a consciência inteiramente lúcida, em plena clareza sensorial. Atenção diminuída, obnubilação de consciência ou estados confusionais impossibilitam qualquer diagnóstico cognitivo (inteligência e memória).

Certos quadros cerebrais de origem vascular (multi-infartos cerebrais, por microtrombos) podem cursar com confusão mental oscilatória por longos períodos, seguida por demência instável com ocasionais episódios de recuperação quase completa, seguidos de novas crises e recuperações parciais até sobrevir a deterioração final. Ocorrem aí dificuldades com a memória imediata, pela alteração de consciência e, eventualmente, com a própria fixação dos registros, pelas eventuais lesões corticais.

Nos casos agudos e nos estados demenciais reversíveis geralmente ocorre recuperação da capacidade de fixação. Caso esta não aconteça, o paciente fica preso aos seus registros anteriores, sem poder formar novos. Nessa situação não pode mais haver qualquer aprendizado, nem estabelecimento de novas relações ou formação de compromissos.

Certa vez atendi um jovem dentista que havia sofrido um traumatismo craniano há cerca de um ano e perdera totalmente a memória anterógrada. Sua vida – afetiva, social e profissional – desfizera-se completamente. Apesar de continuar dominando a técnica do tratamento dentário, perdera todos os clientes porque não podia lembrar-se de nenhum dos casos em que estivera trabalhando, e cada continuação tornava-se sempre uma situação totalmente nova. Evidentemente, só pude obter estas informações pelo relato de seus familiares, que o trouxeram à consulta. Seu olhar era de uma estranha perplexidade, com uma expressão tão vazia que até incomodava. Era como se estivesse despertando de um sonho. Na terceira vez que o vi, cumprimentou-me exatamente como na primeira entrevis-

---

* Alguns casos raros, porém, mostram amnésia retroanterógrada com perda da memória episódica e preservação da semântica. Ver Rosenbaum et al. *Neuropsychologia* 2005;43:989-1021. O escritor italiano Umberto Eco escreveu interessante livro ficcional sobre um caso hipotético de amnésia episódica pura.

ta: *"Muito prazer, eu sou Fulano"*. Parecia intuir de alguma forma que havia qualquer coisa profundamente errada com ele, mas não tinha a mínima ideia do que poderia ser. Não lhe era possível estabelecer nenhum relacionamento pessoal, e tudo o que acontecera naquele ano após o acidente era sempre novidade, sem sequência temporal, e logo esquecida. A sua vida presente reduzira-se a um castelo de areia, desmanchando-se a todo momento.

OUTRAS ALTERAÇÕES

- **Hipermnésias:** situações em que a memória se mostra extraordinariamente extensa e detalhada. Podem ser transitórias (p. ex., situações de extremo perigo, próximas da morte) ou permanentes (casos raros, anedóticos, memórias "fotográficas", alguns *idiots-savants* e outros). No século XVI, o teólogo jesuíta, Matteo Ricci, poliglota que também era cartógrafo e matemático, passou muitos anos na China e escreveu vários textos em mandarim e um livro sobre técnicas mnemônicas.* O famoso pesquisador russo, A. R. Luria, descreve um caso muito interessante, no livro *"A Mente de um Mnemonista"*. Sobre este assunto há também excelente conto de Jorge Luís Borges, chamado *Funes, o Memorioso*, que não se pode deixar de ler. Existem ainda memórias extensas que são exclusivamente autobiográficas, como o relato do caso de Jill Price e outros.

- **Alomnésias:** são as modificações ou distorções que ocorrem no registro mnêmico, constituindo fenômenos equivalentes a *ilusões* catatímicas da memória. Tais distorções são condicionadas por fatores emocionais – patológicos ou não – e culturais, que *interpretam* inconscientemente as percepções e criam novos registros mnêmicos. Alonso-Fernández cita como exemplo o caso muito interessante de uma pesquisa americana sobre o preconceito racial, que mostrava aos sujeitos uma imagem de dois homens, um branco e outro preto, em que o branco empunhava uma navalha. Quando os sujeitos brancos procuravam reconstituir de memória a figura, em grande número de vezes a navalha aparecia na mão do preto. A rigor, todas as recordações – de qualquer pessoa – sofrem alguma influência catatímica, como constata o provérbio *"Quem conta um conto aumenta um ponto"*. Este fenômeno tem certa importância na psicopatologia forense por causa da questão da veracidade dos testemunhos.

- **Paramnésias:** são as *criações* patológicas de falsos registros mnêmicos, correspondendo a *alucinações* da memória. Uma forma de paramnésia é o fenômeno chamado **déjà vu** (*já visto*, em francês) que consiste no sentimento de familiaridade com objetos ou situações inteiramente novas, ou do reconhecimento de acontecimentos ou lugares totalmente desconhecidos. O fenômeno oposto chama-se **jamais vu**. Uma outra forma é a célebre **"síndrome das memórias falsas"**, quadro dissociativo que se instalou nos Estados Unidos na década de 1980, logo após as célebres epidemias de "personalidades múltiplas" das décadas de 1960 e 1970. Nessa época, uma coqueluche de terapias hipnóticas e de "regressão" visavam relembrar supostos traumas do passado infantil dos

---

* **Atualmente, técnicas mnemônicas gerais incluem:**
- memorização simples (decoreba)
- classificação em escala (espacialização em 1 dimensão)
- classificação em mapa (espacialização em 2 dimensões)
- associação por imagens
- sonorização por semelhança (associação)
- sonorização por rimas e ritmização
- sonorização por melodias
- trabalho prático e estudo de caso (vinculação pessoal, envolvimento emocional)

pacientes, especialmente abusos sexuais, à semelhança dos casos de Sigmund Freud, no fim do século XIX. Após inúmeros processos judiciais, inclusive de filhos contra pais e até netos contra avós, chegaram à mesma conclusão que Freud, de que não seria possível ocorrerem tantos abusos assim, e que deveriam existir outras explicações. Na década de 1990, *redescobriram* que falsas recordações poderiam ser registradas na memória, através de sugestão. O fenômeno, no entanto, já havia sido exaustivamente descrito no século XIX, antes mesmo de Freud, por Jean-Pierre Falret, Ernest-Charles Lasègue, Alfred Binet e outros. Aliás, Santo Agostinho já havia mencionado as "*falsæ memoriæ*" em 400 d.C. Assim, interrogatórios policiais com forte carga emocional e sugestiva podem, eventualmente, *implantar* fatos e eventos em mentes imaturas, produzindo confissões fantasiosas.

- **Criptomnésias:** correspondem a registros ocultos (memórias perdidas, "enterradas"). Episódios de glossolalia podem originar-se dessa forma. Filhos de imigrantes ou pessoas que imigraram quando crianças podem esquecer totalmente a língua materna e relembrá-la, subitamente, em alterações de consciência ou estados demenciais. Conheço um caso de uma senhora de mais de 90 anos, em processo demencial, que irrompera a falar de forma ininteligível. Uma bisneta, que estudava alemão, reconheceu espantada naquelas palavras este idioma, que a bisavó teria aprendido na infância, mas que jamais havia falado ou dado mostras de conhecer. **Obs.:** O termo **amnésia de fonte** *(source amnesia)* refere-se mais propriamente à perda da *origem* do registro mnêmico, em que os fatos são separados de seu contexto. Assim, certos engramas podem ser "apagados" e até mesmo acabar retornando à consciência mais tarde, ressurgindo como se fossem ideias novas, recentes. Algumas formas de plágio não intencional de obras literárias ou musicais podem originar-se dessa maneira. Existem também casos não psicogênicos, ocasionados por lesão ou deterioração cerebral, especialmente de lobos frontais. No exemplo de criptomnésia propriamente dita, os registros semânticos ficaram completamente sepultados e só afloraram pela deterioração cortical. No caso das memórias falsas (ou "implantadas", como as mencionadas *paramnésias*), fantasias inconscientes e sugestões hipnóticas são inteiramente construídas como recordações episódicas reais.
- **Fabulações ou confabulações:** são dados ou informações fantasiosas que o paciente fornece, com as quais tenta *preencher* os vazios da memória, na síndrome de Korsakoff. Certas lesões do lobo frontal (prosencéfalo basal) podem ocasionar perda da integração mnêmica, de tal forma que o paciente ainda consegue relembrar aspectos dos objetos e dos fatos, mas o faz separadamente, sem lograr associá-los num registro único. Em tais casos também ocorrem confabulações, mas sem a função de preenchimento de lacunas da síndrome de Korsakoff.
- **"Palimpsestos" alcoólicos:** por analogia com os antigos pergaminhos, sobre os quais se escreviam várias vezes, raspando previamente o texto anterior, Bonhöffer denominou assim os "apagamentos" dos registros mnêmicos dos pacientes alcoólicos, dos quais só restam pequenos vestígios. Muitos textos humorísticos são escritos sobre esses episódios, em que o personagem ouve – entre espantado e envergonhado – relatos os mais constrangedores sobre a sua vexaminosa *atuação* na noite anterior.

PROSPECÇÃO SUMÁRIA DOS ESTADOS DE PREJUÍZO COGNITIVO

O chamado Miniexame do Estado Mental (escala Folstein), ou *Minimental*, pela sua simplicidade e rapidez, é o instrumento mais comum na avaliação dos prejuízos cognitivos para fins de triagem clínica, assim como também para pesquisa. Ele procura identificar tanto estados demenciais, como alterações do estado de consciência, *delirium*, ou quaisquer doenças em geral que afetem a cognição. A pontuação de 0 a 17 indica prejuízo cognitivo grave; de 18 a 23, prejuízo leve, e de 24 a 30, pouco ou nenhum. Um redutor é aplicado para pacientes de pouca instrução, estabelecendo pontos de corte em 18, para analfabetos, 21 para 1 a 3 anos de escolaridade, 24 para 4 a 7 anos e 26 para mais de 7.

É importante frisar que este teste é apenas para triagem e não para diagnóstico. Para fins clínicos ou forenses, não há muita sensibilidade nem grande capacidade discriminatória, não sendo sempre capaz de distinguir, por exemplo, uma demência de uma depressão ou de um estado confusional. No contexto pericial ou da prática psicogeriátrica cotidiana, em qualquer caso de dúvida quanto à capacidade cognitiva recomendamos fazer uma avaliação neuropsicológica completa, sempre que possível.

ORIENTAÇÃO
- Qual é o ano – (ano/semestre/mês/data/dia) – 5 pontos.
- Onde estamos – (estado/cidade/bairro/hospital/andar) – 3 pontos.

MEMÓRIA IMEDIATA
- Nomear três objetos – (um segundo para cada nome). Posteriormente, pergunte ao paciente quais são estes três nomes. Dê 1 ponto para cada resposta correta. Então repita-os até o paciente aprender. Conte as tentativas e anote.

ATENÇÃO E CÁLCULO
- "Sete seriado": Subtrair sete de 100 até 65. Dê 1 ponto para cada resposta correta até o máximo de 5 pontos. Interrompa após 5 perguntas. Como teste alternativo, soletrar a palavra "MUNDO" de trás para frente.

MEMÓRIA DE EVOCAÇÃO
- Pergunte pelos 3 objetos nomeados acima. Dê 1 ponto para cada resposta correta.

LINGUAGEM
- Mostre um relógio e uma caneta. Pergunte como chamam. Dê 2 pontos, se correto.
- Repetir o seguinte: "Nem aqui, nem ali, nem lá". 1 ponto.
- Seguir o comando com três estágios: "Pegue este papel com a mão direita, dobre-o ao meio e coloque-o no chão". Dê 3 pontos para o total.
- Ler (escrito em letras grandes) e executar a ordem: "FECHE OS OLHOS" (1 ponto).
- Escrever uma frase. Dê um ponto se tiver sujeito, verbo e objeto.
- Copiar o desenho seguinte. Dê um ponto se os lados e ângulos estiverem preservados, e se a interseção formar um quadrilátero.

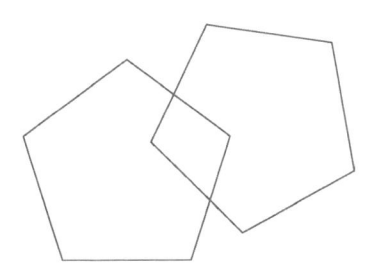

N. B.: Não podemos nos esquecer que este é apenas um teste **de rastreamento e triagem**, de origem americana, feito para ser aplicado lá e tendo como referência pessoas até então normais, alfabetizadas, com um mínimo de instrução e totalmente cooperativas. Evidentemente, a sua validade cai muito quando o utilizamos em pessoas iletradas,* pouco motivadas, desinteressadas, desconfiadas, deprimidas, psicóticas etc. Além disso, devemos levar em conta as **deficiências visuais, auditivas e motoras**, extremamente frequentes em idosos. Ambientes restritos e monótonos, como asilos, manicômios e prisões também podem afetar a orientação temporal. Mais uma vez, vale lembrar: *nenhum teste isolado pode substituir o conhecimento e o bom-senso.*

LEITURA ADICIONAL SUGERIDA
Almeida P, Nitrini R. *Demência*. São Paulo: Fundo Editorial Byk; 1998.
Borges JL. *Ficções*. Porto Alegre: Globo; 1970.
Blazer DG, Steffens DC, Busse EW. *Textbook of geriatric psychiatry*, 3rd ed. Washington, DC: American Psychiatric Press; 2004.
Cohen, L. *L'Homme Thermomètre*. Paris: Odile Jacob; 2008.
Johnson G. *Nos palácios da memória*. São Paulo: Siciliano; 1994.
Luria AR. *The mind of a mnemonist*. Cambridge and London: Harvard University Press; 1987.
McEwen B. *The end of stress as we know it*. Washington, DC: J Henry Press; 2004.
Posner MI. *Cognição*. Rio de Janeiro: Interamericana; 1980.
Price J, Davis B. *The woman who can't forget*. New York: Simon & Schuster; 2008.
Schacter DL. *The seven sins of memory*. Boston: Houghton Mifflin; 2001.
Shaw J. *The Memory Illusion*. London: Random House; 2017.
Yudofsky SC, Hales RE. *Neuropsiquiatria e neurociências na prática clínica*. Porto Alegre: Artes Médicas; 2006.

---

* Mesmo considerando o ponto de corte reduzido. Além disso, temos que considerar que "escolaridade", entre nós, não é um conceito confiável. Aqui, muita gente que concluiu formalmente o primeiro grau, na realidade mal sabe escrever o próprio nome.

Capítulo 17 Alguns Aspectos do Relacionamento Interpessoal na Prática Clínica

*No fundo do mar há riquezas incomparáveis.
Mas se queres segurança, busca-a na praia.*

Sheik Saadi de Shiraz (1184-1291)
O Jardim Secreto

Apesar de ser mais do que evidente que cada caso clínico tem suas peculiaridades, e que não existem personalidades iguais, devemos reconhecer que a própria definição de psicopatologia pressupõe a uniformidade e a repetição, que são justamente o que caracteriza os distúrbios mentais. Se o ser humano hígido é mentalmente flexível, o ser humano doente é rígido, repetitivo, previsível. Esta previsibilidade, e não o oposto, é o que distingue a loucura, ao contrário do que acreditam os leigos. O que varia nos doentes corresponde, exatamente, aos aspectos sadios de suas mentes. A depressão, a fobia ou a mania são sempre as mesmas; quem são diferentes são os deprimidos, os fóbicos e os maníacos. Como já vimos, o ser humano normal, ou razoavelmente sadio, ao contrário do que gostamos de pensar, não é racional, nem previsível.

O escritor inglês, G. K. Chesterton, certa vez disse: *"O louco é aquele que perdeu tudo, exceto a razão."* Assim, quando ouvimos *"Como vai?"*, em geral respondemos espontaneamente: *"Bem! E você?"*, sem que precisemos ter nenhuma *razão* especial para isso. Enquanto isso, um obsessivo iria querer saber, precisamente, em que sentido a pergunta foi feita, um paranoico poderia suspeitar do que o interlocutor estaria insinuando com essas palavras, uma criatura maníaca poderia entendê-las como uma proposta amorosa e um hipocondríaco certamente não perderia a oportunidade para falar das suas últimas mazelas.

Por este motivo, acreditamos que para dar conta de algumas das situações problemáticas mais comuns, podem ser de utilidade certas regras gerais de relacionamento interpessoal, acompanhando exemplos de casos clínicos. Tivemos a preocupação de não pretender trazer um *pacote* de soluções prontas, *maceteadas*, nem mesmo procurar abranger um grande número de possibilidades, já que o nosso propósito é simplesmente o de estimular o estudo da psicopatologia pela da vivência clínica e não o de tentar tirar o prazer da descoberta àqueles que iniciam uma prática tão cheia de alternativas.

O PACIENTE E A FAMÍLIA

Uma primeira observação com relação à entrevista com a família deve ser a de que aquilo que esta relata nem sempre corresponde àquilo de que o que o paciente se queixa, nem ao que o terapeuta está interessado. No entanto, ambos os relatos devem ser valorizados como pontos de vista diferentes de uma mesma realidade, e assim compreendidos como verdadeiros e igualmente importantes. Por exemplo, um pensamento delirante ou uma alucinação nem sempre são notados por familiares, mas os distúrbios específicos do comportamento, sim. Enquanto um paciente demenciado queixa-se veementemente de estar sendo perseguido, sua família reclama apenas das atitudes socialmente inadequadas da parte dele, mas nenhuma das duas queixas deve chamar a atenção do entrevistador, pois no momento o aspecto psicopatológico básico em que precisa concentrar o seu interesse é o alcance do déficit cognitivo.

Em pacientes mentalmente deficientes, é comum que a família negue por completo o déficit, procurando ajuda apenas quando ele fica agressivo ou sexualmente inadequado. Num caso ilustrativo de atendimento em serviço público, a mulher do paciente veio apenas buscar medicação neuroléptica no ambulatório, dizendo que se tratava de um problema de agitação e distúrbio do comportamento, iniciado há três anos; o problema em trazê-lo era a dificuldade dele em caminhar. Fiz questão da presença do paciente e deparei-me com uma tetraparesia espástica e um quadro demencial grave, com incontinência urinária e fecal, sem qualquer diagnóstico neurológico formado, apesar de ter circulado por vários serviços médicos. Ela não tinha qualquer preocupação a esse respeito e só havia trazido o paciente porque eu havia pedido, pois não sentia qualquer necessidade de esclarecimento quanto à natureza da doença, que evoluía rapidamente. Tudo o que a preocupava eram os eventuais episódios de agitação e de agressividade – muito restrita, aliás, pela quase imobilidade do paciente.

Como já frisamos anteriormente, nas situações conflitivas, o paciente sempre faz parte do jogo familiar, e o examinador ou terapeuta não se deve permitir ser incluído nele. No entanto, o grupo familiar cria armadilhas sutis, de forma tal que o terapeuta acaba favorecendo ou se contrapondo a uma facção ou outra, sendo assim rapidamente *absorvido* antes que se possa dar conta. Estabelecer papéis estereotipados e dissolver as identidades individuais são partes essenciais da função da família, que é agrupar, mobilizar e proteger as pessoas. São os métodos naturais pelos quais o sistema familiar "fagocita" as influências dos indivíduos externos.

Informações que apenas alguns membros da família conhecem – transgressões, como violência, roubo, drogas, abuso sexual, incesto ou fatos eventualmente embaraçosos, como homossexualidade, ilegitimidade, adoção etc. – constituem os "segredos familiares", cuja manipulação pode enredar o terapeuta em uma trama recheada de confusões. Isso pode ser especialmente destrutivo quando existem vários terapeutas envolvidos na rede de intrigas.

Em princípio, é fundamental que o entrevistador evite ser manipulado pela família, não se colocando de um dos lados em situações conflitivas, nem tomando partido ou fazendo alianças. Por outro lado, a conduta rígida de não ouvir familiares sem a presença do paciente, nem discutir o caso com os terapeutas de outros membros da família nem sempre funciona, ou nem sempre é exequível. A melhor forma é compreender o que se passa por meio da entrevista familiar (com ou sem terapia familiar).

Em primeiro lugar, o entrevistador deve ter em mente que, frequentemente, essas confidências sigilosas costumam ser segredos de polichinelo, cujo valor é essencialmente simbólico, não factual. Não é à toa que os segredos são recursos indispensáveis aos roteiristas de telenovelas. A questão fundamental não é o segredo em si, mas quem, como e quando faz a revelação, e qual o seu sentido. Se o terapeuta tiver isso claro, o risco de ceder à curiosidade e à tentação de descobrir coisas escabrosas tende a se reduzir bastante.

Os laços de família sofrem fortes influências do meio cultural. Sociedades mais organizadas e individualistas tendem ao enfraquecimento dos vínculos familiares após a infância. Como já vimos, tais sistemas só podem ser considerados "patológicos" quando se encontram em clara dissensão da norma cultural. Comunicações paradoxais e situações ambíguas estão sempre presentes nessas manobras tortuosas, que exigem atenção constante por parte do entrevistador.

Note-se que muitas vezes percebe-se que o paciente indicado constitui-se apenas no porta-voz de uma família simbiótica, cujos problemas encarrega-se de veicular. Nessas situações indica-se, formalmente, a terapia familiar, já que nenhuma terapia individual poderia ter sucesso onde não há indivíduo, mas todo um grupo familiar que o paciente representa.

Institucionalmente, muitas vezes o terapeuta e sua equipe sentem-se fortemente tentados a se utilizar dos mesmos recursos psicológicos da família, na tentativa de obter resultados que julgam importantes, como evitar uma internação, fazer com que a família leve para casa o paciente de alta ou licença, conseguir com que a prescrição seja cumprida corretamente etc. Estes recursos podem ser a ameaça velada de abandono do caso, a exposição retórica do paciente como vítima, a recriminação e provocação de sentimentos de culpa nos familiares etc. Como tais expedientes pertencem ao próprio círculo vicioso dentro do qual giram os problemas do paciente e da família, seu resultado a médio e longo prazos será sempre negativo; mesmo a curto prazo, poderá ser eventualmente catastrófico, por mais bem intencionada que seja a equipe.

O seguinte exemplo real ilustra esta afirmativa. A família de um paciente crônico foi *convencida* pela equipe hospitalar a levá-lo de licença para passar o Natal em casa, aonde já não ia há longos anos. De início resistiram, mas, finalmente, acabaram por concordar. Afinal chegou a esperada data, mas nenhum familiar apareceu para buscá-lo. O paciente, desesperado, suicidou-se.

Na maioria das vezes, nada do que o terapeuta ou sua equipe diga à família corresponde a algo que ela realmente já não saiba, implícita ou explicitamente. Portanto, a postura mais eficaz para o terapeuta será sempre a de se mostrar receptivo, paciente, solícito, tolerante e compreensivo para com as dificuldades da família. Qualquer outra atitude será sempre vista pelos parentes como uma tentativa de fazê-los *dar o braço a torcer*, de passar o *abacaxi* das mãos da instituição para as deles. Por outro lado, esta solicitude não deve ser confundida com indecisão, falta de convicção, fragilidade ou indiferença. O papel simbólico do médico está por trás de toda e qualquer intervenção, e não se pode realmente fugir dele.

O PACIENTE DELIRANTE

Não, não creio em mim.
Em todos os manicômios há doidos malucos com tantas certezas!
Eu, que não tenho nenhuma certeza, sou mais certo ou menos certo?
Não, nem em mim...

Álvaro de Campos (Fernando Pessoa)

Confrontar o paciente e o seu delírio com a realidade, em geral, é uma atitude simplesmente repressiva, que pouco ajuda no processo terapêutico. Por outro lado, concordar com tudo o que ele diz não passa de uma hipocrisia tola, que o paciente logo percebe, porque o mero fato de ser maluco não implica ser também burro. O psicótico não deve ser tratado nem como um criminoso, nem como uma criança. A postura terapêutica deve ser oposta à que se vê nos hospícios, onde os pacientes ora estão enjaulados como feras, ora estão em coloridas salas de terapia ocupacional, onde pintam, cantam e fazem bonequinhos de massa, como numa creche. Uma postura firme, sem ser autoritária, e receptiva sem ser frouxa, costuma possibilitar uma redução sensível da ansiedade e proporcionar uma entrevista esclarecedora. Em suma, todas as vezes que a relação mostrar-se estereotipada ou rígida, pode-se ter a absoluta certeza de que não é terapêutica.

O contato interpessoal com o paciente esquizofrênico pode ser cordato, afável, agradável, até intenso, mas nunca é empático ou profundo. A inadequação sempre caracteriza os seus nexos afetivos. Ainda assim a firmeza, a confiança e a sinceridade podem ajudar no estabelecimento de uma relação terapêutica satisfatória. Uma paciente, realmente desejosa de mostrar a sua gratidão e o seu afeto por mim, resolveu escrever-me um cartão de ano novo; só que em sua ambivalência, dirigiu-o "ao psiquiatra", evitando chamar-me pelo nome; assim, ambiguamente, mostrava o seu sentimento, mas ao mesmo tempo frisava os aspectos repressivos e impessoais da nossa relação.

Caso 1 – Quando a não ação é o caminho do Tao

Lembro-me de um caso que atendi num serviço de emergência, em que o paciente recusava-se a sair do banco de trás do carro em que os familiares o trouxeram. Aproximei-me dele e perguntei sobre o que havia acontecido. Ele recusou-se a responder. Respondi que já que ele não queria falar, eu teria que conversar com outra pessoa que pudesse me informar sobre o caso. Dirigi-me então à sua mãe e fiz a mesma pergunta, de forma que ele ouvisse. Ele interessou-se, então, em dar sua própria versão dos acontecimentos e fez menção de querer falar. Nesse momento, uma enfermeira, pessoa obsessiva que ficava extremamente angustiada com situações indefinidas, não conseguindo suportar mais a ansiedade, resolveu entrar no carro para tentar convencê-lo. O paciente assustou-se com a invasão e fugiu. Criou-se uma enorme confusão e resolvi retornar à minha sala. Logo depois chamei a enfermeira e expliquei-lhe, então, que tais pacientes, em razão dos seus pensamentos delirantes de perseguição, acreditam que todos nós ali estamos mancomunados com a família, com o propósito de prejudicá-los, e não podem ser convencidos do contrário por simples argumentos. Quando eu aceitei a negativa do paciente, desistindo de falar com ele e dirigindo-me à sua mãe, além de implicitamente demonstrar que não havia falado previamente com ela, suscitei no paciente o desejo de se manifestar, de não permitir que ela comandasse a situação. Antes que a ansiosa enfermeira se entregasse aos seus sentimentos de culpa e autoflagelação, procurei tranquilizá-la, mostrando que o paciente deseja tratar-se, ao mesmo tempo em que tenta fugir. Disse a ela que não se preocupasse, pois o rapaz certamente retornaria, já que tais casos são sempre carregados de situações ambíguas, e mesmo os pacientes que são ludibriados pela família e vêm a tratamento por meio de estratagemas, na verdade, sabem o que acontece. Os pacientes, indiretamente, contribuem para essa *farsa* inconsciente e sempre participam de todos os pretensos *segredos* familiares. Meia hora depois, o paciente retornou com a família, que o encontrou no ponto de ônibus.

Um lembrete importante: a presença de ideias delirantes e alucinações em paciente com bom *rapport* pessoal indica geralmente outros quadros patológicos, como *alucinose alcoólica, depressão agitada, melancolia involutiva, folie hystérique, intoxicação por cocaína ou outras drogas estimulantes* etc.

Caso 2 – É por isso que eu bebo...

Atendi, uma vez, no ambulatório, uma mulher muito simpática que me relatou haver sofrido diversos surtos psicóticos, com delírio e alucinações, tendo sido algumas vezes internada. Chegou a tentar o suicídio, e uma vez ateou fogo à sua própria casa, tendo sofrido sérias queimaduras. O que mais me chamou a atenção foi exatamente a expressividade com que ela narrava os terríveis episódios pelos quais passara. Eu não consegui ver nada de esquizofrênico nela. Fiz, então, uma pergunta que raramente fazemos a pacientes do sexo feminino: *"Você bebe?"* Ela respondeu: *"Até cair..."* Deprimia-se com frequência e então bebia desbragadamente. Sabemos que inúmeros esquizofrênicos também bebem e usam drogas. Portanto, a diferença entre um esquizofrênico alcoólatra e um alcoólatra delirante encontra-se, exclusivamente, na relação interpessoal, não na sintomatologia objetiva, que pode ser rigorosamente a mesma.

O PACIENTE AGITADO OU AGRESSIVO

Uma das primeiras lições que se aprende – ou se deveria aprender – em emergência psiquiátrica é a de que a agitação psicomotora, com ou sem agressividade, ao contrário do que pensa o leigo ou o profissional inexperiente, nada tem a ver com a gravidade do quadro psíquico. No entanto, como já vimos, há uma tendência a se valorizar excessivamente a gravidade dos sintomas, quando o paciente mostra-se agressivo. Já que é exatamente o que mais assusta e mobiliza, deve ser especialmente considerada. Muitas vezes providências óbvias deixam de ser tomadas, como verificar a possibilidade de intoxicação, *overdose* etc. Uma das principais razões de interconsulta psiquiátrica para pacientes internados em hospital geral são as crises de abstinência alcoólica, já que quando o paciente se interna para exames, tratamento ou cirurgia fica alguns dias sem beber. Parece incrível que alguém consiga não fazer um diagnóstico evidente como esse, mas a ansiedade criada pela agitação é tanta que esta falha acontece a todo momento.

Caso 1 – *Os bombeiros apagam as chamas do conflito familiar*
Certa vez, quando eu ainda era um estudante, estando sozinho no hospital e contando apenas com alguns auxiliares de enfermagem, vi-me às voltas com uma daquelas emergências psiquiátricas bem típicas: um carro do corpo de bombeiros, com todo aquele estardalhaço que os caracteriza, trazia amarrada com grossas cordas, uma jovem que vociferava de forma ensurdecedora, acompanhada por sua mãe, que esbravejava em resposta. Ao que disseram, ela havia tentado se atirar pela janela, armando um enorme alvoroço que culminara em um espetaculoso resgate. Meu primeiro impulso, ao me defrontar com aquele tumulto infernal, foi o de internar a moça, após contê-la e medicá-la. No entanto, algo me impediu de agir dessa forma padronizada, prescrita por todos os manuais e praticada em todos os hospitais. Refleti que estava ali para aprender alguma coisa sobre as pessoas, e não apenas para *descascar abacaxis*. Resolvi, então, dispensar os bravos soldados do fogo e simplesmente colocar as duas numa sala e ouvi-las. Ficamos quase duas horas a portas fechadas. Depois marcamos consultas para o ambulatório e, uma vez equacionada a crise familiar, finalmente ambas puderam voltar tranquilamente para casa.

Caso 2 – *De como os saltos altos podem ser nocivos à saúde mental*
Nessa mesma época presenciei uma narrativa inacreditável, digna, simultaneamente, de uma comédia-pastelão e das mais profundas reflexões. Uma mulher andava rapidamente pela calçada da Avenida Rio Branco, quando a ponta do salto alto de seu sapato enfiou-se por um vão entre as pedras portuguesas. Prendendo-se subitamente o salto, com a perna da moça transformada em eixo, o seu movimento retilíneo transformou-se em circular, e a coitada passou a girar, em busca do equilíbrio perdido. A força centrífuga resultante fez a sua bolsa orbitar, presa pela alça, num raio extenso ao seu redor, vindo a colidir em cheio com a cara de outra mulher que passava. Esta, furibunda, imediatamente armou um enorme escândalo, clamando em altos brados pela polícia, que no mesmo instante resolveu prender a suposta "agressora". Face aos seus veementes protestos, concluíram que não podia mesmo ser "certa da cabeça", e conduziram-na imediatamente ao Pinel. Lá nós, estagiários e psiquiatras, perplexos, tivemos a oportunidade de ouvir esta história surpreendente e constatarmos que um inexorável caminho para o hospício podia se iniciar até mesmo numa simples caminhada pela calçada...

Caso 3 – *O histérico que não estava com essa bola toda*
A agitação nos pacientes histéricos pode-se tornar extremamente assustadora. Enquanto certos indivíduos realmente perigosos parecem inofensivos, os histriônicos (do latim *histrio*: palhaço) ladram muito mais do que mordem. Uma vez vi um caso, trazido pela

polícia, em que todos, médicos, auxiliares e mesmo os soldados ficaram com medo de tirar-lhe as algemas para levá-lo à enfermaria, face às terríveis ameaças que proferia. Criou-se um impasse que durou longos minutos, até que um dos policiais – note-se todos eram muito maiores e mais fortes que o paciente – finalmente decidiu-se e resolveu segurá-lo, o que fez sem qualquer dificuldade. Concluiu, então, algo surpreso: *"Tu não tá com essa bola toda, não..."*

Caso 4 – Sem que o paciente soubesse
Já mencionamos que os *segredos familiares* são sempre compartilhados pelo paciente e que o terapeuta pode, facilmente, se tornar parte do jogo familiar. Estes fatos, aliados à tradicional precariedade do nosso atendimento ambulatorial, especialmente nas áreas periféricas e rurais, às vezes culminam em situações trágicas, que quem faz perícias em psiquiatria forense encontra com frequência. Tal foi o caso de um rapaz agricultor, esquizofrênico grave, cuja mãe comparecia mensalmente ao ambulatório da cidade próxima apenas para receber os medicamentos, pois ele recusava qualquer tratamento. Ela, então, misturava os remédios na comida, *sem que o paciente soubesse*. Um dia, porém, ele não pôde mais conter o seu ódio e matou a mãe a machadadas. Quando entrevistei este paciente não pude deixar de me recordar de uma apresentação que assisti num congresso de psiquiatria, em que relatava-se que o Haldol,® que o paciente tomava, era administrado secretamente na *pizza*. Na *pizza*. Em São Paulo, é claro.

Caso 5 – O agitado quietinho
Muitas vezes a própria instituição favorece indiretamente os episódios de agitação, simplesmente ao dar-lhes prioridade no atendimento. Certa vez cheguei ao ambulatório e deparei-me com uma cena armada de confusão e balbúrdia. A atendente veio pedir-me que desse preferência a um determinado caso, pois o tal indivíduo já havia sido causador de vários tumultos. Levando em consideração o que já disse anteriormente, que agitação e gravidade não estão relacionados e, percebendo o enorme erro em que incorreria se concordasse com a atendente, eu chamei o tal "agitado" e lhe disse para me acompanhar para a emergência, onde seria prontamente medicado. Ele assustou-se com a ideia de tomar um "sossega-leão" e disse que isso não seria necessário. Então falei, alto o suficiente para que todos escutassem, que, nesse caso, ele seria o último a ser atendido, pois não tinha consulta marcada e que eu não toleraria mais nenhuma gritaria ali dentro. E assim foi. Se "agitação" fosse um critério de prioridade no atendimento, em pouco tempo o ambulatório tornar-se-ia um verdadeiro inferno. Quando bem organizado e conduzido, o ambulatório de psiquiatria, por maior que seja a sua massa de atendimentos, não precisa ser, necessariamente, mais tumultuado que qualquer outro no hospital geral.

O PACIENTE SUICIDA
Talvez a coisa mais importante que se deva saber ao avaliar uma pessoa que tentou o suicídio é que este nem sempre está diretamente ligado a algum quadro clínico específico. Além disso, o suicídio nem sempre se relaciona com a gravidade do quadro e, assim, nem sempre pode ser previsto nem evitado. Certamente a depressão grave apresenta sempre um risco de suicídio, mas um grande número de suicídios também é cometido por alcoólatras, histéricos, esquizofrênicos, paranoides, maníacos e pessoas normais em situações circunstanciais de desespero. Não existe nenhum elemento específico isolado para se prever o risco de suicídio. Fatores de personalidade, como impulsividade, autoimagem,

relacionamento interpessoal, fatores circunstanciais e fatores culturais podem pesar muito mais do que a seriedade intrínseca do quadro estritamente psiquiátrico. A importância dos fatores socioculturais é ilustrada por um estudo estatístico que mostrou que, no Japão, a relação entre homicídios e suicídios era de *1 para 3*, enquanto no México ocorriam *10* homicídios *para cada* suicídio. Em geral, as taxas de violência mostram tendências inversas aos índices de suicídio. Nas guerras, os suicídios tendem a diminuir, e a aumentar nas crises econômicas.

Se depressão fosse sinônimo de suicídio, pacientes maníacos dificilmente o cometeriam. No entanto, conheço dois casos de pacientes indubitavelmente maníacas que tentaram o suicídio nas férias de seus terapeutas. Certamente não o fizeram com o propósito específico e determinado de darem fim às suas existências, mas muito provavelmente voltadas à relação com os terapeutas, com a intenção de mobilizá-los ou culpá-los. Não foram tentativas nem muito sérias, nem mesmo bem executadas, mas infortunadamente uma delas acabou vindo a falecer em decorrência do ato. Concluímos que, psicopatologicamente, o suicídio não pode ser valorizado em si mesmo, mas apenas dentro da história de vida de cada paciente.

A entrevista com qualquer paciente que tente, ameace ou pareça tentar o suicídio deve ser discreta e conscienciosa, mas sempre direta, sem eufemismos nem circunlóquios. A abordagem familiar geralmente é muito útil. Naturalmente, quadros melancólicos e psicóticos graves devem receber atenção especial, preferencialmente sob internação hospitalar, sempre que os pacientes manifestem quaisquer ideias autodestrutivas. No entanto, a real gravidade dessas ameaças só pode ser avaliada pessoalmente, caso a caso.

A ENTREVISTA DE INTERCONSULTA

Com as modernas tendências à presença da psiquiatria no hospital geral, é lá que se deve dar uma boa parte da formação dos novos psiquiatras. Conhecer a dinâmica hospitalar e as necessidades afetivas dos pacientes e dos profissionais é a principal tarefa do profissional. Devemos notar que em muitas das vezes não se trata de atender os "casos psiquiátricos" *stricto sensu*, mas de compreender os problemas no relacionamento médico-paciente e nas dificuldades interpessoais das próprias equipes, procurando proporcionar resoluções produtivas para os conflitos. Trata-se, portanto, muito mais de necessidades referentes à psicologia médica do que realmente à psiquiatria. Talvez seja útil lembrarmos que os índices de dependências de drogas e de suicídios entre os médicos são significativamente mais elevados do que entre a população em geral. Como já havíamos mencionado, o médico sempre representa um papel divinizado ou sacerdotal para aqueles que se colocam em suas mãos; assim, sentimentos de onipotência fazem parte da própria essência da profissão médica. Não deve ser o propósito de o interconsultor estar sempre denunciando ou combatendo tais sentimentos, já que sem eles, ninguém conseguiria se dedicar a um trabalho tão ingrato. O peso da responsabilidade só pode ser aliviado pela fantasia de poder, e a formação das equipes deve refletir essa proporção.

O paciente "pertence" ao hospital e aos que o atendem, não ao consultor, cuja função é a de compreender e ajudar a equipe a se manter em equilíbrio. Apenas quando se observa uma perda de rumo ou que a tolerância à frustração se reduz a um mínimo é que se deve intervir mais diretamente. Definições claras de papéis e funções são fundamentais para o funcionamento de qualquer equipe. Isto nada tem a ver com rigidez, autoritarismo ou com uma ausência de "democracia" na equipe. Sem uma hierarquia de atribuições técnicas com base no conhecimento, na experiência e na responsabilidade, ocorre uma irresistível tendência à inconsequência, ao descompromisso e ao caos.

Na clínica médica, os médicos tendem a acompanhar mais proximamente os seus pacientes e a estabelecer vínculos com eles por períodos mais prolongados. Já em algumas especialidades e na cirurgia em geral, há maior inclinação às posturas estritamente "pragmáticas" e às atitudes tecnocratizantes, seguindo os moldes da medicina americana. Situações de angústia e desamparo podem levar a reações emocionais "inadequadas", "irracionais" ou difíceis de manejar; estas conduzem inevitavelmente a tentativas de forçar um enquadramento diagnóstico – aplicações de tabelas e questionários, critérios do DSM-IV ou CID-10 etc. – e ao emprego inadequado de psicofármacos, ou, então, ao encaminhamento sumário ao psiquiatra.

O consultor deve dominar bem a linguagem médica – e não me refiro apenas à terminologia técnica – não somente para ser bem-aceito pelo grupo, mas também para "traduzir" e se fazer entender pela equipe. Não podemos nos esquecer que um hospital é um lugar cheio de gente sofrendo, ameaçada pela morte, onde trabalham profissionais premidos pela responsabilidade de tratá-las, curá-las, salvá-las. Ali são tomadas diariamente decisões que alteram radicalmente a vida das pessoas. De nada adianta criticar as inadequações do "modelo médico" sem a proposição de alternativas viáveis e a criação de métodos exequíveis. Se bem encaminhada, compreendida e aceita, a intervenção pode servir de catalisador para a clarificação de alguns problemas individuais e coletivos do grupo e, assim, contribuir para sua resolução.

O PACIENTE COM DOENÇA GRAVE OU TERMINAL

Não surpreende em nada a constatação de que os pacientes gravemente doentes apresentam com frequência quadros depressivos. No entanto, o que muitas vezes se vê é a simples tristeza ou angústia frente à morte, sem depressão clínica. Em consequência disso, são relativamente comuns as dificuldades no relacionamento com familiares, amigos, médicos, enfermeiros etc.

Eventualmente, o psiquiatra pode ser chamado em interconsulta apenas porque o colega de outra especialidade não está conseguindo lidar com a perspectiva da morte, do fracasso, da perda, da desesperança. Nem sempre suportamos a convivência com a morte, e diagnosticar "depressão", prescrevendo antidepressivos e ansiolíticos acaba sendo uma aparente solução (para a equipe e para a família, mais que para o paciente).

Muito poucos profissionais se dispõem a abordar diretamente tais situações. Lembro-me sempre da perplexidade de uma colega quando, ao ver seu pai sucumbir mentalmente face à neoplasia maligna que em poucos meses o levou, tentou em vão conseguir um psicoterapeuta para ele. Mesmo dentro de sua própria sociedade psicanalítica, não logrou encontrar **nenhum** médico ou psicólogo cuja boa vontade lhe permitisse dispor de algum "horário" para atendê-lo.

O médico tende a encarar o paciente à morte como alguém que não pode ser ajudado, alguém a quem ele nada tem a oferecer. A inexorabilidade da morte é o maior obstáculo à onipotência médica. Apesar disso, devemos reconhecer que a onipotência é um sentimento até certo ponto necessário, talvez mesmo indispensável à prática médica. Essa onipotência é reforçada pelo paciente – que deseja a cura, a salvação, a graça – e faz parte da eficácia simbólica da medicina. Sob o aspecto subjetivo do médico, compreende-se que conviver com a morte, a doença, a perda, o sofrimento e a incapacitação é uma tarefa além das possibilidades humanas que só as fantasias de onipotência permitem suportar.

A questão de como sair dessa onipotência sem desabar numa completa *impotência* resta como um problema que apenas a maturidade pode resolver. Dispor de "horário" para a morte corresponde a um ato de enfrentamento sereno, sem arrogância, e de humildade digna, sem subterfúgios. Quem avalia um paciente terminal deve levar em conta que o desespero pode torná-lo pouco cooperativo, às vezes até mesmo alguém extremamente difícil de se lidar. Isto é especialmente verdadeiro se as pessoas com quem o paciente deveria contar têm-se mostrado tão acuadas quanto ele. Médicos que se sentem ansiosos e desamparados tendem a *fugir* do paciente, sugerindo transferências para outras instituições ou *empurrando-o* para novas avaliações por outros especialistas e, assim, contribuindo para o agravamento dos seus sentimentos depressivos.

Certos pacientes, porém, reagem com uma surpreendente disposição e coragem à constatação de que apresentam uma doença séria, possivelmente mortal. Engajam-se em diversas atividades, procuram realizar antigos projetos, participam de grupos de ação comunitária etc. Parece mesmo que seu estado geral de humor melhorou. Muitas vezes este fato é interpretado como uma "saída maníaca" para a depressão causada pela doença. Em algumas pessoas, no entanto, parece haver algum fator de *redenção* na ocorrência da doença fatal. É como se o paciente sentisse que as suas *dívidas* para com a sociedade estão pagas e ele está livre para fazer o que quiser.

Um dos meus pacientes, homossexual, sabendo-se HIV positivo, passou a mostrar-se de alguma forma aliviado, como que redimido da culpa, da responsabilidade de ter decepcionado seus pais e sua família. Dessa maneira a doença, vista como uma *nêmesis*, um terrível castigo, pode servir também como uma espécie de "penitência" para se alcançar o perdão para os pecados. Por isso, muitas vezes as terapêuticas mais dolorosas e os remédios mais amargos parecem funcionar melhor. Além disso, parece haver uma espécie de reorganização dos recursos afetivos para um "modo de sobrevivência", que deixa de lado os pequenos percalços da vida e estabelece o foco em novas prioridades.*

Uma paciente neurótica, depressiva e ansiosa, com um histórico psicossomático enorme, parecia confortável depois de ter recebido um resultado de HIV positivo, chegando a plastificar o laudo médico, para poder apresentá-lo a todo o instante. Sua necessidade de se vitimizar e se mostrar digna de compaixão transpareciam em sua fisionomia, que parecia ansiosa por absorver toda a consternação que as pessoas demonstravam ao ler o tal laudo.

O médico deve ter sempre em mente que mesmo que todos nós saibamos que vamos morrer, o fato de não sabermos exatamente quanto nos permite viver como se fôssemos imortais. A grande diferença que o estado terminal traz é conhecimento da morte como profecia ou vaticínio, impossibilitando essa fantasia de imortalidade. O poder do médico e o medo que sua intervenção provoca não têm outra origem. Evadir-se desse encargo, porém, não é solução.

Na prática médica americana é rotina dizer-se ao paciente terminal que ele vai morrer mesmo e que – de acordo com as estatísticas – tem tantos meses de vida. Nesse ambiente cultural a verdade factual se coloca acima de qualquer outra consideração. Para resolver os problemas decorrentes dessa atitude, foram criados protocolos e rotinas de *breaking bad news* para o paciente. Naturalmente, todos se fundam numa questão essencial: a disposição para ouvir o paciente e compreender o seu ponto de vista; o resto é simples bom-senso.

---

* Um trabalho com pacientes com lesões de medula espinal mostrou que os seus índices de problemas de saúde mental pareciam ser menores que os dos controles. Abrantes-Pais F de N et al. Psychological or physiological: why are tetraplegic patients content? *Neurology* 2007 July 17;69(3):261-67.

O PACIENTE DEPENDENTE

Entrevistar um paciente de personalidade dependente pode ser uma das experiências mais exasperantes para qualquer profissional, mesmo para quem já tem prática. Costumam ser pessoas mimadas, que exploram o cônjuge ou mesmo os filhos, ou então moram com os pais; em suma, estão acostumadas a se "encostar" nos outros. Na instituição psiquiátrica fazem exatamente a mesma coisa. Alternam uma postura de queixas e lamúrias pueris com uma atitude pusilânime de autoflagelação e chorosos arrependimentos. Exigem permanente atenção e reclamam de tudo e de todos, até que a paciência das pessoas se esgota; então passam a autoacusar-se, a penitenciar-se e mostrar um profundo arrependimento pelas suas faltas, sua insensibilidade e seu egoísmo. Ninguém parece ser capaz de recriminá-los mais duramente do que eles próprios. No entanto, assim que obtêm o que desejam, retornam imediatamente às mesmas atitudes anteriores.

Como já vimos, tais pacientes são totalmente infensos a qualquer forma de psicoterapia que não esteja fortemente calcada no reforço de defesas, já que não suportam frustrações. No bêbado Marmeladoff, personagem do "Crime e Castigo" de Dostoievsky, o arrependimento mostrava uma eloquente sinceridade; no entanto, seus únicos rendimentos eram obtidos por meio da prostituição da sua própria filha, que assim lhe sustentava o vício. Este constitui-se um perfeito exemplo dramatizado, literário, de um quadro real com o qual nos deparamos a todo instante, na vida profissional e naturalmente também na vida social.

O PACIENTE INCAPACITADO

Um filho incapacitado física ou mentalmente acarreta, invariavelmente, decepção e sentimento de culpa nos pais. Se o equilíbrio do casal já não for lá essas coisas, então diversos problemas emocionais somar-se-ão aos já existentes. Quando os pais tendem a negar o problema, a criança sofre com seu fracasso em levar uma vida normal e, muitas vezes, acaba culpando-se por decepcionar os pais; outras vezes procura reagir a isso com inconformismo e hostilidade. A grande maioria dos deficientes "difíceis" cai nesse caso. Outras vezes a mãe, para redimir-se de haver gerado um deficiente, enfrenta o problema inflando o seu papel maternal, dedicando-se, integralmente, ao filho, e geralmente tornando-o fragilizado e pueril, e mostrando-se progressivamente mais e mais controladora. Quando isso acontece, qualquer abordagem psicoterápica que objetive maior autonomia e ampliação dos recursos da personalidade tende a ser sempre extremamente dificultada pela intervenção materna. Outras vezes, como no caso descrito no Capítulo 15, o paciente mostra-se inconformado por não poder corresponder às expectativas dos pais, e assim acaba não rendendo nem mesmo o mínimo do seu potencial.

A incapacitação física ou mental surgida na idade adulta leva sempre a algum grau de esvaziamento afetivo e depressão, muitas vezes com desejos de autoextermínio. A outra face da mesma moeda são as atitudes manipulativas, a exacerbação da dependência, as chantagens emocionais e a provocação de sentimentos de culpa. Quanto menor for a capacidade de autoestima, e quanto maior for a necessidade subjetiva de apresentar bons desempenhos para obter o afeto das pessoas e de si mesmo, mais catastrófica tende a ser a reação. O terapeuta não deve negar a perda que o paciente sofreu e a sua depressão. Sem dúvida, a incapacidade física ou mental envolve, necessariamente, alguma perda da autonomia e, portanto, não deixa de ser uma "morte" parcial, que precisa ser pranteada. A negação desse luto pode significar uma incapacidade de aceitá-lo, o que poderia ser bem pior.

O PACIENTE DE BAIXO NÍVEL SOCIAL

Entre os problemas de relacionamento médico-paciente mais comuns, quando se lida com pacientes de nível social muito baixo, talvez o mais importante seja a postura dependente e infantilizada, que séculos de hábitos culturais paternalistas incrustaram indelevelmente na população. O paciente vai ao médico passivamente, como quem vai receber uma bênção, sem nenhum sentimento de que precisa participar ativamente do diagnóstico e do tratamento. Muitas vezes os pacientes deixam de fornecer informações básicas ou o fazem displicentemente, com imprecisões ou mesmo erros grosseiros. Agem assim porque creem que adivinhar é parte do ofício do médico, como o de qualquer curandeiro que se preze. Certa vez, atendendo em emergência uma paciente que teria tomado comprimidos para dormir, vi-me obrigado a repetir aos familiares cerca de 10 vezes as mesmas perguntas, de diversas maneiras, obtendo a cada vez uma resposta diferente. Irritados com as perguntas, eles achavam que *pequenos detalhes* como o nome da droga, a quantidade de comprimidos e a hora em que os medicamentos foram ingeridos não tinham nenhuma importância.

Verificamos que nas emergências boa parte dos casos tem natureza ambulatorial, mas uma patente negligência quanto ao cumprimento dos programas terapêuticos os transformou em emergências. Naturalmente, a isso se soma a precariedade do atendimento público...

As concepções da vida dessas pessoas tendem a ser mágicas e fatalistas e a privilegiar um conceito cíclico de tempo, em que as coisas sempre se repetem, em detrimento das visões lineares, sequenciais, relacionando causa e efeito com que a medicina trabalha. A medicina vista como *mágica*, mesmo que uma mágica tecnológica, é sempre muito mais valorizada que qualquer prática científica conscienciosa. Estas questões predominantemente culturais já foram levantadas no Capítulo 3. Se não levarmos em consideração tais fatos, jamais conseguiremos entender por que um paciente falta às consultas marcadas e aparece quando você já o deu por desistente, por que vai ao laboratório e faz a dosagem plasmática do lítio sem ter nem ao menos comprado o remédio, por que recusa-se, peremptoriamente, a participar de psicoterapia semanal próxima à sua casa, mas consegue viajar várias horas e esperar outras tantas por uma consulta de 5 minutos, para a qual não levou nenhum dos exames solicitados, nem cumpriu qualquer uma das determinações do médico. Ao profissional é que cabe ter uma ampla compreensão desses fatores e é dele que terão que vir as ideias para quaisquer possíveis melhoras técnicas em nosso precário e distorcido sistema de saúde.

OS PACIENTES DIFÍCEIS

São aqueles que despertam sentimentos fortemente negativos nos médicos (irritação, ódio, frustração, medo, culpa, aversão, etc.). É fundamental que o médico perceba esses sentimentos em si próprio, antes mesmo que os atos do paciente se tornem evidentes. Quando o desejo de que o paciente não venha, desapareça ou mesmo morra não é trabalhado emocionalmente, sentimentos de culpa e desvalia podem-se mostrar extremamente destrutivos. Muitas vezes o paciente acaba por "repassar" para o médico o seu desespero, a sua hostilidade, a sua destrutividade. Alguns vão de médico em médico despejando e contaminando. Nem todos os médicos têm consciência de que também as doenças da mente podem ser *contagiosas*. Como vimos, passar bruscamente da onipotência para a impotência pode ser traumático. Não é à toa que a medicina é uma das profissões com maior índice de suicídios. Lidar com tais pacientes faz parte do trabalho médico e é uma das razões pelas quais a entrevista diagnóstica também tem um aspecto terapêutico.

Os tipos abaixo são desafios constantes:

- Hostis, desafiadores, desrespeitosos.
- Manipuladores, chantagistas, vitimistas.
- Autodestrutivos.
- Dependentes, carentes, poliqueixosos.

UMA CONCLUSÃO

O estudo da psicopatologia é extraordinariamente amplo, podendo estender-se por campos os mais diversos, talvez mais do que qualquer outra disciplina. O nível de complexidade dos fenômenos que estudamos é de tal ordem que nos escapa ao entendimento; em razão disso, a participação dos elementos culturais é tão íntima que suas dificuldades são bem maiores que as de outras disciplinas. Como ainda estamos muitíssimo longe de uma "teoria do campo unificado" na psicopatologia, e ficamos restritos às tentativas de amarrar as inúmeras pontas soltas – biológicas, psicológicas e sociológicas – dos nossos conhecimentos, a tentação de nos lançarmos às especulações teóricas é praticamente irresistível. A única maneira de se evitar – ou talvez tentar administrar – os devaneios explicativos é a absoluta fidelidade à observação clínica, a exemplo de Ulisses, que se fez prender ao mastro da embarcação para não se deixar seduzir pelo canto das sereias. Cair nessa armadilha é oscilar entre a Cila da afirmação categórica, incontestável porque inconfirmável, e a Caribdes da obviedade.

Dizer que a essência da psicose está na *forclusion du nom du père* é tão sem sentido quanto afirmar que está nas sinapses dopaminérgicas, na comunicação familiar ou na microestrutura do lobo frontal. Para escapar dos raciocínios circulares e das conclusões acacianas, devemos nos manter atrelados à clínica e a nós mesmos como instrumentos de avaliação. Imagino que este percurso seja comparável ao de um veleiro no mar, que para navegar necessita de tanto mais quilha e mais lastro abaixo de si quanto de maior extensão de velas acima; sem as velas não progride, mas sem o lastro vira, e sem a quilha e o leme não tem direção.

LEITURA ADICIONAL SUGERIDA

Balint M. *O médico, seu paciente e a doença*, 2.ed. Rio de Janeiro: Atheneu; 1987.
Kubler-Ross E. *On death and dying*. London: Tavistock; 1969.
Pichot P, Rein W. *L'approche clinique en psychiatrie*. Synthélabo: Le Plessis-Robinson; 1993.
Sullivan HS. *The interpersonal theory of psychiatry*. New York: Norton; 1953.

Bibliografia de Referência
(Uma literatura básica em Psicopatologia)

BIBLIOGRAFIA DE REFERÊNCIA ▪ (UMA LITERATURA BÁSICA EM PSICOPATOLOGIA)

Alonso-Fernández F. *Fundamentos de la psiquiatría actual*. v. 1 – Psiquiatría general. 3. ed. Madrid: Paz Montalvo; 1977.
Bleuler E. Psiquiatria – Parte geral: psicopatologia (trad. da 15. ed. alemã (1983) do *Lehrbuch der Psychiatrie*, revista e atualizada porManfred Bleuler; Berlin und Heidelberg, Springer-Verlag). Rio de Janeiro: Guanabara Koogan; 1985.
Dalgalarrondo P. *Psicopatologia e semiologia dos transtornos mentais*. Porto Alegre: Arte Médicas Sul; 2000.
Cutting J. *Principles of psychopathology*. Oxford University Press; 1997.
Delgado H. *Curso de psiquiatria*. 1ª parte: Psicopatología. 6. ed. Barcelona: Cientifico-Medica; 1978.
Ey H, Bernard P, Brisset C.*Manual de psiquiatria* (trad. do *Manuel de Psychiatrie*. Paris: Masson). São Paulo: Masson; 1981.
Jaspers K. Psicopatologia geral (trad. da 8. ed. alemã (1965) de *Allgemeine Psychopathologie*. Berlin und Heidelberg, Springer-Verlag). Rio de Janeiro: Atheneu; 1973.
Mayer-GrossW, Slater E, RothM. Psiquiatria clínica (trad. da 3. ed. inglesa de *Clinical Psychiatry*. London: Cassel). São Paulo: Mestre Jou.
Blaney PM, Krueger RF et al. *Oxford Textbook of Psychopathology*.Oxford University Press; 2014.
Minkowski E. *Traité de psychopathologie*. Synthélabo; 1999.
Miranda-Sá Jr LS. *Compêndio de psicopatologia*. Porto Alegre: Artmed; 2001.
Nobre de Melo AL. *Psiquiatria*. 3. ed. Rio de Janeiro: Guanabara Koogan, 1981. Psicologia geral e psicopatologia. Rio de Janeiro: Civilização Brasileira; 1979.
Paim I. *Curso de psicopatologia*. 4. ed. São Paulo: Ciências Humanas; 1979.
Nunes Filho EP, Bueno JR, Nardi AE. *Psiquiatria e saúde mental*. Rio de Janeiro: Atheneu; 1996.
Sims A. *Symptoms in the mind*. 2nd ed. London: Saunders; 1995.

Obs.: A literatura psiquiátrica é vastíssima, extremamente heterogênea e largamente diversificada. Nenhum livro poderia abranger todos os aspectos da psicopatologia nem apresentar sempre a melhor abordagem ou a melhor didática. Inúmeras outras obras poderiam ser acrescentadas às mencionadas na lista acima: sugestões serão bem-vindas.

Índice Remissivo

ÍNDICE REMISSIVO

Entradas acompanhadas por um *f* em itálico indicam figuras.

A

Abordagem
  behaviorista, 12
  clínica, 17
    como uma visão, 17
      abrangente, 17
      multiconceitual, 17
    fenomenológica, 14, 89
    outras, 13
Abuso, 229
  de cocaína, 56
Adulto
  depressão, 146
    melancólicas, 146
    reativas, 146
    secundárias, 146
  esquizofrenia no, 145
  estado de transe, 147
  hipnose, 147
  mania no, 145
  quadros cerebrais
    agudos, 147
  quadros demenciais, 147
  quadros neuróticos, 146
Afasia(s)
  associativas, 264
  de Wernicke, 186
  motoras, 264
  sensitivas, 264
Afetividade, 199
  alterações do tono
    afetivo, 214
    distimia
      ou alterações do
        humor, 215
    outras, 217
  atenção e, 137
  cultura
    e emoção, 203
  empatia, 202
  estresse
    e doenças
      psicossomáticas, 203
    não é tensão, 205
    estudo da, 199
    manifestações clínicas, 210
  pensée opératoire
    e alexitimia, 206
Agitação
  psicomotora, 247
    ansiosa, 249
    catatônica, 250
    delirante, 250
    histérica, 248
    maníaca, 248
    oligofrênica, 250
    tóxica, 249
Agnosias, 170
Agressividade, 251
Alexitimia, 205, 274
  definição, 274
Alterações
  da atenção, 141
    nos quadros clínicos, 141
      na criança, 141
      no adulto, 145
  da expressão
    facial e corporal, 270
  da vontade, 223
  das percepções, 171
    agnosias, 171
    corpórea, 174
    da imagem corporal, 175
    outras, 174
    qualitativas, 172
      alucinações, 172
      ilusões, 171
    quantitativas, 171
  das sensações, 166
  demenciais, 48
    da personalidade, 48
  do estado de consciência, 113
    gerais, 113
  do humor, 215
  do pensamento, 184
    curso, 184
    forma, 184
  do tono afetivo, 214
  funcionais
    da atenção, 140
      disprosexias, 141
      hiperprosexia, 140
      hipoprosexia, 140
  qualitativas, 230
  quantitativas, 227
Alucinações, 172
  auditivas, 172
  gustativas, 172
  olfativas, 172
  táteis, 172
  visuais, 172
Ambivalência
  afetiva, 219
Amnésia(s), 312
  anterógradas, 313
  retroanterógradas, 314
  retrógradas, 314
  seletivas, 140, 312
Anamnese
  no exame psiquiátrico, 100
    história da doença
      principal, 100
    identificação do
      paciente, 100
    queixa principal
      ou motivo da
      internação, 100
Ansiedade, 210
Arte
  psicopatologia e, 273
Asclépios, 75
Atenção, 129
  alterações da, 140
    funcionais, 140
      disprosexia, 141
      hiperprosexia, 140
      hipoprosexia, 140
    nos quadros clínicos, 141
      no adulto, 145
      na criança, 141
  conceitos fundamentais, 133
    aberta, 134
    estrita, 134
    extensa, 134
    fechada, 134
    outros aspectos, 134
    tenacidade, 134
    vigilância, 134
  e as funções psíquicas, 136
    afetividade, 137
    consciência, 136
    memória, 139
    percepção, 138
    psicomotricidade, 138
    vontade, 138
  e cálculo, 319

e cultura, 147
elementos funcionais, 129
Atividade
  involuntária normal, 227
    alterações
      da vontade, 227
      dos hábitos, 227
      dos instintos, 227
    ou autonomia, 283
      paralisia do eu, 283
      possessão, 283
  voluntária normal, 223
      autodeterminação, 223
      pragmatismo, 223
Atos compulsivos, 242
Autismo
  na criança, 142
Autoagressividade
  e automutilação, 241, 253
Autoconsciência
  consciência do eu, 277
    ou orientação
      autopsíquica, 277
    atividade
      ou autonomia, 283
        paralisia do eu, 283
        possessão, 283
    identidade, 288
    o inconsciente, 281
    oposição, 290
      consciência
        individual
          estados alterados
            de, 291
          versus coletiva, 291
        solipsismo, 292
    unidade, 284
      dissociação
        esquizofrênica, 288
        histérica, 284
        induzida, 287
        outras formas
          de, 288
        possessiva, 286
        terapêutica, 286

B

Barbitúricos, 56
Borderline states, 304
Bradipsiquismo, 184
Brasil, 80
  ambiguidade, 80
  malandragem, 80
  poder, 80

C

Capgras
  síndrome de, 193

Caráter
  nacional, 77
    construção do, 31, 77
Catalepsia, 124
Catarse
  significado de, 85
Catatimia, 218
Cleptomania, 242
Cocaína
  abuso de, 56
Cognições
  delirantes, 190
  vívidas, 190
Coma, 114
  profundo, 114
  vígil, 124
Comunicação
  simbólica, 70
  verbal, 261
    psicopatologia e, 261
Conceitos
  de doença, 20
    níveis patológicos, 20
  de liminaridade, 81
  de saúde, 20
    níveis patológicos, 20
  fenomenológicos, 19
    de desenvolvimento, 19
    de processo, 19
    de reação, 19
  fundamentais, 13, 134
    atenção, 134
      aberta, 134
      estrita, 134
      extensa, 134
      fechada, 134
      outros aspectos, 134
      tenacidade, 134
      vigilância, 134
    psicopatologia
      fenomenológica
        e outras
          abordagens, 13
  psicanalíticos, 44
    mecanismos de defesa, 44
    neuróticos, 44
    psicóticos, 44
Consciência, 293
  atenção e, 136
  estado de, 111
    coma ou coma
      profundo, 114
    crepusculares, 115
    epilépticos, 115
    delírio, 115
    dissociativos, 116
    histéricos, 116
    epilepsia, 121

crises convulsivas, 121
  eletroencefalograma, 121
estupor, torpor ou coma
  superficial, 114
hipnóticos, 116
  de transe, 116
morte cerebral, 114
outras alterações do, 124
sonambulismo, 120
sonhos, 119
sono, 117
  normal, 117, 118
  outros distúrbios do, 121
  patológico, 117
turvação ou obnubilação
  do, 113
estreitamentos da, 115
individual
  versus coletiva, 291
Constituição
  da personalidade, 31
Conteúdo
  do pensamento, 189
Corpúsculos
  de Meissner, 165
  de Ruffini, 165
Cotard
  síndrome de, 174
Crença
  ou delírio, 194
Criança
  ansiedade na, 142
  autismo na, 142
  deficiência mental na, 141
  déficit de atenção
    e hiperatividade na, 142
Crises
  convulsivas, 122
    diagnóstico, 122
    tratamento, 122
Culpa, 80
  versus perseguição, 79
Cultura
  atenção e, 147
  e emoção, 203
  e personalidade, 67
    Asclépios, 75
    Brasil, 80
      ambiguidade, 80
      malandragem, 80
      poder, 80
    caráter, 77
      nacional, 77
        construção do, 77
    concepções, 72, 74
      cíclicas do tempo, 74
      contínuas do tempo, 75
      de doença, 72

de saúde, 72
culture-bound syndrome, 83
  conceito de, 83
deuses, 74
  da saúde, 75
  das doenças, 74
Omolu, 74
perseguição, 79
  versus culpa, 79
perspectiva terapêutica, 84
relativismo, 71
rituais, 70
símbolos, 70
tempo, 73
  cíclico, 73
  contínuo, 73

D
Deficiência
  mental, 141
    na criança, 141
  ou oligofrenias, 300
    graves ou não treináveis, 301
    leves ou educáveis, 300
    moderados ou treináveis, 301
Déficit de atenção
  e hiperatividade
    na criança, 142
Delírio(s), 115, 189
  definição de, 189
  primários, 189
    interpretativos, 190
    sistematizados, 189
  secundários, 190
    persecutórios, 191
Demências, 306
  ou estados demenciais, 306
    falsas, 308
      ocorrência, 308
    nas doenças, 307
Demonologia
  livros de, 11
Depressão, 211
  endógena, 212
  no adulto, 146
    melancólicas, 146
    reativas, 146
    secundárias, 146
Desenvolvimento, 43
  conceito de, 19
Desintegração, 43
Desorientação
  alopsíquica, 153
    causas genéricas de, 153
Deuses

da saúde, 75
Diagnóstico
  o sentido do, 93
Disprosexia, 141
  hipertenacidade, 141
  hipervigilância, 141
Dissociação, 284
  esquizofrênica, 288
  histérica, 284
  induzida, 287
  outras formas de, 288
  possessiva, 286
  terapêutica, 286
Distimia(s)
  colérica, 217
  depressiva, 215
  expansiva, 215
  melancólica, 215
  ou alterações do humor, 215
Distúrbios
  esquizofrênicos, 268
    da linguagem, 268
  essencialmente
    orgânicos, 264
    da fala, 264
  motores, 247
    de origem, 247
      fundamentalmente orgânica, 247
      fundamentalmente psíquica, 247
    neurológica, 254
      com aspectos psíquicos, 254
  psicopatológicos, 265
    da fala, 265
Doença(s)
  concepções de, 72
  de Pick, 50
  deuses das, 74
  psicossomáticas
    estresse e, 203
Drogas
  e personalidade, 53

E
ECG (Eletroencefalograma)
  crises convulsivas e, 121
  epilepsia e, 121
Elemento(s)
  funcionais, 132
    da atenção, 132
Emoções
  primárias, 201
  secundárias, 201
Empatia
  autistas e, 202

definição de, 202
esquizofrênicos e, 202
psicopatas e, 202
Entrevista
  psiquiátrica, 89
    a família, 92
    o sentido do diagnóstico, 92
    problemas transculturais, 97
Enurese
  noturna, 121
  primária, 121
  secundária, 121
Epilepsia(s)
  crises convulsivas, 121
    e ECG, 121
  do lobo temporal, 49
  personalidade e, 49
Escala de Glasgow, 113
Espaço(s)
  antecipação, 160
  culturais, 158
  diversos, 154
  fisiológicos, 156
  na clínica, 159
  psicopatologia, 154
  psicóticos, 161
  psíquicos, 155
  terapêutico, 85
Esquema
  corporal, 170
Esquizofasia, 268
Esquizofrenia
  conceito de, 89
  no adulto, 145
  risco genético na, 38*f*
Estado(s)
  de consciência, 111, 279
    alterações do, 113
    gerais, 113
  de prejuízo cognitivo, 319
    prospecção sumária dos, 319
  limítrofes, 304
  psicóticos, 63
  vegetativo, 124
    crônico, 124
Estreitamentos
  da consciência, 115
    estados, 115
      crepusculares epilépticos, 115
      de transe, 116

dissociativos
  histéricos, 116
  hipnóticos, 116
Estresse
  e doenças, 203
  não é tensão, 205
  psicossomáticas, 203
Estrutura(s)
  e funções, 311
    da memória, 311
Estupor, 114, 253
  catatônico, 254
  depressivo, 253
  histérico, 254
Etnopsiquiatria, 24
Eu
  paralisia do, 283
Exame
  psiquiátrico, 87
    roteiro básico para, 99
      anamnese, 100
      exame físico, 101
      exame psíquico, 102
      exames
        complementares, 101
      psicopatologia forense
        e os exames
          periciais, 106
      revisão dos sistemas, 101
Expressão
  e linguagem, 257
    artística, 272
    facial e corporal, 270
      alterações da, 270

F

Fala
  distúrbios
    essencialmente
      orgânicos da, 264
    psicopatológicos da, 265
Família
  paciente e a, 92
Fatores
  patogênicos, 44
  patoplásticos, 44
Fobia
  social, 148, 210
Funções
  psíquicas, 136
    atenção e as, 136
      afetividade, 137
      consciência, 136
      memória, 139
      percepção, 138
      psicomotricidade, 138
      vontade, 138

G

Geschwind
  síndrome de, 50
Glasgow
  Escala de, 113

H

Heautoscopia, 193
Hipermimia, 270
Hiperprosexia, 140
Hipertenacidade, 141
Hipervigilância, 141
Hipnose
  no adulto, 147
Hipobulia, 227
  abuso, 229
  apragmatismo, 228
  automatismos, 228
  definição de, 227
  dependência, 228
  negativismo, 228
Hipocondria, 209
Hipomimia, 270
Hipomnésias, 312, 317
  definição de, 317
Hipoprosexia, 140
Humor
  alterações do, 215
    distimias ou, 215

I

Ideias
  deliroides, 190
  obsessivas, 193
  sobrevaloradas, 193
Identidade, 288
Ilusões
  auditivas, 172
  de óptica, 169
  visuais, 172
Imagem
  corporal, 170
    alterações da, 175
Impulsos
  agressivos-destrutivos, 240
  deambulatórios, 241
  patológicos, 240
Inatenção
  seletiva, 135
Inconsciente, 281
  coletivo, 69
Incontinência
  emocional, 218
    definição de, 218
Inibição, 117
  psicomotora, 253
    ocorrência, 253
  transmarginal, 117
  protetora, 117
Instituições, 11
Inteligência, 295
  avaliação da, 295
  demências
    ou estados demenciais, 306
    falsas, 308
  estados limítrofes, 304
  oligofrenia(s)
    falsas, 305
    relativa, 303
    ou deficiências
      mentais, 300
    questões, 301
      diagnósticas, 301
      etiológicas, 301
  testes cognitivos, 300
  QI, 300

J

Jargonofasia, 269
Jung
  classificação de, 34

L

Labilidade
  afetiva, 217
    definição de, 217
Liminaridade
  conceito de, 81
Linguagem, 319
  e expressão, 257
    alexitimia, 275
    alterações da expressão
      facial e corporal, 270
    artística, 272
    psicopatologia, 261
    e artes, 273
    e comunicação
      verbal, 261
    distúrbios
      esquizofrênicos
        da, 268
      essencialmente
        orgânicos, 264
      psicopatológicos
        da fala, 265
Lobo
  temporal, 49, 188
    epilepsias do, 49
    personalidade e, 49
    casos de, 49
    origem das, 49
Lógico
  pensamento, 183

ÍNDICE REMISSIVO

M
Medicamentos
 neurolépticos, 56
Medo, 210
Meissner
 corpúsculos de, 165
Memória, 139, 309
 alterações da, 312
  hipomnésias, 312
 amnésias
  anterógradas, 313
  retroanterógradas, 314
  retrógradas, 314
  seletivas, 140, 315
 atenção e, 139
  cálculo, 319
  baixo rendimento
   escolar, 140
 de evocação, 319
 estruturas
  e funções, 311
 falta de, 139
 imediata, 319
 linguagem, 319
 manifestações clínicas, 315
 orientação, 319
 outras alterações, 317
 prospecção sumária
  dos estados de prejuízo
   cognitivo, 318
Mente
 e cérebro, 12
Moralidade
 formação da, 79
Mória, 50, 218
Morte
 cerebral, 114
Mutismo, 265

N
Neotenia, 40f, 40
Neotimia, 218
Neurastenia, 209
Normalidade
 critérios de, 17
  estatístico, 17
  normativo, 17

O
Oligofrenia(s), 300
 ou deficiências mentais, 300
  falsas, 305
  questões, 301
   diagnósticas, 301
   etiológicas, 301
   relativa, 303

Oligofrênica
 personalidade, 48
 característica da, 48
Oligofrênico
 paciente, 187
 o pensamento no, 187
Omolu, 74
Orientação
 espaço-temporal, 151
  avaliação básica, 153
  desorientação
   alopsíquica, 153
   causas genéricas
    de, 153
  psicopatologia, 154
   antecipação, 160
   do espaço e
    tempo, 154
   culturais, 158
   fisiológicos, 157
   na clínica, 159
   psicóticos, 160
   psíquicos, 155
   diversos, 154
Oposição, 290
 consciência individual
  versus coletiva, 291
 estados de consciência, 291
  alternados, 291

P
Paciente(s)
 agitado
  ou agressivo, 326
  casos, 327-328
 com doença grave
  ou terminal, 330
 de baixo nível social, 333
 delirante, 325
  casos, 326
 dependente, 332
 difíceis, 333
 e a família, 323
 epiléptico, 188
  o pensamento no, 185
 esquizofrênico, 185
  o pensamento no, 185
 incapacitado, 332
 oligofrênico, 185
  o pensamento no, 185
 suicida, 328
Paixões
 definição de, 202
Pânico, 211
Parabulias, 230
 alterações, 230
 da nutrição, 230
 da sexualidade, 234

 disfunções, 230
 do controle dos
  esfíncteres, 233
 perversões distintivas, 230
Patoplastia, 24
Pensamento, 177
 alterações do, 184
  curso, 184
  fluxo, 184
  forma, 184
  outras, 193
 antropológico, 69
 coletivo
  ou grupal, 196
 conteúdo do, 188
  delírios, 188
   crença ou, 194
    conteúdo, 194
    forma, 194
   primários, 188
   secundários, 190
 lógico, 181
 mágico, 181
 no paciente, 185
  epiléptico, 188
  esquizofrênico, 185
  oligofrênico, 187
Pensée opératoire
 e alexitimia, 206
Percepção(ões), 166
 alterações das, 171
  agnosias, 171
  qualitativas, 172
  quantitativas, 171
 atenção e, 138
Periculosidade, 252
Perseguição
 versus culpa, 79
Personalidade(s), 29
 alterações de, 46
  demenciais, 48
  nos quadros
   psiquiátricos, 46
   de origem orgânica, 46
 caráter, 31
 constituição, 31
 cultura e, 67
 desenvolvimento da, 40
 diagnosticando a, 60
  e não os sintomas, 60
  neurose, 61, 62
  perversão, 61
  psicose, 61
   afetivas, 63
   desagregativas, 64
   reativas, 64
 drogas e, 53
 e epilepsias, 49

do lobo temporal, 49
intericta1, 50
oligofrênicas, 48
psicopáticas, 57
 tratamento das, 57
temperamento, 31
Perspectiva
 terapêutica, 84
Pick
 doença de, 50
Poder
 psicopatologia do, 83
Possessão(ões), 283
 definição de, 283
 demoníacas, 283
Prática clínica
 relacionamento interpessoal
  alguns aspectos do, 321
Problemas
 transculturais, 96
Processo, 43
 conceito de, 19
  fenomenológicos, 19
Prosopagnosia
 afetiva, 74
Psicopata
 determinação do, 59
Psicopatologia
 definição de, 3
 e artes, 273
 fenomenológica
  e outras abordagens, 13
 forense
  e exames periciais, 106
Psicoses
 afetivas, 63
 desagregativas, 64
 reativas, 64
Psicossíndromes
 frontais, 50
Psicomotricidade, 247
 atenção e, 138
 definição de, 245
 distúrbios motores
  agressividade, 251
  de origem neurológica
   com aspectos
   psíquicos, 254
  de origem orgânica, 247
  de origem psíquica, 247
  periculosidade, 252
  inibição psicomotora, 253
Psicopatologia
 e arte, 273
Psicoterapia, 48
Psiquiatria
 antropológica, 24
 social, 23

sociologia da, 23
 transcultural, 24
Psíquico
 exame, 102
  afetividade, 103
  atitude em relação ao
   entrevistador, 103
  aspecto geral, 103
  atenção, 102
  autoconsciência, 106
  comportamento e
   psicomotricidade, 103
  estado de consciência, 102
  inteligência, 105
  linguagem, 103
  memória, 105
  orientação, 103
  pensamento, 104
  sensopercepção, 105
  vontade e
   pragmatismo, 104

Q
QI
 testes cognitivos e, 300
Quadro(s)
 cerebrais
  agudos, 147
 clínicos, 6
  delírio, 7
  frenitis ou frenesi, 6
  letargia, 6
  mania, 7
  melancolia, 6
  moria, 7
 demenciais, 147
  no adulto, 147
 esquizofrênicos, 64
  no adulto, 147
 neuróticos
  no adulto, 146
 psicóticos
  agudos, 56
 psiquiátricos, 46
  de origem orgânica, 46
  alterações de
   personalidade nos, 46

R
Reação, 43
 conceito de, 19
  fenomenológicos, 19
Relação
 psicossomática, 18
Relacionamento interpessoal
 na prática clínica
  alguns aspectos do, 321

entrevista de
 interconsulta, 329
o(s) paciente(s)
 agitado ou
  agressivo, 326
  caso 1, 327
  caso 2, 327
  caso 3, 327
  caso 4, 328
  caso 5, 328
 com doença grave ou
  terminal, 330
 de baixo nível
  social, 333
 delirante, 325
  caso 1, 326
  caso 2, 326
 dependente, 332
 difíceis, 333
 e a família, 323
 incapacitado, 332
 suicida, 328
Relativismo, 69, 71
 cultural, 69
Rituais, 70
 de cura, 72
Roteiro
 básico
  para o exame
  psiquiátrico, 99
Ruffini
 corpúsculos de, 165

S
Saúde, 72
 concepções de, 72, 75
Sensopercepção, 163
 percepção, 166
  alterações das, 171
   corpórea, 174
   qualitativas, 172
   quantitativas, 171
  esquema, 170
   corporal, 170
  imagem, 170
   corporal, 170
   alterações da, 175
 sensação, 163
  alterações das, 166
  definição de, 163
Silogismos, 179
Símbolos, 70
 do poder, 70
 fálicos, 70
Síndrome
 de Capgras, 193
 de Cotard, 174
 de Estocolmo, 117

geral
    de adaptação, 19
    orbitofrontal, 50, 51
Sistemas
    revisão dos, 101
Sociologia
    da psiquiatria, 23
Sociopata, 58
Solipsismo, 292
    definição de, 292
Sonambulismo, 118, 120
Sonhos, 119
    análise dos, 120
        configurações
            manifestas, 120
        do material latente, 120
        reconstrução, 120
Sono, 117
    normal, 117, 118
    outros
        distúrbios do, 121
    paralisia do, 118
    patológico, 117

T

Temperamento
    da personalidade, 31
Tempo
    antecipação, 160
    cíclico, 73
    concepções, 74
    contínuo, 73, 75
    culturais, 158
    diversos, 154
    fisiológicos, 156
    na clínica, 159
    psicopatologia do, 154
    psicóticos, 161
    psíquicos, 155
    terapêutico, 85
Tenacidade, 133
Tensão
    estresse não é, 205
Teorias, 6
    lugar das, 95
Terrores, 120
    noturnos, 120
    versus pesadelos, 120
Testes
    cognitivos, 300
    e QI, 300
Tiques, 254
    definição de, 254
Tono
    afetivo, 214
        alterações do, 214
Toxicomania, 242
Transe
    no adulto, 147
Tratamento(s), 3
Traumatismo(s), 117
    craniencefálicos, 117
Turvação
    da consciência, 113

U

Unidade, 284
    dissociação, 284
        esquizofrênica, 288
        histérica, 284
        induzida, 287
        possessiva, 286

V

Vergonha
    sentimento de, 80
Vigilância, 133
Vontade, 221
    atenção e, 137
    atividade, 223
        involuntária normal, 227
            alterações, 227
                dos hábitos, 227
                dos instintos, 227
        voluntária normal, 223
            autodeterminação, 223
            pragmatismo, 223

W

Wernicke
    afasia de, 186